U0216164

吉林人民出版社

简体字本二十六史

明史

卷一——卷三八

（一）

〔清〕张廷玉等 撰

王天有等 标点

目　　录

明史卷一
本纪第一

太祖一

　　太祖开天行道肇纪立极大圣至神仁文义武俊德成功高皇帝,讳元璋,字国瑞,姓朱氏。先世家沛,徙句容,再徙泗州。父世珍,始徙濠州之钟离。生四子,太祖其季也。母陈氏,方娠,梦神授药一丸,置掌中有光,吞之寤,口余香气。及产,红光满室。自是,夜数有光起。邻里望见,惊以为火,辄奔救,至则无有。比长,姿貌雄杰,奇骨贯顶。志意廓然,人莫能测。

　　至正四年,早蝗,大饥疫。太祖时年十七,父母兄相继殁,贫不克葬。里人刘继祖与之地,乃克葬,即凤阳陵也。太祖孤无所依,乃入皇觉寺为僧。逾月,游食合肥。道病,二紫衣人与俱,护视甚至。病已,失所在。凡历光、固、汝、颖诸州三年,复还寺。当是时,元政不纲,盗贼四起。刘福通奉韩山童假宋后起颖,徐寿辉僭帝号起蕲,李二、彭大、赵均用起徐,众各数万,并置将帅,杀吏,侵略郡县,而方国珍已先起海上。他盗拥兵据地,寇掠甚众。天下大乱。

　　十二年春二月,定远人郭子兴与其党孙德崖等起兵濠州。元将彻里不花惮不敢攻,而日俘良民以邀赏。太祖时年二十四,谋避兵,卜于神,去留皆不吉。乃曰:"得毋当举大事乎?"卜之吉,大喜,遂以闰三月甲戌朔入濠见子兴。子兴奇其状貌,留为亲兵。战辄胜。遂妻以所抚马公女,即高皇后也。子兴与德崖龃龉,太祖屡调护之。秋九月,元兵复徐州,李二走死,彭大、赵均用奔濠,德崖等纳之。子兴礼大而易均用,均用怨之。德崖遂与谋,伺子兴出,执而械诸孙氏,将杀之。太祖方在淮北,闻难驰至,诉于彭大。大怒,呼兵以行,太祖亦甲而拥盾,发屋出子兴,破械,使人负以归,遂免。

是冬,元将贾鲁围濠,太祖与子兴力拒之。

十三年春,贾鲁死,围解。太祖收里中兵得七百人。子兴喜,署为镇抚。时彭、赵所部暴横,子兴弱,太祖度无足与共事,乃以兵属他将,独与徐达、汤和、费聚等南略定远。计降驴牌寨民兵三千,与俱东。夜袭元将张知院于横涧山,收其卒二万。道遇定远人李善长,与语大悦,遂与俱攻滁州,下之。

是年,张士诚据高邮,自称诚王。

十四年冬十月,元丞相脱脱大败士诚于高邮,分兵围六合。太祖曰:"六合破,滁且不免。"与耿再成军瓦梁垒,救之。力战,卫老弱还滁。元兵寻大至,攻滁,太祖设伏诱败之。然度元兵势盛且再至,乃还所获马,遣父老具牛酒谢元将曰:"守城备他盗耳,奈何舍巨寇戮良民。"元兵引去,城赖以完。脱脱既破士诚,军声大振,会中谗,遽解兵柄,江淮乱益炽。

十五年春正月,子兴用太祖计,遣张天祐等拔和州,檄太祖总其军。太祖虑诸将不相下,秘其檄,期旦日会听事。时席尚右,诸将先入,皆踞右,太祖故后至就左。比视事,剖决如流,众瞠目不能发一语,始稍稍屈。议分工甓城,期三日。太祖工竣,诸将皆后。于是始出檄,南面坐曰:"奉命总诸公兵,今甓城皆后期,如军法何。"诸将皆惶恐谢。乃搜军中所掠妇女纵还家,民大悦。元兵十万攻和,拒守三月,食且尽,而太子秃坚、枢密副使绊住马、民兵元帅陈埜先分屯新塘、高望、鸡笼山以绝饷道。太祖率众破之,元兵皆走渡江。

三月,郭子兴卒。时刘福通迎立韩山童子林儿于亳,国号宋,建元龙凤。檄子兴子天叙为都元帅，张天祐、太祖为左右副元帅。太祖慨然曰："大丈夫宁能受制于人耶。"遂不受。然念林儿势盛可倚藉，乃用其年号以令军中。

夏四月，常遇春来归。五月，太祖谋渡江，无舟。会巢湖帅廖永安、俞通海以水军千艘来附，太祖大喜，往抚其众。而元中丞蛮子海牙扼铜城闸、马场河诸隘，巢湖舟师不得出。忽大雨，太祖喜曰："天助我也。"遂乘水涨从小港纵舟还，因击海牙于峪溪口，大败之，遂定计渡江。诸将请直趋集庆。太祖曰："取集庆必自采石始。采石重镇，守必固。牛渚前临大江，彼难为备，可必克也。"六月乙卯，乘风引帆，直达牛渚。常遇春先登，拔之。采石兵亦溃。缘江诸垒悉附。

诸将以和州饥，争取资粮谋归。太祖谓徐达曰："渡江幸捷，若舍而归，江东非吾有也。"乃悉断舟缆，放急流中，谓诸将曰："太平甚近，当与公等取之。"遂乘胜拔太平，执万户纳哈出。总管靳义赴水死，太祖曰："义士也"，礼葬之。揭榜禁剽掠。有卒违令，斩以徇。军中肃然。改路曰府。置太平兴国翼元帅府，自领元帅事，召陶安参幕府事，李习为知府。时太平四面皆元兵。右丞阿鲁灰、中丞蛮子海牙等严师截姑孰口，陈野先水军帅康茂才以数万众攻城。太祖遣徐达、邓愈、汤和逆战，别将潜出其后，夹击之，擒野先并降其众，阿鲁灰等引去。

秋九月，郭天叙、张天祐攻集庆，埜先叛，二人皆战死，于是子兴部将尽归太祖矣。埜先寻为民兵所杀，从子兆先收其众，屯方山，与海牙掎角以窥太平。

冬十二月壬子，释纳哈出北归。

十六年春二月丙子，大破海牙于采石。三月癸未，进攻集庆，擒兆先，降其众三万六千人，皆疑惧不自保。太祖择骁健者五百人入卫，解甲酣寝达旦，众心始安。庚寅，再败元兵于蒋山。元御史大夫福寿力战死之，蛮子海牙遁归张士诚，康茂才降。太祖入城，悉召官吏父老谕之曰："元政渎扰，干戈蜂起，我来为民除乱耳，其各安堵如故。贤士吾礼用之，旧政不便者除之，吏毋贪暴殃吾民。"民乃大喜过望。改集庆路为应天府，辟夏煜、孙炎、杨宪等十余人，葬御史大夫福寿以旌其忠。

当是时，元将定定扼镇江，别不华、杨仲英屯宁国，青衣军张明鉴据扬州，八思尔不花驻徽州，石抹宜孙守处州，其弟厚孙守婺州，宋伯颜不花守衢州，而池州已为徐寿辉将所据，张士诚自淮东陷平江，转掠浙西。太祖既定集庆，虑士诚、寿辉强，江左、浙右诸郡为所并，于是遣徐达攻镇江，拔之，定定战死。

夏六月，邓愈克广德。

秋七月己卯，诸将奉太祖为吴国公。置江南行中书省，自总省事，置僚佐。贻书张士诚，士诚不报，引兵攻镇江。徐达败之，进围常州，不下。九月戊寅，如镇江，谒孔子庙。遣儒士告谕父老，劝农桑，寻还应天。

十七年春二月，耿炳文克长兴。三月，徐达克常州。

夏四月丁卯，自将攻宁国，取之，别不华降。五月，上元、宁国、句容献瑞麦。六月，赵继祖克江阴。

秋七月，徐达克常熟。胡大海克徽州，八思尔不花遁。

冬十月，常遇春克池州，缪大亨克扬州，张明鉴降。

十二月己丑，释囚。

是年，徐寿辉将明玉珍据重庆路。

十八年春二月乙亥，以康茂才为营田使。三月己酉，录囚。邓愈克建德路。

夏四月，徐寿辉将陈友谅遣赵普胜陷池州。是月，友谅据龙兴路。五月，刘福通破汴梁，迎韩林儿都之。初，福通遣将分道四出，破山东，寇秦、晋，掠幽、苏，中原大乱，太祖故得次第略定江表。所过不杀，收召才俊，由是人心日附。

冬十二月，胡大海攻婺州，久不下，太祖自将往击之。石抹宜孙遣将率车师由松溪来援，太祖曰："道狭，车战适取败耳。"命胡德济迎战于梅花门，大破之，婺州降，执厚孙。先一日，城中人望见城西五色云如车盖，以为异，及是乃知为太祖驻兵地。入城，发粟振贫民，改州为宁越府。辟范祖干、叶仪、许元等十三人，分直讲经史。戊子，遣使招谕方国珍。

十九年春正月乙巳，太祖谋取浙东未下诸路。戒诸将曰："克城以武，戡乱以仁。吾比入集庆，秋毫无犯，故一举而定。每闻诸将得一城不妄杀，辄喜不自胜。夫师行如火，不戢将燎原。为将能以不杀为武，岂惟国家之利，子孙实受其福。"庚申，胡大海克诸暨。是月，命宁越知府王宗显立郡学。三月甲午，赦大逆以下。丁巳，方国珍以温、台、庆元来献，遣其子关为质，不受。

夏四月，俞通海等复池州。时耿炳文守长兴，吴良守江阴，汤和守常州，皆数败士诚兵。太祖以故久留宁越，徇浙东。六月壬戌，还应天。

秋八月，元察罕帖木儿复汴梁，福通以林儿退保安丰。九月，常遇春克衢州，擒宋伯颜不花。

冬十月，遣夏煜授方国珍行省平章，国珍以疾辞。十一月壬寅，胡大海克处州，石抹宜孙遁。时元守兵单弱，且闻中原乱，人心离散，以故江左、浙右诸郡，兵至皆下，遂西与友谅邻。

二十年春二月，元福建行省参政袁天禄以福宁降。三月戊子，征刘基、宋濂、章溢、叶琛至。

夏五月，徐达、常遇春败陈友谅于池州。闰月丙辰，友谅陷太平，守将朱文逊，院判花云、王鼎，知府许瑗死之。未几，友谅弑其主徐寿辉，自称皇帝，国号汉，尽有江西、湖广地。约士诚合攻应天，应天大震。诸将议先复太平以牵之，太祖曰："不可。彼居上游，舟师十倍于我，猝难复也。"或请自将迎击，太祖曰："不可。彼以偏师缀我,而全军趋金陵,顺流半日可达,吾步骑急难引还。百里趋战,兵法所忌,非策也。"乃驰谕胡大海捣信州牵其后,而令康茂才以书绐友谅,令速来。友谅果引兵东。于是常遇春伏石灰山,徐达阵南门外,扬璟屯大胜港,张德胜等以舟师出龙江关,太祖亲督军卢龙山。乙丑,友谅至龙湾,众欲战,太祖曰:"天且雨,趣食,乘雨击之。"须臾,果大雨,士卒竞奋,雨止合战,水陆夹击,大破之。友谅乘别舸走。遂复太平,下安庆,而大海亦克信州。

初,太祖令茂才绐友谅,李善长以为疑。太祖曰:"二寇合,吾首尾受敌,惟速其来而先破之,则士诚胆落矣。"已而士诚兵竟不出。丁卯,置儒学提举司,以宋濂为提举,遣子标受经学。六月,耿再成败石抹宜孙于庆元,宜孙战死,遣使祭之。

秋九月,徐寿辉旧将欧普祥以袁州降。

冬十二月,复遣夏煜以书谕国珍。

二十一年春二月甲申,立盐茶课。乙亥,置宝源局。三月丁丑,改枢密院为大都督府。元将薛显以泗州降。戊寅,国珍遣使来谢,饰金玉马鞍以献。却之曰:"今有事四方,所需者人材,所用者粟帛,宝玩非所好也。"

秋七月,友谅将张定边陷安庆。八月,遣使于元平章察罕帖木儿。时察罕平山东,降田丰,军声大振,故太祖与通好,会察罕方攻益都未下,太祖乃自将舟师征陈友谅。戊戌,克安庆,友谅将丁普郎、傅友德迎降。壬寅,次湖口,追败友谅于江州,克其城,友谅奔武昌。分徇南康、建昌、饶、蕲、黄、庆济皆下。

冬十一月己未,克抚州。

二十二年春正月,友谅江西行省丞相胡廷瑞以龙兴降。乙卯,如龙兴,改为洪都府。谒孔子庙。告谕父老,除陈氏苛政,罢诸军需,存恤贫无告者,民大悦。袁、瑞、临江、吉安相继下。二月,还应天。邓愈留守洪都。癸未,降人蒋英杀金华守将胡大海,郎中王恺死之,英叛降张士诚。处州降人李祐之闻变,亦杀行枢密院判耿再成反,都事孙炎、知府王道同、元帅朱文刚死之。三月癸亥,降人祝宗、康泰反,陷洪都,邓愈走应天,知府叶琛、都事万思诚死之。是月,明玉珍称帝于重庆,国号夏。

夏四月己卯,邵荣复处州。甲午,徐达复洪都。五月丙午,朱文正、赵德胜、邓愈镇洪都。六月戊寅,察罕以书来报,留我使人不遣。察罕寻为田丰所杀。

秋七月丙辰,平章邵荣、参政赵继祖谋逆,伏诛。

冬十二月,元遣尚书张昶航海至庆元,授太祖江西行省平章政事,不受。察罕子扩廓帖木儿致书归使者。

二十三年春正月丙寅,遣汪河报之。

二月壬申,命将士屯田积谷。是月,友谅将张定边陷饶州。士诚将吕珍破安丰,杀刘福通。

三月辛丑,太祖自将救安丰,珍败走,以韩林儿归滁州,乃还应天。

夏四月壬戌,友谅大举兵围洪都。乙丑,诸全守将谢再兴叛,附于士诚。五月,筑礼贤馆。友谅分兵陷吉安,参政刘齐、知府朱叔华死之。陷临江,同知赵天麟死之。陷无为州,知州董曾死之。

秋七月癸酉,太祖自将救洪都。癸未,次湖口,先伏兵泾江口及南湖觜,遏友谅归路,檄信州兵守武阳渡。友谅闻太祖至,解围,逆战于鄱阳湖。友谅兵号六十万,联巨舟为阵,楼橹高十余丈,绵亘数十里,旌旗戈盾,望之如山。丁亥,遇于康郎山,太祖分军十一队以御之。戊子,合战,徐达击其前锋,俞通海以火炮焚其舟数十,杀伤略相当。友谅骁将张定边直犯太祖舟,舟胶于沙,不得退,危甚。常遇春从旁射中定边,通海复来援,舟骤进水涌,太祖舟乃得脱。己丑,友谅悉巨舰出战,诸将舟小,仰攻不利,有怖色。太祖亲麾之,不前,斩退缩者十余人,人皆殊死战。会日晡,大风起东北,乃命敢死士操七舟,实火药芦苇中,纵火焚友谅舟。风烈火炽,烟焰涨天,湖水尽赤。友谅兵大乱,诸将鼓噪乘之,斩首二千余级,焚溺死者无算,友谅气夺。辛卯,复战,友谅复大败。于是敛舟自守,不敢更战。壬辰,太祖移军扼左蠡,友谅亦退保渚矶。相持三日,其左、右二金吾将军皆降。友谅势益蹙,忿甚,尽杀所获将士。而太祖则悉还所俘,伤者傅以善药,且祭其亲戚诸将阵亡者。八月壬戌,友谅食尽,趋南湖觜,为南湖军所遏,遂突湖口。太祖邀之,顺流搏战,及于泾江。泾江军复遮击之,友谅中流矢死。张定边以其子理奔武昌。

九月,还应天,论功行赏。先是,太祖救安丰,刘基谏不听。至是谓基曰:“我不当有安丰之行,使友谅乘虚直捣应天,大事去矣。乃顿兵南昌,不亡何待。友谅亡,天下不难定也。”壬午,自将征陈理。是月,张士诚自称吴王。

冬十月壬寅,围武昌,分徇湖北诸路,皆下。

十二月丙申,还应天,常遇春留督诸军。

二十四年春正月丙寅朔,李善长等率群臣劝进,不允。固请,乃即吴王位。建百官。以善长为右相国,徐达为左相国,常遇春、俞通海为平章政事,谕之曰:“立国之初,当先正纪纲。元氏暗弱,威福下移,驯至于乱,今宜鉴之。”立子标为世子。二月乙未,复自将征武昌,陈理降,汉、沔、荆、岳皆下。三月乙丑,还应天。丁卯,置起居注。庚午,罢诸翼元帅府,置十七卫亲军指挥使司,命中书省辟文武人材。

夏四月,建祠,祀死事丁普郎等于康郎山,赵德胜等于南昌。

秋七月丁丑,徐达克庐州。戊寅,常遇春徇江西。八月戊戌,复吉安,遂围赣州。达徇荆、湘诸路。九月甲申,下江陵,夷陵、潭、归皆降。

冬十二月庚寅,达克辰州,遣别将下衡州。

二十五年春正月己巳,徐达下宝庆,湖湘平。常遇春克赣州,熊天瑞降。遂趋南安,招谕岭南诸路,下韶州、南雄。甲申,如南昌,执大都督朱文正以归,数其罪,安置桐城。二月己丑,福建行省平章陈友定侵处州,参军胡深击败之,遂下浦城。丙午,士诚将李伯升攻诸全之新城,李文忠大败之。

夏四月庚寅,常遇春徇襄、汉诸路。五月乙亥,克安陆。己卯,下襄阳。六月壬子,朱亮祖、胡深攻建宁,战于城下,深被执,死之。

秋七月,令从渡江士卒被创废疾者养之,死者赡其妻子。九月丙辰,建国子学。

冬十月戊戌,下令讨张士诚。是时,士诚所据,南至绍兴,北有通、泰、高邮、淮安、濠、泗,又北至于济宁。乃命徐达、常遇春等先规取淮东。闰月,围泰州,克之。十一月,张士诚寇宜兴,徐达击败之,遂自宜兴还攻高邮。

二十六年春正月癸未,士诚窥江阴,太祖自将救之,士诚遁,康茂才追败之于浮子门。太祖还应天。二月,明玉珍死,子升自立。三月丙申,令中书严选举。徐达克高邮。

夏四月乙卯,袭破士诚将徐义水军于淮安,义遁,梅思祖以城降。濠、徐、宿三州相继下,淮东平。甲子,如濠州省墓,置守冢二十家,赐故人汪文、刘英粟帛。置酒召父老饮极欢,曰:“吾去乡十有余年,艰难百战,乃得归省坟墓,与父老子弟复相见。今苦不得久留欢聚为乐。父老幸教子弟孝弟力田,毋远贾,滨淮郡县尚苦寇掠,父老善自爱。”令有司除租赋,皆顿首谢。辛未,徐达克安丰,分兵败扩廓于徐州。

夏五月壬午,至自濠。庚寅,求遗书。

秋八月庚戌,改筑应天城,作新宫钟山之阳。辛亥,命徐达为大将军,常遇春为副将军,帅师二十万讨张士诚。御戟门誓师曰:“城下之日,毋杀掠,毋毁庐舍,毋发丘垄。士诚母葬平江城外,毋侵毁。”既而召问达、遇春,用兵当何先。遇春欲直捣平江。太祖曰:“湖州张天骐、杭州潘原明为士诚臂指,平江穷蹙,两人悉力赴援,难以取胜。不若先攻湖州,使疲于奔命,羽翼既披,平江势孤,立破矣。"甲戌，败张天骐于湖州，士诚亲率兵来援，复败之于皂林。九月乙未，李文忠攻杭州。

冬十月壬子，遇春败士诚兵于乌镇。十一月甲申，张天骐降。辛卯，李文忠下余杭，潘原明降，旁郡悉下。癸卯，围平江。十二月，韩林儿卒。以明年为吴元年，建庙社宫室，祭告山川。所司进宫殿图，命去雕琢奇丽者。

是岁，元扩廓帖木儿与李思齐、张良弼构怨，屡相攻击，朝命不行，中原民益困。

二十七年春正月戊戌，谕中书省曰："东南久罹兵革，民生凋敝，吾甚悯之。且太平、应天诸郡，吾渡江开创地，供亿烦劳久矣。今比户空虚，有司急催科，重困吾民，将何以堪。其赐太平田租二年，应天、镇江、宁国、广德各一年。"二月丁未，傅友德败扩廓将李二于徐州，执之。三月丁丑，始设文武科取士。

夏四月，方国珍阴遣人通扩廓及陈友定，移书责之。五月己亥，初置翰林院。是月，以旱减膳素食，复徐、宿、濠、泗、寿、邳、东海、安东、襄阳、安陆及新附地田租三年。六月戊辰，大雨，群臣请复膳。太祖曰："虽雨，伤禾已多，其赐民今年田租。"癸酉，命朝贺罢女乐。

秋七月丙子，给府州县官之任费，赐绮帛及其父母妻长子有差，著为令。己丑，雷震宫门兽吻，赦罪囚。庚寅，遣使责方国珍贡粮。八月癸丑，圜丘、方丘、社稷坛成。九月甲戌，太庙成。朱亮祖帅师讨国珍。戊寅，诏曰："先王之政，罪不及孥。自今除大逆不道，毋连坐。"辛巳，徐达克平江，执士诚，吴地平。戊戌，遣使致书于元主。送其宗室神保大王等北还。辛丑，论平吴功，封李善长宣国公，徐达信国公，常遇春鄂国公，将士赐赉有差。朱亮祖克台州。癸卯，新宫成。

冬十月甲辰，遣起居注吴琳、魏观以币求遗贤于四方。丙午，令百官礼仪尚左。改李善长左相国，徐达右相国。辛亥，祀元臣余阙于安庆，李黼于江州。壬子，置御史台。癸丑，汤和为征南将军，吴祯副之,讨国珍。甲寅,定律令。戊午,正郊社、太庙雅乐。

庚申,召诸将议北征。太祖曰:"山东则王宣反侧,河南则扩廓
跋扈,关、陇则李思齐、张思道枭张猜忌,元祚将亡,中原涂炭。今将
北伐,拯生民于水火,何以决胜?"遇春对曰:"以我百战之师,敌彼
久逸之卒,直捣元都,破竹之势也。"太祖曰:"元建国百年,守备必
固,悬军深入,饭饷不前,援兵四集,危道也。吾欲先取山东,撤彼屏
蔽,移兵两河,破其藩篱,拔潼关而守之,扼其户槛。天下形胜入我
掌握,然后进兵,元都势孤援绝,不战自克。鼓行而西,云中、九原、
关、陇可席卷也。"诸将皆曰"善"

甲子,徐达为征虏大将军,常遇春为副将军,帅师二十五万,由
淮入河,北取中原。胡廷瑞为征南将军,何文辉为副将军,取福建。
湖广行省平章杨璟、左丞周德兴、参政张彬取广西。己巳,朱亮祖克
温州。十一月辛巳,汤和克庆元,方国珍遁入海。壬午,徐达克沂州,
斩王宣。己丑,廖永忠为征南副将军,自海道会和讨国珍。乙未,颁
《大统历》。辛丑,徐达克益都。十二月甲辰,颁律令。丁未,方国珍
降,浙东平。张兴祖下东平,兖东州县相继降。己酉,徐达下济南。
胡建瑞下邵武。癸丑,李善长帅百官劝进,表三上,乃许。甲子,告
于上帝。庚午,汤和、廖永忠由海道克福州。

明史卷二
本纪第二

太祖二

洪武元年春正月乙亥,祀天地于南郊,即皇帝位。定有天下之号曰明,建元洪武。追尊高祖考曰元皇帝,庙号德祖;曾祖考曰恒皇帝,庙号懿祖;祖考曰裕皇帝,庙号熙祖;皇考曰淳皇帝,庙号仁祖;妣皆皇后。立妃马氏为皇后,世子标为皇太子。以李善长、徐达为左、右丞相,诸功臣进爵有差。丙子,颁即位诏于天下。追封皇伯考以下皆为王。辛巳,李善长、徐达等兼东宫官。甲申,遣使核浙西田赋。壬辰,胡廷瑞克建宁。庚子,邓愈为征戍将军,略南阳以北州郡。汤和克延平,执元平章陈友定,福建平。是月,天下府州县官来朝。谕曰:"天下始定,民财力俱困,要在休养安息,惟廉者能约己而利人,勉之。"二月壬寅,定郊社宗庙礼,岁必亲祀以为常。癸卯,汤和提督海运。廖永忠为征南将军,朱亮祖副之,由海道取广东。丁未,以太牢祀先师孔子于国学。戊申,祀社稷。壬子,诏衣冠如唐制。癸丑,常遇春克东昌,山东平。甲寅,杨璟克宝庆。三月辛未,诏儒臣修女诫,戒后妃毋预政。壬申,周德兴克全州。丁酉,邓愈克南阳。己亥,徐达徇汴梁,左君弼降。

夏四月辛丑,蕲州进竹簟,却之,命四方毋妄献。廖永忠师至广州,元守臣何真降,广东平。丁未,袷享太庙。戊申,徐达、常遇春大破元兵于洛水北,遂围河南。梁王阿鲁温降,河南平。丁巳,杨璟克永州。甲子,幸汴梁。丙寅,冯胜克潼关,李思齐、张思道遁。五月己卯,廖永忠下梧州,浔、贵、容、郁林诸州皆降。辛卯,改汴梁路为开封府。六月庚子,徐达朝行在。甲辰,海南、海北诸道降。壬戌,杨璟、朱亮祖克靖江。

秋七月戊子,廖永忠下象州,广西平。庚寅,振恤中原贫民。辛卯,将还应天,谕达等曰:"中原之民,久为群雄所苦,流离相望,故命将北征,拯民水火。元祖宗功德在人,其子孙罔恤民隐,天厌弃之。君则有罪,民复何辜。前代革命之际,肆行屠戮,违天虐民,朕实不忍。诸将克城,毋肆焚掠妄杀人,元之宗戚,咸俾保全。庶几上答天心,下慰人望,以副朕伐罪安民之意。不恭命者罚无赦。"丙申,命冯胜留守开封。闰月丁未,至自开封。己酉,徐达会诸将兵于临清。壬子,常遇春克德州。丙寅,克通州,元帝趋上都。是月,征天下贤才为守令。免吴江、广德、太平、宁国、滁、和被灾田租。

八月己巳,以应天为南京,开封为北京。庚午,徐达入元都,封府库图籍,守宫门,禁士卒侵暴,遣将巡古北口诸隘。壬申,以京师火,四方水旱,诏中书省集议便民事。丁丑,定六部官制。御史中丞刘基致仕。己卯,赦殊死以下。将士从征者恤其家,逋逃许自首。新克州郡毋妄杀。输赋道远者,官为转运,灾荒以实闻。免镇江租税。避乱民复业者,听垦荒地,复三年。衍圣公袭封及授曲阜知县,并如前代制。有司以礼聘致贤士,学校毋事虚文。平刑,毋非时决囚。除书籍田器税,民间逋负免征。蒙古、色目人有才能者,许擢用。鳏寡孤独废疾者,存恤之。民年七十以上,一子复。他利害当兴革不在诏内者,有司具以闻。壬午,幸北京。改大都路曰北平府。征元故臣。癸未,诏徐达、常遇春取山西。甲午,放元宫人。九月癸亥,诏曰:"天下之治,天下之贤共理之。今贤士多隐岩穴,岂有司失于敦劝欤,朝廷疏于礼待欤,抑朕寡昧不足致贤,将在位者壅蔽使不上达欤。不然,贤士大夫,幼学壮行,岂甘没世而已哉。天下甫定,朕愿与诸儒讲明治道。有能辅朕济民者,有司礼遣。"乙丑,常遇春下保定,遂下真定。

冬十月庚午,冯胜、汤和下怀庆,泽、潞相继下。丁丑,至自北京。戊寅，以元都平，诏天下。十一月己亥，遣使分行天下，访求贤才。庚子，始祀上帝于圜丘。癸亥，诏刘基还。十二月丁卯，徐达克太原，扩廓帖木儿走甘肃，山西平。己巳，置登闻鼓。壬辰，以书谕明升。

二年春正月乙巳，立功臣庙于鸡笼山。丁未，享太庙。庚戌，诏曰：“朕淮右布衣，因天下乱，率众渡江，保民图治，今十有五年。荷天眷祐，悉皆戡定。用是命将北征，齐、鲁之民馈粮给军，不惮千里。朕轸厥劳，已免元年田租。遭旱民未苏，其更赐一年。顷者，大军平燕都，下晋、冀，民被兵燹，困征敛，北平、燕南、河东、山西今年田租亦与蠲免。河南诸郡归附，久欲惠之，西北未平，师过其地，是以未遑。今晋、冀平矣，西抵潼关，北界大河，南至唐、邓、光、息，今年税粮悉除之。”又诏曰：“应天、太平、镇江、宣城、广德供亿浩穰。去岁蠲租，遇旱惠不及下。其再免诸郡及无为州今年租税。”庚申，常遇春取大同。是月，倭寇山东滨海郡县。二月丙寅朔，诏修《元史》。壬午，耕藉田。三月庚子，徐达至奉元，张思道遁。振陕西饥，户米三石。丙午，常遇春至凤翔，李思齐奔临洮。

夏四月丙寅，遇春还师北平。己巳，诸王子受经于博士孔克仁。令功臣子弟入学。乙亥，编《祖训录》，定封建诸王之制。徐达下巩昌。丙子，赐秦、陇新附州县税粮。丁丑，冯胜至临洮，李思齐降。乙酉，徐达袭破元豫王于西宁。五月甲午朔，日有食之。丁酉，徐达下平凉、延安。张良臣以庆阳降，寻叛。癸卯，始祀地于方丘。六月己卯，常遇春克开平，元帝北走。壬午，封陈日煃为安南国王。

秋七月己亥，鄂国公常遇春卒于军，诏李文忠领其众。辛亥，扩廓帖木儿遣将破原州、泾州。辛酉，冯胜击走之。丙辰，明升遣使来。八月丙寅，元兵攻大同，李文忠击败之。己巳，定内侍官制。谕吏部曰：“内臣但备使令，毋多人。古来若辈擅权，可为鉴戒。驭之之道，当使之畏法，勿令有功，有功则骄恣矣。”癸酉，《元史》成。丙子，封王颛为高丽国王。癸未，徐达克庆阳，斩张良臣，陕西平。是月，命儒臣纂礼书。九月辛丑，召徐达、汤和还，冯胜留总军事。癸卯，以临濠为中都。戊午，征南师还。

冬十月壬戌，遣杨璟谕明升。甲戌，甘露降于钟山，群臣请告庙，不许。辛卯，诏天下郡县立学。是月，遣使赍元帝书。十一月乙巳，祀上帝于圜丘，以仁祖配。十二月甲戌，封阿答阿者为占城国王。甲申，振西安诸府饥，户米二石。己丑，大赍平定中原及征南将士。庚寅，扩廓帖木儿攻兰州，指挥于光死之。

是年，占城、安南、高丽入贡。

三年春正月癸巳，徐达为征虏大将军，李文忠、冯胜、邓愈、汤和副之，分道北征。二月癸未，追封郭子兴滁阳王。戊子，诏求贤才可任六部者。是月，李文忠下兴和，进兵察罕脑儿，执元平章竹贞。三月庚寅，免南畿，河南，山东，北平，浙东，江西广信、饶州今年田租。

夏四月乙丑，封皇子樉为秦王，棡晋王，棣燕王，橚吴王，桢楚王，榑齐王，梓潭王，杞赵王，檀鲁王，从孙守谦靖江王。徐达大破扩廓帖木儿于沈儿峪，尽降其众，扩廓走和林。丙戌，元帝崩于应昌，子爱猷识理达腊嗣。是月，慈利土官覃垕作乱。五月己丑，徐达取兴元。分遣邓愈招谕吐蕃。丁酉，诏守令举学识笃行之士。己亥，设科取士。甲辰，李文忠克应昌。元嗣君北走，获其子买的里八剌，降五万余人，穷追至北庆州，不及而还。丁未，诏行大射礼。戊申，祀地于方丘，以仁祖配。辛亥，徐达下兴元。邓愈克河州。丁巳，诏开国时将帅无嗣者禄其家。是月旱，斋戒，后妃亲执爨，皇太子诸王馈于斋所。六月戊午朔，素服草屦，步祷山川坛，露宿凡三日，还斋于西庑。辛酉，赍将士，省狱囚，命有司访求通经术明治道者。壬戌，大雨。壬申，李文忠捷奏至，命仕元者勿贺。谥元主曰顺帝。癸酉，买的里八剌至京师，群臣请献俘。帝曰：“武王伐殷用之乎？”省臣以唐太宗尝行之对。帝曰：“太宗是待王世充耳。若遇隋之子孙，恐不尔也。”遂不许。又以捷奏多侈辞，谓宰相曰：“元主中国百年，朕与

卿等父母皆赖其生养,奈何为此浮薄之言,亟改之。"乙亥,封买的
里八剌为崇礼侯。丙子,告捷于南郊。丁丑,告太庙,诏示天下。辛
巳,徙苏州、松江、嘉兴、湖州、杭州民无业者田临濠,给资粮牛种,
复三年。是月,倭寇山东、浙江、福建滨海州县。

秋七月丙辰,明升将吴友仁寇汉中,参政傅友德南却之。中书
左丞杨宪有罪诛。八月乙酉,遣使瘗中原遗骸。

冬十月丙辰,诏儒士更直午门,为武臣讲经史。癸亥,周德兴为
征南将军,讨覃垕,垕遁。辛巳,贻元嗣君书。十一月壬辰,北征师
还。甲午,告武成于郊庙。丙申,大封功臣。进李善长韩国公,徐达
魏国公,封李文忠曹国公,冯胜宋国公,邓愈卫国公,常遇春子茂郑
国公,汤和等侯者二十八人。己亥,设坛亲祭战没将士。庚戌,有事
于圜丘。辛亥,诏户部置户籍、户帖,岁计登耗以闻,著为令。乙卯,
封中书右丞汪广洋忠勤伯,御史中丞刘基诚意伯。十二月癸亥,复
贻元嗣君书,并谕和林诸部。甲子,建奉先殿。庚午,遣使祭历代帝
王陵寝,并加修葺。己卯,赐勋臣田。壬午,以正月至是月,日中屡
有黑子,诏廷臣言得失。

是年,占城、爪哇、西洋入贡。

四年春正月丙戌,李善长罢,汪广洋为右丞相。丁亥,中山侯汤
和为征西将军,江夏侯周德兴、德庆侯廖永忠,副之,率舟师由瞿
塘,颍川侯傅友德为征虏前将军,济宁侯顾时副之,率步骑由秦、陇
伐蜀。魏国公徐达练兵北平。戊子,卫国公邓愈督饷给征蜀军。庚
寅,建郊庙于中都。丁未,诏设科取士,连举三年,嗣后三年一举。戊
申,免山西旱灾田租。二月甲戌,幸中都。壬午,至自中都。元平章
刘益以辽东降。是月,蠲太平、镇江、宁国田租。三月乙酉朔,始策
试天下贡士,赐吴伯宗等进士及第、出身有差。乙巳,徙山后民万七
千户屯北平。丁未,诚意伯刘基致仕。

夏四月丙戌,傅友德克阶州,文、隆、绵三州相继下。五月,免江

西、浙江秋粮。六月壬午,傅友德克汉州。辛卯,廖永忠克夔州。戊戌,明升将丁世贞破文州,守将朱显忠死之。癸卯,汤和至重庆,明升降。戊申,倭寇胶州。是月,徙山后民三万五千户于内地,又徙沙漠遗民三万二千户屯田北平。

秋七月辛亥,徐达练兵山西。辛酉,傅友德下成都,四川平。乙丑,明升至京师,封归义侯。八月甲午,免中都、淮、扬及泰、滁、无为田租。己酉,振陕西饥。是月,高州海寇乱,通判王名善死之。九月庚戌朔,日有食之。

冬十月丙申,征蜀师还。十一月丙辰,有事于圜丘。庚申,命官吏犯赃者罪勿贷。是月,免陕西、河南被灾田租。十二月,徐达还。

是年,安南、浮泥、高丽、三佛齐、暹罗、日本、真腊入贡。

五年春正月癸丑,待制王祎使云南,诏谕元梁王把匝剌瓦尔密。祎至,不屈死。乙丑,徙陈理、明升于高丽。甲戌,魏国公徐达为征虏大将军,出雁门,趋和林,曹国公李文忠为左副将军,出应昌,宋国公冯胜为征西将军,取甘肃,征扩廓帖木儿。靖海侯吴祯督海运,饷辽东。卫国公邓愈为征南将军,江夏侯周德兴、江阴侯吴良副之,分道讨湖南、广西洞蛮。二月丙戌,安南陈叔明弑其主日煚自立,遣使入贡,却之。三月丁卯,都督佥事蓝玉败扩廓于土剌河。

夏西月己卯,振济南、莱州饥。戊戌,始行乡饮酒礼。庚子,邓愈平散毛诸洞蛮。五月壬子,徐达及元兵战于岭北,败绩。是月,诏曰:“天下大定,礼仪风俗不可不正。诸遭乱为人奴隶者复为民。冻馁者里中富室假贷之,孤寡残疾者官养之,毋失所。乡党论齿,相见揖拜,毋违礼。婚姻毋论财。丧事称家有无,毋惑阴阳拘忌,停柩暴露。流民复业者各就丁力耕种,毋以旧田为限。僧道斋醮杂男女,恣饮食,有司严治之。闽、粤豪家毋阉人子为火者,犯者抵罪。”六月丙子,定宦官禁令。丁丑,定宫官女职之制。戊寅,冯胜克甘肃,追败元兵于瓜、沙州。癸巳,定六部职掌及岁终考绩法。壬寅,吴良平靖州蛮。甲辰,李文忠败元兵于阿鲁浑河,宣宁侯曹良臣战没。乙巳,作铁榜诫功臣。是月,振山东饥,免被灾郡县田租。

秋七月丙辰,汤和及元兵战于断头山,败绩。八月丙申,吴良平五开、古州诸蛮。甲辰,元兵犯云内,同知黄理死之。九月戊午,周德兴平婪凤、安田诸蛮。

冬十月丁酉,冯胜师还。是月,免应天、太平、镇江、宁国、广德田租。十一月辛酉,有事于圜丘。甲子,征南师还。壬申,纳哈出犯辽东。是月,召徐达、李文忠还。十二月甲戌,诏以农桑学校课有司。辛巳,命百官奏事启皇太子。庚子,邓愈为征西将军,征吐番。壬寅,贻元嗣君书。

是年,琐里、占城、高丽、琉球、乌斯藏入贡。高丽贡使再至,谕自后三年一贡。

六年春正月甲寅,谪汪广洋为广东参政。二月乙未,谕暂罢科举,察举贤才。壬寅,命御史及按察使考察有司。三月癸卯朔,日有食之。颁《昭鉴录》,训诫诸王。戊申,大阅。壬子,徐达为征虏大将军,李文忠、冯胜、邓愈、汤和副之,备边山西、北平。甲子,指挥使于显为总兵官,备倭。

夏四月己丑,令有司上山川险易图。六月壬午,盱眙献瑞梦,荐宗庙。壬辰,扩廓帖木儿遣兵攻雁门,指挥吴均击却之。是月,免北平、河间、河南、开封、延安、汾州被灾田租。

秋七月壬寅,命户部稽渡江以来各省水旱灾伤分数,优恤之。壬子,胡惟庸为右丞相。八月乙亥,诏祀三皇及历代帝王。

冬十月辛巳,召徐达、冯胜还。十一月壬子,扩廓帖木儿犯大同,徐达遣将击败之,达仍留镇。甲子,遣兵部尚书刘仁振真定饥。丙寅,冬至,帝不豫,改卜郊。闰月乙亥,录故功臣子孙未嗣者二百九人。壬午,有事于圜丘。庚寅,颁定《大明律》。

是年,暹罗、高丽、真腊、三佛齐入贡。命安南陈叔明权知国事。

七年春正月甲戌,都督金事王简、王诚,平章李伯升,屯田河南、山东、北平。靖海侯吴祯为总兵官,都督于显副之,巡海捕倭。二月丁酉朔,日有食之。戊午,修曲阜孔子庙,设孔、颜、孟三氏学。是月,平阳、太平、汾州、历城、汲县旱蝗,并免租税。

夏四月己亥,都督蓝玉败元兵于白酒泉,遂拔兴和。壬寅,金吾指挥陆龄讨永、道诸州蛮,平之。五月丙子,免真定等四十二府州县被灾田租。辛巳,振苏州饥民三十万户。癸巳,减苏、松、嘉、湖极重田租之半。六月,陕西平凉、延安、靖宁、鄜州雨雹,山西、山东、北平、河南蝗,并蠲田租。

秋七月甲子,文忠破元兵于大宁、高州。壬申,倭寇登、莱。八月甲午朔,祀历代帝王庙。辛丑,诏军士阵殁,父母妻子不能自存者,官为存养。百姓避兵离散或客死,遗老幼,并资遣还。远宦卒官,妻子不能归者,有司给舟车资送。庚申,振河间、广平、顺德、真定饥,蠲租税。九月丁丑,遣崇礼侯买的里八刺归,遗元嗣君书。

冬十一月壬戌,纳哈出犯辽阳,千户吴寿击走之。辛未,有事于圜丘。十二月戊戌,召邓愈、汤和还。

是年,阿难功德国、暹罗、琉球、三佛齐、乌斯藏、撒里、畏兀儿入贡。

八年春正月辛未,增祀鸡笼山功臣庙一百八人。癸酉,命有司察穷民无告者,给屋舍衣食。辛巳,邓愈、汤和等十三人屯戍北平、陕西、河南。丁亥,诏天下立社学。是月,河决开封,发民夫塞之。二月甲午,宥杂犯死罪以下及官犯私罪者,谪凤阳输作屯种赎罪。癸丑,耕藉田。召徐达、李文忠、冯胜还,傅友德等留镇北平。三月辛酉,立钞法。辛巳,罢宝源局铸钱。

夏四月辛卯,幸中都。丁巳,至自中都。免彰德、大名、临洮、平凉、河州被灾田租。罢营中都。致仕诚意伯刘基卒。五月己巳,永嘉侯朱亮祖偕傅友德镇北平。六月壬寅,指挥同知胡汝平贵州蛮。

秋七月己未朔,日有食之。辛酉,改作太庙。壬戌,召傅友德、朱亮祖还,李文忠、顾时镇山西、北平。戊辰,诏百官奔父母丧不俟报。京师地震。丁丑,免应天、太平、宁国、镇江及蕲、黄诸府被灾田租。八月己酉,元扩廓帖木儿卒。

冬十月丁亥,诏举富民素行端洁达时务者。壬子,命皇太子诸王讲武中都。十一月丁丑,有事于圜丘。十二月戊子,京师地震。甲寅,遣使振苏州、湖州、嘉兴、松江、常州、太平、宁国、杭州水灾。是月,纳哈出犯辽东,指挥马云、叶旺大败之。

是年,撒里、高丽、占城、暹罗、日本、爪哇、三佛齐入贡。

九年春正月,中山侯汤和,颍川侯傅友德,都督金事蓝玉、王弼,中书右丞丁玉,备边延安。三月己卯,诏曰:“比年西征敦煌,北伐沙漠,军需甲仗,皆资山、陕。又以秦、晋二府宫殿之役,重困吾民。平定以来,间闾未息。国都始建,土木屡兴。畿辅既极烦劳,外郡疲于转运。今蓄储有余,其淮、扬、安、徽、池五府及山西、陕西、河南、福建、江西、浙江、北平、湖广今年租赋,悉免之。”

夏四月庚戌,京师自去年八月不雨,是日始雨。五月癸酉,自庚戌雨,至是日始霁。六月甲午,改行中书省为承宣布政使司。辛丑,李文忠还。

秋七月癸丑朔,日有食之。是月,蠲苏、松、嘉、湖水灾田租,振永平旱灾。元将伯颜帖木儿犯延安,傅友德败降之。八月己酉,遣官省历代帝王陵寝,禁刍牧,置守陵户。忠臣烈士祠,有司以时葺治。分遣国子生修岳镇海渎祠。西番朵儿只巴寇罕东,河州指挥宁正击走之。闰九月庚寅,以灾异诏求直言。

冬十月己未,太庙成,自是行合享礼。丙子,命秦、晋、燕、吴、楚、齐诸王治兵凤阳。十一月壬午,有事于圜丘。戊子,徙山西及真定民无产者田凤阳。十二月甲寅,振畿内、浙江、湖北水灾。己卯,遣都督同知沐英乘传诣陕西问民疾苦。

是年,览邦、琉球、安南、日本、乌斯藏、高丽入贡。

十年春正月辛卯,以羽林等卫军益秦、晋、燕三府护卫。是春,振苏、松、嘉、湖水灾。

夏四月己酉，邓愈为征西将军，沐英为副将军，率师讨吐番，大破之。是月，振太平、宁国及宜兴、钱塘诸县水灾。五月庚子，韩国公李善长、曹国公李文忠总中书省、大都督府、御史台，议军国重事。癸卯，振湖广水灾。丙午，户部主事赵乾振荆、蕲迟缓，伏诛。六月丁巳，诏臣民言事者，实封达御前。丙寅，命政事启皇太子裁决奏闻。

秋七月甲申，置通政司。是月，始遣御史巡按州县。八月庚戌，改建大祀殿于南郊。癸丑，选武臣子弟读书国子监。九月丙申，振绍兴、金华、衢州水灾。辛丑，胡惟庸为左丞相，汪广洋为右丞相。

冬十月戊午，封沐英西平侯。辛酉，赐百官公田。十一月癸未，卫国公郑愈卒。丁亥，合祀天地于奉天殿。是月，免河南、陕西、广东、湖广田租。威茂蛮叛，御史大夫丁玉为平羌将军，讨平之。十二月乙巳朔，日有食之。丁未，录故功臣子孙五百余人，授官有差。

是年，占城、三佛齐、暹罗、爪哇、真腊入贡。高丽使五至，以嗣王未立，却之。

十一年春正月甲戌，封皇子椿为蜀王，柏湘王，桂豫王，楧汉王，植卫王。改封吴王橚为周王。己卯，进封汤和信国公。是月，征天下布政使及知府来朝。二月，指挥胡渊平茂州蛮。三月壬午，命奏事毋关白中书省。是月，第来朝官为三等。

夏四月，元嗣君爱猷识理达腊殂，子脱古思帖木儿嗣。五月丁酉，存问苏、松、嘉、湖被水灾民，户赐米一石，蠲逋赋六十五万有奇。六月壬子，遣使祭故元嗣君。己巳，五开蛮叛，杀靖州指挥过兴，以辰州指挥杨仲名为总兵官，讨之。

秋七月丁丑，振平阳饥。是月，苏、松、扬、台海溢，遣官存恤。八月，免应天、太平、镇江、宁国、广德诸府州秋粮。九月丙申，追封刘继祖为义惠侯。

冬十月甲子，大祀殿成。十一月庚午，征西将军西平侯沐英率都督蓝玉、王弼讨西番。是月，五开蛮平。

是年，暹罗、阇婆、高丽、琉球、占城、三佛齐、朵甘、乌斯藏、彭亨、百花入贡。

十二年春正月己卯，始合祀天地于南郊。甲申，洮州十八族番叛，命沐英移兵讨之。丙申，丁玉平松州蛮。二月戊戌，李文忠督理河、岷、临、巩军事。乙巳，诏曰：“今春雨雪经旬，天下贫民困于饥寒者多有，其令有司给以钞。”丙寅，信国公汤和率列侯练兵临清。

夏五月癸未，蠲北平田租。六月丁卯，都督马云征大宁。

秋七月丙辰，丁玉回师讨眉县贼，平之。己未，李文忠还掌大都督府事。八月辛巳，诏凡致仕官复其家，终身无所与。九月己亥，沐英大破西番，擒其部长三副使。

十一月甲午，沐英班师，封仇成、蓝玉等十二人为侯。庚申，大宁平。十二月，汪广洋贬广南，赐死。征天下博学老成之士至京师。

是年，占城、爪哇、暹罗、日本、安南、高丽入贡。高丽贡黄金百斤、白金万两，以不如约，却之。

十三年春正月戊戌，左丞相胡惟庸谋反，及其党御史大夫陈宁、中丞涂节等伏诛。癸卯，大祀天地于南郊。罢中书省，废丞相等官，更定六部官秩，改大都督府为中、左、右、前、后五军都督府。二月壬戌朔，诏举聪明正直、孝弟力田、贤良方正、文学术数之士。发丹符，验天下金谷之数。戊辰，文武官年六十以上者听致仕，给以诰敕。三月壬辰，减苏、松、嘉、湖重赋十之二。壬寅，燕王棣之国北平。壬子，沐英袭元将脱火赤于亦集乃，擒之，尽降其众。

夏四月己丑，命群臣各举所知。五月甲午，雷震谨身殿。乙未，大赦。丙申，释在京及临濠屯田输作者。己亥，免天下田租。吏以过误罢者还其职。壬寅，都督濮英进兵赤斤站，获故元豳王亦怜真及其部曲而还。是月，罢御史台。命从征士卒老疾者许以子代，老而无子及寡妇，有司资遣还。六月丙寅，雷震奉天门，避正殿省愆。

丁卯,罢王府工役。丁丑,置谏院官。

秋八月,命天下学校师生,日给廪膳。九月辛卯,景川侯曹震、荣阳侯杨璟、永城侯薛显屯田北平。乙巳,天寿节,始受群臣朝贺,赐宴于谨身殿,后以为常。丙午,置四辅官,告于太庙。以儒士王本、杜佑、龚敩、杜斅、赵民望、吴源为春、夏官。是月,诏陕西卫军以三分之二屯田。安置翰林学士承旨宋濂于茂州,道卒。

冬十一月乙未,徐达还。丙午,元平章完者不花、乃儿不花犯永平,指挥刘广战没,千户王辂击败之,擒完者不花。十二月,天下府州县所举士至者八百六十余人,授官有差。南雄侯赵庸镇广东,讨阳春蛮。

是年,琉球、日本、安南、占城、真腊、爪哇入贡,日本以无表却之。

十四年春正月戊子,徐达为征虏大将军,汤和、傅友德为左、右副将军,帅师讨乃儿不花。命新授官者各举所知。乙未,大祀天地于南郊。壬子,罢天下岁造兵器。癸丑,命公侯子弟入国学。丙辰,诏求隐逸。二月庚辰,核天下官田。三月丙戌,大赦。辛丑,颁《五经》、《四书》于北方学校。

夏四月庚午,徐达率诸将出塞,至北黄河,击破元兵,获全宁四部以归。五月,五溪蛮叛,江夏侯周德兴讨平之。

秋八月丙子,诏求明经老成之士,有司礼送京师。庚辰,河决原武、祥符、中牟。辛巳,徐达还。九月壬午朔,傅友德为征南将军,蓝玉、沐英为左、右副将军,帅师征云南。徐达镇北平。丙午,周德兴移师讨施州蛮,平之。

冬十月壬子朔,日有食之。癸丑,命法司录囚,会翰林院给事中及春坊官会议平允以闻。甲寅,免应天、太平、广德、镇江、宁国田租。癸亥,分遣御史录囚。己卯,延安侯唐胜宗帅师讨浙东山寇,平之。十一月壬午,吉安侯陆仲亨镇成都。庚戌,赵庸讨广州海寇,大破之。十二月丁巳,命翰林春坊官考驳诸司章奏。戊辰,傅友德大败元兵于白石江，遂下曲靖。壬申，元梁王把匝剌瓦尔密走普宁自杀。

　　是年，暹罗、安南、爪哇、朵甘、乌斯藏入贡。以安南寇思明，不纳。

明史卷三
本纪第三

太祖三

　　十五年春正月辛巳,宴群臣于谨身殿,始用九奏乐。景川侯曹震、定远侯王弼下威楚路。壬午,元曲靖宣慰司及中庆、澂江、武定诸路俱降,云南平。己丑,减大辟囚。乙未,大祀天地于南郊。庚戌,命天下朝觐官各举所知一人。二月壬子,河决河南,命驸马都尉李祺振之。甲寅,以云南平,诏天下。闰月癸卯,蓝玉、沐英克大理,分兵徇鹤庆、丽江、金齿,俱下。三月庚午,河决朝邑。

　　夏四月甲申,迁元梁王把匝剌瓦儿密及威顺王子伯伯等家属于耽罗。丙戌,诏天下通祀孔子。壬辰,免畿内、浙江、江西、河南、山东税粮。五月乙丑,太学成,释奠于先师孔子。丙子,广平府吏王允道请开磁州铁冶。帝曰:"朕闻王者使天下无遗贤,不闻无遗利。今军器不乏,而民业已定,无益于国,且重扰民。"杖之,流岭南。丁丑,遣行人访经明行修之士。

　　秋七月乙卯,河决荥泽、阳武。辛酉,罢四辅官。乙亥,傅友德、沐英击乌撒蛮,大败之。八月丁丑,复设科取士,三年一行,为定制。丙戌,皇后崩。己丑,延安侯唐胜宗、长兴侯耿炳文屯田陕西。丁酉,擢秀才曾泰为户部尚书。辛丑,命征至秀才分六科试用。九月己酉,吏部以经明行修之士郑韬等三千七百余人入见,令举所知,复遣使征之。赐韬等钞,寻各授布政使、参政等官有差。庚午,葬孝慈皇后于孝陵。

冬十月丙子,置都察院。丙申,录囚。甲辰,徐达还。是月,广东群盗平,诏赵庸班师。十一月戊午,置殿阁大学士,以邵质、吴伯宗、宋讷、吴沉为之。十二月辛卯,振北平被灾屯田士卒。己亥,永城侯薛显理山西军务。

是年,爪哇、琉球、乌斯藏、占城入贡。

十六年春正月乙卯,大祀天地于南郊。戊午,徐达镇北平。二月丙申,初命天下学校岁贡士于京师。三月甲辰,召征南师还,沐英留镇云南。丙寅,复凤阳、临淮二县民徭赋,世世无所与。

夏五月庚申,免畿内各府田租。六月辛卯,免畿内十二州县养马户田租一年,滁州免二年。

秋七月,分遣御史录囚。八月壬申朔,日有食之。九月癸亥,申国公邓镇为征南将军,讨龙泉山寇,平之。

冬十月丁丑,召徐达等还。十二月甲午,刑部尚书开济有罪诛。

是年,琉球、占城、西番、打箭炉、暹罗、须文达那入贡。

十七年春正月丁未,大祀天地于南郊。戊申,徐达镇北平。壬戌,汤和巡视沿海诸城防倭。三月戊戌朔,颁科举取士式。曹国公李文忠卒。甲子,大赦天下。

夏四月壬午,论平云南功,进封傅友德颍国公,陈桓等侯者四人,大赉将士。庚寅,收阵亡遗骸。增筑国子学舍。五月丙寅,凉州指挥宋晟讨西番于亦集乃,败之。

秋七月戊戌,禁内官预外事,敕诸司毋通内官监文移。癸丑,诏百官迎养父母者,官给舟车。丁巳,免畿内今年田租之半。庚申,录囚。壬戌,盱眙人献天书,斩之。八月丙寅,河决开封。壬申,决杞县,遣官塞之。己丑,蠲河南诸省逋赋。

冬十月丙子,河南、北平大水,分遣驸马都尉李祺等振之。闰月癸丑,诏天下罪囚,刑部、都察院详议,大理寺覆谳后奏决。是月,召徐达还。十二月壬子,蠲云南逋赋。

是年，琉球、暹罗、安南、占城入贡。

十八年春正月辛未，大祀天地于南郊。癸酉，朝觐官分五等考绩，黜陟有差。二月甲辰，以久阴雨雷雹，诏臣民极言得失。己未，魏国公徐达卒。三月壬戌，赐丁显等进士及第、出身有差。诏中外官父母殁任所者，有司给舟车归其丧，著为令。乙亥，免畿内今年田租。命天下郡县瘗暴骨。丙子，初选进士为翰林院、承敕监、六科庶吉士。己丑，户部侍郎郭桓坐盗官粮诛。

夏四月丁酉，吏部尚书余熂以罪诛。丙辰，思州蛮叛，汤和为征虏将军，周德兴为副将军，帅师从楚王桢讨之。六月戊申，定外官三年一朝，著为令。

秋七月甲辰，封王禑为高丽国王。庚辰，五开蛮叛。八月庚戌，冯胜、傅友德、蓝玉备边北平。是月，振河南水灾。

冬十月己丑，颁《大诰》于天下。癸卯，召冯胜还。甲辰，诏曰："孟子传道，有功名教。历年既久，子孙甚微。近有以罪输作者，岂礼先贤之意哉。其加意询访，凡圣贤后裔输作者，皆免之。"是月，楚王桢、信国公汤和讨平五开蛮。十一月乙亥，蠲河南、山东、北平田租。十二月丙午，诏有司举孝廉。癸丑，麓川平缅宣慰使思伦发反，都督冯诚败绩，千户王升死之。

是年，高丽、琉球、安南、暹罗入贡。

十九年春正月辛酉，振大名及江浦水灾。甲子，大祀天地于南郊。是月，征蛮师还。二月丙申，耕藉田。癸丑，振河南饥。

夏四月甲辰，诏赎河南饥民所鬻子女。六月甲辰，诏有司存问高年。贫民年八十以上，月给米五斗，酒三斗，肉五斤；九十以上，岁加帛一匹，絮一斤；有田产者罢给米。应天、凤阳富民年八十以上赐爵社士，九十以上乡士；天下富民八十以上里士，九十以上社士。皆与县官均礼，复其家。鳏寡孤独不能自存者，岁给米六石。士卒战伤除其籍，赐复三年。将校阵亡，其子世袭加一秩。岩穴之士，以礼聘遣。丁未，振青州及郑州饥。

秋七月癸未，诏举经明行修练达时务之士。年六十以上者，置翰林备顾问；六十以下，于六部、布按二司用之。八月甲辰，命皇太子修泗州盱眙祖陵，葬德祖以下帝后冕服。九月庚申，屯田云南。

冬十月，命官军已亡子女幼或父母老者皆给全俸，著为令。十二月癸未朔，日有食之。是月，命宋国公冯胜分兵防边。发北平、山东、山西、河南民运粮于大宁。

是年，高丽、琉球、暹罗、占城、安南入贡。

二十年春正月癸丑，冯胜为征虏大将军，傅友德、蓝玉副之，率师征纳哈出。焚锦衣卫刑具，以系囚付刑部。甲子，大祀天地于南郊。礼成，天气清明。侍臣进曰：“此陛下敬天之诚所致。”帝曰：“所谓敬天者，不独严而有礼，当有其实。天以子民之任付于君，为君者欲求事天，必先恤民。恤民者，事天之实也。即如国家命人任守令之事，若不能福民，则是弃君之命，不敬孰大焉。”又曰：“为人君者，父天母地子民，皆职分之所当尽，祀天地，非祈福于己，实为天下苍生也。”二月壬午，阅武。乙未，耕藉田。三月辛亥，冯胜率师出松亭关，城大亭、宽河、曾州、富峪。

夏四月戊子，江夏侯周德兴筑福建濒海城，练兵防倭。六月庚子，临江侯陈镛从征失道，战没。癸卯，冯胜兵逾金山。丁未，纳哈出降。闰月庚申，师还，次金山，都督濮英殿军遇伏，死之。

秋八月癸酉，收冯胜将军印，召还，蓝玉摄军事。景川侯曹震屯田云南品甸。九月戊寅，封纳哈出海西侯。癸未，置大宁都指挥使司。丁酉，安置郑国公常茂于龙州。丁未，蓝玉为征虏大将军，延安侯唐胜宗、武定侯郭英副之，北征沙漠。是月，城西宁。

冬十月戊申，封朱寿为舳舻侯，张赫为航海侯。是月，冯胜罢归凤阳，奉朝请。十一月壬午，普定侯陈桓、靖宁侯叶升屯田定边、姚安、毕节诸卫。己丑，汤和还，凡筑宁海、临山等五十九城。十二月，振登、莱饥。

是年，琉球、安南、高丽、占城、真腊、朵甘、乌斯藏入贡。

二十一年春正月辛巳，麓川蛮思伦发入寇马龙他郎甸，都督宁正击败之。辛卯，大祀天地于南郊。甲午，振青州饥，逮治有司匿不以闻者。三月乙亥，赐任亨泰等进士及第、出身有差。丙戌，振东昌饥。甲辰，沐英讨思伦发，败之。

夏四月丙辰，蓝玉袭破元嗣君于捕鱼儿海，获其次子地保奴及妃主王公以下数万人而还。五月甲戌朔，日有食之。六月甲辰，信国公汤和归凤阳。甲子，傅友德为征南将军，沐英、陈桓为左、右副将军，帅师讨东川叛蛮。

秋七月戊寅，安置地保奴于琉球。八月癸丑，徙泽、潞民无业者垦河南、北田，赐钞备农具，复三年。丁卯，蓝玉师还，大赉北征将士。戊辰，封孙恪为全宁侯。是月，御制八谕饬武臣。九月丙戌，秦、晋、燕、周、楚、齐、湘、鲁、潭九王来朝。癸巳，越州蛮阿资叛，沐英会傅友德讨之。

冬十月丁未，东川蛮平。十二月壬戌，进封蓝玉凉国公。

是年，高丽、占城、琉球、暹罗、真腊、撒马儿罕、安南入贡。诏安南三岁一朝，象犀之属毋献。安南黎季犛弑其主炜。

二十二年春正月丙戌，改大宗正院曰宗人府，以秦王樉为宗人令，晋王㭎、燕王棣为左、右宗正，周王橚、楚王桢为左、右宗人。丁亥，大祀天地于南郊。乙未，傅友德破阿资于普安。二月己未，蓝玉练兵四川。壬戌，禁武臣预民事。癸亥，湖广千户夏得忠结九溪蛮作乱，靖宁侯叶升讨平之，得忠伏诛。是月，阿资降。三月庚午，傅友德帅诸将分屯四川、湖广，防西南蛮。

夏四月己亥，徙江南民田淮南，赐钞备农具，复三年。癸丑，魏国公徐允恭、开国公常升等练兵湖广。甲寅，徙元降王于耽罗。是月，遣御史按山东官匿灾不奏者。五月辛卯，置泰宁、朵颜、福余三卫于兀良哈。

　　秋七月,傅友德等还。八月乙卯,诏天下举高年有德识时务者。是月,更定《大明律》。九月丙寅朔,日有食之。

　　冬十一月丙寅,宣德侯金镇等练兵湖广。己卯,思伦发入贡谢罪,麓川平。十二月甲辰,周王橚有罪,迁云南,寻罢徙,留居京师。定远侯王弼等练兵山西、河南、陕西。

　　是年,高丽、安南、占城、暹罗、真腊入贡。元也速迭儿弑其主脱古思帖木儿而立坤帖木儿。高丽废其主禑,又废其主昌。安南黎季犛复弑其主日焜。

　　二十三年春正月丁卯,晋王㭎、燕王棣帅师征元丞相咬住、太尉乃儿不花,征虏前将军颍国公傅友德等皆听节制。己卯,大祀天地于南郊。庚辰,贵州蛮叛,延安侯唐胜宗讨平之。乙酉,齐王榑帅师从燕王棣北征。赣州贼为乱,东川侯胡海充总兵官,普定侯陈桓、靖宁侯叶升为副将,讨平之。唐胜宗督贵州各卫屯田。二月戊申,蓝玉讨平西番叛蛮。丙辰,耕藉田。癸亥,河决归德,发诸军民塞之。三月癸巳,燕王棣师次迤都,咬住等降。

　　夏四月,吉安侯陆仲亨等坐胡惟庸党下狱。丙申,潭王梓自焚死。闰月丙子,蓝玉平施南、忠建叛蛮。五月甲午,遣诸公侯还里,赐金币有差。乙卯,赐太师韩国公李善长死,陆仲亨等皆坐诛。作《昭示奸党录》,布告天下。六月乙丑,蓝玉遣凤翔侯张龙平都匀、散毛诸蛮。庚寅授耆民有才德知典故者官。

　　秋七月壬辰,河决开封,振之。癸巳,崇明、海门风雨海溢,遣官振之,发民二十五万筑堤。八月壬申,诏毋以吏卒充选举。蓝玉还。是月,振河南、北平、山东水灾。九月庚寅朔,日有食之。

　　冬十月己卯,振湖广饥。十一月癸丑,免山东被灾田租。十二月癸亥,令殊死以下囚输粟北边自赎。壬申,罢天下岁织文绮。

　　是年,墨剌、哈梅里、高丽、占城、真腊、琉球、暹罗入贡。

　　二十四年春正月癸卯,大祀天地于南郊。戊申,颍国公傅友德为征虏将军,定远侯王弼、武定侯郭英副之,备北平边。丁巳,免山东田租。二月壬申,耕藉田。三月戊子朔,日有食之。魏国公徐辉祖、曹国公李景隆、凉国公蓝玉等备边陕西。乙未,靖宁侯叶升练兵甘肃。丁酉,赐许观等进士及第、出身有差。

夏四月辛未,封皇子楩为庆王,权宁王,楩岷王,橞谷王,松韩王,模沈王,楹安王,柽唐王,栋郢王,㰒伊王。癸未,燕王棣督傅友德诸将出塞,败敌而还。五月戊戌,汉、卫、谷、庆、宁、岷六王练兵临清。六月己未,诏廷臣参考历代礼制,更定冠服、居室、器用制度。甲子,久旱录囚。

秋七月庚子,徙富民实京师。辛丑,免畿内官田租之半。八月乙卯,秦王樉有罪,召还京师。乙丑,皇太子巡抚陕西。乙亥,都督佥事刘真、宋晟讨哈梅里,败之。九月乙酉,遣使谕西域。是月,倭寇雷州,百户李玉、镇抚陶鼎战死。

冬十月丁巳,免北平、河间被水田租。十一月甲午,五开蛮叛,都督佥事茅鼎讨平之。庚戌,皇太子还京师,晋王㭎来朝。辛亥,振河南水灾。十二月庚午,周王橚复国。辛巳,阿资复叛,都督佥事何福讨降之。

是年,天下郡县赋役黄册成,计户千六十八万四千四百三十五,丁五千六百七十七万四千五百六十一。琉球、暹罗、别失八里、撒马儿罕入贡。以占城有篡逆事,却之。

二十五年春正月戊子,周王橚来朝。庚寅,河决阳武,发军民塞之,免被水田租。乙未,大祀天地于南郊。何福讨都匀、毕节诸蛮,平之。辛丑,令死囚输粟塞下。壬寅,晋王㭎、燕王棣、楚王桢、湘王柏来朝。二月戊午,召曹国公李景隆等还京师。靖宁侯叶升等练兵于河南及临、巩、甘、凉、延庆。都督茅鼎等平五开蛮。丙寅,耕藉田。庚辰,诏天下卫所军以十之七屯田。三月癸未,冯胜等十四人分理陕西、山西、河南诸卫军务。庚寅,改封豫王桂为代王,汉王楧为肃王,卫王植为辽王。

夏四月壬子,凉国公蓝玉征罕东。癸丑,建昌卫指挥月鲁帖木儿叛,指挥鲁毅败之。丙子,皇太子标薨。戊寅,都督聂纬、徐司马、瞿能讨月鲁帖木儿,俟蓝玉还,并听节制。五月辛巳,蓝玉至罕东,寇遁,遂趋建昌。己丑,振陈州原武水灾。六月丁卯,西平侯沐英卒于云南。

秋七月庚辰,秦王樉复国。癸未,指挥瞿能败月鲁帖木儿于双狼寨。八月己未,江夏侯周德兴坐事诛。丁卯,冯胜、傅友德帅开国公常升等分行山西,籍民为军,屯田于大同、东胜,立十六卫。甲戌,给公侯岁录,归赐田于官。丙子,靖宁侯叶升坐胡惟庸党诛。九月庚寅,立皇孙允炆为皇太孙。高丽李成桂幽其主瑶而自立,以国人表来请命,诏听之,更其国号曰朝鲜。

冬十月乙亥,沐春袭封西平侯,镇云南。十一月甲午,蓝玉擒月鲁帖木儿,诛之,召玉还。十二月甲戌,宋国公冯胜、颍国公傅友德等兼东宫师保官。闰月戊戌,冯胜为总兵官,傅友德副之,练兵山西、河南,兼领屯卫。

是年,琉球、中山、山南、高丽、哈梅里入贡。

二十六年春正月戊申,免天下耆民来朝。辛酉,大祀天地于南郊。二月丁丑,晋王棡统山西、河南军出塞,召冯胜、傅友德、常升、王弼等还。乙酉,蜀王椿来朝。凉国公蓝玉以谋反,并鹤庆侯张翼、普定侯陈桓、景川侯曹震、舳舻侯朱寿、东莞伯何荣、吏部尚书詹徽等皆坐诛。己丑,颁《逆臣录》于天下。庚寅,耕藉田。三月辛亥,代王桂率护卫兵出塞,听晋王节制。长兴侯耿炳文练兵陕西。丙辰,冯胜、傅友德备边山西、北平,其属卫将校悉听晋王、燕王节制。庚申,诏二王军务大者始以闻。壬戌,会宁侯张温坐蓝玉党诛。

夏四月乙亥,孝感饥,遣使乘传发仓贷之。诏自今遇岁饥,先贷后闻,著为令。戊子,周王橚来朝。庚寅,旱,诏群臣直言得失,省狱囚。丙申,以安南擅废立,绝其朝贡。

秋七月甲辰朔,日有食之。戊申,选秀才张宗浚等随詹事府官分直文华殿,侍皇太孙。八月,秦、晋、燕、周、齐五王来朝。九月癸丑,代、肃、辽、庆、宁五王来朝。赦胡惟庸、蓝玉余党。

冬十月丙申,擢国子监生子六十四人为布政使等官。十二月,颁《永鉴录》于诸王。

是年,琉球、爪哇、暹罗入贡。

二十七年春正月乙卯,大祀天地于南郊。辛酉,李景隆为平羌将军,镇甘肃。发天下仓谷贷贫民。三月庚子,赐张信等进士及第、出身有差。辛丑,魏国公徐辉祖、安陆侯吴杰备倭浙江。庚戌,课民树桑枣木棉。甲子,以四方底平,收藏甲兵,示不复用。

秋八月甲戌,吴杰及永定侯张铨率致仕武臣,备倭广东。乙亥,遣国子监生分行天下,督吏民修水利。丙戌,阶、文军乱,都督宁正为平羌将军讨之。九月,徐辉祖节制陕西沿边诸军。

冬十一月乙丑,颍国公傅友德坐事诛。阿资复叛,西平侯沐春击败之。十二月乙亥,定远侯王弼坐事诛。

是年,乌斯藏、琉球、缅、朵甘、爪哇、撒马儿罕、朝鲜入贡。安南来贡,却之。

二十八年春正月丙午,阶、文寇平,宁正以兵从秦王樉征洮州叛番。丁未,大祀天地于南郊。甲子,西平侯沐春擒斩阿资,越州平。是月,周王橚、晋王棡率河南、山西诸卫军出塞,筑城屯田。燕王棣帅总兵官周兴出辽东塞。二月丁卯,宋国公冯胜坐事诛。己丑,谕户部编民百户为里。婚姻死丧疾病患难,里中富者助财,贫者助力。春秋耕获,通力合作,以教民睦。

夏六月壬申,诏诸土司皆立儒学。辛巳,周兴等自开原追敌至甫答迷城,不及而还。己丑,御奉天门,谕群臣曰:“朕起兵至今四十余年,灼见情伪,惩创奸顽,或法外用刑,本非常典。后嗣止循《律》与《大诰》,不许用黥刺、剕、劓、阉割之刑。臣下敢以请者,置重典。”又曰:“朕罢丞相,设府、部、都察院分理庶政,事权归于朝廷。嗣君不许复立丞相。臣下敢以请者置重典,皇亲惟谋逆不赦。余罪,宗亲会议取上裁。法司衹许举奏,毋得擅逮。勒诸典章,永为遵守。"

秋八月丁卯,都督杨文为征南将军,指挥韩观、都督佥事宋晟副之,讨龙州土官赵宗寿。戊辰,信国公汤和卒。辛巳,赵宗寿伏罪来朝,杨文移兵讨奉议、南丹叛蛮。九月丁酉,免畿内、山东秋粮。庚戌,颁《皇明祖训条章》于中外,"后世有言更祖制者,以奸臣论"。十一月乙亥,奉议、南丹蛮悉平。十二月壬辰,诏河南、山东桑枣及二十七年后新垦田,毋征税。

是年,朝鲜、琉球、暹罗入贡。

二十九年春正月壬申,大祀天地于南郊。二月癸卯,征虏前将军胡冕讨郴、桂蛮,平之。辛亥,燕王棣帅师巡大宁,周世子有燉帅师巡北平关隘。三月辛酉,楚王桢、湘王柏来朝。甲子,燕王败敌于彻彻儿山,又追败之于兀良哈秃城而还。

秋八月丁未,免应天、太平五府田租。九月乙亥,召致仕武臣二千五百余人入朝,大赉之,各进秩一级。

是年,琉球、安南、朝鲜、乌斯藏入贡。

三十年春正月甲戌,耿炳文为征西将军,郭英副之,巡西北边。丙寅,大祀天地于南郊。丁卯,置行太仆寺于山西、北平、陕西、甘肃、辽东,掌马政。己巳,左都督杨文屯田辽东。是月,沔县盗起,诏耿炳文讨之。二月庚寅,水西蛮叛,都督佥事顾成为征南将军,讨平之。三月癸丑,赐陈𫑡等进士及第、出身有差。庚辰,古州蛮叛,龙里千户吴得、镇抚井孚战死。

夏四月己亥,都指挥齐让为平羌将军,讨之。壬寅,水西蛮平。五月壬子朔,日有食之。乙卯,楚王桢、湘王柏帅师讨古州蛮。六月辛巳,赐礼部覆试贡士韩克忠等进士及第、出身有差。己酉,驸马都尉欧阳伦有罪赐死。

秋八月丁亥，河决开封。甲午，李景隆为征虏大将军，练兵河南。九月庚戌，汉、沔寇平。戊辰，麓川平缅土酋刀干孟逐其宣慰使思伦发以叛。乙亥，都督杨文为征虏将军，代齐让。

冬十月戊子，停辽东海运。辛卯，耿炳文练兵陕西。乙未，重建国子监先师庙成。士一月癸酉，沐春为征虏前将军，都督何福等副之，讨刀干孟。

是年，琉球、占城、朝鲜、暹罗、乌斯藏、泥八剌入贡。

三十一年春正月壬戌，大祀天地于南郊。乙丑，遣使之山东、河南课耕。二月乙酉，倭寇宁海，指挥陶铎击败之。辛丑，古州蛮平，召杨文还。甲辰，都督佥事徐凯讨平么些蛮。

夏四月庚辰，廷臣以朝鲜屡生衅隙请讨，不许。五月丁未，沐春击刀干孟，大败之。甲寅，帝不豫。戊午，都督杨文从燕王棣，武定侯郭英从辽王植，备御开平，俱听燕王节制。

闰月癸未，帝疾大渐。乙酉，崩于西宫，年七十有一。遗诏曰："朕膺天命三十有一年，忧危积心，日勤不怠，务有益于民。奈起自寒微，无古人之博知，好善恶恶，不及远矣。今得万物自然之理，其奚哀念之有。皇太孙允炆，仁明孝友，天下归心，宜登大位。内外文武臣僚，同心辅政，以安吾民。丧祭仪物，毋用金玉。孝陵山川因其故，毋改作。天下臣民，哭临三日，皆释服，毋妨嫁娶。诸王临国中，毋至京师。诸不在令中者，推此令从事。"辛卯，葬孝陵。谥曰高皇帝，庙号太祖。永乐元年，谥圣神文武钦明启运俊德成功统天大孝高皇帝。嘉靖十七年，增谥开天行道肇纪立极大圣至神仁文义武俊德成功高皇帝。

帝天授智勇，统一方夏，纬武经文，为汉、唐、宋诸君所未及。当其肇造之初，能沉几观变，次第经略，绰有成算。尝与诸臣论取天下之略，曰："朕遭时丧乱，初起乡土，本图自全。及渡江以来，观群雄所为，徒为生民之患，而张士诚、陈友谅尤为巨蠹。士诚恃富，友谅恃强，朕独无所恃。惟不嗜杀人，布信义，行节俭，与卿等同心共济。初与二寇相持，士诚尤逼近，或谓宜先击之。朕以友谅志骄，士诚器小，志骄则好生事，器小则无远图，故先攻友谅。鄱阳之役，士诚卒不能出姑苏一步以为之援。向使先攻士诚，浙西负固坚守，友谅必空国而来，吾腹背受敌矣。二寇既除，北定中原，所以先山东、次河洛，止潼关之兵不遽取秦、陇者，盖扩廓帖木儿、李思齐、张思道皆百战之余，未肯遽下，急之则并力一隅，猝未易定，故出其不意，反旆而北。燕都既举，然后西征。张、李望绝势穷，不战而克，然扩廓犹力抗不屈。向令未下燕都，骤与角力，胜负未可知也。"帝之雄才大略，料敌制胜，率类此。故能戡定祸乱，以有天下。语云"天道后起者胜"，岂偶然哉。

赞曰：太祖以聪明神武之资，抱济世安民之志，乘时应运，豪杰景从，戡乱摧强，十五载而成帝业。崛起布衣，奄奠海宇，西汉以后所未有也。惩元政废驰，治尚严峻。而能礼致耆儒，考礼定乐，昭揭经义，尊崇正学，加恩胜国，澄清吏治，修人纪，崇风教，正后宫名义，内治肃清，禁宦竖不得干政，五府六部官职相维，置卫屯田，兵食俱足。武定祸乱，文致太平，太祖实身兼之。至于雅尚志节，听蔡子英北归。晚岁忧民益切，尝以一岁开支河暨塘堰数万以利农桑、备旱潦。用此子孙承业二百余年，士重名义，闾阎充实。至今苗裔蒙泽，尚如东楼、白马，世承先祀，有以哉。

明史卷四
本纪第四

惠　帝

　　恭闵惠皇帝讳允炆。太祖孙,懿文太子第二子也。母妃吕氏。帝生颖慧好学,性至孝。年十四,侍懿文太子疾,昼夜不暂离。更二年,太子薨,居丧毁瘠。太祖抚之曰:"而诚纯孝,顾不念我乎。"洪武二十五年九月,立为皇太孙。二十九年,重定诸王见东宫仪制。朝见后于内殿行家人礼,以诸王皆尊属也。初,太祖命太子省决章奏,太子性仁厚,于刑狱多所减省。至是以命太孙,太孙亦复佐以宽大。尝请于太祖,遍考礼经,参之历朝刑法,改定《洪武律》畸重者七十三条,天下莫不颂德焉。

　　三十一年闰五月,太祖崩。辛卯,即皇帝位。大赦天下,以明年为建文元年。是日,葬高皇帝于孝陵。诏行三年丧。群臣请以日易月。帝曰:"朕非效古人亮阴不言也。朝则麻冕裳,退则齐衰杖经,食则饘粥,郊社宗庙如常礼。"遂命定仪以进。丙申,诏文臣五品以上及州县官各举所知,非其人者坐之。六月,省并州县,革冗员。兵部侍郎齐泰为本部尚书,翰林院修撰黄子澄为太常卿,同参军国事。

　　秋七月,召汉中府教授方孝孺为翰林院侍讲。诏行宽政,赦有罪,蠲逋赋。八月,周王橚有罪,废为庶人,徙云南。诏兴州、营州、开平诸卫军全家在伍者,免一人。天下卫所军单丁者,放为民。九月,云南总兵官西平侯沐春卒于军,左副将何福代领其众。

冬十一月，工部侍郎张昺为北平布政使，谢贵、张信掌北平都指挥使司，察燕阴事。诏求直言，举山林才德之士。十二月癸卯，何福破斩刁干孟，麓川平。是月，赐天下明年田租之半，释黥军及囚徒还乡里。

是年，暹罗、占城入贡。

建文元年春正月癸酉，受朝，不举乐。庚辰，大祀天地于南郊。奉太祖配。修《太祖实录》。二月，追尊皇考曰孝康皇帝，庙号兴宗，妣常氏曰孝康皇后。尊母妃吕氏曰皇太后，册妃马氏为皇后。封弟允熥为吴王，允熞衡王，允熙徐王。立皇长子文奎为皇太子。诏告天下，举遗贤。赐民高年米肉絮帛，鳏寡孤独废疾者官为牧养。重农桑，兴学校，考察官吏，振罹灾贫民，旌节孝，瘗暴骨，蠲荒田租。卫所军户绝者除勿勾。诏诸王毋得节制文武吏士，更定内外大小官制。三月，释奠于先师孔子。罢天下诸司不急务。都督宋忠、徐凯、耿瓛帅兵屯开平、临清、山海关。调北平、永清二卫军于彰德、顺德。侍郎暴昭、夏原吉等二十四人充采访使，分巡天下。甲午，京师地震，求直言。

夏四月，湘王柏自焚死。齐王榑、代王桂有罪，废为庶人。遣燕王世子高炽及其弟高煦、高燧还北平。六月，岷王楩有罪，废为庶人，徙漳州。己酉，燕山护卫百户倪谅上变，燕旗校于谅等伏诛。诏让燕王棣，逮王府官僚。北平都指挥张信叛附于燕。

秋七月癸酉，燕王棣举兵反，杀布政使张昺、都司谢贵。长史葛诚、指挥卢振、教授余逢辰死之。参政郭资、副使墨麟、佥事吕震等降于燕。指挥马宣走蓟州，俞瑱走居庸。宋忠趋北平，闻变，退保怀来。通州、遵化、密云相继降燕。丙子，燕兵陷蓟州，马宣战死。己卯，燕兵陷居庸关。甲申，陷怀来，宋忠、俞瑱被执死，都指挥彭聚、孙泰力战死，永平指挥郭亮等叛降燕。壬辰，谷王橞自宣府奔京师。长兴侯耿炳文为征虏大将军，驸马都尉李坚、都督宁忠为左、右副将军，帅师讨燕。祭告天地宗庙社稷，削燕属籍。诏曰："邦家不造，骨肉周亲屡谋僭逆。去年，周庶人橚僭为不轨，辞连燕、齐、湘三王。朕以亲亲故，止正橚罪。今年齐王榑谋逆，又与棣、柏同谋，柏伏罪自焚死，榑已废为庶人。朕以棣于亲最近，未忍穷治其事。今乃称兵构乱，图危宗社，获罪天地祖宗，义不容赦。是用简发大兵，往致厥罚。咨尔中外臣民军士，各怀忠守义，与国同心，扫兹逆氛，永安至治。”寻命安陆侯吴杰，江阴侯吴高，都督耿瓛，都指挥盛庸、潘忠、杨松、顾成、徐凯、李友、陈晖、平安，分道并进。置平燕布政使司于真定，尚书暴昭掌司事。

八月己酉，耿炳文兵次真定，徐凯屯河间，潘忠、杨松屯郑州。壬子，燕兵陷雄县，潘忠、杨松战于月漾桥，被执。郑州陷。壬戌，耿炳文及燕兵战于滹沱河北，败绩，李坚、宁忠、顾成被执，炳文退保真定。燕兵攻之不克，引去。召辽王植、宁王权归京师，权不至，诏削护卫。丁卯，曹国公李景隆为征虏大将军，代耿炳文。九月壬辰，吴高、耿瓛、杨文帅辽东兵，围永平。戊寅，景隆兵次河间，燕兵援永平，吴高退保山海关。

冬十月，燕兵自刘家口间道袭陷大宁，守将朱鉴死之。总兵官刘真、都督陈亨援大宁，亨叛降燕。燕以宁王权及朵颜三卫卒归北平。辛亥，李景隆围北平，燕兵还救。十一月辛未，李景隆及燕兵战于郑村坝，败绩，奔德州，诸军尽溃。燕王棣再上书于朝。帝为罢齐泰、黄子澄官，仍留京师。

二年春正月丙寅朔，诏天下来朝官勿贺。丁卯，释奠于先师孔子。二月，燕兵陷蔚州，进攻大同。李景隆自德州赴援，燕兵还北平。保定知府雒金叛降燕。甲子，复以都察院为御史府。均江、浙田赋。诏曰：“国家有惟正之供，江、浙赋独重，而苏、松官田悉准私税，用惩一时，岂可为定则。今悉与减免，亩毋逾一斗。苏、松人仍得官户部。”三月丙寅朔，日有食之。赐胡广等进士及第、出身有差。

夏四月己未，李景隆及燕兵战于白沟河，败之。明日复战，败绩，都督瞿能、越隽侯俞渊、指挥滕聚等皆战死，景隆奔德州。五月辛未，奔济南。燕兵陷德州，遂攻济南。庚辰，景隆败绩于城下，南走。参政铁铉、都督盛庸悉力御之。六月己酉，遣尚宝丞李得成谕燕罢兵。

秋八月癸巳，承天门灾，诏求直言。戊申，盛庸、铁铉击败燕兵，济南围解，复德州。九月，诏录洪武中功臣罪废者后。辛未，封盛庸历城侯，擢铁铉山东布政使，参赞军务，寻进兵部尚书。以庸为平燕将军，都督陈晖、平安副之。庸屯德州，平安及吴杰屯定州，徐凯屯沧州。

冬十月，召李景隆还，赦不诛。庚申，燕兵袭沧州，徐凯被执。十二月甲午，燕兵犯济宁，薄东昌。乙卯，盛庸击败之，斩其将张玉。丙辰，复战，又败之，燕兵走馆陶。庸军势大振，檄诸屯军合击燕，绝其归路。

三年春正月辛酉朔，凝命神宝成，告天地宗庙，御奉天殿受朝贺。乙丑，吴杰、平安邀击燕兵于深州，不利。辛未，大祀天地于南郊。丁丑，享太庙，告东昌捷。复齐泰、黄子澄官。三月辛巳，盛庸败燕兵于夹河，斩其将谭渊。再战不利，都指挥庄得、楚智等力战死。壬午，复战，败绩，庸走德州。丁亥，都督何福援德州。癸巳，贬齐泰、黄子澄，谕燕罢兵。闰月己亥，吴杰、平安及燕战于藁城，败绩，还保真定。燕兵掠真定、顺德、广平、大名。棣上书请召还诸将息兵，遣大理少卿薛嵓报之。是月，《礼制》成，颁行天下。

夏五月甲寅，盛庸以兵扼燕饷道，不克。棣复遣使上书，下其使于狱。六月壬申，燕将李远寇沛县，焚粮艘。壬午，都督袁宇邀击之，败绩。

秋七月己丑，燕兵掠彰德。丁酉，平安自真定攻北平。壬寅，大同守将房昭帅兵由紫荆关趋保定，驻易州西水寨。九月甲辰，平安及燕将刘江战于北平，败绩，还保真定。

冬十一月丁巳，真定诸将遣兵援房昭，及燕王战于齐眉山，败绩。十一月壬辰，辽东总兵官杨文攻永平，及刘江战于昌黎，败绩。

己亥,平安败燕将李彬于杨村。十二月癸亥,燕兵焚真定军储。诏中官奉使侵暴吏民者,所在有司系治。是月,驸马都尉梅殷镇淮安。《太祖实录》成。

四年春正月甲申,召故周王橚于蒙化,居之京师。燕兵连陷东阿、东平、汶上、兖州、济阳,东平吏目郑华,济阳教谕王省皆死之。甲申,魏国公徐辉祖帅师援山东。燕兵陷沛县,知县颜伯玮、主簿唐子清、典史黄谦死之。癸丑,薄徐州。二月甲寅,都督何福及陈晖、平安军济宁,盛庸军淮上。己卯,更定品官勋阶。三月,燕兵攻宿州,平安追及于淝河,斩其将王真,遇伏败绩。宿州陷。

夏四月丁卯,何福、平安败燕兵于小河,斩其将陈文。甲戌,徐辉祖等败燕兵于齐眉山,斩其将李斌,燕兵惧,谋北归。会帝闻讹言,谓燕兵已北,召辉祖还,何福军亦孤。庚辰,诸将及燕兵大战于灵璧,败绩,陈晖、平安、礼部侍郎陈性善、大理寺卿彭与明皆被执,五月癸未,杨文帅辽东兵赴济南,溃于直沽。己丑,盛庸军溃于淮上,燕兵渡淮,趋扬州。指挥王礼等叛降燕,御史王彬、指挥崇刚死之。辛丑,燕兵至六合,诸军迎战,败绩。壬寅,诏天下勤王,遣御史大夫练子宁、侍郎黄观、修撰王叔英分道征兵。召齐泰、黄子澄还。苏州知府姚善、宁波知府王琏、徽州知府陈彦回、乐平知县张彦方各起兵入卫。甲辰,遣庆成郡主如燕师,议割地罢兵。

六月癸丑,盛庸帅舟师败燕兵于浦子口,复战不利。都督佥事陈瑄以舟师叛附于燕。乙卯,燕兵渡江,盛庸战于高资港,败绩。戊午,镇江守将童俊叛降燕。庚申,燕兵至龙潭。辛酉,命诸王分守都城,遣李景隆及兵部尚书茹瑺、都督王佐如燕军,申前约。壬戌,复遣谷王橞、安王楹往。皆不听。甲子,遣使赍蜡书四出,促勤王兵。乙丑,燕兵犯金川门,左都督徐增寿谋内应,伏诛。谷王橞及李景隆叛,纳燕兵,都城陷。宫中火起,帝不知所终。燕王遣中使出帝后尸于火中,越八日壬申葬之。

或云帝由地道出亡。正统五年,有僧自云南至广西,诡称建文皇帝。思恩知府岑瑛闻于朝。按问，乃钧州人杨行祥，年已九十余，下狱，阅四月死。同谋僧十二人，皆戍辽东。自后滇、黔、巴、蜀间，相传有帝为僧时往来迹。正德、万历、崇祯间，诸臣请续封帝后，及加庙谥，皆下部议，不果行。大清乾隆元年，诏廷臣集议，追谥曰恭闵惠皇帝。

赞曰：惠帝天资仁厚。践阼之初，亲贤好学，召用方孝孺等。典章制度，锐意复古。尝因病晏朝，尹昌隆进谏，即深自引咎，宣其疏于中外。又除军卫单丁，减苏、松重赋，皆惠民之大者。乃革命而后，纪年复称洪武，嗣是子孙臣庶以纪载为嫌，草野传疑，不无讹谬。更越圣朝，得经论定，尊名壹惠，君德用彰，懿哉。

明史卷五
本纪第五

成祖一

　　成祖启天弘道高明肇运圣武神功纯仁至孝文皇帝讳棣，太祖第四子也。母孝慈高皇后。洪武三年，封燕王。十三年，之藩北平。王貌奇伟，美髭髯。智勇有大略，能推诚任人。二十三年，同晋王讨乃儿不花。晋王怯不敢进，王倍道趋迤都山，获其全部而还，太祖大喜。是后屡帅诸将出征，并令王节制沿边士马，王威名大振。

　　三十一年闰五月，太祖崩，皇太孙即位，遗诏诸王临国中，毋得至京师。王自北平入奔丧，闻诏乃止。时诸王以尊属拥重兵，多不法。帝纳齐泰、黄子澄谋，欲因事以次削除之。惮燕王强，未发，乃先废周王橚，欲以牵引燕。于是告讦四起，湘、代、齐、岷皆以罪废。王内自危，佯狂称疾。泰、子澄密劝帝除王，帝未决。

　　建文元年夏六月，燕山百户倪谅告变，逮官校於谅、周铎等伏诛。下诏让王，并遣中官逮王府僚，王遂称疾笃。都指挥使谢贵、布政使张昺以兵守王宫。王密与僧道衍谋，令指挥张玉、朱能潜纳勇士八百人入府守卫。

　　秋七月癸酉，匿壮士端礼门，绐贵、昺入，杀之，遂夺九门。上书天子，指泰、子澄为奸臣，并援《祖训》"朝无正臣，内有奸恶，则亲王训兵待命，天子密诏诸王统领镇兵讨平之"。书既发，遂举兵。自署官属，称其师曰"靖难"。拔居庸关，破怀来，执宋忠，取密云，克遵化,降永平。二旬众至数万。

八月,天子以耿炳文为大将军,帅师致讨。己酉,师至真定,前锋抵雄县。壬子,王夜渡白沟河,围雄,拔其城,屠之。甲寅,都指挥潘忠、杨松自鄚州来援,伏兵擒之,遂据鄚州,还驻白沟。大将军部校张保来降,言大将军军三十万,先至者十三万,半营滹沱河南,半营河北。王惧与北军战,南军且乘之也,乃纵保归,俾扬言王帅兵且至,诱其军尽北渡河。壬戌,王至真定,与张玉、谭渊等夹击炳文军,大破之,获其副将李坚、宁忠及都督顾成等,斩首三万级。进围真定,二日不下,乃引去。天子闻炳文败,遣曹国公李景隆代领其军。九月戊辰,江阴侯吴高以辽兵围永平。戊寅,景隆合兵五十万,进营河间。王语诸将曰:“景隆色厉而中馁,闻我在必不敢遽来,不若往援永平以致其师。吴高怯不任战,我至必走,然后还击景隆。坚城在前,大军在后,必成擒矣。”丙戌,燕师援永平。壬辰,吴高闻王至,果走,追击败之。遂北趋大宁。

冬十月壬寅,以计入其城。居七日,挟宁王权,拔大宁之众及朵颜三卫卒俱南。乙卯,至会州。始立五军:张玉将中军,郑亨、何寿副之;朱能将左军,朱荣、李浚副之;李彬将右军,徐理、孟善副之;徐忠将前军,陈文、吴达副之;房宽将后军,和允中、毛整副之。丁巳,入松亭关。景隆闻王征大宁,果引军围北平,筑垒九门,世子坚守不战。十一月庚午,王次孤山。逻骑还报曰白河流澌不可渡。王祷于神,至则冰合,乃济师。景隆遣都陈晖侦敌,道左,出王军后。王分军还击之,晖众争渡河,冰忽解,溺死无算。辛未,与景隆战于郑村坝。王以精骑先破其七营,诸将继至,景隆大败,奔还。乙亥,复上书自诉。十二月,景隆调兵德州,期以明年春大举。王乃谋侵大同,曰:“攻大同,彼必赴救,大同苦寒,南军脆弱,且不战疲矣。”庚申,降广昌。

二年春正月丙寅,克蔚州。二月癸丑,至大同。景隆果由紫荆关来援。王已旋军居庸，景隆兵多冻馁死者，不见敌而还。

夏四月，景隆进兵河间，与郭英、吴杰、平安期会白沟河。乙卯，王营苏家桥。己未，遇平安兵河侧。王以百骑前，佯却，诱安阵动，乘之，安败走。遂薄景隆军，战不利。暝收军，王以三骑殿，夜迷失道，下马伏地视河流，乃辨东西，渡河去。庚申，复战。景隆横阵数十里，破燕后军。王自帅精骑横击之，斩瞿能父子。令邱福冲中坚，不得入。王荡其左，景隆兵乃绕出王后，大战良久，飞矢雨注。王三易马，矢尽挥剑，剑折走登堤，佯引鞭若招后继者。景隆疑有伏，不敢前，高煦救至，乃解。时南军益集，燕将士皆失色。王奋然曰："吾不进，敌不退，有战耳。"乃复以劲卒突出其背，夹攻之。会旋风起，折景隆旗，王乘风纵火奋击，斩首数万，溺死者十余万人。郭英溃而西，景隆溃而南，尽丧其所赐玺书斧钺，走德州。五月癸酉，王入德州，景隆走济南。庚辰，攻济南，败景隆军城下。铁铉、盛庸坚守，不克。

秋八月戊申，解围还北平。九月，盛庸代李景隆将，复取德州，与吴杰、平安、徐凯相犄角，以困北平。时徐凯方城沧州，王佯出兵攻辽东，至通州，循河而南，渡直沽，昼夜兼行。

冬十月戊午，袭执徐凯，破其城，夜坑降卒三千人。遂渡河过德州。盛庸遣兵来袭，击败之。十一月壬申，至临清。十二月丁酉，袭破盛庸将孙霖于滑口。乙卯，及庸战于东昌，庸以火器劲弩歼王兵。会平安军至，合围数重，王大败，溃围以免，亡数万人，张玉战死。

三年春正月辛酉，败吴杰、平安于威县，又败之于深州，遂还北平。二月乙巳，复帅师南下。三月辛巳，与盛庸遇于夹河，谭渊战死。朱能、张武殊死斗，庸军少却。会日暮，各敛兵入营。王以十余骑逼庸营野宿，及明起视，已在围中。乃从容引马，鸣角穿营而去。诸将以天子有诏，毋使负杀叔父名，仓卒相顾愕眙，不敢发一矢。是日复战，自辰至未，两军相胜负，东北风忽起，尘埃蔽天，燕兵大呼，乘风纵击，庸大败。走德州。吴杰、平安自真定引军与庸会，未至八十里，闻败引还。王以计诱之，杰、安出兵袭王。闰月戊戌，遇于藁城。己亥，与战，大风拔木，杰、安败走，追至真定城下。癸丑，至大名，闻齐泰、黄子澄已罢，上书请召还吴杰、平安、盛庸兵。天子使大理少卿薛嵓来报，谕王释甲，王不奉诏。

夏五月，杰、安、庸分兵断燕饷道，王遣指挥武胜上书，诘其故。天子怒，下胜狱。王遂遣李远略沛县，焚粮舟万计。

秋七月己丑，掠彰德。丙申，降林县。平安乘虚捣北平，王遣刘江迎战，安败走。房昭屯易州西水寨，攻保定，王引兵围之。

冬十月丁巳，都指挥花英援昭，败之峨眉山下，斩首万级，昭弃寨走。己卯，还北平。十一月乙巳，王自为文祭南北阵亡将士。当是时，王称兵三年矣。亲战阵，冒矢石，以身先士卒，常乘胜逐北，然亦屡濒于危。所克城邑，兵去旋复为朝廷守，仅据有北平、保定、永平三府而已。无何，中官被黜者来奔，具言京师空虚可取状。王乃慨然曰："频年用兵，何时已乎？要当临江一决，不复返顾矣。"十二月丙寅，复出师。

四年春正月乙未，由馆陶渡河。癸丑，徇徐州。三月壬辰，平安以四万骑蹑王军，王设伏淝河，大败之。丙午，遣谭清断徐州饷道，还至大店，为铁铉军所围。王引兵驰援，清突围出，合击败之。

夏四月丙寅，王营小河，为桥以济，平安趋争桥，陈文战死。平安军桥南，王军桥北，相持数日。平安转战，遇王于北坂，王几为安槊所及。番骑王骐跃入阵，掖王逸去。王曰："南军饥，更一二日饷至，猝未易破。"乃令千余人守桥，夜半渡河而南，绕出安军后。比旦，安始觉，适徐辉祖来会。甲戌，大战齐眉山下。时燕连失大将，淮土盛暑蒸湿，诸将请休军小河东，就麦观衅。王曰："今敌持久饥疲，遮其饷道，可以坐困，奈何北渡懈将士心。"乃下令欲渡河者左，诸将争趋左。王怒曰："任公等所之。"乃无敢复言。丁丑，何福等营灵壁，燕遮其饷道，平安分兵六万人护之。己卯，王帅精锐横击，断其军为二。何福空壁来援，王军少却，高煦伏兵起，福败走。辛巳，进薄其垒，破之，生擒平安、阵晖等三十七人，何福走免。五月己丑，下泗州，谒祖陵，赐父老牛酒。辛卯，盛庸扼淮南岸，朱能、丘福潜济袭走之，遂克盱眙。

癸巳，王集诸将议所向，或言宜取凤阳，或言先取淮安。王曰："凤阳楼橹完，淮安多积粟，攻之未易下。不若乘胜直趋扬州，指仪真，则淮、凤自震。我耀兵江上，京师孤危，必有内变。"诸将皆曰善。己亥，徇扬州，驻军江北。天子遣庆成郡主至军中，许割地以和，不听。六月癸丑，江防都督佥事陈瑄以舟师叛，附于王。甲寅，祭大江。乙卯，自瓜州渡，盛庸以海舰迎战，败绩。戊午，下镇江。庚申，次龙潭。辛酉，天子复遣大臣议割地，诸王继至，皆不听。乙丑，至金川门，谷王橞、李景隆等开门纳王，都城遂陷。是日，王分命诸将守城及皇城，还驻龙江，下令抚安军民。大索齐泰、黄子澄、方孝孺等五十余人，榜其姓名曰奸臣。丙寅，诸王群臣上表劝进。己巳，王谒孝陵。群臣备法驾，奉宝玺，迎呼万岁。王升辇，诣奉天殿即皇帝位。复周王橚、齐王榑爵。壬申，葬建文皇帝。丁丑，杀齐泰、黄子澄、方孝孺，并夷其族。坐奸党死者甚众。戊寅，迁兴宗孝康皇帝主于陵园，仍称懿文太子。

秋七月壬午朔，大祀天地于南郊，奉太祖配。诏："今年以洪武三十五年为纪，明年为永乐元年。建文中更改成法，一复旧制。山东、北平、河南被兵州县，复徭役三年，未被兵者与凤阳、淮安、徐、滁、扬三州蠲租一年，余天下州县悉蠲今年田租之半。"癸未，召前北平按察使陈瑛为左副都御史，尽复建文朝废斥者官。甲申，复官制。癸巳，改封吴王允熥广泽王，衡王允熞怀恩王，徐王允熙敷惠王，随母妃吕氏居懿文太子陵园。癸卯，江阴侯吴高督河南、陕西兵备，抚安军民。甲辰，尚书严震直、王钝，府尹薛正言等巡视山西、山东、河南、陕西。

八月壬子，侍读解缙、编修黄淮入直文渊阁。寻命侍读胡广，修撰杨荣，编修杨士奇，检讨金幼孜、胡俨同入直，并预机务。执兵部尚书铁铉至，不屈，杀之。左军都督刘真镇辽东。丁巳，分遣御史察天下利弊。戊午，都督何福为征虏将军，镇宁夏，节制陕西行都司。都督同知韩观练兵江西，节制广东、福建。甲子，西平侯沐晟镇云南。九月甲申，论靖难功，封丘福淇国公，朱能成国公，张武等侯者十三人，徐祥等伯者十一人。论款附功，封驸马都尉王宁为侯，茹瑺、陈瑄，及都督同知王佐皆为伯。甲午，定功臣死罪减禄例。乙未，徙山西民无田者实北平，赐之钞，复五年。韩观为征南将军，镇广西。

冬十月壬申，徙封谷王橞于长沙。丁巳，命北平州县弃官避靖难兵者朱宁等二百一十九人入粟免死，戍兴州。己未，修《太祖宝录》。丙寅，镇远侯顾成镇贵州。甲戌，诏从征将士掠民间子女者还其家。十一月壬辰，立妃徐氏为皇后。废广泽王允熥、怀恩王允𤊟为庶人。十二月癸丑，蠲被兵州县明年夏税。

明史卷六
本纪第六

成祖二

永乐元年春正月己卯朔，御奉天殿受朝贺，宴群臣及属国使。乙酉，享太庙。辛卯，大祀天地于南郊。复周王橚、齐王榑、代王桂、岷王楩旧封。以北平为北京。癸巳，保定侯孟善镇辽东。丁西，宋晟为平羌将军，镇甘肃。二月庚戌，设北京留守行后军都督府、行部、国子监，改北平曰顺天府。乙卯，遣御史分巡天下，为定制。己未，徙封宁王权于南昌。贻书鬼力赤可汗，许其遣使通好。癸亥，耕藉田。乙丑，遣使征尚师哈立麻于乌斯藏。己巳，振北京六府饥。辛未，命法司五日一引奏罪囚。壬申，瘗战地暴骨。甲戌，高阳王高煦备边开平。三月庚辰，江阴侯吴高镇大同。壬午，改北平行都司为大宁都司，徙保定，始以大宁地畀兀良哈。戊子，平江伯陈瑄、都督佥事宣信充总兵官，督海运，饷辽东、北京，岁以为常。甲午，振直隶、北京、山东、河南饥。

夏四月丁未朔，安南胡奁乞袭陈氏封爵，遣使察实以闻。己酉，户部尚书夏原吉治苏、松、嘉、湖水患。辛未，岷王楩有罪，降其官属。甲戌，襄城伯李浚镇江西。五月丁丑，除天下荒田未垦者额税。癸未，宥死罪以下，递减一等。庚寅，捕山东蝗。丁酉，河南蝗，免今年夏税。是月，再论靖难功，封驸马都尉袁容等三人为侯，陈亨子懋等六人为伯。六月壬子，代王桂有罪，削其护卫。癸丑，遣给事中、御史分行天下，抚安军民，有司奸贪者逮治。丁巳，改上高皇帝、高皇后尊谥。戊辰,武安侯郑亨镇宣府。

秋七月庚寅,复贻书鬼力赤。八月己巳,发流罪以下垦北京田。甲戌,徙直隶苏州等十郡、浙江等九省富民实北京。九月癸未,命宝源局铸农器,给山东被兵穷民。庚寅,初遣中官马彬使爪哇诸国。乙未,夺历城侯盛庸爵,寻自杀。庚子,岷王楩有罪,削其护卫。

冬十一月乙亥朔,颁历于朝鲜诸国,著为令。壬辰,罢遣浚河民夫。甲午,北京地震。乙未,命六科办事官言事。丙申,韩观讨柳州山贼,平之。闰月丁卯,封胡奡为安南国王。

是年,始命内臣出镇及监京营军。朝鲜入贡者六,自是岁时贡贺为常。琉球中山、山北、山南,暹罗,占城,爪哇西王,日本,刺泥,安南入贡。

二年春正月乙卯,大祀天地于南郊。己巳,召世子高炽及高阳王高煦还京师。三月乙巳,赐曾棨等进士及第、出身有差。己酉,始选进士为翰林院庶吉士。庚戌,吏部请罪千户违制荐士者,帝曰:"马周不因常何进乎?果才,授之官,否则罢之可耳。"戊辰,改封敷惠王允熙瓯宁王,奉懿文太子祀。

夏四月辛未朔,置东宫官属。壬申,僧道衍为太子少师,复其姓姚,赐名广孝。甲戌,立子高炽为皇太子,封高煦汉王,高燧赵王。壬午,封汪应祖为琉球国山南王。五月壬寅,丰城侯李彬镇广东,清远伯王友充总兵官,率舟师巡海。六月丁亥,汰冗官。辛卯,振松江、嘉兴、苏州、湖州饥。甲午,封哈密安克帖木儿为忠顺王。

秋七月壬戌,鄱阳民进书毁先贤,杖之,毁其书。丙寅,振江西、湖广水灾。八月丁酉,故安南国王陈日煃弟天平来奔。九月丙午,周王橚来朝,献驺虞,百官请贺。帝曰:"瑞应依德而至,驺虞若果为祥,在朕更当修省。"丁卯,徙山西民万户实北京。命自今御史巡行察吏毋得摭拾人言,贤否皆具实迹以闻。

冬十月丁丑,河决开封。乙酉,蒲城、河津黄河清。是月,藉长兴侯耿炳文家,炳文自杀。十一月甲辰,御奉天门录囚。癸丑,京师及济南、开封地震,敕群臣修省。戊午,蠲苏、松、嘉、湖、杭水灾田租。十二月壬辰,同州、韩城黄河清。是月,下李景隆于狱。

是年,占城、别失八里,琉球山北、山南、爪哇,真腊入贡。暹罗,日本,琉球、中山入贡者再。

三年春正月庚戌,大祀天地于南郊。甲寅,遣使责谕安南。庚申,复免顺天、永平、保定田租二年。二月己巳,行部尚书雒金以言事涉怨诽诛。癸未,赵王高燧居守北京。三月甲寅,免湖广被水田租。

夏六月己卯,中官郑和帅舟师使西洋诸国。庚辰,中官山寿等帅兵出云州觇敌。甲申,夏原吉等振苏、松、嘉、湖饥。免天下农民户口食盐钞。庚寅,胡奎谢罪,请迎陈天平归国。

秋九月丁酉,蠲苏、松、嘉、湖水灾田租,凡三百三十八万石。丁巳,徙山西民万户实北京。

冬十月,盗杀驸马都尉梅殷。丁卯,齐王榑有罪,三赐书戒之。戊子,颁《祖训》于诸王。十二月戊辰,沐晟讨八百,降之。庚辰,都督金事黄中、吕毅以兵纳陈天平于安南。

是年,苏门答剌、满剌加、古里、浡泥来贡,封其长为王。日本贡马,并俘获倭寇为边患者,爪哇东、西,占城,碟里,日罗夏治,合猫里,火州回回入贡。暹罗,琉球山南、山北入贡者再,琉球中山入贡者三。

四年春正月丁未,大祀天地于南郊。丙辰,初御午朝,令群臣奏事得从容陈论。三月辛卯朔,释奠于先师孔子。甲午,设辽东开原、广宁马市。乙巳,赐林环等进士及第、出身有差。丙午,胡奎袭杀陈天平于芹站,前大理卿薛嵓死之,黄中等引兵还。

夏四月己卯,遣使购遗书。五月丁酉,振常州、庐州、安庆饥。庚戌,齐王榑有罪,削官属护卫,留之京师。六月己未朔,日当食,阴云不见,礼官请表贺,不许。丙寅,南阳献瑞麦,谕礼部曰:"比郡县屡奏祥瑞，独此为丰年之兆。"命荐之宗庙。

秋七月辛卯，朱能为征夷将军，沐晟、张辅副之，帅师分道讨安南，兵部尚书刘俊参赞军务，行部尚书黄福、大理卿陈洽督饷。诏曰："安南皆朕赤子，惟黎季犛父子首恶必诛，他胁从者释之。罪人既得，立陈氏子孙贤者。毋养乱，毋玩寇，毋毁庐墓，毋害禾稼，毋攘财货、掠子女，毋杀降。有一于此，虽功不宥。"乙巳，申诽谤之禁。闰月壬戌，诏以明年五月建北京宫殿，分遣大臣采木于四川、湖广、江西、浙江、山西。八月丁酉，诏通政司，凡上书奏民事者，虽小必以闻。癸丑，齐王榑废为庶人。九月戊辰，振苏、松、常、杭、嘉、湖流民复业者十二万余户。

冬十月戊子，成国公朱能卒于军，张辅代领其众。乙未，克隘留关。庚子，沐晟率师会于白鹤。十一月己巳，甘露降孝陵松柏，醴泉出神乐观，荐之太庙，赐百官。十二月辛卯，赦天下殊死以下。张辅大破安南兵于嘉林江。丙申，拔多邦城。丁酉，克其东部。癸卯，克西都，贼遁入海。辛亥，瓯宁王允熙邸第火，王薨。

是年，暹罗，占城，于阗，浡泥，日本，琉球中山、山南，婆罗入贡。爪哇东、西，真腊入贡者再。别失八里入贡者三。琉球进阉人，还之。回回结牙曲进玉碗，却之。

五年春正月丁卯，大祀天地于南郊。己巳，张辅大败安南兵于木丸江。二月庚寅，出翰林学士解缙为广西参议。三月丁巳，封尚师哈立麻为大宝法王。辛巳，张辅大破安南兵于富良江。

夏四月己酉，振顺天、河间、保定饥。五月甲子，张辅擒黎季犛、黎苍献京师，安南平。河南饥，逮治匿灾有司。敕都察院，凡灾伤不以实闻者罪之。六月癸未，以安南平，诏天下。置交址布政司。己丑，山阳民丁珏讦其乡人诽谤，擢为刑科给事中。甲午，诏自永乐二年六月后犯罪去官者，悉宥之。乙未，张辅移师会韩观讨浔、柳叛蛮。癸卯，命张辅访交址人才，礼遣赴京师。

秋七月乙卯，皇后崩。丁卯，河溢河南。八月乙酉，左都督何福镇甘肃。庚子，录囚，杂犯死罪减等论戍，流以下释之。九月壬子，郑和还。乙卯，御奉天门，受安南俘，大赉将士。

冬十月，浔、柳蛮平。

是年，琉球中山、山南，婆罗，日本，别失八里，阿鲁，撒马儿罕，苏门答剌，满剌加，小葛兰入贡。

六年春正月丁巳，岷王楩复有罪，罢其官属。辛酉，大祀天地于南郊。二月丁未，除北京永乐五年以前逋赋，免诸色课程三年。三月癸丑，宁阳伯陈懋镇宁夏。乙卯，除河南、山东、山西、永乐五年以前逋赋。

夏四月丙申，始命云南乡试。五月壬戌夜，京师地震。六月庚辰，诏罢北京诸司不急之务及买办，以苏民困；流民来归者复三年。丁亥，张辅、沐晟还。

秋七月癸丑，论平交址功，进封张辅英国公，沐晟黔国公，王友清远侯，封都督佥事柳升安远伯，余爵赏有差。八月乙酉，交址简定反，沐晟为征夷将军，讨之，刘俊仍参赞军务。九月己酉，命刑部疏滞狱。癸亥，郑和复使西洋。

冬十一月丁巳，录囚。十二月丁酉，沐晟及简定战于生厥江，败绩，刘俊及都督佥事吕毅、参政刘昱死之。是月，柳升、陈瑄、李彬等率舟师分道沿海捕倭。

是年，鬼力赤为其下所弑，立本雅失里为可汗。浡泥国王来朝。瓦剌，占城，于阗，暹罗，撒马儿罕，榜葛剌，冯嘉施兰，日本，爪哇，琉球中山、山南入贡。

七年春正月癸丑，赐百官上元节假十日，著为令。乙卯，大祀天地于南郊。二月乙亥，遣使于巡狩所经郡县存问高年，八十以上赐酒肉，九十加帛。丙子，征致仕知府刘彦才等九十二人分署府州县。辛巳，以北巡告天地宗庙社稷。壬午，发京师，皇太子监国。张辅、王友率师讨简定。戊子，谒凤阳皇陵。三月甲辰，次东平州，望祭泰山。辛亥，次景州，望祭恒山。乙卯，平安自杀。壬戌，至北京。癸亥，大赉官吏军民。丙寅，诏起兵时将士及北京效力人民杂犯死罪咸宥之，充军者官复职，军民还籍伍。壬申，柳升败倭于青州海中，敕还师。

夏四月癸酉朔，皇太子摄享太庙。壬午，海寇犯钦州，副总兵李圭遣将击败之。闰月戊申，命皇太子所决庶务，六科月一类奏。丙辰，谕行在法司，重罪必五覆奏。五月己卯，营山陵于昌平，封其山曰天寿。乙未，封瓦剌马哈木为顺宁王，太平为贤义王，把秃孛罗为安乐王。六月壬寅，察北巡郡县长吏，擢汶上知县史诚祖治行第一，下易州同知张腾于狱。辛亥，给事中郭骥使本雅失里，为所杀。丁卯，斥御史洪秉等四人，诏自今御史勿用吏员。

秋七月癸酉，淇国公丘福为征虏大将军，武成侯王聪、同安侯火真副之，靖安侯王忠、安平侯李远为左、右参将，讨本雅失里。八月甲寅，丘福败绩于胪朐河，福及聪、真、忠、远皆战死。庚申，张辅败贼于咸子关。九月庚午朔，日有食之。张辅败贼于太平海口。甲戌，赠北征死事李远莒国公、王聪漳国公，遂决意亲征。丙子，武安侯郑亨率师巡边。壬午，成安侯郭亮备御开平。

冬十月丁未，削丘福封爵，徙其家于海南。十一月戊寅，张辅获简定于美良，送京师，诛之。十二月庚戌，赐济宁至良乡民频年递运者田租一年。乙丑，召张辅还。

是年，满剌加，哈烈，撒马儿罕，火州，古里，占城，苏门答剌，琉球中山、山南入贡。暹罗、榜葛剌入贡者再。

八年春正月辛未，召宁阳侯陈懋随征漠北。己卯，皇太子摄祀天地于南郊。癸巳，免去年扬州、淮安、凤阳、陈州水灾田租，赎军民所鬻子女。二月辛丑，以北征诏天下，命户部尚书夏原吉辅皇长孙瞻基留守北京。乙巳，皇太子录囚，奏贷杂犯死罪以下，从之。丁未，发北京。癸亥，遣祭所过名山大川。乙丑，大阅。三月丁卯，清远侯王友督中军，安远伯柳升副之，宁远侯何福、武安侯郑亨督左、右哨,宁阳侯陈懋、广恩伯刘才督左、右掖,都督刘江督前哨。甲戌,次鸣銮戍。乙亥,誓师。

夏四月庚申,次威虏镇,以橐驼所载水给卫士,视军士皆食,始进膳。五月丁卯,更名胪朐河曰饮马。甲戌,闻本雅失里西奔,遂渡饮马河追之。己卯,及于斡难河,大败之,本雅失里以七骑遁。丙戌,还次饮马河,诏移师征阿鲁台。丁亥,回回哈剌马牙杀都指挥刘秉谦,据肃州卫以叛,千户朱迪等讨平之。六月甲辰,阿鲁台伪降,命诸将严阵以待,果悉众来犯。帝自将精骑迎击,大败之,追北百余里。丁未,又败之。己酉,班师。

秋七月丁卯,次开平。帝在军,念士卒艰苦,每蔬食,是日宴赉,始复常膳。西宁侯宋琥镇甘肃。辛巳,振安庆、徽州、凤阳、镇江饥。壬午,至北京,御奉天殿受朝贺。甲午,论功行赏有差。八月壬寅,进封柳升安远侯。乙卯,何福自杀。庚申,河溢开封。九月己巳,幸天寿山。

冬十月丁酉,发北京。是月,倭寇福州。十一月甲戌,至京师。十二月癸巳,阿鲁台遣使贡马。戊午,陈季扩乞降,以为交址右布政使,季扩不受命。

是年,失捏干寇黄河东岸,宁夏都指挥王俶败没。浮泥、吕宋、冯嘉施兰、苏门答剌、榜葛剌入贡。占城贡象。琉球山南、爪哇、暹罗贡马。琉球中山入贡者三。

九年春正月甲戌,大祀天地于南郊。丙子,柳升镇宁夏。己卯,张辅为征虏副将军,会沐晟讨交址。丙戌,丰城侯李彬、平江伯陈瑄率浙江、福建兵捕海寇。二月辛亥,陈瑛有罪,下狱死。丙辰,诏赦交址。丁巳,倭陷昌化千户所。己未,工部尚书宋礼开会通河。三月甲子,赐萧时中等进士及第、出身有差。壬午,浚祥符县黄河故道。戊子,刘江镇辽东。

夏六月乙巳,郑和还自西洋。是月,下交址右参议解缙于狱。

秋七月丙子,张辅败贼于月常江。九月戊寅,谕法司,凡死罪必五覆奏。壬午，命屯田军以公事妨农务者，免征子粒，著为令。

冬十月乙未，宽北京谪徙军民赋役。癸卯，封哈密兔力帖木儿为忠义王。乙巳，复修《太祖实录》。十一月戊午，蠲陕西逋赋。癸亥，张辅败贼于生厥江。丁卯，立皇长孙瞻基为皇太孙。壬申，韩观为征夷副将军，改镇交址，都指挥葛森镇广西。丙子，敕法司决遣罪囚毋淹滞。是月，遣使督瘗战场暴骨。十二月壬辰，敕宥福余、朵颜、泰宁三卫罪，令入贡。闰月丁巳，命府部诸臣陈军民利弊。

是年，浙江、湖广、河南、顺天、扬州水，河南、陕西疫，遣使振之。满剌加王来朝。爪哇、榜葛剌、古里、柯枝、苏门答剌、阿鲁、彭亨、急兰丹、南巫里、暹罗入贡。阿鲁台来贡马，别失八里献文豹。琉球中山入贡者三。

十年春正月己丑，命入觐官千五百余人各陈民瘼，不言者罪之，言有不当勿问。丁酉，大祀天地于南郊。癸丑，振平阳饥，逮治布政使及郡县官不奏闻者。二月辛酉，蠲山西、河南逋赋。庚辰，辽王植有罪，削其护卫。三月丁亥，丰城侯李彬讨甘肃叛寇八耳思朵罗歹。戊子，赐马铎等进士及第、出身有差。甲辰，免北京水灾租税。

夏六月甲戌，谕户部，凡郡县有司及朝使目击民艰不言者，悉逮治。

秋七月癸卯，禁中官干预有司政事。八月癸丑，张辅大破交址贼于神投海。己未，敕边将自长安岭迤西迄洗马林筑石垣，深濠堑。

冬十月戊辰，猎城南武冈。十一月壬午，侍讲杨荣经略甘肃。丙申，郑和复使西洋。

是年，浡泥、占城、暹罗、满剌加、榜葛剌、苏门答剌、南浡利、琉球山南入贡。

十一年春正月辛巳朔，日有食之。诏罢朝贺宴会。壬午，谕通政使、礼科给事中，凡朝觐官境内灾伤不以闻为他人所奏者，罪之。辛卯，大祀天地于南郊。辛丑，丰城侯李彬镇甘肃，召宋琥还。二月辛亥,始设贵州布政司。癸亥,令北京民户分养孳生马,著为令。甲子,幸北京,皇太孙从。尚书蹇义、学士黄淮、谕德杨士奇、洗马杨溥辅皇太子监国。乙丑,发京师,命给事中、御史所过存问高年,赐酒肉及帛,丙寅,葬仁孝皇后于长陵。辛未,次凤阳,谒皇陵。

夏四月己酉,至北京。五月丁未,曹县献驺虞,礼官请贺,不许。

秋七月戊寅,封阿鲁台为和宁王。八月甲子,北京地震。乙丑,镇远侯顾成讨思州、靖州叛苗。九月壬午,诏自今郡县官每岁春行视境内,蝗蝻害稼即捕绝之,不如诏者二司并罪。

冬十月丙寅,以玺书命皇太子录囚。十一月戊寅,以野蚕茧为衮,命皇太子荐太庙。壬午,瓦剌马哈木兵渡饮马河,阿鲁台告警,命边将严守备。甲申,宁阳侯陈懋,都督谭青、马聚、朱崇巡宁夏、大同、山西边,简练士马。寻命陕西、山西及潼关等五卫兵驻宣府,中都、辽东、河南三都指挥使司及武平等四卫兵会北京。乙巳,应城伯孙岩备开平。十二月壬子,张辅、沐晟大败交址贼于爱子江。

是年,马哈木弑其主本雅失里,立答里巴为可汗。别失八里、满刺加、占城、爪哇西王入贡。琉球中山入贡者四。琉球山南入贡者再。

明史卷七
本纪第七

成祖三

　　十二年春正月庚寅，思州苗平。辛丑，发山东、山西、河南及凤阳、淮安、徐、邳民十五万，运粮赴宣府。二月己酉，大阅。庚戌，亲征瓦剌，安远侯柳升领大营，武安侯郑亨领中军，宁阳侯陈懋、丰城侯李彬领左、右哨，成山侯王通、都督谭青领左、右掖，都督刘江、朱荣为前锋。庚申，振凤翔、陇州饥，按长吏不言者罪。三月癸未，张辅俘陈季扩于老挝以献，交址平。庚寅，发北京，皇太孙从。

　　夏四月甲辰朔，次兴和，大阅。己酉，颁军中赏罚号令。庚戌，设传令纪功官。丁卯，次屯云谷，孛罗不花等来降。五月丁丑，命尚书、光禄卿、给事中为督阵官，察将士用命不用命者。六月甲辰，刘江遇瓦剌兵，战于康哈里孩，败之。戊申，次忽兰忽失温，马哈木帅众来犯，大败之，追至土剌河，马哈木宵遁。庚戌，班师，宣捷于阿鲁台。戊午，次三峰山，阿鲁台遣使来朝。己巳，以败瓦剌诏天下。

　　秋七月戊子，次红桥。诏六师入关有践田禾取民畜产者，以军法论。己亥，次沙河，皇太子遣使来迎。八月辛丑朔，至北京，御奉天殿受朝贺。丙午，蠲北京州县租二年。戊午，赏从征将士。九月癸未，郭亮、徐亨备开平。丙戌，靖州苗平。甲午，费瓛镇甘肃，刘江镇辽东。闰月甲辰，以太子遣使迎驾缓，征侍读黄淮，侍讲杨士奇，正字金问及洗马杨溥、芮善下狱，未几释士奇复职。甲子，召吴高还。丁卯，都督朱荣镇大同。

冬十一月甲辰,录囚。庚戌,废晋王济熺为庶人。庚申,蠲苏、松、杭、嘉、湖水灾田租四十七万九千余石。

是年,泥八剌国沙的新葛来朝,封为王。彭亨、乌斯藏入贡。真腊进金缕衣。琉球中山王贡马。榜葛剌贡麒麟。

十三年春正月丙午,塞居庸以北隘口。丁未,马哈木谢罪,请朝贡。许之。壬子,北京午门灾。戊午,敕内外诸司蠲诸宿逋,将士军官犯罪者悉宥之。二月癸酉,遣指挥刘斌、给事中张磐等十二人巡视山西、山东、大同、陕西、甘肃、辽东军操练、屯政,覆实以闻。甲戌,命行在礼部会试天下贡士。癸未,张辅等师还。戊子,论平交阯功,赏赉有差。三月己亥,策士于北京,赐陈循等进士及第、出身有差。丙午,广西蛮叛,指挥同知葛森讨平之。

夏四月戊辰,张辅镇交阯。五月丁酉朔,日有食之。乙丑,凿清江浦,通北京漕运。六月,振北京、河南、山东水灾。

秋七月癸卯,郑和还。乙巳,四川戎县山都掌蛮平。八月庚辰,振山东、河南、北京、顺天州县饥。九月壬戌,北京地震。

冬十月甲申,猎于近郊。壬辰,法司奏侵冒官粮者,帝怒,命戮之。及覆奏,帝曰:"朕过矣,仍论如律,自今死罪者皆五覆奏,著为令。"十二月,蠲顺天、苏州、凤阳、浙江、湖广、河南、山东州县水旱田租。

是年,琉球山南、山北、爪哇西王、占城、古里、柯枝、南渤利、甘巴里、满剌加、忽鲁谟斯、哈密、哈烈、撒马儿罕、火州、土鲁番、苏门答剌、俺都淮、失剌思入贡。麻林及诸番进麒麟、天马、神鹿。琉球中山入贡者再。

十四年春正月己酉,北京、河南、山东饥,免永乐十二年逋租,发粟一百三十七万石有奇振之。辛酉,都督金玉讨山西广灵山寇,平之。三月癸巳,都督梁福镇湖广、贵州。壬寅,阿鲁台败瓦剌,来献捷。

夏四月壬申，礼部尚书吕震请封禅。帝曰：“今天下虽无事，四方多水旱疾疫，安敢自谓太平。且《六经》无封禅之文，事不师古，甚无谓也。”不听。乙亥，胡广为文渊阁大学士。六月丁卯，都督同知蔡福等备倭山东。

秋七月丁酉，遣使捕北京、河南、山东州县蝗。壬寅，河决开封。乙巳，掌锦衣卫事都指挥佥事纪纲有罪伏诛。八月癸酉旦，寿星见，礼臣请上表贺，不许。丁亥，作北京西宫。九月癸卯，京师地震。戊申，发北京。

冬十月丁丑，次凤阳，祀皇陵。癸未，至自北京，谒孝陵。十一月壬寅，诏文武群臣集议营建北京。丙午，召张辅还。戊申，汉王高煦有罪，削二护卫。徙山东、山西、湖广流民于保安州，赐复三年。十二月丁卯，郑和复使西洋。

是年，占城、古里、爪哇、满剌加、苏门答剌、南巫里、浡泥、彭亨、锡兰山、溜山、南渤利、阿丹、麻林、忽鲁谟斯、柯枝入贡。琉球中山入贡者再。

十五年春正月丁酉，大祀天地于南郊。壬子，平江伯陈瑄督漕，运木赴北京。二月癸亥，谷王橞有罪，废为庶人。丁卯，丰城侯李彬镇交阯。壬申，泰宁侯陈圭董建北京，柳升、王通副之。三月丁亥，交阯始贡士至京师。丙申，杂犯死罪以下囚，输作北京赎罪。丙午，汉王高煦有罪，徙封乐安州。壬子，北巡，发京师，皇太子监国。

夏四月己巳，次邾城。申禁军士毋践民田稼，有伤者除今年租。或先被水旱逋租，亦除之。癸未，西宫成。五月丙戌，至北京。六月丁酉，李彬讨交阯贼黎核，斩之。己亥，中官张谦使西洋还。败倭寇于金乡卫。

秋八月甲午，瓯宁人进金丹。帝曰：“此妖人也。令自饵之。毁其方书。”九月丁卯，曲阜孔子庙成，帝亲制文勒石。

冬十月，李彬败交阯贼杨进江，斩之。十一月癸酉，礼部尚书赵羾为兵部尚书，巡视塞北屯戍军民利弊。

是年,西洋苏禄东西峒王来朝。琉球中山、别失八里、琉球山南、真腊、浡泥、占城、暹罗、哈烈、撒马儿罕入贡。

十六年春正月甲寅,交阯黎利反,都督朱广击败之。甲戌,倭陷松门卫,按察司佥事石鲁坐诛。兴安伯徐亨、都督夏贵备开平。二月辛丑,交阯四忙县贼杀知县欧阳智以叛,李彬遣将击走之。三月甲寅,赐李骐等进士及第、出身有差。都督佥事刘鉴备边大同。

夏五月庚戌,重修《太祖实录》成。丁巳,胡广卒。

秋七月己巳,敕责陕西诸司:"比闻所属岁屡不登,致民流莩,有司坐视不恤,又不以闻,其咎安在。其速发仓储振之。"赞善梁潜、司谏周冕以辅导皇太子有阙,皆下狱死。

冬十二月戊子,谕法司:"朕屡敕中外官洁己爱民,而不肖官吏恣肆自若,百姓苦之。夫良农必去稂莠者,为害苗也。继今,犯赃必论如法。"辛丑,成山侯王通驰传振陕西饥。

是年,暹罗、占城、爪哇、苏门答剌、泥八剌、满剌加、南渤利、哈烈、沙哈鲁、千里达、撒马儿罕入贡。琉球中山入贡者再。

十七年春二月乙酉,兴安伯徐亨备兴和、开平、大同。

夏五月丙午,都督方政败黎利于可蓝栅。六月壬午,免顺天府去年水灾田租。戊子,刘江歼倭寇于望海埚,封江广宁伯。

秋七月庚申,郑和还。八月,中官马骐激交阯乂安土知府潘僚反。九月丙辰,庆云见,礼臣请表贺,不许。

冬十二月庚辰,谕法司曰:"刑者,圣人所慎。匹夫匹妇不得其死,足伤天地之和,召水旱之灾,甚非朕宽恤之意。自今,在外诸司死罪,咸送京师审录,三覆奏然后行刑。"乙未,工部侍郎刘仲廉核实交阯户口田赋,察军民利病。

是年,哈密、土鲁番、失剌思、亦思弗罕、真腊、占城、哈烈、阿鲁、南渤利、苏门答剌、八答黑商、满剌加入贡。琉球中山入贡者四。

十八年春正月癸卯,李彬及都指挥孙霖、徐谅败黎利于磊江。闰月丙子,翰林院学士杨荣、金幼孜为文渊阁大学士。庚辰,擢人材,布衣马麟等十三人为布政使、参政、参议。二月己酉,蒲台妖妇唐赛儿作乱,安远侯柳升帅师讨之。三月辛巳,败贼于卸石栅寨,都指挥刘忠战没,赛儿逸去。甲申,山东都指挥佥事卫青败贼于安丘,指挥王真败贼于诸城,献俘京师。戊子,山东布政使储埏、张海,按察使刘本等坐纵盗诛。戊戌,以逗留征柳升下吏,寻释之。

夏五月壬午,左都督朱荣镇辽东。庚寅,交阯参政侯保、冯贵御贼,战死。六月丙午,北京地震。

秋七月丁亥,徐亨备开平。八月丁酉朔,日有食之。九月己巳,召皇太子。丁亥,诏自明年改京师为南京,北京为京师。

冬十月庚申,李彬遣指挥使方政败黎利于老挝。十一月戊辰,以迁都北京诏天下。是月,振青、莱饥。十二月己未,皇太子及皇太孙至北京。癸亥,北京郊庙宫殿成。

是年,始设东厂,命中官刺事。古麻剌朗王来朝。暹罗、占城、爪哇、满剌加、苏门答剌、苏禄西王入贡。

十九年春正月甲子朔,奉安五庙神主于太庙。御奉天殿受朝贺,大宴。甲戌,大祀天地于南郊。戊寅,大赦天下。癸巳,郑和复使西洋。二月辛丑,都督佥事胡原帅师巡海捕倭。三月辛巳,赐曾鹤龄等进士及第、出身有差。

夏四月庚子,奉天、华盖、谨身三殿灾,诏群臣直陈阙失。乙巳,诏罢不便于民及不急诸务,蠲十七年以前逋赋,免去年被灾田粮。己酉,万寿节,以三殿灾止贺。癸丑,蹇义等二十六人巡行天下,安抚军民。五月乙丑,出建言给事中柯暹,御史何忠、郑维桓、罗通等为知州。庚寅,令交阯屯田。

秋七月己巳,帝将北征,敕都督朱荣领前锋,安远侯柳升领中军,宁阳侯陈懋领御前精骑,永顺伯薛斌、恭顺伯吴克忠领马队,武安侯郑亨、阳武侯薛禄领左右哨,英国公张辅、成山侯王通领左右掖。八月辛卯朔，日有食之。

冬十一月辛酉，分遣中官杨实、御史戴诚等核天下库藏出纳之数。丙子，议北征军饷，下户部尚书夏原吉、刑部尚书吴中于狱，兵部尚书方宾自杀。辛巳，下侍读李时勉于狱。甲申，发直隶、山西、河南、山东及南畿应天等五府，滁、和、徐三州丁壮运粮，期明年二月至宣府。

是年，瓦剌贤义王太平、安乐王把秃孛罗来朝。忽鲁谟斯、阿丹、祖法儿、剌撒、不剌哇、木骨都束、古里、柯枝、加异勒、锡兰山、溜山、南渤利、苏门答剌、阿鲁、满剌加、甘巴里、苏禄、榜葛剌、渤泥、古麻剌朗王入贡。暹罗入贡者再。

二十年春正月己未朔，日有食之，免朝贺，诏群臣修省。辛未，大祀天地于南郊。壬申，丰城侯李彬卒于交阯。二月乙巳，隆平侯张信、兵部尚书李庆分督北征军饷，役民夫二十三万五千有奇，运粮三十七万石。三月丙寅，诏有司遇灾先振后闻。乙亥，阿鲁台犯兴和，都指挥王唤战死。丁丑，亲征阿鲁台，皇太子监国。戊寅，发京师。辛巳，次鸡鸣山，阿鲁台遁。

夏四月乙卯，次云州，大阅。五月乙丑，猎于偏岭。丁卯，大阅。辛未，次西凉亭。壬申，大阅。乙酉，次开平。六月壬辰，令军行出应昌，结方阵以进。癸巳，谍报阿鲁台兵攻万全，诸将请分兵还击，帝曰："诈也。彼虑大军捣其巢穴，欲以牵制我师，敢攻城哉。"甲午，次阳和谷，寇攻万全者果遁去。

秋七月己未，阿鲁台弃辎重于阔滦海侧北遁，发兵焚之，收其牲畜，遂旋师。谓诸将曰："阿鲁台敢悖逆，恃兀良哈为羽翼也。当还师蕲之。"简步骑二万，分五道并进。庚午，遇于屈裂儿河，帝亲击败之，追奔三十里，斩部长数十人。辛未，徇河西，捕斩甚众。甲戌，兀良哈余党诣军门降。是月，皇太子免南、北直隶、山东、河南郡县水灾粮刍共六十一万有奇。八月戊戌，诸将分道者俱献捷。辛丑，以班师诏天下。壬寅，郑亨、薛禄守开平。郑和还。九月壬戌，至京师。癸亥，下左春坊大学士杨士奇于狱。丙寅，下吏部尚书蹇义、礼部尚书吕震于狱，寻俱释之。辛未，录从征功，封左都督朱荣武进伯，都督金事薛贵安顺伯。

冬十月癸巳，分遣中官及朝臣八十人核天下仓粮出纳之数。十二月辛卯，朱荣镇辽东。闰月戊寅，乾清宫灾。

是年，暹罗、苏门答剌、阿丹等国遣使随贡方物。占城、琉球中山、卜花儿、哈密、瓦剌、土鲁番、爪哇入贡。

二十一年春正月乙未，大祀天地于南郊。癸卯，交阯参将荣昌伯陈智追败黎利于车来。二月己巳，都指挥使鹿荣讨柳州叛蛮，平之。三月庚子，御史王愈等会决重囚，误杀无罪四人，坐弃市。

夏五月癸未，免开封、南阳、卫辉、凤阳等府去年水灾田租。己丑，常山护卫指挥孟贤等谋逆，伏诛。六月庚戌朔，日有食之。

秋七月戊戌，复亲征阿鲁台，安远侯柳升、遂安伯陈英领中军，武安侯郑亨、保定侯孟瑛领左哨，阳武侯薛禄、新宁伯谭忠领右哨，英国公张辅、安平侯李安领左掖，成山侯王通、兴安伯徐亨领右掖，宁阳侯陈懋领前锋。庚子，释李时勉，复其官。辛丑，皇太子监国。壬寅，发京师。戊申，次宣府，敕居庸关守将止诸司进奉。八月己酉，大阅。庚申，塞黑峪、长安岭诸边险要。丁丑，皇太子免两京、山东郡县水灾田租。九月戊子，次西阳河。癸巳，闻阿鲁台为瓦剌所败，部落溃散，遂驻师不进。

冬十月甲寅，次上庄堡，迤北王子也先土干帅所部来降，封忠勇王，赐姓名金忠。庚午，班师。十一月甲申，至京师。

是年，锡兰山王来朝，又遣使入贡。占城、古里、忽鲁谟斯、阿丹、祖法儿、剌撒、不剌哇、木骨都束、柯枝、加异勒、溜山、南渤利、苏门答剌、阿鲁、满剌加、失剌思、榜葛剌、琉球中山入贡。

二十二年春正月甲申，阿鲁台犯大同，诏群臣议北征，敕边将整兵俟命。丙戌，征山西、山东、河南、陕西、辽东五都司及西宁、巩昌、洮、岷各卫兵，期三月会北京及宣府。戊子，大祀天地于南郊。癸巳，郑和复使西洋。三月戊寅，大阅，谕诸将亲征。命柳升、陈英领中军，张辅、朱勇领左掖，王通、徐亨领右掖，郑亨、孟瑛领左哨，薛禄、谭忠领右哨，陈懋、金忠领前锋。己卯，赐邢宽等进士及第、出身有差。

夏四月戊申，皇太子监国。己酉，发京师。庚午，次隰宁，谍报阿鲁台走答兰纳木儿河，遂趋进师。五月己卯，次开平，使使招谕阿鲁台诸部。乙酉，瘗道中遗骸。丁酉，宴群臣于应昌，命中官歌太祖御制词五章，曰："此先帝所以戒后嗣也，虽在军旅何敢忘。"己亥，次威远州。复宴群臣，自制词五章，命中官歌之。皇太子令免广平、顺德、扬州及湖广、河南郡县水灾田租。六月庚申，前锋至答兰纳木儿河，不见敌，命张辅等穷搜山谷三百里无所得，进驻河上。癸亥，陈懋等引兵抵白邙山，以粮尽还。甲子，班师，命郑亨等以步卒西会于开平。壬申夜，南京地震。

秋七月庚辰，勒石于清水源之崖。戊子，遣吕震以旋师谕太子，诏告天下。己丑，次苍崖戍，不豫。庚寅，至榆木川，大渐。遗诏传位皇太子，丧礼一如高皇帝遗制。辛卯，崩，年六十有五。太监马云密与大学士杨荣、金幼孜谋，以六军在外，秘不发丧，镕锡为椑以敛，载以龙舆，所至朝夕上膳如常仪。壬辰，杨荣偕御马监少监海寿驰讣皇太子。壬寅，次武平镇，郑亨步军来会。八月甲辰，杨荣等至京师，皇太子即日遣太孙奉迎于开平。己酉，次雕鹗谷，皇太孙至军中发丧。壬子，及郊，皇太子迎入仁智殿，加殓纳梓宫。九月壬午，上尊谥曰体天弘道高明广运圣武神功纯仁至孝文皇帝，庙号太宗，葬长陵。嘉靖十七年九月，改上尊谥曰启天弘道高明肇运圣武神功纯仁至孝文皇帝，庙号成祖。

赞曰：文皇少长习兵，据幽燕形胜之地，乘建文孱弱，长驱内向，奄有四海。即位以后，躬行节俭，水旱朝告夕振，无有壅蔽。知人善任，表里洞达，雄武之略，同符高祖。六师屡出，漠北尘清。至其季年，威德遐被，四方宾服，受朝命而入贡者殆三十国。幅员之广，远迈汉、唐。成功骏烈，卓乎盛矣。然而革除之际，倒行逆施，惭德亦曷可掩哉。

明史卷八
本纪第八

仁　宗

　　仁宗敬天体道纯诚至德弘文钦武章圣达孝昭皇帝,讳高炽,成祖长子也。母仁孝文皇后,梦冠冕执圭者上谒,寤而生帝。幼端重沉静,言动有经。稍长习射,发无不中。好学问,从儒臣讲论不辍。

　　洪武二十八年,册为燕世子。尝命与秦、晋、周三世子分阅卫士,还独后。问之。对曰:"且寒甚,俟朝食而后阅,故后。"又命分阅章奏,独取切军民利病者白之。或文字谬误,不以闻。太祖指示之曰:"儿忽之耶?"对曰:"不敢忽,顾小过不足渎天听。"又尝问:"尧、汤时水旱,百姓奚恃?"对曰:"恃圣人有恤民之政。"太祖喜曰:"孙有君人之识矣。"

　　成祖举兵,世子守北平,善拊士卒,以万人拒李景隆五十万众,城赖以全。先是,郡王高煦、高燧俱以慧黠有宠于成祖。而高煦从军有功,宦寺黄俨等复党高燧,阴谋夺嫡,谮世子。会朝廷赐世子书,为离间。世子不启缄,驰上之。而俨先潜报成祖曰:"世子与朝廷通,使者至矣。"无何,世子所遣使亦至。成祖发书视之,乃叹曰:"几杀吾子。"成祖践阼,以北平为北京,仍命居守。

　　永乐二年二月,始召至京,立为皇太子。成祖数北征,命之监国,裁决庶政。四方水旱饥馑,辄遣振恤,仁闻大著。而高煦、高燧与其党日伺隙谗构。或问太子:"亦知有谗人乎?"曰:"不知也,吾知尽子职而已。"

十年，北征还，以太子遣使后期，且书奏失辞，悉征宫僚黄淮等下狱。十五年，高煦以罪徙乐安。明年，黄俨等复谮太子擅赦罪人，宫僚多坐死者。侍郎胡濙奉命察之，密疏太子诚敬孝谨七事以闻，成祖意乃释。其后黄俨等谋立高燧，事觉伏诛，高燧以太子力解得免，自是太子始安。

二十二年七月，成祖崩于榆木川。八月甲辰，遗诏至，遣皇太孙迎丧开平。丁未，出夏原吉等于狱。丁巳，即皇帝位。大赦天下，以明年为洪熙元年。罢西洋宝船、迤西市马及云南、交阯采办。戊午，复夏原吉、吴中官。己未，武安侯郑亨镇大同，保定侯孟瑛镇交阯，襄城伯李隆镇山海，武进伯朱荣镇辽东。复设三公、三孤官，以公、侯、伯、尚书兼之。进杨荣太常寺卿，金幼孜户部侍郎，兼大学士如故，杨士奇为礼部左侍郎兼华盖殿大学士，黄淮通政使兼武英殿大学士，俱掌内制；杨溥为翰林学士。辛酉，镇远侯顾兴祖充总兵官，讨广西叛蛮。甲子，汰冗官。乙丑，召汉王高煦赴京。戊辰，官吏谪隶军籍者放还乡。己巳，诏文臣年七十致仕。九月癸酉，交阯都指挥方政与黎利战于茶笼州，败绩，指挥同知伍云力战死。丙子，召尚书黄福于交阯。庚辰，河溢开封，免税粮，遣右都御史王彰抚恤之。壬午，敕自今官司所用物料于所产地计直市之，科派病民者罪不宥。癸未，礼部尚书吕震请除服，不许。乙酉，增诸王岁禄。丙戌，以风宪官备外任，命给事中萧奇等三十五人为州县官。丁亥，黎利寇清化，都指挥同知陈忠战死。戊子，始设南京守备，以襄城伯李隆为之。乙未，散畿内民所养官马于诸卫所。戊戌，赐吏部尚书蹇义及杨士奇、杨荣、金幼孜银章各一，曰"绳愆纠缪"，谕以协心赞务，凡有阙失当言者，用印密封以闻。

冬十月壬寅，罢市民间金银，革两京户部行用库。癸卯，诏天下都司卫所修治城池。戊申，通政使请以四方雨泽章奏送给事中收贮。帝曰："祖宗令天下奏雨泽，欲知水旱，以施恤民之政。积之通政司，既失之矣，今又令收贮，是欲上之人终不知也。自今奏至即以

闻。"己酉,册妃张氏为皇后。壬子,立长子瞻基为皇太子。封子瞻
埈为郑王,瞻墉越王,瞻墡襄王,瞻坺荆王,瞻墺淮王,瞻垲滕王,瞻
垍梁王,瞻埏卫王。乙卯,诏中外官举贤才,严举主连坐法。丁巳,
令三法司会大学士、府、部、通政、六科于承天门录囚,著为令。丁
巳,增京官及军士月廪。丁卯,擢监生徐永潜等二十人为给事中。十
一月壬申朔,诏礼部:"建文诸臣家属在教坊司、锦衣卫、浣衣局及
习匠、功臣家为奴者,悉宥为民,还其田土。言事谪戍者亦如之。"癸
酉,诏有司:"条政令之不便民者以闻。凡被灾不即请振者,罪之。"
阿鲁台来贡马。甲戌,诏群臣言时政阙失。乙亥,赦兀良哈罪。始
命近畿诸卫官军更番诣京师操练。丙子,遣御史巡察边卫。癸未,
遣御史分巡天下,考察官吏。丙戌,赐户部尚书夏原吉"绳愆纠缪"
银章。己丑,礼部奏冬至节请受贺,不许。庚寅,敕诸将严边备。辛
卯,禁所司擅役屯田军士。壬辰,都督方政同荣昌伯陈智镇交阯。是
月,谕蹇义、杨士奇、夏原吉、杨荣、金幼孜曰:"前世人主,或自尊
大,恶闻直言,臣下相与阿附,以至于败。朕与卿等当用为戒。"又谕
士奇曰:"顷群臣颇怀忠爱,朕有过方自悔,而进言者已至,良惬朕
心。"十二月癸卯,宥建文诸臣外亲全家戍边者,留一人,余悉放还。
辛亥,揭天下三司官姓名于奉天门西序。癸丑,免被灾税粮。庚申,
葬文皇帝于长陵。丙寅,镇远侯顾兴祖破平乐、浔州蛮。

　　是年,于阗、琉球、占城、哈密、古麻剌朗、满剌加、苏禄、瓦剌入
贡。

　　洪熙元年春正月壬申朔,御奉天门受朝,不举乐。乙亥,敕内外
群臣修举职业。己卯,享太庙。建弘文阁,命儒臣入直,杨溥掌阁事。
癸未,以时雪不降,敕群臣修省。丙戌,大祀天地于南郊,奉太祖、太
宗配。壬辰,朝臣予告归省者赐钞有差,著为令。己亥,布政使周干、
按察使胡概、参政叶春巡视南畿、浙江。二月辛丑,颁将军印于诸边
将。戊申,祭社稷。命太监郑和守备南京。丙辰,耕藉田。丙寅,太
宗神主祔太庙。是月,南京地屡震。三月壬申,前光禄署丞权谨以

孝行擢文华殿大学士。丁丑,求直言。戊子,隆平饥,户部请以官麦贷之。帝曰:"即振之,何贷为。"己丑,诏曰:"刑者所以禁暴止邪,导民于善,非务诛杀也。吏或深文傅会,以致冤滥,朕深悯之。自今其悉依律拟罪。或朕过于嫉恶,法外用刑,法司执奏。五奏不允,同三公、大臣执奏,必允乃已。诸司不得鞭囚背及加人宫刑。有自宫者以不孝论。非谋反,勿连坐亲属。古之盛世,采听民言,用资戒儆。今奸人往往摭拾,诬为诽谤,法吏刻深,锻炼成狱。刑之不中,民则无措,其除诽谤禁,有告者一切勿治。"庚寅,阳武侯薛禄为镇朔大将军,率师巡开平、大同边。辛卯,参将安平伯李安与荣昌伯陈智同镇交阯。戊戌,将还都南京,诏北京诸司悉称行在,复北京行部及行后军都督府。是月,南京地屡震。

夏四月壬寅,帝闻山东及淮、徐民乏食,有司征夏税方急,乃御西角门诏大学士杨士奇草诏,免今年夏税及秋粮之半。士奇言:"上恩至矣,但须户、工二部预闻。"帝曰:"救民之穷当如救焚拯溺,不可迟疑。有司虑国用不足,必持不决之意。"趣命中官具楮笔,令士奇就门楼书诏。帝览毕,即用玺付外行之。顾士奇曰:"今可语部臣矣。"设北京行都察院。壬子,命皇太子谒孝陵,遂居守南京。戊午,如天寿山,谒长陵。

己未,还宫。是月,振河南及大名饥。南京地屡震。五月己卯,侍读李时勉、侍讲罗汝敬以言事改御史,寻下狱。庚辰,帝不豫,遣使召皇太子于南京。辛巳,大渐,遗诏传位皇太子。是日,崩于钦安殿,年四十有八。

秋七月己巳,上尊谥,庙号仁宗,葬献陵。

赞曰:当靖难师起,仁宗以世子居守,全城济师。其后成祖乘舆,岁出北征,东宫监国,朝无废事。然中遭媒蘖,濒于危疑者屡矣,而终以诚敬获全。善乎其告人曰"吾知尽子职而已,不知有谗人也",是可为万世子臣之法矣。在位一载,用人行政,善不胜书。使天假之年,涵濡休养,德化之盛,岂不与文、景比隆哉。

明史卷九
本纪第九

宣　宗

　　宣宗宪天崇道英明神圣钦文昭武宽仁纯孝章皇帝,讳瞻基,仁宗长子也。母诚孝昭皇后。生之前夕,成祖梦太祖授以大圭曰:"传之子孙,永世其昌。"既弥月,成祖见之曰:"儿英气溢面,符吾梦矣。"比长,嗜书,智识杰出。

　　永乐七年,从幸北京,令观农具及田家衣食,作《务本训》授之。八年,成祖征沙漠,命留守北京。九年十一月,立为皇太孙,始冠。自是,巡幸征讨皆从。尝命学士胡广等即军中为太孙讲论经史。每语仁宗曰:"此他日太平天子也。"仁宗即位,立为皇太子。

　　夏四月,以南京地屡震,命往居守。五月庚辰,仁宗不豫,玺书召还。六月辛丑,还至良乡,受遗诏,入宫发丧。庚戌,即皇帝位。大赦天下,以明年为宣德元年。辛亥,谕边将严守备。甲寅,趣中官在外采办者还,罢所市物。

　　秋七月乙亥,尊皇后为皇太后,立妃胡氏为皇后。辛卯,镇远侯顾兴祖讨大藤峡蛮,平之。乙未,谕法司慎刑狱。闰月戊申,安顺伯薛贵、清平伯吴诚、都督马英、都指挥梁成帅师巡边。乙丑,杨溥入直文渊阁。八月戊辰,都指挥李英讨安定曲先叛番,大败之,安定王桑儿加失夹诣阙谢罪。壬申,诏内外群臣举廉洁公正堪牧民者。癸未,大理卿胡概、参政叶春巡抚南畿、浙江。设巡抚自此始。九月壬寅,葬昭皇帝于献陵。

冬十月戊寅，南京地震。戊子，敕公、侯、伯、五府、六部、大学士、给事中审覆重囚。十一月戊戌，顾兴祖讨平思恩蛮。辛酉，薛禄为镇朔大将军巡边。十二月甲申，顾兴祖讨平宜山蛮。

是年，哈密回回、满剌撒丁、占城、琉球中山、爪哇、乌斯藏、瓦剌、浡泥入贡。

宣德元年春正月癸卯，享太庙。丁未，大祀天地于南郊。癸丑，赦死罪以下运粮宣府自赎。己未，遣侍郎黄宗载十五人清理天下军伍。后遣使，著为令。二月戊辰，祭社稷。丁丑，耕藉田。丙戌，谒长陵、献陵。丁亥，还宫。三月己亥，荣昌伯陈智、都督方政讨黎利，败绩于茶笼州，乂安知府琴彭死之。癸丑，行在礼部侍郎张瑛兼华盖殿大学士，直文渊阁。

夏四月乙丑，成山侯王通为征夷将军充总兵官，讨黎利，尚书陈洽参赞军务，陈智、方政夺官从立功。五月甲午朔，录囚。丙申，诏赦交阯，许黎利自新。丙午，敕郡县瘗遗骸。庚申，召薛禄还。

秋七月癸巳，京师地震。乙未，免山东夏税。己亥，谕六科，凡中官传旨，必覆奏始行。壬子，罢湖广采木。八月壬戌，汉王高煦反。丙寅，宥武臣殊死以下罪，复其官。己巳，亲征高煦，命郑王瞻埈、襄王瞻墡居守，阳武侯薛禄、清平伯吴诚将前锋，大赉五军将士。辛未，发京师。辛巳，至乐安，帝两遣书谕降，又以敕系矢射城中谕祸福。壬午，高煦出降。癸未，改乐安曰武定州。乙酉，班师。九月丙申，至自武定州，锢高煦于西内。戊戌，法司鞫高煦同谋者，词连晋王、赵王，诏勿问。

冬十月戊寅，释李时勉，复为侍读。十一月乙未，成山侯王通击黎利于应平，败绩，尚书陈洽死之。十二月辛酉，免六师所过秋粮。辛未，录囚，宥免三千余人。乙酉，征南将军总兵官黔国公沐晟帅兴安伯徐亨、新安伯谭忠，征虏副将军安远侯柳升帅保定伯梁铭、都督崔聚，由云南、广西分道讨黎利，兵部尚书李庆参赞军务。

是年，爪哇、暹罗、琉球、苏门答剌、满剌加、白葛达、撒马儿罕、土鲁番、哈密、乌斯藏入贡。

二年春正月庚子，大祀天地于南郊。丁未，有司奏岁问囚数。帝谓百姓轻犯法，由于教化未行，命申教化。二月癸亥，行在户部侍郎陈山为本部尚书兼谨身殿大学士，直文渊阁。乙丑，黎利攻交阯城，王通击败之。三月辛卯，赐马愉等进士及第、出身有差。

夏四月庚申，黎利陷昌江，都指挥李任，指挥顾福、刘顺，知府刘子辅，中官冯智死之。甲子，晋王济熿有罪，废为庶人。己巳，王通许黎利和。五月癸巳，薛禄督饷开平。己亥，仁宗神主祔太庙。丙午，录囚。六月戊寅，录囚。

秋七月己亥，黎利陷隘留关，镇远侯顾兴祖拥兵不救，逮治之。庚子，录囚。辛丑，命都督同知陈怀充总兵官，帅师讨松潘蛮。丁未，薛禄败敌于开平。八月甲子，黄淮致仕。免两京、山西、河南州县被灾税粮。九月壬辰，录囚。乙未，柳升师次倒马坡，遇伏战死。是日，保定伯梁铭病卒。丙申，尚书李庆病卒。师大溃，参将崔聚，郎中史安，主事陈镛、李宗昉死之。

冬十月戊寅，王通弃交阯，与黎利盟。十一月乙酉，赦黎利，遣侍郎李琦、罗汝敬立陈暠为安南国王，悉召文武吏士还。己亥，以皇长子生，大赦天下，免明年税粮三之一。十二月丁丑，振陕西饥，并给绢布十五万疋。

是年，爪哇、占城、暹罗、琉球、瓦剌、哈密、亦力把里、撒马儿罕入贡。

三年春正月甲午，大祀天地于南郊。丙申，陈怀平松潘蛮。二月戊午，立皇长子祁镇为皇太子。是月，作《帝训》成。三月癸未，废皇后胡氏，立贵妃孙氏为皇后。壬辰，录囚。

夏四月癸亥，敕凡官民建言章疏，尚书、都御史、给事中会议以闻，勿讳。闰月壬寅，录囚。免山西旱灾税粮。甲辰，命有司振恤。庚戌，论弃交阯罪，王通等及布政使弋谦、中官山寿、马骐下狱论死,籍其家,镇远侯顾兴祖并下狱。五月壬子,李琦、罗汝敬还。黎利表陈暠卒,子孙并绝,乞守国俟命。辛酉,录囚。己巳,复遣罗汝敬等谕黎利立陈氏后。辛未,赠交阯死事诸臣。壬申,免北京被灾夏税。六月丙戌,免陕西被灾夏税。丁未,都御史刘观巡视河道。

秋七月戊辰,录囚。八月辛卯,罢北京行部及行后军都督府。丁未,帝自将巡边。九月辛亥,次石门驿。兀良哈寇会州,帝帅精卒三千人往击之。乙卯,出喜峰口,击寇于宽河。帝亲射其前锋,殪三人,两翼军并发,大破之。寇望见黄龙旗,下马罗拜请降,皆生缚之,斩渠酋。甲子,班师。癸酉,至自喜峰口。

冬十一月癸酉,锦衣指挥钟法保请采珠东莞,帝曰,“是欲扰民以求利也”,下之狱。十二月庚子,广西总兵官山云讨擒忻城蛮。

是年,占城、暹罗、爪哇、琉球、瓦剌、哈密、安南、曲先、土鲁番、亦力把里、撒马儿罕入贡。

四年春正月,两京地震。己未,大祀天地于南郊。二月己丑,南京献驺虞二,礼部请表贺,不许。三月甲戌,遣李琦再谕黎利访立陈氏后。

夏四月辛巳,山云讨平柳、浔蛮。戊子,工部尚书黄福、平江伯陈瑄经略漕运。五月壬子,录囚。六月甲午,罢文吏犯赃赎罪例。己亥,寇犯开平,镇抚张信等战死。庚子,薛禄督饷开平。

秋七月己未,幸文渊阁。八月己卯,起复杨溥。九月癸亥,释顾兴祖于狱。

冬十月庚辰,幸文渊阁。癸未,以天寒谕法司录囚。丙戌,制《猗兰操》赐廷臣,谕以荐贤为国之道。庚寅,张瑛、陈山罢。甲午,阅武于近郊。乙未,猎于峪口。戊戌,还宫。十一月癸卯,薛禄及恭顺侯吴克忠帅师巡宣府。十二月乙亥,京师地震。壬辰,罢中官松花江造船。

是年,爪哇、占城、琉球、榜葛剌、哈密、土鲁番、亦力把里、撒马儿罕入贡。

　　五年春正月癸丑，大祀天地于南郊。戊辰，尚书夏原吉卒。二月壬辰，罢工部采木。癸巳，颁宽恤之令：省灾伤，宽马政，免逋欠薪刍，招流民赐复一年，罢采买，减官田旧科十之三，恤工匠，禁司仓官包纳，戒法司慎刑狱。乙未，奉皇太后谒陵。三月戊申，道见耕者，下马问农事，取耒三推，顾待臣曰：“朕三推已不胜劳，况吾民终岁勤动乎。”命赐所过农民钞。己酉，还宫。辛亥，李琦还，黎利称陈氏无后，上表请封。丙辰，免山西去岁被灾田租。丁巳，赐林震等进士及第、出身有差。

　　夏四月戊寅，薛禄师师筑赤城、雕鹗、云州、独石、围山城堡。五月癸卯，追夺赃吏诰敕，著为令。丙辰，修预备仓，出官钱收籴备荒。癸亥，擢郎中况钟、御史何文渊九人为知府，赐敕遣之。六月己卯，遣官捕近畿蝗，谕户部曰：“往年捕蝗之使害民不减于蝗，宜知此弊。”因作《捕蝗诗》示之。

　　秋七月癸亥，甄别守令。八月己巳朔，日食，阴雨不见，礼官请表贺，不许。九月丙午，擢御史于谦、长史周忱六人为侍郎，巡抚两京、山东、山西、河南、江西、浙江、湖广。乙卯，巡近郊。己未，还宫。

　　冬十月乙亥，阿鲁台犯辽东，辽海卫指挥同知皇甫斌力战死。丙子，巡近郊。己卯，猎于垒道。丙戌，至洗马林，遍阅城堡兵备。壬辰，还宫。十二月癸巳，曲先叛番平。闰月己未，敕内外诸司，久淹狱囚者罪之。

　　是年，占城、琉球、爪哇、瓦剌、哈密、罕东、土鲁番、撒马儿罕、亦力把里入贡。

　　六年春正月丁丑，大祀天地于南郊。庚辰，大雨雷电。二月丁酉，侍郎罗汝敬督陕西屯田。己亥，浚金龙口，引河达徐州以便漕。三月乙亥，命吏部考察外官自布政、按察二司始，著为令。

　　夏四月乙酉，侍郎柴车经理山西屯田。六月己亥，遣使诏黎利权署安南国事。

秋七月己巳,录囚。壬午,许朵颜三卫市易。

冬十月甲辰,陈怀平松潘蛮。十一月丙子,始命官军兑运民粮。乙酉,分遣御史往逮贪暴中官袁琦等。十二月乙未,袁琦等十一人弃市,榜其罪示天下。丁未,金幼孜卒。庚戌,遣御史巡视宁夏甘州屯田水利。

是年,占城、琉球、瓦剌、哈密、苏门答剌、亦力把里入贡。

七年春正月辛酉朔,日有食之,免朝贺。癸酉,大祀天地于南郊。二月甲午,以春和谕法司录囚。三月庚申,下诏行宽恤之政。辛酉,谕礼部曰:"朕以官田赋重,十减其三。乃闻异时蠲租诏下,户部皆不行,甚者戒约有司,不得以诏书为辞。是废格诏令,使泽不下究也。自今令在必行,毋有所遏。"

夏四月辛丑,免山西逋赋。壬寅,募商中盐输粟入边。六月癸卯,录囚。癸丑,罢中官入番市马。是月,作《官箴》成,凡三十五篇,示百官。

秋八月乙未,敕京官三品以上举才行文学之士,吏部、都察院黜方面有司不职者。九月庚午,诸将巡边。是秋,免两畿及嘉兴、湖州水灾税粮。

冬十一月辛酉,召督漕平江伯陈瑄、侍郎赵新等岁终至京议粮赋利弊。

是年,占城、琉球、哈密、哈烈、瓦剌、亦力把里入贡。

八年春正月丁卯,大祀天地于南郊。二月壬子,录囚,宥免五千余人。三月丙辰,赐曹鼐等进士及第、出身有差。庚辰,谕内外优恤军士,违者风宪官察奏罪之。是春,以两京、河南、山东、山西久旱,遣使振。

夏四月戊戌,诏蠲京省被灾逋租、杂课,免今年夏税,赐复一年。理冤狱,减殊死以下,赦军匠在逃者罪。有司各举贤良方正一人。巡按御史、按察使纠贪酷吏及使臣生事者。五月丁巳,总兵官都督萧授讨平贵州乌罗蛮。丁卯，山云讨平宜山蛮。六月乙酉，祷雨不应，作《闵旱诗》示群臣。辛丑，诏中外疏决罪囚。是夏，复振两京、河南、山东、山西、湖广饥，免税粮。

秋七月壬申，免江西水灾税粮。八月癸巳，汰京师冗官。闰月辛亥，西域贡麒麟。戊午，景星见。礼官请表贺，皆不许。九月乙酉，遣官录天下重囚。己亥，阿鲁台部昝卜寇凉州，总兵官刘广击斩之。

冬十二月乙亥，谕法司宥京官过犯。

是年，暹罗、占城、琉球、安南、满剌加、天方、苏门答剌、古里、柯枝、阿丹、锡兰山、佐法儿、甘巴里、加异勒、忽鲁谟斯、哈密、瓦剌、撒马儿罕、亦力把里入贡。

九年春正月辛卯，大祀天地于南郊。二月庚戌，振凤阳、淮安、扬州、徐州饥。乙卯，申两京、山东、山西、河南宽恤之令。三月戊寅，山云讨平思恩叛蛮。

夏四月己未，黎利死，子麟来告丧，命麟权署安南国事。戊辰，录囚。五月壬午，瘗暴骸。

秋七月甲申，遣给事中、御史、锦衣卫官督捕两畿、山东、山西、河南蝗。八月庚戌，振湖广饥。甲子，敕两京、湖广、江西、河南巡抚、巡按御史、三司官行视灾伤，蠲秋粮十之四。乙丑，罢工部采办。己巳，瓦剌脱欢攻杀阿鲁台，来告捷。九月癸未，自将巡边。乙酉，度居庸关。丙戌，猎于垒道。乙未，阿鲁台子阿卜只俺来归。丁酉，至洗马林，阅城堡兵备。己亥，大猎。

冬十月丙午，还宫。丙辰，都督方政讨平松潘叛蛮。甲子，罢陕西市马。丁卯，两畿、浙江、湖广、江西饥，以应运南京及临清仓粟振济。十一月戊戌，停刑。庚子，免四川被灾税粮。十二月甲子，帝不豫，卫王瞻埏摄享太庙。

是年，暹罗、占城、琉球、苏门答剌、哈密、瓦剌入贡。

十年春正月癸酉朔，不视朝，命群臣谒皇太子于文华殿。甲戌，

大渐。罢采买、营造诸使。乙亥,崩于乾清宫,年三十有八。遗诏国
家重务白皇太后。丁酉,上尊谥,庙号宣宗,葬景陵。

　　赞曰:仁宗为太子,失爱于成祖。其危而复安,太孙盖有力焉。
即位以后,吏称其职,政得其平,纲纪修明,仓庾充羡,闾阎乐业,岁
不能灾。盖明兴至是历年六十,民气渐舒,蒸然有治平之象矣。若
乃强藩猝起,旋即削平,扫荡边尘,狡寇震慑,帝之英姿睿略,庶几
克绳祖武者欤。

明史卷一〇

本纪第一〇

英宗前纪

英宗法天立道仁明诚敬昭文宪武至德广孝睿皇帝,讳祁镇,宣宗长子也。母贵妃孙氏。生四月,立为皇太子,遂册贵妃为皇后。

宣德十年春正月,宣宗崩,壬午,即皇帝位。遵遗诏大事白皇太后行。大赦天下,以明年为正统元年。始罢午朝。丁亥,尚书蹇义卒。辛丑,户部尚书黄福参赞南京守备机务。二月戊申,尊皇太后为太皇太后。庚戌,尊皇后为皇太后。辛亥,封弟祁钰为郕王。甲寅,罢诸司冗费。三月戊寅,放教坊司乐工三千八百余人。辛巳,罢山陵夫役万七千人。丙申,谕三法司,死罪临决,三覆奏然后加刑。

夏四月壬戌,以元学士吴澄从祀孔子庙庭。丁卯,以久旱考察布、按二司及府州县官。戊辰,遣给事中、御史捕畿南、山东、河南、淮安蝗。五月壬午,户部言浙江、苏、松荒田税粮减除二百七十七万余石,请加覆核。帝以核实必增额为民患,不许。六月丁未,令天下瘗暴骸。辛酉,葬章皇帝于景陵。

秋七月丙子,免山西夏税之半。八月丙午,减光禄寺膳夫四千七百余人。九月壬辰,诏督漕总兵及诸巡抚官,岁以八月至京会廷臣议事。是月,王振掌司礼监。

冬十月壬寅,遣使谕阿台朵儿只伯。辛亥,诏天下卫所皆立学。十一月戊辰朔,日有食之。十二月壬子,阿台朵儿只伯犯凉州镇番,总兵官陈懋败之于黑山。

是年,琉球中山、暹罗、日本、占城、安南、满剌加、哈密、瓦剌入贡。

正统元年春正月丙戌,罢铜仁金场。庚寅,发禁军三万人屯田畿辅。三月己巳,赐周旋等进士及第、出身有差。乙亥,御经筵。

夏四月丁酉朔,享太庙。五月丁卯,阿台朵儿只伯寇肃州。壬辰,设提督学校官。

秋八月甲戌,右都督蒋贵充总兵官,都督同知赵安副之,帅师讨阿台朵儿只伯。九月癸卯,遣侍郎何文渊、王佐,副都御史朱与言督两淮、长芦、浙江监课。钦差巡监自此始。庚申,封黎利子麟为安南国王。

冬十一月乙卯,诏京官三品以上举堪任御史者,四品及侍从言官举堪任知县者,各一人。免湖广被灾税粮。十二月丁丑,以边议稽缓,下兵部尚书王骥、侍郎邝埜于狱,寻释之。乙酉,湖广、贵州总兵官萧授讨广西蒙顾十六洞贼,平之。

是年,琉球中山、爪哇、安南、乌斯藏、占城、瓦剌入贡。遣宣德时来贡古里、苏门答剌十一国使臣还国。

二年春正月甲午,宣宗神主祔太庙。己亥,大同总兵官方政、都指挥杨洪会宁夏、甘肃兵出塞讨阿台朵儿只伯。三月甲午,录囚。戊午,御史金敬抚辑大名及河南、陕西逃民。

夏四月,免河南被灾田粮。五月庚寅,兵部尚书王骥经理甘肃边务。壬寅,刑部尚书魏源经理大同边务。丁未,免陕西平凉六府旱灾夏税。六月乙亥,以宋胡安国、蔡沈、真德秀从祀孔子庙庭。庚辰,副都御史贾谅、侍郎郑辰振河南、江北饥。

冬十月甲子,镇守甘肃左副总兵任礼充总兵官,都督蒋贵、都督同知赵安为左、右副总兵,兵部待郎柴车,金都御史曹翼、罗亨信参赞军务,讨阿台朵儿只伯。兵部尚书王骥太监王贵监督之。十一月乙巳,振河南饥,免税粮。

是年,琉球中山、撒马儿罕、暹罗、土鲁番、瓦剌、哈密入贡。

三年春三月己亥,京师地震。辛丑,振陕西饥。

夏四月乙卯,王骥、任礼、蒋贵、赵安袭击阿台朵儿只伯,大破之,追至黑泉还。癸未,立大同马市。六月癸酉,以旱谳中外疑狱。乙亥,都督方政、金事张荣同征南将军黔国公沐晟、右都督沐昂,讨麓川叛蛮思任发。

秋七月癸未,下礼部尚书胡濙于狱。辛卯,下户部尚书刘中敷于狱。寻俱释之。八月乙亥,以陕西饥,令杂犯死囚以下输银赎罪,送边吏易米。九月癸巳,蠲两畿、湖广逋赋。

冬十月癸丑,再振陕西饥。十二月丙辰,下刑部尚书魏源、右都御史陈智等于狱。

是年,榜葛剌贡麒麟,中外表贺。琉球中山、暹罗、占城、瓦剌入贡。

四年春正月壬午,方政破麓川蛮于大寨,追至空泥,败没。二月丁巳,总兵官萧授平贵州计砂叛苗。闰月辛丑,释魏源、陈智等,复其官,并宥弃交阯王通、马骐罪。三月己酉,诏赦天下。壬子,赐施槃等进士及第、出身有差。庚申,废辽王贵焲为庶人。丁卯,黔国公沐晟卒于军。癸酉,增南京及在外文武官军俸廪。

夏五月庚戌,右都督沐昂为征南将军,充总兵官,讨思任发。丁卯,录中外囚。六月乙未,京师地震。丁酉,以京畿水灾祭告天地,谕群臣修省。戊戌,下诏宽恤,求直言。

秋七月庚戌,免两畿、山东、江西、河南被灾税粮。壬申,汰冗官。八月戊戌,增设沿海备倭官。己亥,京师地震。

冬十二月丁丑,都督同知李安充总兵官,金都御史王翱参赞军务,讨松潘祈命族叛番。

是年,琉球、占城、安南、瓦剌、榜葛剌、满剌加、哈密入贡。

五年春正月己未，大祀天地于南郊。二月乙亥，侍讲学士马愉、侍讲曹鼐入阁预机务。甲申，佥都御史张纯、大理少卿李畛振抚畿内流民。三月戊申，建北京宫殿。

夏四月壬申，免山西逋赋。丙戌，祈命簇番降。五月，征麓川，参将张荣败绩于芒市。六月丁丑，免两畿被灾田粮。戊寅，录囚。

秋七月辛丑，遣刑部侍郎何文渊等分行天下，修备荒之政。壬寅，杨荣卒。八月乙未，令各边修举荒政。九月壬寅，蠲云南逋赋。

冬十一月壬寅，振浙江饥。壬子，免苏、松、常、镇、嘉、湖水灾税粮。丁巳，广西僧杨行祥伪称建文帝，械送京师，锢锦衣卫狱死。乙丑，沐昂讨平师宗叛蛮。十二月壬午，免南畿、浙江、山东、河南被灾税粮。

是年，占城、琉球中山、哈密、乌斯藏入贡。

六年春正月己亥朔，日当食，不见，礼官请表贺，不许。庚戌，大祀天地于南郊。乙卯，以庄浪地屡震，躬祀郊庙，遣使祭西方岳镇。大举征麓川，定西伯蒋贵为平蛮将军，都督同知李安、佥事刘聚副之，兵部尚书王骥总督军务。三月庚子，下兵部侍郎于谦于狱。

夏四月甲午，以灾异遣使省天下疑狱。五月甲寅，刑部侍郎何文渊、大理卿王文录在京刑狱，巡抚侍郎周忱、刑科给事中郭瑾录南京刑狱。释于谦为大理少卿。

秋七月丁未，振浙江、湖广饥。

冬十月丁丑，户部尚书刘中敷，侍郎吴玺、陈瑺荷校于长安门，旬余释还职。庚寅，免畿内被灾税粮。十一月甲午朔，乾清、坤宁二宫，奉天、华盖、谨身三殿成，大赦。定都北京，文武诸司不称行在。癸卯，王骥拔麓川上江寨。癸丑，免河南、山东及凤阳等府被灾税粮。闰月甲戌，复下刘中敷、吴玺、陈瑺于狱。逾年，释中敷为民，玺、瑺戍边。十二月，王骥克麓川，思任发走孟养。丁未，班师。左副总兵李安攻余贼于高黎贡山，败绩。

是年，占城、瓦剌、哈密入贡。

　　七年春正月甲戌，大祀天地于南郊。二月庚申，如天寿山。三月甲子，还宫。乙亥，免陕西屯粮十之五。戊寅，赐刘俨等进士及第、出身有差。

　　夏四月甲午，振陕西饥。是月，免山西、河南、山东被灾税粮。五月壬申，论平麓川功，进封蒋贵为侯，王骥靖远伯。戊寅，立皇后钱氏。丁亥，倭陷大嵩所。六月壬子，户部侍郎焦宏备倭浙江。

　　秋七月丙寅，振陕西饥民，赎民所鬻子女。八月壬寅，复命王骥总督云南军务。九月甲戌，陕西进嘉禾，祀臣请表贺，不许。

　　冬十月壬辰，兀良哈犯广宁。乙巳，太皇太后崩。十二月，葬诚孝昭皇后于献陵。

　　是年，占城、瓦剌、哈密、琉球中山、安南、爪哇、土鲁番、乌斯藏入贡。

　　八年春正月丁卯，大祀天地于南郊。二月己丑，汰南京冗官。戊戌，淮王瞻墺来朝。丙午，荆王瞻堈来朝。

　　夏五月己巳，复命平蛮将军蒋贵、王骥帅师征麓川思任发子思机发。戊寅，雷震奉天殿鸱吻，敕修省。壬午，大赦。六月丁亥，侍讲刘球陈十事，下锦衣卫狱，太监王振使指挥马顺杀之。甲辰，下大理少卿薛瑄于狱。

　　秋七月戊午，祭酒李时勉荷校于国子监门三日。九月甲子，思机发请降。

　　冬十一月，宣宗废后胡氏卒。十二月癸未，免山东复业民税粮二年。丙戌，驸马都尉焦敬荷校于长安右门。

　　是年，占城、安南、瓦剌、哈密、爪哇入贡。

　　九年春正月甲寅，右都御史王文巡延安、宁夏边。辛酉，大祀天地于南郊。辛未，成国公朱勇，兴安伯徐亨，都督马亮、陈怀，同太监僧保、曹吉祥、刘永诚、但住分道讨兀良哈。二月丙午，王骥击走思机发,俘其孥以献。召骥还。三月辛亥朔,新建太学成,释奠于先师孔子。甲子,朱勇等师还。杨士奇卒。乙丑,叙征兀良哈功,封陈怀平乡伯,马亮招远伯;成国公朱勇等进秩有差。

夏四月丙戌,翰林学士陈循直文渊阁,预机务。丁亥,振沙州及赤斤蒙古饥。五月己未,命法司录在京刑狱,刑部侍郎马昂录南京刑狱。六月壬午,振湖广、贵州蛮饥。

秋七月己酉,下驸马都尉石璟于狱。处州贼叶宗留盗福安银矿,杀福建参议竺渊。癸丑,免河南被灾税粮。闰月戊寅,复开福建、浙江银场。甲申,瘗暴骸。壬寅,雷震奉先殿鸱吻。八月庚戌,免陕西被灾税粮,赎民所鬻子女。甲戌,敕边将备瓦剌也先。九月丁亥,靖远伯王骥、右都御史陈镒经理西北边备。

冬十月丙午朔,日有食之。庚午,兀良哈贡马谢罪。

是年,两畿、山东、河南、浙江、湖广大水,江河皆溢。暹罗、琉球中山、瓦剌、安南、乌斯藏、满剌加入贡。

十年春正月丙戌,大祀天地于南郊。戊子,诏举智勇之士。二月丁巳,京师地震。己未,免陕西逋赋。丙寅,兀良哈贡马,请贷犯边者罪,不许。壬申,如天寿山。三月丙子,还宫。庚辰,思机发入贡谢罪。庚寅,赐商辂等进士及第、出身有差。

夏四月甲辰朔,日有食之。庚申,诏所在有司饲逃民复业及流移就食者。六月乙丑,振陕西饥,免田租三之二。

秋七月乙未,减粜河南、怀庆仓粟,济山、陕饥。八月癸丑,免湖广旱灾秋粮。丙辰,免苏、松、嘉、湖十四府州水灾秋粮。

冬十月戊辰,侍读学士苗衷为兵部侍郎,侍讲学士高谷为工部侍郎,并入阁预机务。十二月丙辰,缅甸获思任发,斩其首送京师。壬辰,输河南粟振陕西饥。广西总兵官安远侯柳溥讨平庆远叛蛮。

是年,琉球中山、哈密、亦力把里、安南、占城、满剌加、锡兰山、撒马儿罕、乌斯藏入贡。

十一年春正月己卯，大祀天地于南郊。庚辰，予太监王振等弟侄世袭锦衣卫官。二月辛酉，异气见华盖、奉天殿，遣官祭告天地。癸亥，诏恤刑狱。三月戊辰，下户部尚书王佐、刑部尚书金濂、右都御史陈镒等于锦衣卫狱，寻释之。壬申，御史柳华督福建、浙江、江西兵讨矿贼。癸酉，如天寿山。庚辰，还宫。

夏六月丙辰，京师地震。

秋七月癸酉，增市廛税钞。庚辰，杨溥卒。八月戊戌，免湖广被灾秋粮。庚申，下吏部尚书王直等于狱，寻释之。九月辛巳，广西瑶叛，执化州知州茅自得，杀千户汪义。

冬十月甲寅，遣给事中、御史分赍诸边军士。十一月壬申，减殊死以下罪。

是年，琉球中山、暹罗、安南、爪哇、回回哈密、占城、亦力把里、撒马儿罕、乌斯藏入贡。

十二年春正月癸酉，大祀天地于南郊。三月癸亥，如天寿山。庚午，还宫。丙子，免杭、嘉、湖被灾秋粮。

夏四月丁巳，免苏、松、常、镇被灾秋粮。五月己亥，大理少卿张骥振济宁及淮、扬饥。

秋七月甲辰，敕各边练军备瓦剌。八月庚申朔，日有食之。九月乙未，马愉卒。

是年，琉球中山、安南、占城、瓦剌、爪哇、哈密、暹罗入贡。

十三年春正月丁酉，大祀天地于南郊。三月戊子，诏责孟养宣慰司献思机发。壬寅，赐彭时等进士及第、出身有差。王骥仍总督军务，都督同知宫聚为平蛮将军，充总兵官，帅师讨思机发。

夏四月，免浙江、江西、湖广被灾秋粮。五月丙戌，遣使捕山东蝗。甲辰，刑部侍郎丁铉抚辑河南、山东灾民。

秋七月乙酉，河决大名，没三百余里，遣使赒振。己酉，河决河南，没曹、濮、东昌，溃寿张沙湾，坏运道，工部侍郎王永和治之。八月乙卯，福建贼邓茂七作乱。甲戌，命御史丁瑄捕之。

冬十一月丙戌，宁阳侯陈懋充总兵官，保定伯梁珤、平江伯陈豫副之，太监曹吉祥、王瑾提督火器，刑部尚书金濂参赞军务，讨邓茂七。甲辰，处州贼流劫金华诸县。庚戌，永康侯徐安备倭山东。十二月庚午，广东瑶贼作乱。

是年，琉球中山、安南、占城入贡。瓦剌贡使三千人，赏不如例，遂构衅。

十四年春正月甲午，大祀天地于南郊。乙巳，免浙江、福建银课。二月丁巳，御史丁瑄、指挥刘福击斩邓茂七于延平。己巳，王骥破思机发于金沙江，又破之鬼哭山，班师。辛未，指挥佥事徐恭充总兵官，讨处州贼叶宗留，工部尚书石璞参赞军务。三月戊子，如天寿山。癸巳，还宫。

夏四月庚戌，处州贼犯崇安，杀都指挥吴刚。壬戌，湖广、贵州苗贼大起，命王骥讨之。乙丑，遣御史十三人同中官督福建、浙江银课。五月丙戌，陈懋击破沙县贼。壬辰，旱，太监金英同法司录囚。己亥，侍读学士张益直文渊阁，预机务。庚子，巡按福建御史汪澄弃市，并杀前巡按御史柴文显。六月庚戌，靖州苗犯辰溪，都指挥高亮战死。丙辰，南京谨身诸殿灾。甲子，修省。诏河南、山西班军番休者尽赴大同、宣府。乙丑，西宁侯宋瑛总督大同兵马。己巳，赦天下。戊寅，平乡伯陈怀，驸马都尉井源，都督王贵、吴克勤，太监林寿，分练京军于大同、宣府，备瓦剌。

秋七月己丑，瓦剌也先寇大同，参将吴浩战死，下诏亲征。吏部尚书王直帅群臣谏，下听。癸巳，命郕王居守。是日，西宁侯宋瑛、武进伯朱冕与瓦剌战于阳和，败没。甲午，发京师。乙未，次龙虎台，军中夜惊。丁酉，次居庸关。辛丑，次宣府。群臣屡请驻跸，不许。丙午，次阳和。八月戊申，次大同。镇守太监郭敬谏议旋师。己酉，广宁伯刘安为总兵官，镇大同。庚戌，师还。丁巳，次宣府。庚申，瓦剌兵大至，恭顺侯吴克忠、都督吴克勤战没，成国公朱勇、永顺伯薛绶救之,至鹞儿岭遇伏,全军尽覆。辛酉,次土木,被围。壬戌,师溃,死者数十万。英国公张辅,泰宁侯陈瀛,驸马都尉井源,平乡伯陈怀,襄城伯李珍,遂安伯陈埙,修武伯沈荣,都督梁成、王贵,尚书王佐、邝埜,学士曹鼐、张益,侍郎丁铉、王永和,副都御史邓棨等,皆死,帝北狩。甲子,京师闻败,群臣聚哭于朝,侍讲徐珵请南迁,兵部侍郎于谦不可。乙丑,皇太后命郕王监国。戊辰,帝至大同。己巳,皇太后命立皇子见深为皇太子。辛未,帝至威宁海子。甲戌,至黑河。九月癸未,郕王即位,遥尊帝为太上皇帝。

明史卷一一
本纪第一一

景　帝

恭仁康定景皇帝,讳祁钰,宣宗次子也。母贤妃吴氏。英宗即位,封郕王。

正统十四年秋八月,英宗北狩,皇太后命王监国。丙寅,移通州粮入京师。征两畿、山东、河南备倭运粮诸军入卫,召宁阳侯陈懋帅师还。戊辰,兵部侍郎于谦为本部尚书。令君臣直言时事,举人材。己巳,皇太后诏立皇子见深为皇太子。恤阵亡将士。庚午,籍王振家。辛未,右都御史陈镒抚安畿内军民。壬申,都督石亨总京营兵。乙亥,谕边将,瓦剌奉驾至,不得轻出。输南京军器于京师。修撰商辂、彭时入阁预机务。是月,广东贼黄萧养作乱。九月癸未,王即皇帝位,遥尊皇帝为太上皇帝,以明年为景泰元年,大赦天下,免景泰二年田租十之三。甲申,夷王振族。庚寅,处州贼平。癸巳,指挥佥事季铎奉皇太后命,达于上皇。甲午,祭宣府、土木阵亡将士,瘗遗骸。乙未,总兵官安乡伯张安讨广州贼,败死。指挥佥事王清被执,死之。辛丑,给事中孙祥、郎中罗通为右副都御史,守紫荆、居庸关。甲辰,遣御史十五人募兵畿内、山东、山西、河南。都督同知陈友帅师讨湖广、贵州叛苗。乙巳,遣使奉书上皇。丙午,苗围平越卫,调云南、四川兵会王骥讨之。参议杨信民为右佥都御史,讨广东贼。

冬十月戊申,也先拥上皇至大同。壬子,诏诸王勤王。乙卯,于谦提督诸营,石亨及诸将分守九门。丙辰,也先陷紫荆关,孙祥死之,京师戒严。丁巳,诏宣府、辽东总兵官,山东、河南、山西、陕西巡抚及募兵御史将兵入援。戊午,也先薄都城,都督高礼、毛福寿败之于彰义门。己未,右通政王复、太常少卿赵荣使也先营,朝上皇于土城。庚申,征兵于朝鲜,调河州诸卫土军入援。于谦、石亨等连败也先众于城下。壬戌,寇退。甲子,出紫荆关。丁卯,诏止诸王兵。瓦剌可汗脱脱不花使来。辛未,昌平伯杨洪充总兵官,都督孙镗、范广副之,剿畿内余寇。十一月癸未,修沿边关隘。辛卯,毛福寿为副总兵,讨辰州叛苗。壬辰,上皇至瓦剌。乙未,侍郎耿九畴抚安南畿流民,赐复三年。十二月庚戌,尊皇太后为上圣皇太后。辛亥,王骥为平蛮将军,充总兵官,讨贵州叛苗。都督同知董兴为左副总兵,讨广东贼,户部侍郎孟鉴参赞军务。癸丑,尊母贤妃为皇太后。甲寅,立妃汪氏为皇后。丙辰,大赦。己未,石亨、杨洪、柳溥分练京营兵。戊辰,祭阵亡官军于西直门外。

是年,琉球中山、占城、乌斯藏、撒马儿罕入贡。

景泰元年春正月丁丑朔,罢朝贺。辛巳,城昌平。壬午,享太庙。丙戌,大祀天地于南郊。闰月甲寅,瓦剌寇宁夏。癸亥,诏会试取士毋拘额。庚午,大同总兵官郭登败瓦剌于沙窝,又追败之于栲栳山,封登定襄伯。是月,免大名、真定、开封、卫辉被灾税粮。二月戊寅,耕藉田。癸未,悬赏格招陷敌军民。丙戌,石亨为镇朔大将军,帅师巡大同。都指挥同知杨能充游击将军,巡宣府。壬辰,太监喜宁伏诛。三月己酉,瓦剌寇朔州。辛亥,录土木死事诸臣后。癸丑,瓦剌寇宁夏、庆阳。乙卯,寇朔州。癸亥,免畿内逋赋及夏税。

夏四月丙子,广东都指挥李升、何贵帅兵捕海贼,战死。辛巳,瓦剌寇大同,官军击却之。丁亥,保定伯梁珤代王骥讨贵州叛苗。戊子,大理寺丞李茂录囚南京,考黜百司,访军民利病。丙申,瓦剌寇雁门。己亥,都督同知刘安充总兵官,练兵于保定、真定及涿、易、通三州,佥都御史曹泰参赞军务。庚子,振山东饥。辛丑,振畿内被寇州县。癸卯,瓦剌寇大同,郭登击却之。五月乙巳,免山西被灾税粮。

瓦剌掠河曲、代州,遂南犯,诏刘安督涿、易诸军御之。戊申,瓦剌寇雁门,益黄花镇戍兵卫陵寝。癸丑,董兴击破广东贼,黄萧养伏诛。壬戌,振大同被寇军民。丙寅,侍郎侯璡、副总兵田礼大破贵州苗。辛未,瓦剌遣使请和。六月壬午,瓦剌寇大同,郭登击却之。丙戌,也先复拥上皇至大同。丁亥,左都御史陈镒、王文以鞠太监金英家人不实下狱,寻释之。戊子,瓦剌寇宣府,都督朱谦、参将纪广御却之。戊戌,免山东被灾州县税粮。己亥,给事中李实、大理寺丞罗绮使瓦剌。

秋七月庚戌,尚书侯璡、参将方瑛破贵州苗,擒其酋献京师。庚申,右都御史杨善、工部侍郎赵荣使瓦剌。停山西民运粮大同。癸亥,李实,罗绮还。己巳,杨善至瓦剌,也先许上皇归。八月癸酉,上皇发瓦剌。戊寅,祀社稷。甲申,遣侍读商辂迎上皇于居庸关。丙戌,上皇还京师,帝迎于东安门,入居南宫,帝帅百官朝谒。庚寅,赦天下。辛卯,刑部右侍郎江渊兼翰林学士,直文渊阁,预机务。九月癸丑,巡抚河南副都御史王来总督湖广、贵州军务,讨叛苗。

冬十月辛卯,录囚。癸巳,免畿内逋赋。十一月辛亥,礼部尚书胡濙请令百官贺上皇万寿节。十二月丙申,复请明年正旦百官朝上皇于延安门。皆不许。

是年,朝鲜贡马者三。

二年春正月庚戌,大祀天地于南郊。壬子,诏天下朝觐官当黜者运粮口外。二月辛未,释奠于先师孔子。辛卯,以星变修省,诏廷臣条议宽恤诸政。癸巳,诏畿内及山东巡抚官举廉能吏专司劝农,授民荒田,贷牛种。三月壬寅,赐柯潜等进士及第、出身有差。

夏四月乙酉,梁珤、王来等破平越苗,献俘京师。甲午,瓦剌寇宣府马营,敕游击将军石彪等巡边。乙未,命石亨选京营兵操练,尚书石璞总督军务。五月乙巳,城固原。六月戊辰朔,日当食不见。己卯,诏贵州各卫修举屯田。

秋七月戊申,普定、永宁、毕节诸苗复叛,梁珤等留军讨之。八月壬申,南京地震。辛巳,复午朝。九月乙卯,禁诸司起复。

冬十月己丑,免山西被灾税粮。十二月月庚寅,礼部左侍郎王一宁、祭酒萧镃兼翰林学士,直文渊阁,预机务。是月,也先弑其主脱脱不花。

是年,安南、琉球中山、瓦剌、哈密入贡。

三年春正月丙午,大祀天地于南郊。二月乙酉,副都御史刘广衡录南京囚。戊子,户部尚书金濂以违诏下狱,寻释之。三月戊午,毛福寿讨湖广巴马苗,克之。

夏五月甲午,废皇太子见深为沂王,立皇子见济为皇太子。废皇后汪氏,立太子母杭氏为皇后。封上皇子见清荣王,见淳许王。大赦天下。丙申,筑沙湾堤成。辛丑,河南流民复业者,计口给食五年。乙巳,官颜、孟二氏子孙各一人。六月乙亥,罢各省巡抚官入京议事。是月,大雨,河决沙湾。

秋八月乙未,左都御史王翱总督两广军务。壬寅,王一宁卒。八月乙丑,振徐、兖水灾。戊辰,都御史洪英,尚书孙原贞、薛希琏等分行天下,考察官吏。丁丑,振两畿水灾州县,免税粮。乙酉,振南畿、河南、山东流民。九月庚寅,江渊起复。辛卯,以南京地震,两淮大水,河决,命都御史王文巡视安辑。乙未,振两畿、山东、山西、福建、广西、江西、辽东被灾州县。闰月癸未,开处州银场。是月,福建盗起。

冬十月戊戌,左都御史王文兼翰林学士,直文渊阁,预机务。丙辰,都督孙镗、金事石彪协守大同,都督同知卫颖,金事杨能、张钦协守宣府,备也先。十一月己未朔,日有食之。戊辰,都督方瑛平白石崖诸苗。甲戌,安辑畿内、山东、山西逃民,复赋役五年。是月,免山东及淮、徐水灾税粮。十二月癸巳,始立团营,太监阮让、都督杨俊等分统之,听于谦、石亨、太监刘永诚、曹吉祥节制。是月,免河南及永平被灾秋粮。

是年,瓦剌、琉球中山、爪哇、暹罗、安南、哈密、乌斯藏入贡。

四年春正月辛未,大祀天地于南郊。二月戊子,五开、清浪诸苗复叛,梁珬、王来讨之。庚戌,免江西去年被灾秋粮。三月戊寅,开建宁银场。

夏四月戊子,筑沙湾决口。运南京仓粟振徐州。五月丁巳,发徐、淮仓振饥民。己巳,王文起复。甲戌,徐州复大水,民益饥。发支运及盐课粮振之。丁丑,发淮安仓振凤阳。乙酉,沙湾河复决。六月壬辰,吏部尚书何文渊以给事中林聪言下狱,寻令致仕。辛亥,瘗土木、大同、紫荆关暴骸。

秋七月庚辰,停诸不急工役。八月己丑,振河南饥。甲午,也先自立为可汗。

冬十月庚寅,诏天下镇守、巡抚官督课农桑。甲午,谕德徐有贞为左佥都御史,治沙湾决河。戊戌,也先遣使来。十一月辛未,皇太子见济薨。十二月乙未,免山东被灾税粮。乙巳,赉边军。

是年,琉球中山、安南、爪哇、日本、占城、哈密、瓦剌入贡。

五年春正月戊午,黄河清,自龙门至于芮城。甲子,大祀天地于南郊。壬申,罢福州、建宁银场。甲戌,平江侯陈豫、学士江渊抚辑山东、河南被灾军民。二月乙巳,以雨旸弗时,诏修省,求直言。三月壬子,赐孙贤等进士及第、出身有差。辛酉,学士江渊振淮北饥民。王文抚恤南畿。甲子,总督两广副都御史马昂破泷水瑶。庚辰,缅甸执献思机发。

夏四月壬午朔,日有食之。辛卯,方瑛破草塘苗,封瑛南和伯。五月甲子,礼部郎中章纶、御史钟同以请复沂王为皇太子下锦衣卫狱。六月戊子,录囚。

秋七月癸酉,振南畿水灾。八月丁酉,复命天下巡抚官赴京师议事。九月壬戌,免苏、松、常、扬、杭、嘉、湖漕粮二百余万石。

冬十月庚辰,副都御史刘广衡巡抚浙江、福建,专司讨贼。十一月戊午,罢苏、松、常、镇织造采办。十二月,免南畿、浙江被灾税粮。

是年,安南、琉球中山、爪哇入贡。也先为知院阿剌所杀。

六年春正月戊午,大祀天地于南郊。二月壬午,太监王诚同法司、刑科录囚。大理少卿李茂等录南京、浙江囚。

夏四月丙子朔,日有食之。辛巳,敕户、兵二部及两畿、山东、河南、浙江、湖广抚、按、三司官条宽恤事,罢不急诸务。五月己巳,祷雨于南郊。六月乙亥,宋儒朱熹裔孙梴为翰林院世袭《五经》博士。癸未,河决开封。

秋七月乙亥,沙湾决口堤成。庚寅,以南京灾异屡见,敕群臣修省。八月庚申,南京大理少卿廖庄以请复沂王为皇太子,杖于阙下,并杖章纶、钟同于狱,同卒。九月乙亥,振苏松饥民米麦一百余万石。

冬十月戊午,免陕西被灾税粮。十一月乙亥,南和伯方瑛为平蛮将军,充总兵官,讨湖广苗。十二月己巳,免南畿被灾秋粮。

是年,琉球中山、暹罗、哈密、满剌加入贡。

七年春正月己卯,尚书石璞抚安湖广军民。壬午,大祀天地于南郊。二月庚申,皇后崩。甲子,营寿陵。三月戊寅,免云南被灾税粮。

夏五月戊寅,以水旱灾异,敕内外诸臣修省。辛卯,宋儒周敦颐裔孙冕为翰林院世袭《五经》博士。六月庚申,葬肃孝皇后。

冬十月癸卯,振江西饥。十二月己亥,方瑛大破湖广苗。戊午,振畿内、山东、河南水灾。癸亥,帝不豫,罢明年元旦朝贺。是冬,免畿内、山东被灾税粮,并蠲逋赋。

是年,琉球中山、撒马儿罕、乌斯藏入贡。

八年春正月戊辰,免江西被灾税粮。丁丑,帝舆疾宿南郊斋宫。己卯,群臣请建太子,不听。壬午,武清侯石亨、副都御史徐有贞等迎上皇复位。二月乙未,废帝为郕王,迁西内,皇太后吴氏以下悉仍旧号。癸丑，王薨于西宫，年三十。谥曰戾。毁所营寿陵，以亲王礼葬西山，给武成中卫军二百户守护。

　　成化十一年十二月戊子，制曰："朕叔郕王践阼，戡难保邦，奠安宗社，殆将八载。弥留之际，奸臣贪功，妄兴谗构，请削帝号。先帝旋知其枉，每用悔恨，以次抵诸奸于法，不幸上宾，未及举正。朕敦念亲亲，用成先志，可仍皇帝之号，其议谥以闻。"遂上尊谥。敕有司缮陵寝，祭飨视诸陵。

　　赞曰：景帝当倥偬之时，奉命居摄，旋正大位以系人心，事之权而得其正者也。笃任贤能，励精政治，强寇深入而宗社乂安，再造之绩良云伟矣。而乃汲汲易储，南内深锢，朝谒不许，恩谊恝然。终于舆疾斋宫，小人乘间窃发，事起仓猝，不克以令名终。惜夫！

明史卷一二
本纪第一二

英宗后纪

　　天顺元年春正月壬午，昧爽，武清侯石亨，都督张𫐄、张𫐄，左都御史杨善，副都御史徐有贞，太监曹吉祥以兵迎帝于南宫，御奉天门，朝百官。徐有贞以原官兼翰林学士，入阁预机务。日中，御奉天殿即位。下兵部尚书于谦、大学士王文锦衣卫狱。太常寺卿许彬、大理寺卿薛瑄为礼部侍郎兼翰林学士，入阁预机务。丙戌，诏赦天下，改景泰八年为天顺元年。论夺门迎复功，封石亨忠国公，张𫐄太平侯，张𫐄文安伯，杨善兴济伯，曹吉祥嗣子钦都督同知。丁亥，杀于谦、王文，籍其家。陈循、江渊、俞士悦谪戍，萧镃、商辂除名。己丑，复论夺门功，封孙镗怀宁伯，董兴海宁伯，钦天监正汤序礼部右侍郎，官舍旗军晋级者凡三千余人。辛卯，罢巡抚提督官。壬辰，榜于谦党人示天下。甲午，杀昌平侯杨俊。二月乙未朔，废景泰帝为郕王。庚子，高谷致仕。汤序请除景泰年号，不许。癸卯，吏部侍郎李贤兼翰林学士，入阁预机务。杀都督范广。戊申，柳溥破广西蛮。癸丑，郕王薨。戊午，方瑛、石璞大破湖广苗。召璞还。壬戌，免南畿被灾秋粮。三月己巳，复立长子见深为皇太子，封皇子见潾为德王，见湜秀王，见泽崇王，见浚吉王。癸酉，封徐有贞武功伯。乙亥，大赉文武军民。庚辰，赐黎淳等进士及第、出身有差。石亨为征虏副将军，剿寇延绥。丁亥，振山东饥。

　　夏四月甲午朔，以灾异数见求直言。乙未，免浙江被灾税粮。丁

酉,方瑛攻铜鼓藕洞苗,悉平之。丁未,录囚。癸丑,罢团营。乙卯,
孛来寇宁夏,参将种兴战死。五月辛未,安远侯柳溥备宣、大边。是
月,以石亨言下御史杨瑄、张鹏狱。六月甲午,下右都御史耿九畴、
副都御史罗绮锦衣卫狱。己亥,下徐有贞、李贤锦衣卫狱。是日,大
风雨雹,坏奉天门鸱吻,敕修省。庚子,徐有贞、李贤、罗绮、耿九畴
谪外任,杨瑄、张鹏戍边。通政司参议兼侍讲吕原入阁预机务。壬
寅,薛瑄致仕。癸卯,修撰岳正入阁预机务。甲辰,复李贤为吏部侍
郎。乙巳,巡抚贵州副都御史蒋琳坐于谦党弃市。

秋七月乙丑,复下徐有贞于狱。丙寅,承天门灾。丁卯,躬祷于
南郊。戊辰,敕修省。庚午,李贤复入阁。改许彬南京礼部侍郎。辛
未,出岳正为钦州同知,寻下狱,谪戍。癸酉,大赦。癸未,放徐有贞
于金齿。辛卯,大赉诸边军士。八月甲午,以彗星屡见,躬祷于上帝。
九月甲子,太常少卿彭时兼翰林学士,入阁预机务。

冬十月丁酉,赐王振祭葬,立祠曰"旌忠"。壬寅,征江西处士吴
与弼。丙辰,释建文帝幼子文圭及其家属,安置凤阳。十一月甲戌,
广西总兵官朱瑛讨田州叛蛮。己丑,免山东被灾夏税。十二月壬辰,
封曹钦昭武伯。辛丑,安远侯柳溥充总兵官,御孛来于甘、凉。

是年,琉球中山、安南、暹罗、占城、哈密、乌斯藏入贡。

二年春正月辛酉,兵部尚书陈汝言有罪下狱。乙丑,享太庙。甲
戌,大祀天地于南郊。己卯,上皇太后尊号。二月戊申,开云南、福
建、浙江银场。中官市云南珍宝。闰月己卯,瘗土木暴骸。

夏四月,复设巡抚官。五月壬寅,授处士吴与弼左谕德,辞不
拜,寻送还乡。

秋七月癸卯,定远伯石彪为平夷将军,充总兵官,御寇宁夏。八
月戊辰,孛来寇镇番。

冬十月甲子,猎南海子。壬午,武平伯陈友为征夷将军,充总兵
官,剿寇宁夏。十一月甲寅,免山东秋粮。

是年,安南、乌斯藏、占城、哈密入贡。

三年春正月乙未，大祀天地于南郊。甲辰，定远伯石彪、彰武伯杨信败孛来于安边营，都督佥事周贤、都指挥李鉴战死。进彪为侯。二月丁卯，遣御史及中官采珠广东。

夏四月壬子，巡抚两广佥都御史叶盛破泷水瑶。己巳，南和侯方瑛克贵州苗。六月辛酉，复命巡抚官以八月集京师议事。

秋八月庚戌，石彪有罪，下锦衣卫狱。己未，禁文武大臣、给事中、御史、锦衣卫官往来交通，违者依铁榜例论罪。乙亥，免湖广被灾秋粮。

冬十月己未，幸南海子。庚午，石亨以罪罢。诸夺门冒功者许自首改正。是月，命法司会廷臣，每岁霜降录囚，后以为常。十一月癸巳，振湖广饥。

是年哈密、琉球中山、锡兰山、满剌加入贡。

四年春正月丁亥，大祀天地于南郊。癸卯，石亨有罪下狱，寻死。二月壬子，憧陷梧州。丁卯，石彪弃市。三月庚辰，赐王一夔等进士及第、出身有差。戊戌，免南畿被灾秋粮。

夏四月己酉，分遣内臣督浙江、云南、福建、四川银课。壬子，襄王瞻墡来朝。五月壬午，免畿内、浙江被灾秋粮。己亥，罢中官督苏、杭织造。六月癸亥，免湖广被灾税粮。

秋七月乙亥朔，日有食之。辛卯，自五月雨至是月，淮水决，没军民田庐，遣使振恤。八月甲子，孛来三道入寇，大同总兵官李文、宣府总兵官杨能御之。癸酉，孛来入雁门，掠忻、代、朔诸州。九月庚辰，孛来围大同右卫。庚寅，抚宁伯朱永，都督白玉、鲍政备宣府边。甲午，免江西被灾秋粮。

冬十月甲子，阅京营将领骑射于西苑。戊辰，幸南海子。十一月丁酉，阅随操武臣骑射于西苑。闰月己未，幸郑村坝，阅甲仗军马。

是年，琉球中山、安南、占城、爪哇、哈密、乌斯藏入贡。

五年春正月庚戌，大祀天地于南郊。二月己卯，免山东被灾税粮。丙申，都督佥事颜彪为征夷将军，充总兵官，讨两广瑶贼。三月壬子，免苏、松、常、镇被灾税粮。甲寅，湖广、贵州总兵官李震会广西军剿瑶、僮，悉破之。

夏四月癸巳，兵部侍郎白圭督陕西诸边，讨孛来。五月丁未，免河南被灾秋粮。六月丙子，孛来寇河西，官军败绩。壬午，兵部尚书马昂总督军务，怀宁伯孙镗充总兵官，帅京营军御之。

秋七月庚子，总督京营太监曹吉祥及昭武伯曹钦反，左都御史寇深、恭顺侯吴瑾被杀，怀宁伯孙镗帅兵讨平之。癸卯，磔吉祥于市，夷其族，其党汤序等悉伏诛。丁未，免南畿被灾税粮。庚戌，大赦，求直言。丁巳，河决开封，侍郎薛远往治之。戊午，都督冯宗充总兵官，御寇于河西，兵部侍郎白圭、副都御史王竑参赞军务。辛酉，孛来上书乞和。九月壬戌，京师地震有声。

冬十月壬申，以西边用兵，令河南、山西、陕西士民纳马者予冠带。十一月丁酉朔，日有食之。壬戌，幸南海子。

是年，安南、琉球中山、哈密、亦力把里入贡。

六年春正月丁未，大祀天地于南郊。戊申，孛来遣使入贡。二月癸酉，谕孛来。三月癸丑，召冯宗等还。

夏四月壬申，免河南被灾秋粮。五月庚子，颜彪讨平两广诸瑶。己未，免陕西被灾秋粮。六月戊辰，淮王祁铨来朝。

秋七月，淮安海溢。九月乙未，皇太后崩。

冬十一月甲午，葬孝恭章皇后。

是年，琉球中山、哈密、乌斯藏、暹罗入贡。

七年春正月丙午，大祀天地于南郊。二月壬戌，詹事陈文为礼部侍郎兼翰林学士，入阁预机务。三月壬寅，旱，诏行宽恤之政，停各处银场。

夏四月壬午，逮宣、大巡按御史李蕃，荷校于长安门，寻死。丙戌，复遣中官督苏、杭织造。五月己丑朔，日有食之。甲寅，辽东巡按御史杨琎以擅挞军职逮治。六月丁卯，逮山西巡按御史韩祺，荷校于长安门，数日死。

秋七月庚戌，免陕西被灾税粮。闰月甲戌，上宣宗废后胡氏尊谥。戊寅，命湖广、贵州会师讨洪江叛苗。九月甲戌，敕广东总兵官欧信会广西兵讨瑶贼。

冬十月丁酉，振西安诸府饥。丁未，巡抚广西佥都御史吴桢节制两广诸军，讨瑶贼。十一月癸酉，贼陷梧州，致仕布政使宋钦死之。壬午，下右都御史李宾、副都御史林聪于锦衣卫狱。十二月辛卯，下刑部尚书陆瑜，侍郎周瑄、程信于锦衣卫狱，寻释之。

是年，琉球中山、哈密、安南、乌斯藏入贡。

八年春正月乙卯，帝不豫。己未，皇太子摄事于文华殿。己巳，大渐，遗诏罢宫妃殉葬。庚午，崩，年三十有八。二月乙未，上尊谥，庙号英宗，葬裕陵。

赞曰：英宗承仁、宣之业，海内富庶，朝野清晏。大臣如三杨、胡濙、张辅，皆累朝勋旧，受遗辅政，纲纪未弛。独以王振擅权开衅，遂至乘舆播迁。乃复辟而后，犹追念不已，抑何其惑溺之深也。前后在位二十四年，无甚稗政。至于上恭让后谥，释建庶人之系，罢宫妃殉葬，则盛德之事可法后世者矣。

明史卷一三
本纪第一三

宪宗一

　　宪宗继天凝道诚明仁敬崇文肃武宏德圣孝纯皇帝,讳见深,英宗长子也。母贵妃周氏。初名见浚。英宗留瓦剌,皇太后命立为皇太子。景泰三年,废为沂王。天顺元年,复立为皇太子,改名见深。

　　天顺八年正月,英宗崩。乙亥,即皇帝位。以明年为成化元年,大赦天下。免明年田租三之一。浙江、江西、福建、陕西、临清镇守内外官,诸边镇守内官,正统间所无者悉罢之。下番使者、缉事官校皆召还。二月庚子,始以内批授官。三月甲寅朔,尊皇后为慈懿皇太后,贵妃周氏为皇太后。戊午,放宫人。丙寅,毁锦衣卫新狱。庚午,赐彭教等进士及第、出身有差。癸酉,诏内阁九卿考核天下方面官。戊寅,复立团营。

　　夏四月癸未朔,日当食,不见。五月丁巳,大风雨雹,敕群臣修省。庚申,葬睿皇帝于裕陵。

　　秋七月壬申,立吴氏为皇后。八月癸未,御经筵。甲申,命儒臣日讲。癸卯,废皇后吴氏。下太监牛玉于狱。

　　冬十月壬辰,立王氏为皇后。甲辰,立武举法。十二月甲辰,免京官杂犯罪。

　　是年,两畿、川、广、荆、襄盗贼大起,道路不通。安南、乌斯藏入贡。

成化元年春正月乙卯,享太庙。己未,大祀天地于南郊。甲子,都督同知赵辅为征夷将军,充总兵官,佥都御史韩雍赞理军务,讨广西叛瑶。二月戊子,祭社稷。甲午,耕藉田。三月庚戌,四川山都掌蛮乱。丁巳,释奠于先师孔子。

夏五月辛酉,大雨雹。壬戌,避正殿减膳,敕群臣修省。

秋七月己酉,免天下军卫屯粮十之三。甲子,振两畿、浙江、河南饥。八月丁丑,工部侍郎沈义、佥都御史吴琛振抚两畿饥民。辛巳,瘗暴骸。庚寅,毛里孩犯延绥,总兵官房能败之。

冬十二月癸卯,抚宁伯朱永为靖虏将军,充总兵官,太监唐慎监军,工部尚书白圭提督军务,讨荆、襄贼。是月,韩雍大破大藤峡瑶,改名峡曰“断藤”。

是年,琉球、哈密、爪哇、乌斯藏入贡。

二年春正月戊申,罢团营。乙卯,大祀天地于南郊。辛酉,英宗神主祔太庙。二月癸未,礼部侍郎邹干巡视畿内饥民。三月甲辰,赐罗伦等进士及第、出身有差。己酉,李贤父卒,乞终制,不许。乙卯,朱永大破荆、襄贼刘通于南漳。闰月癸酉,振南畿饥。乙未,朱永击擒刘通,其党石龙遁,转掠四川。

夏五月癸酉,修撰罗伦以论李贤起复谪福建市舶司提举。己卯,禁侵损古帝王、忠臣、烈士、名贤陵墓。六月甲辰,赵辅师还。乙巳,免今年天下屯粮十之三。壬子,杨信为平虏将军,充总兵官,太监裴当监督军务,御寇延绥。

秋七月辛巳,封弟见治为忻王,见沛徽王。戊戌,毛里孩犯固原。八月丁巳,犯宁夏,都指挥焦政战死。丁卯,谕祭于谦,复其子冕官。

冬十月丁未,朱永击擒石龙,贼平,进永爵为侯。十二月甲寅,李贤卒。丙辰,太常寺少卿兼翰林院侍读学士刘定之人阁预机务。是月,断藤峡贼复起。

是年,哈密、琉球、安南、乌斯藏、瓦剌入贡。

三年春正月己卯，大祀天地于南郊。丙申，抚宁侯朱永为平胡将军，充总兵官，会杨信讨毛里孩。二月丁酉朔，日有食之。丁巳，湖广总兵官李震讨破靖州苗。三月戊辰，召商辂为兵部侍郎，复入阁。己巳，毛里孩犯大同。辛巳，复开浙江、福建、四川、云南银场，以内臣领之。

夏四月，四川地屡震，自去年六月至于是月。乙巳，录囚。癸丑，复立团营。六月戊申，雷震南京午门，敕群臣修省。辛酉，襄城伯李瑾为征夷将军，充总兵官，兵部尚书程信提督军务，太监刘恒监军，讨山都掌蛮。

秋七月乙酉，停河南采办。九月辛未，振湖广、江西饥。

十二月庚子，左庶子黎淳追论景泰废立事，帝曰："景泰事已往，朕不介意，且非臣下所当言。"切责之。辛丑，杖编修章懋、黄仲昭，检讨庄昶，谪官有差。是月，程信破山都掌蛮，平之。

是年，琉球、哈密、占城、乌斯藏入贡。朝鲜献海青、白鹊，谕毋献。

四年春正月甲戌，大祀天地于南郊。三月甲子，免湖广被灾秋粮。甲申，诏中外势家毋得擅请田土。

夏四月丁巳，录囚。陈文卒。五月癸未，遣使录天下囚。六月丙午，免江西被灾秋粮。辛亥，开城贼满俊反，陕西总兵官宁远伯任寿、巡抚都御史陈价讨之。甲寅，慈懿皇太后崩。

秋七月癸酉，都督同知刘玉为平虏副将军，充总兵官，太监刘祥监军，副都御史项忠总督军务，讨满俊。八月癸巳，京师地震。乙卯，朱永代刘玉为总兵官。是月，任寿、陈价、宁夏总兵官广义伯吴琮及满俊战，败绩，都指挥蒋泰、申澄被杀。九月庚申，葬孝庄睿皇后于裕陵。辛酉，振陕西饥。壬申，以地震、星变下诏自责，敕群臣修省。甲申，给事中董旻、御史胡深等九人请罢商辂及礼部尚书姚夔,下狱,杖之。

冬十月乙未,项忠败贼于石城,伏羌伯毛忠战死。十一月,项忠击擒满俊,送京师,伏诛。壬戌,毛里孩犯辽东,指挥胡珍战没。十二月己酉,辽东总兵官赵胜奏:"十一月初六日,虏贼千余攻指挥傅斌营,指挥胡珍率军来援,被贼射死。"毛里孩犯延绥,都指挥佥事许宁击败之。

是年,琉球、乌斯藏、哈密、日本、满剌加入贡。

五年春正月乙丑,大祀天地于南郊。三月辛丑,赐张升等进士及第、出身有差。

夏五月辛丑,礼部侍郎万安兼翰林院学士,入阁预机务。六月癸丑朔,日有食之。辛酉,录囚。

秋八月辛酉,刘定之卒。

冬十一月乙未,毛里孩犯延绥。

是年冬,阿罗出入居河套。琉球、哈密、乌斯藏、满剌加、安南、土鲁番入贡。

六年春正月己丑,大祀天地于南郊。己亥,大同总兵官杨信败毛里孩于胡柴沟。二月辛未,大理寺少卿宋旻,侍郎曾翚、原杰、黄瑊、副都御史滕昭巡视畿南、浙江、河南、四川、福建,考察官吏,访军民疾苦。其余直省有巡抚等官者,命亦如之。丁丑,祷雨于郊坛。戊寅,振广西饥。三月甲申,免湖广、山东被灾税粮。壬寅,诏延绥屯田。朱永为平虏将军,充总兵官,太监傅恭、顾恒监军,王越参赞军务,备阿罗出于延绥。

夏五月丙申,振畿内、山东、河南饥。丁酉,王越败阿罗出于延绥东路。六月戊申朔,日有食之。

秋七月壬午,朱永败阿罗出于双山堡。丙戌,都御史项忠、侍郎叶盛振畿辅饥民。都督李昶抚治屯营。甲辰,总兵官房能败阿罗出于开荒川。是月,免南畿、四川被灾税粮。八月辛亥,振山西饥。癸丑,以水旱相仍,下诏宽恤。

冬十月,免畿内、河南、山东被灾税粮。十一月癸未,荆、襄流民作乱,项忠总督河南、湖广、荆、襄军务讨之。是月,孛罗忽渡河与阿罗出合。十二月庚戌,遣使十四人分振畿辅。

是年,琉球、哈密、乌斯藏入贡。

七年春正月辛巳,命京官五品以上及给事中、御史各举堪州县者一人。丙戌,大祀天地于南郊。

夏四月己巳,录囚。五月辛巳,瘗京师暴骸。

秋八月甲辰,振山东、浙江水灾。闰九月己未,浙江潮溢,漂民居、盐场,遣工部侍郎李颙往祭海神,修筑堤岸。

冬十月乙亥,王恕为刑部侍郎,总理河道。十一月甲寅,立皇子祐极为皇太子,大赦。己未,荆、襄贼平,流民复业者一百四十余万人。十二月甲戌,彗星见,下诏自责,敕群臣修省,条时政得失。壬午,彗星入紫微垣,避正殿,撤乐,御奉天门听政。癸未,召朱永还,王越总督延绥军务。辛卯,减死罪以下。

是年,乿加思兰入居河套,与阿罗出合。安南黎灏攻占城,破之。琉球、安南入贡。

八年春正月庚戌,大祀天地于南郊。癸亥,皇太子薨。是月,延绥参将钱亮御毛里孩于安边营,败绩,都指挥柏隆、陈英战死。乿加思兰犯固原、平凉。三月癸丑,赐吴宽等进士及第、出身有差。

夏四月,京师久旱,运河水涸。癸酉,遣使祷于郊社、山川、淮渎、东海之神。乙酉,录囚。丁亥,遣使录天下囚。五月癸丑,武靖侯赵辅为平虏将军,充总兵官,节制各边军马,同王越御乿加思兰。

秋七月丙午,谕安南黎灏还占城侵地。

冬十一月己酉,宁晋伯刘聚代赵辅为将军,屯延绥。十二月癸酉,振京师饥民。

是年,孛罗忽、乿加思兰屡入安边营、花马池,犯固原、宁夏、平凉、临巩、环庆,南至通渭。琉球、哈密、安南入贡。

九年春正月丁未,大祀天地于南郊。壬子,刘聚、王越败乩加思兰于漫天岭。是月,土鲁番速檀阿力破哈密,据之。

夏四月辛酉朔,日有食之。甲子,福余三卫寇辽东,总兵官欧信击败之。戊辰,尽免山东税粮。瘗京畿暴骸。壬午,阅武臣骑射于西苑。

秋七月壬辰,巡抚延绥都御史余子俊败乩加思兰于榆林涧。九月辛卯,镇守浙江中官李义杖杀宁波卫指挥马璋,诏勿问。庚子,王越袭满都鲁、孛罗忽、乩加思兰于红盐池,大破之。诸部渐出河套。

冬十一月丁酉,复阅骑射于西苑。

是年,免湖广、畿内、山西、南畿、陕西被灾税粮。振畿内、陕西饥,振山西者再,山东者三。哈密、琉球、暹罗入贡。

十年春正月丁亥朔,振京师贫民。丁酉,大祀天地于南郊。癸卯,王越总制延绥、甘肃、宁夏三边,驻固原。丙午,召刘聚还。三月,免南畿、湖广被灾秋粮。

夏五月戊申,申藏妖书之禁。是月,免山西、陕西被灾秋粮。闰六月乙巳,筑边墙自紫城砦至花马池。

秋七月甲寅,免江西被灾秋粮。八月辛卯,都督同知赵胜为平虏将军,充总兵官,太监刘恒、覃平监军,讨乩加思兰。九月癸丑朔,日有食之。乙卯,免南畿水灾秋粮。

冬十一月丙子,免河南被灾税粮。十二月己丑,罢宝庆诸府采金。甲午,录妖书名示天下。

是年,琉球、乌斯藏、土鲁番入贡。

十一年春正月癸亥,大祀天地于南郊。二月甲申,禁酷刑。三月壬子,赐谢迁等进士及第、出身有差。辛未,彭时卒。

夏四月乙酉,吏部侍郎刘珝、礼部侍郎刘吉并兼翰林学士,入阁预机务。壬辰，乾清门灾。己亥，录囚。五月癸酉，免湖广被灾秋粮。

秋八月辛巳，浚通惠河。丁亥，满都鲁、乩加思兰遣使来朝。九月丁未朔，日有食之。

冬十一月癸丑，立皇子祐樘为皇太子，大赦。十二月戊子，复郕王帝号。丁酉，申自宫之禁。

是年，土鲁番、琉球、暹罗、满剌加、安南入贡。命琉球贡使二年一至。

明史卷一四
本纪第一四

宪宗二

　　十二年春正月辛亥,南京地震有声。戊午,大祀天地于南郊。二月乙亥朔,日有食之。甲午,敕群臣修省。三月壬子,减内府供用物。壬戌,李震大破靖州苗。

　　夏五月丁卯,副都御史原杰抚治荆、襄流民。庚申,录囚。

　　秋七月庚戌,黑眚见。乙丑,躬祷天地于禁中,以用度不节、工役劳民、忠言不闻、仁政不施四事自责。戊辰,遣使录天下囚。

　　冬十月辛巳,京师地震。十一月,巡抚四川都御史张瓒讨湾溪苗,破之。十二月己丑,置郧阳府,设行都司卫所,处流民。

　　是年,土鲁番、撒马儿罕、琉球、乌斯藏入贡。

　　十三年春正月庚戌,大祀天地于南郊。己巳,置西厂,太监汪直提督官校刺事。

　　夏四月,汪直执郎中武清、乐章,太医院院判蒋宗武,行人张廷纲,浙江布政使刘福下西厂狱。五月甲戌,执左通政方贤下西厂狱。丙子,大学士商辂、尚书项忠请罢西厂,从之。六月甲辰,罢项忠为民。庚戌,复设西厂。丁巳,商辂致仕。

　　秋八月壬戌,锦衣卫官校执工部尚书张文质系狱,帝知而释之。

　　冬十月戊申,复立哈密卫于苦峪谷,给土田牛种。十一月,张瓒破松潘叠溪苗。

　　是年，免浙江、山东、河南、江西、福建被灾税粮。振山东、南畿州县饥。安南、琉球、乌斯藏、暹罗、日本入贡。满都鲁、乩加思兰各遣使贡马。

　　十四年春正月甲戌，大祀天地于南郊。三月戊辰，免浙江被灾秋粮。己卯，赐曾彦等进士及第、出身有差。辛巳，罢乌撒卫银场。丙戌，复开辽东马市。丁亥，以浙江饥罢采花木。

　　夏四月丁酉，免南畿、山东被灾秋粮。六月癸卯，太监汪直行辽东边。

　　秋七月丁丑，遣使振畿南、山东饥。八月癸巳，以直隶、山东灾伤，诏六部条恤民事宜。南京刑部侍郎金绅巡视江西水灾。庚戌，免湖广被灾秋粮。甲寅，下巡抚苏、松副都御史牟俸于锦衣卫狱，谪戍。十二月甲午，免畿内被灾秋粮。

　　是年，占城、乌斯藏、撒马儿罕入贡。

　　十五年春正月丁卯，大祀天地于南郊。辛巳，振山东饥，免秋粮。二月，免湖广被灾秋粮。甲寅，诏修开国勋臣墓，无后者置守冢一人。

　　夏四月丙午，免南畿被灾税粮。壬子，下驸马都尉马诚于锦衣卫狱。五月壬戌，汪直劾侍郎马文升，下文升狱，谪戍。癸酉，以马文升、牟俸事，杖给事中李俊、御史王浚五十六人于阙下。己卯，免湖广、河南被灾税粮。

　　秋七月癸酉，汪直行大同、宣府边。

　　冬十月丁亥，抚宁侯朱永为靖虏将军，充总兵官，汪直监军，御伏当加。十二月辛未，论功封朱永保国公，加汪直岁禄，升赏者二千六百余人。是月，免四川、江西被灾税粮。

　　是年，琉球、安南、乌斯藏入贡。

十六年春正月甲午，大祀天地于南郊。丁酉，保国公朱永为平虏将军，充总兵官，王越提督军务，汪直监军，御亦思马因于延绥。二月癸酉，免湖广被灾税粮。戊寅，王越袭亦思马因于威宁海子，破之。三月戊子，以岁歉减光禄寺供用物。

夏六月癸丑，禁势家侵占民用。

秋八月辛酉，申存恤孤老之令。

冬十二月庚申，亦思马因犯大同。丙寅，朱永、汪直、王越帅京军御之。是月，总督两广军务都御史朱英、总兵官平乡伯陈政讨广西瑶，破之。

是年，免两畿、湖广、河南、山东、云南被灾税粮。琉球、暹罗、苏门答剌、土鲁番、撒马儿罕入贡。

十七年春正月丙戌，大祀天地于南郊。二月壬戌，核天下库藏出纳之数。是月，免浙江、山西被灾税粮。三月辛卯，赐王华等进士及第、出身有差。

夏四月庚申，以久旱风霾敕群臣修省。戊辰，谕法司慎刑狱。太监怀恩同法司录囚，自是每五岁遣内臣审录以为常。癸酉，亦思马因犯宣府。五月己亥，汪直监督军务，王越为为平胡将军，充总兵官，御之。

秋七月甲戌，免南畿被灾秋粮。甲午，命所在镇守总兵、巡抚听汪直、王越节制。

冬十月壬戌，振河南饥。十一月戊子，取太仓银三分之一入内库。

是年，安南、占城、满剌加、乌斯藏入贡。安南黎灏侵老挝宣慰司，赐敕谕之。

十八年春正月壬午，大祀天地于南郊。庚寅，刘吉起复。三月己巳朔，振南畿饥。壬申，罢西厂。

夏四月癸丑，罕慎复哈密城。甲子，免山西被灾夏税。五月，免山东、南畿被灾税粮。六月壬寅,亦思马因犯延绥,汪直、王越调兵御败之。

秋八月癸丑,遣使振畿内、山东饥。辛酉,免河南被灾税粮。闰月壬申,仓副使应时用请罢饶州烧造御器内臣,下狱,赎还职。

冬十一月,免畿内、陕西、辽东被灾秋粮。十二月庚午,御制《文华大训》成。

是年,琉球、哈密、暹罗、土鲁番、乌斯藏入贡。

十九年春正月丙午,大祀天地于南郊。三月丙辰,免湖广被灾税粮。

夏四月丁丑,免河南被灾税粮。六月乙亥,汪直有罪,调南京御马监。丁丑,陈政破广西瑶。

秋七月辛丑,迤北小王子犯大同。癸卯,总兵官许宁御之,败绩。己未,朱永为镇朔大将军,充总兵官,帅京军御之。八月甲子,犯宣府,巡抚都御史秦纮、总兵官周玉御却之。乙丑,户部侍郎李衍、刑部侍郎何乔新巡视边关。壬申,谪汪直为奉御,其党王越、戴缙等贬黜有差。是月,朱永败寇于大同、宣府。

冬十月壬申,召朱永还。

是年,撒马儿罕贡狮子。

二十年春正月庚寅,京师地震。壬辰,敕群臣修省。诏减贡献,饬备边,罢营造,理冤狱,宽银课、工役、马价,恤大同阵亡士卒。丁酉,大祀天地于南郊。三月庚寅,赐李旻等进士及第、出身有差。己酉,太监张善监督军务,定西侯蒋琬充总兵官,同总督尚书余子俊备大同、宣府。

夏四月戊午,录囚。五月甲午,再录囚,减死罪以下。六月,免南畿、陕西被灾税粮。

秋九月乙酉朔,日有食之。是月,寇复入居河套。是秋,陕西、山西大旱饥,人相食。停岁办物料,免税粮,发帑转粟,开纳米事例振之。

冬十月丁巳,杖刑部员外郎林俊、都督府经历张黻,并谪官。癸酉,罢云南元江诸府银坑。十二月,免山西、河南被灾夏税。

是年,安南、日本、琉球、哈密、土鲁番入贡。

二十一年春正月甲申朔,星变。丙戌,诏群臣极言时政。庚寅,赦天下。乙未,大祀天地于南郊。乙巳,遣侍郎李贤、何乔新、贾俊振陕西、山西、河南饥。二月己未,放免传奉文武官五百六十余人。丁丑,免陕西被灾税粮。

夏四月戊午,以泰山屡震遣使祭告。壬戌,转漕四十万石,振陕西饥。是月,免南畿、山东被灾税粮。五月壬戌,京师地震。丙子,振京师饥民。六月辛巳,令武臣纳粟袭职。癸未,诏盛暑祁寒廷臣所奏毋得过五事。

秋八月己卯朔,日有食之。九月甲子,刘翔致仕。

冬十月,免山东、山西、河南、陕西、四川被灾税粮。十一月丙寅,京师地震。十二月甲申,詹事彭华为吏部左侍郎兼翰林学士,入阁预机务。甲午,振南畿饥。是冬,小王子犯兰州、庄浪、镇番、凉州。

是年,哈密、乌斯藏入贡。

二十二年春正月己未,大祀天地于南郊。乙丑,免河南被灾秋粮。二月庚辰,免畿南及湖广被灾秋粮。

夏四月乙未,清畿内勋戚庄田。六月,免南畿、陕西被灾税粮。乙亥,敕群臣修举职业。甲午,谕法司慎刑。

秋七月,小王子犯甘州,指挥姚英等战死。九月,免河南、广东被灾税粮。丁卯,兵部左侍郎尹直为户部侍郎兼翰林学士,入阁预机务。

冬十一月癸丑,占城为安南所侵,王子古来来奔。十二月,免江西、广西被灾税粮。

是年,哈密、琉球入贡。

　　二十三年春正月，免陕西、湖广被灾税粮。庚戌，大祀天地于南郊。二月乙酉，副都御史边镛、通政司参议田景贤巡视大同诸边。三月丁未，彭华致仕。丁巳，赐费宏等进士及第、出身有差。癸亥，免山东被灾税粮。

　　夏四月乙亥，免浙江被灾秋粮。五月乙卯，旱，遣使分祷天下山川。丙辰，敕群臣修省。是月，朵颜三卫避那孩入辽东，令驻牧近边，给米布。六月，免陕西、南畿被灾秋粮。

　　秋七月戊申，封皇子祐杬为兴王，祐棆岐王，祐槟益王，祐楎衡王，祐枟雍王。八月庚辰，帝不豫。甲申，皇太子摄事于文华殿。己丑，崩，年四十有一。九月乙卯，上尊谥，庙号宪宗，葬茂陵。

　　赞曰：宪宗早正储位，中更多故，而践阼之后，上景帝尊号，恤于谦之冤，抑黎淳而召商辂，恢恢有人君之度矣。时际休明，朝多耆彦，帝能笃于任人，谨于天戒，蠲赋省刑，闾里日益充足，仁、宣之治于斯复见。顾以任用汪直，西厂横恣，盗窃威柄，稔恶弄兵。夫明断如帝而为所蔽惑，久而后觉，妇寺之祸固可畏哉。

明史卷一五
本纪第一五

孝　宗

　　孝宗达天明道纯诚中正圣文神武至仁大德敬皇帝，讳祐樘，宪宗第三子也。母淑妃纪氏，成化六年七月生帝于西宫。时万贵妃专宠，宫中莫敢言。悼恭太子薨后，宪宗始知之，育周太后宫中。十一年，敕礼部命名，大学士商辂等因以建储请。是年六月，淑妃暴薨，帝年六岁，哀慕如成人。十一月，立为皇太子。

　　二十三年八月，宪宗崩。九月壬寅，即皇帝位。大赦天下，以明年为弘治元年。丁未，斥诸佞幸侍郎李孜省、太监梁芳、外戚万喜及其党，谪戍有差。

　　冬十月丁卯，汰传奉官，罢右通政任杰、侍郎蒯钢等千余人，论罪戍斥。革法王、佛子、国师、真人封号。乙亥，尊皇太后周氏为太皇太后，皇后王氏为皇太后。丙子，立妃张氏为皇后。丁亥，万安罢。壬辰，追谥母淑妃为孝穆皇太后。癸巳，吏部左侍郎兼翰林学士徐溥入阁预机务。十一月癸丑，尹直罢。乙卯，詹事刘健为礼部侍郎兼翰林学士，入阁预机务。戊午，下梁芳、李孜省于狱。十二月壬午，葬纯皇帝于茂陵。是月，免江西、湖广被灾税粮。

　　是年，安南、暹罗、哈密、土鲁番、乌斯藏、琉球入贡。封占城王子古来为王，谕安南黎灏还占城侵地。

　　弘治元年春正月己亥，享太庙。丙午，大祀天地于南郊。己未，始考察镇守武臣。二月戊戌,祭社稷。丁未,耕耤田。封哈密卫左都督罕慎为忠顺王。丙辰,禁廷臣请托公事。三月乙丑,疏文武大臣及中外四品以上官姓名,揭文华殿壁。癸酉,释奠于先师孔子。乙亥,小王子寇兰州,都指挥廖斌击败之。丙子,御经筵。丁丑,命儒臣日讲。

夏四月甲寅,以天暑录囚,嗣后岁以为常。六月癸巳朔,日有食之。

秋七月戊辰,减浙江银课,汰管理银场官。八月乙巳,小王子犯山丹、永昌。辛亥,犯独石、马营。

冬十月乙卯,振湖广、四川饥。十一月甲申,妖僧继晓伏诛。乙酉,免河南被灾秋粮。

是年,土鲁番杀忠顺王罕慎,复据哈密。琉球、占城、撒马儿罕、乌斯藏入贡。

二年春正月丁卯,收已故内臣赐田,给百姓。辛未,大祀天地于南郊。二月癸巳,振四川饥。三月己未,免陕西被灾秋粮三分之二。戊寅,闭会川卫银矿。

夏五月庚申,河决开封,入沁河,役五万人治之。

秋七月癸亥,以京师霪雨、南京大风雷修省,求直言。戊寅,振畿内水灾,免税粮,给贫民麦种。八月丁酉,复四川流民复业者杂役三年。己酉,宪宗神主祔太庙。十一月戊午,顺天饥,发粟平粜。十二月甲申朔,日有食之。辛卯,赐于谦谥,立祠曰旌功。

是年,土鲁番入贡。撒马儿罕贡狮子、鹦鹉,却之。

三年春正月甲子,大祀天地于南郊。二月壬辰,免河南被灾秋粮。甲午,户部请免南畿、湖广税粮。上曰:“凶岁义当损上益下,必欲取盈,如病民何。”悉从之。三月丙辰,命天下预备仓积粟,以里数多寡为差,不及额者罪之。庚午,赐钱福等进士及第、出身有差。甲戌,侍郎张海、通政使元守直阅边。

秋九月庚戌,禁内府加派供御物料。闰月癸巳,禁宗室勋戚奏请田土及受人投献。

冬十一月甲辰,停工役,罢内官烧造瓷器。十二月辛亥,以彗星见,敕群臣修省,陈军民利病。己未,京师地震。壬戌,减供御品物,罢明年上元灯火。

是年,琉球、安南、哈密、撒马儿罕、天方、土鲁番入贡。

四年春正月癸未,以修省罢上元节假。己丑,大祀天地于南郊,停庆成宴。二月己巳,敕法司曰:“曩因天道示异,敕天下诸司审录重囚,发遣数十百人。朕以为与其宽之于终,孰若谨之于始。嗣后两京三法司及天下问刑官,务存心仁恕,持法公平,详审其情罪所当,庶不背于古圣人钦恤之训。”六月辛亥,京师地震。

秋八月庚戌,苏、松、浙江水,停本年织造。乙卯,南京地震。己未,封皇弟祐槟为寿王,祐梈汝王,祐橓泾王,祐枢荣王,祐楷申王。

冬十月丙辰,以皇长子生,诏天下。戊午,河溢,振河南被灾者。乙丑,礼部尚书丘浚兼文渊阁大学士预机务。十一月庚辰,振南畿灾。十二月甲子,土鲁番以哈密地及金印来归。

是年,暹罗入贡。

五年春正月壬午,大祀天地于南郊。二月丙寅,命陕巴袭封忠顺王。庚午,减陕西织造绒毼之半。三月戊寅,立皇子厚照为皇太子,大赦。录太祖庙配享功臣绝封者后。辛卯,广西副总兵马俊、参议马铉、千户王珊等讨古田叛僮,遇伏死。

夏六月丁未,免南畿去年被灾税粮。

秋七月甲午,振南京、浙江、山东饥。八月癸卯,刘吉致仕。乙丑,停苏、松、浙江额外织造,召督造官还。

冬十月壬戌,湖广总兵官镇远侯顾溥、贵州巡抚都御史邓廷瓒、太监江德会师讨贵州黑苗。十一月丙申,闭温、处银坑。十二月丁巳,荆王见潚有罪,废为庶人。

是年，琉球、乌斯藏、土鲁番入贡。火剌札国贡方物，不受，给廪食遣还。

六年春正月己卯，大祀天地于南郊。二月甲寅，录常遇春、李文忠、邓愈、汤和后裔，世袭指挥使。丁巳，擢布政使刘大夏右副都御史，治张秋决河。三月癸未，赐毛澄等进士及第、出身有差。

夏四月己亥，土鲁番速檀阿黑麻袭执陕巴，据哈密。己酉，侍郎张海、都督同知缑谦经略哈密。辛酉，久旱，敕修省，求直言。五月丙寅，小王子犯宁夏，杀指挥赵玺。闰月乙未，免南京被灾秋粮。六月庚午，捕蝗。壬申，都御史闵珪击破古田叛僮。

秋八月甲戌，免顺天被灾夏税。九月丁酉，免陕西被灾夏税。

冬十月丙寅，以灾伤罢明年上元灯火。庚辰，停甘肃织造绒毼。十一月庚申，振京师流民。十二月己卯，敕天下镇、巡官修省。

是年，安南、乌斯藏、土鲁番、暹罗入贡。

七年春正月丁酉，大祀天地于南郊。二月甲子，以去年冬孝陵风雷之变，遣使祭告，修省，求直言，命内外慎刑狱，决轻系。三月癸巳，贵州黑苗平。戊申，两畿捕蝗。

夏五月甲辰，太监李兴、平江伯陈锐同刘大夏治张秋决河。

秋七月乙巳，京师地震。丙午，工部侍郎贯、巡抚副都御史何鉴经理南畿水利。九月丁亥，以水灾停苏、松诸府所办物料，留关钞户盐备振。冬十一月壬子，京师地震。十二月甲戌，张秋河工成。己卯，振甘、凉被兵军民，给牛种。

是年，免北京、河南、湖广、陕西、山西被灾税粮。琉球入贡。以土鲁番据哈密，却其贡使。

八年春正月乙未，大祀天地于南郊，以太皇太后不豫，免庆成宴。壬子，甘肃总兵官刘宁败小王子于凉州。二月乙卯朔，日有食之。戊午，丘浚卒。乙丑，礼部侍郎李东阳、少詹事谢迁入阁预机务。

己卯,黄陵冈河口工成。三月壬辰,免湖广被灾税粮。己亥,宁夏地震。

夏四月甲寅,苏、松各府治水工成。壬戌,谕吏部、都察院,人材进退,考察务得实迹,不可偏听枉人。五月己丑,免南畿被灾秋粮。

秋七月丁亥,封宋儒杨时将乐伯,从祀孔子庙廷。戊子,广西副总兵欧磐击破平乐叛瑶。八月癸亥,以四方灾异数见,敕群臣修省。

冬十一月己酉,免直隶被灾秋粮。十二月辛酉,巡抚甘肃佥都御史许进、总兵官刘宁入哈密,土鲁番遁,遂班师。

是年,爪哇、占城、乌斯藏入贡。乜克力诸部款肃州塞求入贡,却之。

九年春正月壬辰,大祀天地于南郊。二月庚午,免河南被灾税粮。辛未,右通政张璞、大理少卿马中锡阅边。三月丙申,赐朱希周等进士及第、出身有差。

夏四月戊子,以岷王膺钲奏,逮武冈知州刘逊。给事中、御史庞泮、刘绅等谏,下锦衣卫狱,寻释之。六月庚子,免江西被灾税粮。

秋八月壬寅,免湖广被灾秋粮。己酉,禁势家侵夺民利。

是年,日本、琉球、乌斯藏入贡。

十年春正月庚戌,大祀天地于南郊。三月辛亥,以旱霾修省,求直言。甲子,召大学士刘健、李东阳、谢迁于文华殿议庶政,后以为常。

夏五月戊辰,小王子犯潮河川。己巳,犯大同。六月己卯,侍郎刘大夏、李介理宣府、大同军饷。

秋七月癸丑,都督杨玉帅京营军备永平。

冬十一月庚子,土鲁番归陕巴,乞通贡。

是年,免南畿、山西、陕西被灾税粮,振山东、四川水灾。安南、暹罗、乌斯藏入贡。

十一年春正月丁未，大祀天地于南郊。二月己巳，小王子遣使求贡。

夏五月戊申，甘肃参将杨翥败小王子于黑山。

秋七月己酉，总制三边都御史王越袭小王子于贺兰山后，败之。癸亥，徐溥致仕。八月癸未，振祥符民被河患者。

冬十月丙寅，命工作不得役团营军士。甲戌，清宁宫灾。丁亥，敕群臣修省，求直言，罢明年上元灯火。十一月壬子，免陕西织造羊绒。闰月壬戌朔，日有食之。乙酉，罢福建织造彩布。十二月庚子，禁中外奢靡逾制。壬子，以清宁宫灾诏赦天下。

是年，免山西、陕西、两畿、广西、广东被灾税粮。土鲁番、乌斯藏入贡。

十二年春正月辛未，大祀天地于南郊，免庆成宴。二月壬辰，山东被灾夏税。戊申，严左道惑众之禁。三月丁丑，赐伦文叙等进士及第、出身有差。

夏四月癸巳，敕宣、大、延绥备边。是月，免湖广、江西被灾税粮。五月戊寅，免南畿被灾秋粮。六月甲辰，阙里先师庙灾，遣使慰祭。

秋八月，免河南、南畿被灾夏税。九月壬午，普安贼妇米鲁作乱。甲申，重建清宁宫成。

是年，占城、乌斯藏、土鲁番、爪哇、撒马儿罕入贡。

十三年春正月乙丑，大祀天地于南郊。二月戊子，免山西被灾税粮。庚寅，定问刑条例。乙未，严旌举连坐之法。

夏四月，火筛寇大同，游击将军王杲败绩于威远卫。乙巳，平江伯陈锐为靖虏将军，充总兵官，太监金辅监军，户部左侍郎许进提督军务，御之。五月甲寅朔，日有食之。丙辰，召大学士刘健、李东阳、谢迁于平台，议京营将领。癸亥，火筛大举入寇，大同左卫游击将军张浚御却之。六月甲申，免江西被灾秋粮，停山、陕采办物料。

庚子,召陈锐、金辅还,保国公朱晖、太监扶安往代,益兵御寇。

秋七月己巳,京师地震。八月辛卯,振江西水灾。

冬十月戊申,两京地震。是月,小王子诸部寇大同。十二月辛丑,火筛寇大同,南掠百余里。

是年,小王子部入居河套,犯延绥神木堡。琉球、土鲁番、乌斯藏入贡。

十四年春正月庚戌朔,陕西地大震。己未,大祀天地于南郊。二月己亥,罢陕西织造中官。

夏四月庚辰,工部侍郎李鐩总督延绥边饷。戊子,保国公朱晖、提督军务都御史史琳、监军太监苗逵分道进师延绥。戊戌,免陕西、山西物料。是月,火筛诸部寇固原。五月庚戌,振大同被兵军民,免税粮。辛酉,免陕西被灾税粮。戊辰,修阙里先师庙。命各布政使司上地里图。

秋七月丁未,泰宁卫贼犯辽东,掠长胜诸屯堡。癸亥,南京户部尚书王轼兼左副都御史提督军务,讨贵州贼妇米鲁。丁卯,朱晖、史琳袭小王子于河套。庚午,分遣给事中、御史清理屯田。闰月乙酉,都指挥王泰御小王子于盐池,战死。戊戌,振两畿、江西、山东、河南水灾。八月己酉,免河南被灾税粮。是月,火筛诸部犯固原,大掠韦州、环县、萌城、灵州。己巳,减光禄寺供应,如元年制。火筛诸部犯宁夏东路。九月丙子朔,日有食之。丁亥,遣使募兵于延绥、宁夏、甘、凉。甲辰,召史琳还,起秦纮为户部尚书兼副都御史,代之。

冬十一月癸巳,分遣侍郎何鉴、大理寺丞吴一贯振恤两畿、山东、河南饥民。十二月戊辰,辽东大饥,振之。是月,寇出河套。

是年,免湖广、江西、山西、山东、陕西、河南、畿内被灾税粮。安南、琉球入贡。

十五年春正月丙子,朱晖帅师还。丙戌,大祀天地于南郊。二月癸丑,免河南被灾税粮。三月癸未,罢饶州督造瓷器中官。庚寅,赐康海等进士及第、出身有差。

夏四月壬寅，振京师贫民。五月庚子，免湖广被灾秋粮。

秋七月己卯，录刘基后裔，世袭指挥使。己丑，王轼破斩米鲁，贵州贼平。辛卯，命各边卫设养济院、漏泽园。八月庚戌，以南京、凤阳霪雨大风，江溢为灾，遣使祭告。敕两京群臣修省。九月庚午朔，日有食之。戊子，放减内府所畜鸟兽。

冬十月癸卯，罢明年上元灯火。十一月壬申，琼州黎贼作乱。甲午，罢广东采珠。十二月己酉，《大明会典》成。辛亥，以疾不视朝。是月，免南畿被灾秋粮。

是年，琉球、安南入贡。

十六年春正月癸酉，遣官代享太庙。二月辛丑，视朝。戊申，大祀天地于南郊。三月癸巳，免山西被灾税粮。

夏四月辛亥，敕宣、大严边备。五月戊子，以云南灾变敕群臣修省。刑部侍郎樊莹巡视云、贵，察官吏，问民疾苦。

秋七月，广东官军讨黎贼，败之。九月丁丑，振两畿、浙江、山东、河南、湖广被灾军民。

冬十一月甲戌，罢营造器物及明年上元烟火。是月，免南畿被灾秋粮。十二月丙午，免淮、扬、浙江物料。

是年，安南、暹罗、哈密、土鲁番、撒马儿罕入贡。

十七年春正月辛未，南京工部侍郎高铨振应天饥。甲戌，大祀天地于南郊。壬午，严诬告之禁。二月甲寅，减供用物料。己未，严谶纬妖书之禁。庚申，免浙江被灾税粮。三月壬戌，太皇太后崩。癸未，定太庙各室一帝一后之制。

夏四月己酉，葬孝肃皇太后。闰月辛酉，阙里先师庙成，遣大学士李东阳祭告。庚午，免山东被灾税粮。乙亥，以四方灾荒敕群臣修省。庚辰，命诸司详议害民弊政。五月壬辰，罢南京、苏、杭织造中官。六月乙亥，始命两京五品以下官六年一考察。辛巳，召刘健、李东阳于暖阁,议边务。癸未,火筛入大同,指挥郑瑀力战死。

秋七月癸巳,工部侍郎李鐩、大理少卿吴一贯、通政司参议丛兰分道经略边塞。甲午,左副都御史阎仲宇、通政司参议熊伟分理边饷。八月戊辰,命天下抚、按、三司官奏军民利病,士民建言可采者,所司以闻。甲申,免南畿被灾夏税。丁亥,召马文升、戴珊于暖阁,谕以明年考察务访实迹,以求至当。九月庚寅,谕法司不得任情偏执,致淹狱囚。甲寅,太常少卿孙交经略宣、大边务。丁巳,御暖阁,谕刘健、李东阳、谢迁:“诸边首功,巡按御史察勘,动淹岁年,非所以示劝。自今奏报,以远近立限。违者诘治。”谕讲官进讲直言毋讳。

冬十一月戊子,罢云南银场。十二月庚午,申闭籴之禁。甲申,免湖广被灾秋粮。

是年,琉球、撒马儿罕、哈密、乌斯藏入贡。

十八年春正月己丑,小王子诸部围灵州,入花马池,遂掠韦州、环县。户部侍郎顾佐理陕西军饷。乙未,大祀天地于南郊。甲辰,小王子陷宁夏清水营。二月戊辰,御奉天门,谕户、兵、工三部曰:“方今生齿渐繁,而户口、军伍日就耗损,此皆官司抚恤无方,因仍苟且所致。其悉议弊政以闻。”三月癸卯,赐顾鼎臣等进士及第、出身有差。

夏四月戊寅,刑部侍郎何鉴抚辑荆、襄流民。甲申,帝不豫。五月庚寅,大渐,召大学士刘健、李东阳、谢迁受顾命。辛卯,崩于乾清宫,年三十有六。六月庚申,上尊谥,庙号孝宗,葬泰陵。

赞曰:明有天下,传世十六,太祖、成祖而外,可称者仁宗、宣宗、孝宗而已。仁、宣之际,国势初张,纲纪修立,淳朴未漓。至成化以来,号为太平无事,而晏安则易耽怠玩,富盛则渐启骄奢。孝宗独能恭俭有制,勤政爱民,兢兢于保泰持盈之道,用使朝序清宁,民物康阜。《易》曰:“无平不陂,无往不复,艰贞无咎。”知此道者,其惟孝宗乎。

明史卷一六
本纪第一六

武　宗

武宗承天达道英肃睿哲昭德显功弘文思孝毅皇帝,讳厚照,孝宗长子也。母孝康敬皇后。弘治五年,立为皇太子。性聪颖,好骑射。

十八年五月,孝宗崩。壬寅,即皇帝位。以明年为正德元年,大赦天下,除弘治十六年以前逋赋。戊申,小王子犯宣府,总兵官张俊败绩。庚戌,太监苗逵监督军务,保国公朱晖为征虏将军,充总兵官,右都御史史琳提督军务,御之。

秋八月甲寅,尊皇太后为太皇太后,皇后为皇太后。丙子,召朱晖等还。九月甲午,南京地震。丁酉,振陕西饥。

十月丙辰,小王子犯甘肃。庚午,葬敬皇帝于泰陵。十一月甲申,御文华殿日讲。

是年,占城、安南入贡。

正德元年春正月乙酉,享太庙。己丑,大祀天地于南郊。二月壬子,御经筵。乙丑,耕耤田。三月甲申,释奠于先师孔子。

夏五月丙申,减苏、杭织造岁币。六月辛酉,禁吏民奢靡。免陕西被灾税粮。是日,大风雨,坏郊坛兽瓦。庚午,谕群臣修省。

秋八月乙卯,复遣内官南京织造。戊午,立皇后夏氏。

冬十月丁巳,户部尚书韩文帅廷臣请诛乱政内臣马永成等八人，大学士刘健、李东阳、谢迁主之。戊午，韩文等再请，不听。以刘瑾掌司礼监，丘聚、谷大用提督东、西厂，张永督十二团营兼神机营，魏彬督三千营，各据要地。刘健、李东阳、谢迁乞去，健、迁是日致仕。己未，东阳复乞去，不允。壬戌，吏部尚书焦芳兼文渊阁大学士，吏部侍郎王鏊兼翰林学士，入阁预机务。戊辰，停日讲。十一月甲辰，罢韩文。十二月丁巳，命锦衣卫官点阅给事中。癸酉，除曲阜孔氏田赋。

是年，哈密、乌斯藏入贡。

二年春正月乙亥朔，日有食之。乙酉，大祀天地于南郊。闰月庚戌，杖给事中艾洪、吕翀、刘菈及南京给事中戴铣、御史薄彦徽等二十一人于阙下。二月戊戌，杖御史王良臣于午门，御史王时中荷校于都察院。三月辛未，以大学士刘健、谢迁，尚书韩文、杨守随、张敷华、林瀚五十三人党比，宣戒群臣。是月，敕各镇守太监预刑名政事。

夏五月戊午，度僧道四万人。己巳，复宁王宸濠护卫。六月甲戌，孝宗神主祔太庙。戊寅，罢修边垣，输其费于京师。

秋八月丙戌，作豹房。

冬十月甲申，逮各边巡抚都御史及管粮郎中下狱。丙戌，南京户部尚书杨廷和为文渊阁大学士，预机务。十二月壬辰，开浙江、福建、四川银矿。

是年，琉球入贡。

三年春正月丁未，大祀天地于南郊。辛亥，大计外吏，中旨罢翰林学士吴俨、御史杨南金。二月己巳，令京官告假违限及病满一年者皆致仕。三月乙卯，赐吕柟等进士及第、出身有差。

夏四月乙亥，军民纳银，得授都指挥佥事以下官。六月壬辰，得匿名文书于御道，跪群臣承天门外诘之，下三百余人于锦衣卫狱，寻释之。

秋七月壬子,命天下选乐工送京师。八月辛巳,立内厂,刘瑾领之。庚寅,下韩文锦衣卫狱,罚输米千石于大同。是月,山东盗起。九月癸卯,削致仕尚书雍泰、马文升、许进、刘大夏籍。辛酉,逮刘大夏下狱,戍肃州。癸亥,振南京饥。

冬十月辛未,南京工部侍郎毕亨振湖广、河南饥。十一月乙未,振凤阳诸府饥。

是年,安南、哈密、撒马儿罕、乌斯藏入贡。

四年春正月丙午,大祀天地于南郊。二月丙戌,削刘健、谢迁籍。三月甲辰,振浙江饥。己酉,吏部侍郎张彩请不时考察京官,从之。

夏四月乙亥,王鏊致仕。六月戊子,吏部尚书刘宇兼文渊阁大学士,预机务。

秋八月辛酉,遣使核各边屯田。是月,义州军变。闰九月,小王子犯延绥,围总兵官吴江于陇州城。

冬十一月甲子,犯花马池,总制尚书才宽战死。十二月庚戌,夺刘健、谢迁等六百七十五人诰敕。

是年,两广、江西、湖广、陕西、四川并盗起。琉球、安南、哈密、土鲁番、撒马儿罕入贡。

五年春正月丁卯,大祀天地于南郊。庚辰。籍故尚书秦纮家。二月癸巳,兵部尚书曹元为吏部尚书兼文渊阁大学士,预机务。三月辛未,祷雨,释狱囚,免正德三年逋赋。乙酉,江西贼炽,右都御史王哲巡视南、赣,刑部尚书洪钟总制川、陕、河南、郧阳军务,兼振恤湖广。

夏四月庚寅,安化王寘鐇反,杀巡抚都御史安惟学、总兵官姜汉。丙午,起右都御史杨一清总制宁夏、延绥、甘、凉军务,泾阳伯神英充总兵官,讨寘鐇。辛亥,诏赦天下。太监张永总督宁夏军务。是日,游击将军仇钺袭执寘鐇,宁夏平。五月癸未,焦芳致仕。六月庚子,帝自号大庆法王,所司铸印以进。丙午,刘宇罢。

秋七月壬申,洪钟讨沔阳贼,平之。八月甲午,刘瑾以谋反下狱。诏自正德二年后所更政令悉如旧。戊戌,治刘瑾党,吏部尚书张彩下狱。己亥,曹元罢。丁未,革宁王护卫。戊申,刘瑾伏诛。己酉,释谪戍诸臣。九月丙辰,论平寘鐇功,封仇钺咸宁伯。戊午,吏部尚书刘忠、梁储并兼文渊阁大学士,预机务。己未,以平寘鐇、刘瑾功,封太监张永兄富、弟容皆为伯。癸酉,封义子指挥同知朱德、太监谷大用兄大宽、马永成兄山、魏彬弟英皆为伯。

冬十月己亥,戮张彩尸于市。十二月己丑,贼陷江津,佥事吴景死之。

是年,日本、占城、哈密、撒马儿罕、土鲁番、乌斯藏入贡。

六年春正月甲子,大祀天地于南郊。癸酉,贼陷营山,杀佥事王源。二月丙申,寘鐇伏诛。己酉,起左都御史陈金总制江西军务讨贼。三月戊辰,赐杨慎等进士及第、出身有差。庚午,惠安伯张伟充总兵官,右都御史马中锡提督军务,讨直隶、河南、山东贼。丙子,免被寇州县税粮一年。是月,小王子入河套,犯沿边诸堡。

夏四月癸未,刘忠乞省墓归。是月,淮安盗起。六月,山西盗起。

秋七月壬申,贼犯文安,京师戒严。癸酉,调宣府、延绥兵入援。八月己卯,兵部侍郎陆完将边军讨贼。四川巡抚都御史林俊擒斩贼站首蓝廷瑞、鄢本恕。甲申,贼刘六犯固安。丙戌,召张伟、马中锡还。九月丙寅,再调宣府及辽东兵益陆完军。

冬十月癸未,贼陷长山,典史李暹战死。甲申,贼焚粮艘于济宁州。丁酉,甘州副总兵白琼败小王子于柴沟。十一月庚戌,太监谷大用、张忠,伏羌伯毛锐帅京军会陆完讨贼。丙辰,户部侍郎丛兰、王琼振两畿、河南、山东。戊午,京师地震。辛酉,敕修省。乙亥,瘗暴骨。十二月癸巳,礼部尚书费宏兼文渊阁大学士,预机务。甲午,清河口至柳铺,黄河清三日。辛丑,贼掠苍溪,兵备副使冯杰败死。

是年,自畿辅迄江、淮、楚、蜀盗贼杀官吏,山东尤甚,至破九十余城,道路梗绝。琉球、哈密入贡。

七年春正月甲寅,贼犯霸州,京师戒严。丁巳,陷大城,知县张汝舟、主簿李铨战死。己未,大祀天地于南郊。二月丁丑,副都御史彭泽、咸宁伯仇钺提督军务,太监陆訚监军,讨河南贼。己卯,贼犯莱州,指挥佥事蔡显等力战死。三月辛未,副总兵时源败绩于河南,都督佥事冯祯力战死。

夏五月丙午,陆完败贼于莱州,山东贼平。甲寅,左都御史陈金讨平抚州贼。丙寅,贼杀副都御史马炳然于武昌江中。闰月壬辰,仇钺败贼于光山,河南贼平。

秋七月癸巳,江西贼杀副使周宪于华林。丁酉,振四川饥。八月癸亥,陆完追歼刘七等贼于狼山。九月乙酉,陈金讨平华林贼。戊子,召洪钟还。都御史彭泽总制四川军务。丙申,赐义子一百二十七人国姓。

冬十月,免河南、江西、浙江被灾寇者税粮。十一月壬申,时源为平贼将军,会彭泽讨四川贼。丁亥,留大同、宣府、辽东兵于京营,李东阳谏不听。十二月丁卯,李东阳致仕。是月,免两畿、山东、山西、陕西被灾寇者税粮。

是年,安南、日本、哈密入贡。

八年春正月癸酉,右副都御史俞谏代陈金讨江西贼。壬午,大祀天地于南郊。乙酉,以边将江彬、许泰分领京营,赐国姓,寻设两官厅军,命彬、泰分领之。癸巳,户部侍郎丛兰、佥都御史陈玉巡边。二月丙午,以平贼功,封太监谷大用弟大亮、陆訚侄永皆为伯。三月戊子,置镇国府,处宣府官军。甲午,以旱敕群臣修省。

夏四月乙丑,彭泽破贼于剑州。五月辛巳,仇钺充总兵官,帅京营兵御敌于大同。六月戊戌,河决黄陵冈。乙卯,俞谏破贼于贵溪。

秋八月,免南畿水灾税粮。土鲁番袭据哈密。

冬十月丁未,俞谏连破贼于东乡,江西贼平。十二月,南京刑部侍郎邓璋振江西饥。

是年,哈密入贡。

九年春正月丁丑,大祀天地于南郊。庚辰,乾清宫灾。二月庚子,帝始微行。丙午,礼部尚书靳贵兼文渊阁大学士,预机务。癸丑,彭泽、时源讨平四川贼。三月辛巳,赐唐皋等进士及第、出身有差。

夏四月丁酉,复宁王护卫,予屯田。

五月乙丑,费宏致仕。己丑,彭泽总督甘肃军务,经理哈密。六月乙卯,开云南银矿。

秋七月乙丑,小王子犯宣府、大同。太监张永提督军务,都督白玉充总兵官,帅京营兵御之。八月辛卯朔,日有食之。辛丑,小王子犯白羊口。乙巳,京师地震。己未,小王子入宁武关,掠忻州、定襄、宁化。九月壬戌,犯宣府、蔚州。庚午,帝狝虎被伤,不视朝。编修王思以谏谪饶平驿丞。

冬十月己酉,遣使采木于川、湖。十一月辛酉,废归善王当沍为庶人,自杀。十二月甲寅,建乾清宫,加天下赋一百万。

是年,安南、哈密、乌斯藏入贡。

十年春正月癸亥,薄暮,享太庙。戊辰,薄暮,祀天地于南郊。三月壬申,杨廷和以忧去。

夏闰四月辛酉,吏部尚书杨一清兼武英殿大学士,预机务。戊寅,召彭泽还。

秋八月丙寅,小王子犯固原。

冬十二月癸丑朔,日有食之。己卯,免南畿旱灾秋粮。

是年,琉球、安南、哈密、撒马儿罕入贡。

十一年春正月乙未,大祀天地于南郊。

夏四月,振河南饥。五月庚寅,土鲁番以哈密来归。甲辰,录自宫男子三千四百余人充海户。是月,振陕西饥。

秋七月乙未，小王子犯蓟州白羊口，太监张忠监督军务，左都督刘晖充总兵官，帅东西官厅军御之。丙午，工部侍郎赵璜、俞琳饬畿内武备。八月丁巳，左都御史彭泽、成国公朱辅帅京营兵防边。庚申，赐宛平县被寇者人米二石。甲子，杨一清致仕。丁丑，礼部尚书蒋冕兼文渊阁大学士，预机务。九月，土鲁番复据哈密，侵肃州，杀游击芮宁。

冬十月己酉朔，享太庙，遣使代行礼。十一月甲申，免湖广被灾税粮。

是年，琉球、天方入贡。

十二年春正月己丑，大祀天地于南郊，遂猎于南海子，夜中还，御奉天殿受朝贺。三月癸巳，赐舒芬等进士及第、出身有差。戊戌，以两淮、浙江、四川、河东盐课充陕西织造。

夏四月壬子，靳贵致仕。丙辰，副总兵郑廉败土鲁番于瓜州。五月丙子，礼部尚书毛纪兼东阁大学士，预机务。六月乙巳朔，日有食之。

秋八月甲辰，微服如昌平。乙巳，梁储、蒋冕、毛纪追及于沙河，请回跸，不听。己酉，至居庸关，巡关御史张钦闭关拒命，乃还。丙辰，至自昌平。戊午，夜视朝。癸亥，副都御史吴廷举振湖广饥。丙寅，夜微服出德胜门，如居庸关。辛未，出关，幸宣府。命谷大用守关，毋出京朝官。九月辛卯，河决城武。壬辰，如阳和。自称总督军务威武大将军总兵官。庚子，输帑银一百万两于宣府。

冬十月癸卯，驻跸顺圣川。甲辰，小王子犯阳和，掠应州。丁未，亲督诸军御之，战五日。辛亥，寇引去，驻跸大同。十一月丁亥，召杨廷和复入阁。戊子，还至宣府。十二月癸亥，群臣赴行在请还宫，不得出关而还。闰月丁亥，迎春于宣府。

是年，琉球、乌斯藏入贡。

十三年春正月辛丑朔，帝在宣府。丙午，至自宣府，命群臣具彩

帐、羊酒郊迎，御帐殿受贺。丁未，罢南郊致斋。庚戌，大祀天地于
南郊，遂猎于南海子。辛亥，还宫。辛酉，复如宣府。是月，振两畿、
山东水灾，给京师流民米，人三斗，瘗死者。二月己卯，太皇太后崩。
壬午，至自宣府。三月戊辰，如昌平。

夏四月己巳朔，谒六陵，遂幸密云。五月己亥朔，日有食之。驻
跸喜峰口。戊申，至自喜峰口。六月庚辰，太皇太后梓宫发京师，帝
戎服从。甲申，葬孝贞纯皇后。乙酉，至自昌平。

秋七月己亥，录应州功，叙荫升赏者五万余人。丙午，复如宣
府。八月乙酉，如大同。九月庚子，次偏头关。癸丑，敕曰：“总督军
务威武大将军总兵官朱寿亲统六师，肃清边境，特加封镇国公，岁
支禄米五千石。吏部如敕奉行。”甲寅，封朱彬为平虏伯，朱泰为安
边伯。

冬十月戊辰，渡河。己卯，次榆林。十一月庚子，调西官厅及四
卫营兵赴宣、大。壬子，次绥德，幸总兵官戴钦第。十二月戊寅，渡
河，幸石州。戊子，次太原。

是年，琉球、天方、瓦剌入贡。

十四年春正月丙申朔，帝在太原。甲辰，改卜郊。壬子，还宣府。
二月壬申，至自宣府。丁丑，大祀天地于南郊，遂猎于南海子。是日，
京师地震。己丑，帝自加太师，谕礼部曰：“总督军务威武大将军总
兵官太师镇国公朱寿将巡两畿、山东，祀神祈福，其具仪以闻。”三
月癸丑，以谏巡幸，下兵部郎中黄巩六人于锦衣卫狱，跪修撰舒芬
百有七人于午门五日。金吾卫都指挥佥事张英自刃以谏，卫士夺
刃，得不死，鞫治，杖杀之。乙卯，下寺正周叙、行人司副余廷瓒、主
事林大辂三十三人于锦衣卫狱。戊午，杖舒芬等百有七人于阙下。
是日，风霾昼晦。

夏四月甲子，免南畿被灾税粮。戊寅，杖黄巩等三十九人于阙
下，先后死者十一人。五月己亥，诏山东、山西、陕西、河南、湖广流
民归业者，官给廪食、庐舍、牛种，复五年。六月丙子，宁王宸濠反，

巡抚江西右副都御史孙燧、南昌兵备副使许逵死之。戊寅,陷南康。己卯,陷九江。秋七月甲辰,帝自将讨宸濠,安边伯朱泰为威武副将军,帅师为先锋。丙午,宸濠犯安庆,都指挥杨锐、知府张文锦御却之。辛亥,提督南赣汀漳军务副都御史王守仁帅兵复南昌。丁巳,守仁败宸濠于樵舍,擒之。八月癸未,车驾发京师。丁亥,次涿州,王守仁捷奏至,秘不发。

冬十一月乙巳,渔于清江浦。壬子,冬至,受贺于太监张阳第。十二月辛酉,次扬州。乙酉,渡江。丙戌,至南京。

是岁,淮、扬饥人相食。撒马儿罕入贡。

十五年春正月庚寅朔,帝在南京。癸巳,改卜郊。

夏四月己未,振淮、扬诸府饥。六月丁巳,次牛首山,诸军夜惊。

秋七月,小王子犯大同、宣府。八月癸未,免江西税粮。闰月癸巳,受江西俘。丁酉,发南京。癸卯,次镇江,幸大学士杨一清第,临故大学士靳贵丧。九月己巳,渔于积水池,舟覆,救免,遂不豫。

冬十月庚戌,次通州。十一月庚申,治交通宸濠者罪,执吏部尚书陆完赴行在。十二月己丑,宸濠伏诛。甲午,还京师,告捷于郊庙社稷。丁酉,大祀天地于南郊,初献疾作,不克成礼。

是年,琉球、占城、佛郎机、土鲁番入贡。

十六年春正月癸亥,改卜郊。二月己亥,巡抚云南副都御史何孟春讨平弥勒州苗。三月癸丑朔,日有食之。庚申,改西官厅为威武团营。乙丑,大渐,谕司礼监曰:“朕疾不可为矣。其以朕意达皇太后,天下事重,与阁臣审处之。前事皆由朕误,非汝曹所能预也。”丙寅,崩于豹房,年三十有一。遗诏召兴献王长子嗣位。罢威武团营,遣还各边军,革京城内外皇店,放豹房番僧及教坊司乐人。戊辰,颁遗诏于天下,释系囚,还四方所献妇女,停不急工役,收宣府行宫金宝还内库。庚午,执江彬等下狱。世宗入立。五月己未,上尊谥,庙号武宗,葬康陵。

　　赞曰：明自正统以来，国势浸弱。毅皇手除逆瑾，躬御边寇，奋然欲以武功自雄。然耽乐嬉游，昵近群小，至自署官号，冠履之分荡然矣。犹幸用人之柄躬自操持，而秉钧诸臣补苴匡救，是以朝纲紊乱，而不底于危亡。假使承孝宗之遗泽，制节谨度，有中主之操，则国泰而名完，岂至重后人之訾议哉。

明史卷一七

本纪第一七

世宗一

　　世宗钦天履道英毅神圣宣文广武洪仁大孝肃皇帝,讳厚熜,宪宗孙也。父兴献王祐杬,国安陆,正德十四年薨,帝年十有三,以世子理国事。

　　十六年三月辛酉,未除服,特命袭封。丙寅,武宗崩,无嗣,慈寿皇太后与大学士杨廷和定策,遣太监谷大用、韦彬、张锦,大学士梁储,定国公徐光祚,驸马都尉崔元,礼部尚书毛澄,以遗诏迎王于兴邸。

　　夏四月癸未,发安陆。癸卯,至京师,止于郊外。礼官具仪,请如皇太子即位礼。王顾长史袁宗皋曰:“遗诏以我嗣皇帝位,非皇子也。”大学士杨廷和等请如礼臣所具仪,由东安门入居文华殿,择日登极。不允。会皇太后趣群臣上笺劝进,乃即郊外受笺。是日,日中,入自大明门,遣官告宗庙社稷,谒大行皇帝几筵,朝皇太后,出御奉天殿,即皇帝位,以明年为嘉靖元年,大赦天下。恤录正德中言事罪废诸臣,赐天下明年田租之半,自正德十五年以前逋赋尽免之。丙午,遣使奉迎母妃蒋氏。召费宏复入阁。戊申,命礼臣集议兴献王封号。五月乙卯,罢大理银矿。丙辰,梁储致仕。壬戌,吏部侍郎袁宗皋为礼部尚书兼文渊阁大学士,预机务。壬申,钱宁伏诛。戊子,江彬伏诛。乙未,纵内苑禽兽,令天下毋得进献。丁酉,革锦衣卫冒滥军校三万余人。戊戌,振江西灾。壬寅,革传升官。癸卯,振辽东饥。

秋七月壬子，进士张璁言，继统不继嗣，请尊崇所生，立兴献王庙于京师。初，礼臣议考孝宗，改称兴献王皇叔父，援宋程颐议濮王礼以进，不允。至是，下璁奏，命廷臣集议。杨廷和等抗疏力争，皆不听。癸丑，命自今亲丧不得夺情，著为令。丁巳，小王子犯庄浪，指挥刘爵御却之。丙子，革锦衣卫所及监局寺厂司库、旗校、军士、匠役投充新设者，凡十四万八千余人。丁丑，宁津盗起，德平知县龚谅死之。九月乙卯，袁宗皋卒。庚午，葬毅皇帝于康陵。

冬十月己卯朔，追尊父兴献王为兴献帝，祖母宪宗贵妃邵氏为皇太后，母妃为兴献后。壬午，兴献后至自安陆。十一月庚戌，振江西灾。丁巳，录平宸濠功，封王守仁新建伯。甲戌，乾清宫成。罢广西贡香。谕各镇巡守备官，凡额外之征悉罢之。

嘉靖元年春正月癸丑，享太庙。己未，大祀天地于南郊。清宁宫后殿灾。命称孝宗皇考，慈寿皇太后圣母，兴献帝后为本生父母。己巳，甘州兵乱，杀巡抚都御史许铭。二月己卯耕耤田。三月辛亥，弗提卫献生豹，却之。甲寅，释奠于先师孔子。丁巳，上慈寿皇太后尊号曰昭圣慈寿皇太后，武宗皇后曰庄肃皇后。戊午，上皇太后尊号曰寿安皇太后。兴献后曰兴国太后。

夏四月壬辰，命各边巡按御史三年一阅军马器械。

秋七月己酉，以南畿、浙江、江西、湖广、四川旱，诏抚按官讲求荒政。九月辛未，立皇后陈氏。

冬十月辛卯，振南畿、湖广、江西、广西灾，免税粮有差。壬辰，以灾伤敕群臣修省。十一月庚申，寿安皇太后崩。十二月戊寅，振陕西被寇及山东矿贼流劫者。

是年，琉球入贡。

二年春正月乙卯，大祀天地于南郊。丁卯，小王子犯沙河堡，总兵官杭雄战却之。二月癸未，振辽东饥。壬辰，总督军务右都御史俞谏、总兵官鲁纲讨平河南、山东贼。三月乙巳,俺答寇大同。甲寅,武宗神主祔太庙。戊午,赐姚涞等进士及第、出身有差。

夏四月壬申,以灾异敕群臣修省。癸未,以宋朱熹裔孙墅为《五经》博士。癸巳,命两京三品以上及抚、按官举堪任守令者。五月庚午,小王子犯密云石塘岭,杀指挥使殷隆。六月癸丑,以灾伤免嘉靖元年天下税粮之半。

秋八月辛酉,小王子犯丁字堡,都指挥王纲战死。

冬十一月丁卯,免南畿被灾税粮。己丑,振河南饥。

是年,撒马儿罕、土鲁番、天方入贡。

三年春正月丙寅朔,两畿、河南、山东、陕西同时地震。丁丑,大祀天地于南郊。丙戌,南京刑部主事桂萼请改称孝宗皇伯考,下廷臣议。是月,朵颜入寇。二月丙午,杨廷和致仕。庚戌,南京地震。三月壬申,振淮、扬饥。辛巳,振河南饥。

夏四月己酉,上昭圣皇太后尊号曰昭圣康惠慈寿皇太后。庚戌,上兴国太后尊号曰本生圣母章圣皇太后。癸丑,追尊兴献帝为本生皇考恭穆献皇帝,大赦。辛酉,编修邹守益请罢兴献帝称考立庙。下锦衣卫狱。五月乙丑,蒋冕致仕。修撰吕柟言大礼未正,下锦衣卫狱。丁丑,遣使迎献皇帝神主于安陆。己卯,吏部尚书石珤兼文渊阁大学士,预机务。六月,御史段续、陈相请正席书、桂萼罪,吏部员外郎薛蕙上《为人后解》,鸿胪少卿胡侍言张璁等议礼之失,俱下狱。

秋七月乙亥,更定章圣皇太后尊号,去本生之称。戊寅,廷臣伏阙固争,下员外郎马理等一百三十四人锦衣卫狱。癸未,杖马理等于廷,死者十有六人。甲申,奉安献皇帝神主于观德殿。己丑,毛纪致仕。辛卯,杖修撰杨慎,检讨王元正,给事中刘济、安磐、张汉卿、张原,御史王时柯于廷。原死,慎等戍谪有差。是月,免南畿、河南被灾税粮。八月癸巳,大同兵变,杀巡抚都御史张文锦。乙卯,吏部侍郎贾咏为礼部尚书兼文渊阁大学士,预机务。九月丙寅,定称孝宗为皇伯考,昭圣皇太后为皇伯母,献皇帝为皇考,章圣皇太后为圣母。丙子,诏天下。丙戌,土鲁番入寇,围肃州。兵部尚书金献民总制军务,署都督金事杭雄充总兵官,太监张忠提督军务,御之。

冬十月己卯,户部侍郎胡瓒提督宣、大军务,都督鲁纲充总兵官,讨大同叛卒。十二月壬子,甘、凉寇退,召金献民还。戊午,起致仕大学士杨一清为兵部尚书,总制陕西三边军务。

是年,琉球入贡,鲁迷国贡狮子、犀牛。

四年春正月丙寅,西海卜儿孩犯甘肃,总兵官姜奭击败之。辛未,大祀天地于南郊。二月乙卯,禁淹狱囚。三月壬午,仁寿宫灾。

夏五月甲戌,赐庐州知府龙诰官秩,诏天下仿诰备荒振济法。庚辰,作世庙,祀献皇帝。

八月戊子,作仁寿宫。

冬十月丁亥,作玉德殿,景福、安喜二宫。十二月辛丑,《大礼集议》成,颁示天下。闰月乙卯朔,日有食之。乙亥,振辽东灾。

是年,天方入贡。

五年春正月乙未,大祀天地于南郊。二月甲寅,命道士邵元节为真人。庚辰,免山西被灾税粮。壬午,振京师饥。三月辛丑,赐龚用卿等进士及第、出身有差。丁未,定有司久任法。

夏五月庚子,杨一清复入阁。

秋七月庚寅,免四川被灾税粮。八月丙寅,振湖广饥。九月己亥,章圣皇太后有事于世庙。

冬十月辛亥朔,亲享如太庙礼。壬子,振南畿、浙江灾,免税粮物料。庚午,颁御制《敬一箴》于学宫。

是年,暹罗入贡。

六年春正月癸未,命群臣陈民间利病。己丑,大祀天地于南郊。二月辛亥,小王子犯宣府,参将王经战死。癸亥,费宏、石珤致仕。庚午,召谢迁复入阁。三月庚辰,寇复犯宣府,参将关山战死。甲午,礼部侍郎翟銮为吏部侍郎兼翰林学士,入阁预机务。

夏四月己巳,免广西被灾税粮。五月丁丑朔,日有食之。丁亥,前南京兵部尚书王守仁兼左都御史,总制两广、江西、湖广军务,讨田州叛蛮。

秋八月庚戌,以议李福达狱,下刑部尚书颜颐寿、左都御史聂贤、大理寺卿潘沐等于锦衣卫狱,侍郎桂萼、张璁,少詹事方献夫署三法司,杂治之。总制尚书王宪击败小王子于石臼墩。癸亥,贾泳致仕。庚午,振湖广水灾。九月己卯,免江西、河南、山西被灾秋粮。壬午,颁《钦明大狱录》于天下。

冬十月戊申,兵部侍郎张璁为礼部尚书兼文渊阁大学士,预机务。

是年,鲁迷入贡。

七年春正月癸未,考核天下巡抚官。丙戌,大祀天地于南郊。三月戊寅,谢迁致仕。癸巳,右都御史伍文定为兵部尚书提督军务,侍郎梁材督理粮储,讨云南叛蛮。

夏四月甲寅,甘露降,告于郊庙。六月辛丑,《明伦大典》成,颁示天下。癸卯,定议礼诸臣罪,追削杨廷和等籍。丁卯,云南蛮平。

秋七月己卯,追尊孝惠皇太后为太皇太后,恭穆献皇帝为恭睿渊仁宽穆纯圣献皇帝。辛巳,尊章圣皇太后为章圣慈仁皇太后。戊子,诏天下。八月壬子,免河南被灾税粮。九月甲戌,王守仁讨广西蛮,悉平之。壬午,振嘉兴、湖州灾。

冬十月丁未,皇后崩。十一月丙寅,立顺妃张氏为皇后。十二月丙子,小王子犯大同,指挥赵源战死。

是年,琉球入贡。

八年春正月己亥,振山西灾。庚戌,大祀天地于南郊。二月癸酉,吏部尚书桂萼兼武英殿大学士,预机务。丁丑,振襄阳饥。甲申,旱,躬祷于南郊。乙酉,祷于社稷。三月丙申,葬悼灵皇后。戊戌,振河南饥。甲寅,赐罗洪先等进士及第、出身有差。

秋七月甲午,以议狱不当,下郎中魏应召等于狱,右都御史熊浃削籍。八月丙子,张璁、桂萼罢。壬午,始亲祭山川,著为令。九月癸巳,召张璁复入阁。癸丑,杨一清罢。是月,免两畿、河南被灾税粮,振江西、湖广饥。

冬十月癸亥朔,日有食之。己巳,除外戚世封,著为令。十一月庚子,召桂萼复入阁。甲辰,振浙江灾。戊申,祷雪。己酉,雪。丁巳,亲诣郊坛告谢。百官表贺。

是年,天方、撒马儿罕、土鲁番入贡。

九年春正月丁酉,大祀天地于南郊。丙午,作先蚕坛于北郊。丁巳,振山西饥。二月戊辰,耕耤田。乙亥,振京师饥。丁丑,禁宫民服舍器用逾制。三月丁巳,皇后亲蚕于北郊。

夏四月丙戌,振延绥饥。五月己亥,更建四郊。六月癸亥,立曲阜孔、颜、孟三氏学。

八月壬午,免江西被灾税粮。九月壬辰,罢云南镇守中官。乙未,免南畿被灾秋粮。

冬十一月辛丑,更正孔庙祀典,定孔子谥号曰至圣先师孔子。己酉,祀昊天上帝于南郊,礼成,大赦。

是年,琉球入贡。

十年春正月辛卯,祈谷于大祀殿,奉太祖、太宗配。甲午,更定庙祀,奉德祖于祧庙。乙巳,桂萼致仕。二月甲戌,免庐、凤、淮、扬被灾秋粮。壬申,赐张璁名孚敬。三月戊申,罢四川分守中官。

夏四月丁巳,皇后亲蚕于西苑。甲子,禘于太庙。五月壬子,祀皇地祇于方泽。闰六月己丑,罢浙江、湖广、福建、两广及独石、万全、永宁镇守中官。

秋七月癸丑,侍郎叶相振陕西饥。戊午,张孚敬罢。辛巳,郑王厚烷献白雀,荐之宗庙。八月辛丑,改安陆州曰承天府。九月乙丑,西苑宫殿成,设成祖位致祭,宴群臣。丙寅,礼部尚书李时兼文渊阁大学士,预机务。壬申,幸西苑,御无逸殿,命李时、翟銮进讲,宴儒臣于幽风亭。

冬十一月甲寅,祀天于南郊。戊辰,免陕西被灾秋粮。丁丑,召张孚敬复入阁。十二月戊子,御史喻希礼、石金因修醮请宥议礼诸臣罪,下锦衣卫狱。

十一年春正月辛未,祈谷于圜丘,始命武定侯郭勋摄事。二月戊戌,免湖广被灾税粮。三月戊辰,赐林大钦等进士及第、出身有差。

夏四月辛卯,续封常遇春、李文忠、邓愈、汤和后为侯。五月丙子,前吏部尚书方献夫兼武英殿大学士,预机务。六月壬午,免畿内被灾秋粮。甲申,续封刘基后诚意伯。

秋七月戊辰,免南畿被灾夏税。八月戊子,以星变敕群臣修省。辛丑,张孚敬罢。九月丁巳,振陕西饥。

冬十月甲申,编修杨名以灾异陈言,下狱谪戍。是月,免山东被灾税粮,振山西饥。十一月甲寅,四川巡抚都御史宋沧献白兔,群臣表贺。庚申,祀天于南郊。十二月己亥,免畿内被灾税粮。

是年,琉球、哈密、土鲁番、天方、撒马儿罕入贡。

十二年春正月丙午,河南巡抚都御史吴山献白鹿,群臣表贺。自后诸瑞异表贺以为常。丙辰,召张孚敬复入阁。是月,免浙江、河南被灾税粮。二月乙酉,振云南饥。三月丙辰,释奠于先师孔子。

秋八月乙未,以皇子生,诏赦天下。九月庚戌,广东巢贼乱,提督侍郎陶谐讨平之。

冬十月乙亥,大同兵乱,杀总兵官李瑾,代王奔宣府。丙子,下建昌侯张延龄于狱。十一月己亥,振辽东灾。癸丑,翟銮以忧去。十二月己卯,吉囊犯宁夏,总兵官王效、副总兵梁震击败之。

是年，土鲁番、天方入贡。

十三年春正月癸卯，废皇后张氏。壬子，立德妃方氏为皇后。二月己丑，总督宣，大侍郎张瓒抚定大同乱卒。辛卯，代王返国。三月壬申，振大同被兵者。乙酉，吉囊犯响水堡，参将任杰击败之。

夏四月己酉，方献夫致仕。六月甲子，南京太庙灾。

秋八月壬子，寇犯花马池，梁震御却之。

冬十一月庚午，祀天于南郊。

是年，琉球入贡。

十四年春正月壬申，罢督理仓场中官。丙戌，庄肃皇后崩。二月己亥，作九庙。丁未，禁冠服非制。三月戊子，葬孝静皇后于康陵。己丑，辽东军乱，执都御史吕经。

夏四月甲午，张孚敬致仕，召费宏复入阁。丙申，赐韩应龙等进士及第、出身有差。丙午，广宁兵乱。六月，吉囊犯大同，总兵官鲁纲御却之。

秋七月甲申，广宁乱卒平。八月乙巳，诏九卿会推巡抚官，著为令。

冬十月戊申，费宏卒。十一月乙亥，祀天于南郊。

是年，乌斯藏入贡。

十五年春二月癸巳，振湖广灾。三月丙子，奉章圣皇太后如天寿山谒陵，免昌平今年税粮三之二，赐高年粟帛。癸未，谒恭让章皇后、景皇帝陵。是日还宫。

夏四月癸巳，诏建山陵。癸卯，诣七陵祭告。癸丑，还宫。是月，吉囊犯甘、凉，总兵官姜奭击败之。

秋九月庚午，如天寿山。丁丑，还宫。是秋，吉囊犯延绥，官军四战皆败之。

冬十月己亥，更定世庙为献皇帝庙。戊申，如天寿山。壬子，还宫。十一月戊午，以皇长子生，诏赦天下。辛巳，祀天于南郊。十二月辛卯，九庙成。闰月癸亥，以定庙制，加上两宫皇太后徽号，诏赦天下。乙丑，礼部尚书夏言兼武英殿大学士，预机务。丙寅，享九庙。

是年，免山西、山东被灾税粮。琉球、乌斯藏入贡。

十六年春二月壬子，安南黎宁遣使告莫登庸之难。癸酉，如天寿山。三月甲申，还宫。丙午，幸大峪山视寿陵。

夏四月癸丑，还宫。六月癸酉，吉囊寇宣府，指挥赵铠战死。

秋八月，复冠宣府，杀参将张国辅。

冬十一月，故昌国公张鹤龄下狱，瘐死。

是年，土鲁番、天方、撒马儿罕入贡。

十七年春二月戊辰，如天寿山。壬申，还宫。三月壬辰，赐茅瓒等进士及第、出身有差。辛丑，咸宁侯仇鸾为征夷副将军，充总兵官，兵部尚书毛伯温参赞军务，讨安南莫登庸。

夏四月庚戌，如天寿山。甲寅，还宫。戊午，罢安南师。甲子，祷雨于郊坛。戊辰，雨。六月，寇犯宣府，都指挥周冕战死。丙辰，定明堂大飨礼。下户部侍郎唐胄于狱。

秋七月辛卯，开河南、云南银矿。癸巳，慈宁宫成。八月甲辰，吉囊犯河西，总督都御史刘天和御却之。丙辰，礼部尚书掌詹事府事顾鼎臣兼文渊阁大学士，预机务。九月戊寅，免畿内被灾税粮。辛巳，上太宗庙号成祖，献皇帝庙号睿宗。遂奉睿宗神主祔太庙，跻武宗上。辛卯，大享上帝于玄极宝殿，奉睿宗配。乙未，如天寿山。丁酉，还宫。

冬十一月辛未朔，诣南郊，上皇天上帝号。还诣太庙，上太祖高皇帝、高皇后尊号。辛卯，祀天于南郊。诏赦天下。乙未，免江西被灾税粮。十二月癸卯，章圣皇太后崩。壬子，如大峪山相视山陵。甲寅，还宫。乙卯，李时卒。戊午，振宁夏灾。

是年，琉球、土鲁番入贡。

十八年春二月庚子朔，立皇子载壑为皇太子，封载垕为裕王，载圳景王。辛丑，诏赦天下。起黄绾为礼部尚书，宣谕安南。壬寅，起翟銮为兵部尚书兼右都御史，充行边使。丁未，祈谷于玄极宝殿。先贤曾子裔孙质粹为翰林院世袭《五经》博士。壬子，振辽东饥。癸丑，安南莫方瀛请降。乙卯，幸承天，太子监国。辛酉，次真定，望于北岳。丁卯，次卫辉，行宫火。三月己巳，渡河，祭大河之神。辛未，次钧州，望于中岳。甲戌，免畿内被灾税粮。庚辰，至承天。辛巳，谒显陵。甲申，享上帝于龙飞殿，奉睿宗配。秩于国社、国稷，遍群祀。戊子，御龙飞殿受贺，诏赦天下。给复承天三年，免湖广明年田赋五之二，畿内、河南三之一。

夏四月壬子，至自承天。壬戌，免湖广被灾税粮。甲子，幸大峪山。丙寅，还宫。

秋闰七月庚申，葬献皇后于显陵。辛酉，复命仇鸾、毛伯温征安南。九月辛酉，如天寿山。侍郎王杲振河南饥。

冬十月丙寅，还宫。十一月丙申，祀天于南郊。

是年，日本、哈密入贡。

十九年春正月丙午，召翟銮复入阁。辛亥，吉囊寇大同，杀指挥周岐。三月戊戌，诏修仁寿宫。

夏六月辛巳，瓦剌部长款塞。

秋七月癸卯，吉囊入万全右卫，总兵官白爵逆战于宣平，败之。壬子，又败之于桑乾河。戊午，振江西灾。八月丁丑，太仆卿杨最谏服丹药，予杖死。九月，吉囊犯固原，周尚文败之于黑水苑。延绥总兵官任杰追击于铁柱泉，又败之。己酉，召仇鸾还。

冬十月庚申，罢矿场。甲子，顾鼎臣卒。十一月丙辰，慈庆宫成。

是年，琉球、日本入贡。

二十年春正月，免南畿被灾税粮。二月乙丑，显陵成，给复承天三年。丙寅，御史杨爵言时政，下锦衣卫狱。三月乙巳，赐沈坤等进士及第、出身有差。是春，吉囊寇兰州，参将郑东战死。

夏四月己未，莫登庸纳款，改安南国为安南都统使司，以登庸为都统使。辛酉，九庙灾，毁成祖、仁宗主。丙子，诏行宽恤之政。五月戊子，采木于湖广、四川。甲寅，振辽东饥。六月，振畿内、山西饥。

秋七月丁酉，俺答、阿不孩遣使款塞求贡，诏却之。是月，免河南、陕西、山东被灾税粮。八月辛酉，昭圣皇太后崩。庚辰，夏言罢。是月，俺答、阿不孩、吉囊分道入寇，总兵官赵卿帅京营兵，都御史翟鹏理军务，御之。九月乙未，翊国公郭勋有罪，下狱死。辛亥，俺答犯山西，入石州。

冬十月癸丑，振山西被寇者，复徭役二年。丁卯，召夏言复入阁。十一月辛卯，葬敬皇后于泰陵。丙申，免四川被灾税粮。

是年，琉球入贡。

二十一年夏四月庚申，大高玄殿成。闰五月戊辰，俺答、阿不孩遣使款大同塞，巡抚都御史龙大有诱杀之。六月辛卯，俺答寇朔州。壬寅，入雁门关。丁未，犯太原。

秋七月己酉朔，日有食之。夏言罢。己未，俺答寇潞安，掠沁、汾、襄垣、长子，参将张世忠战死。八月辛巳，募兵于直隶、山东、河南。壬午，振山西被兵州县，免田租。癸巳，礼部尚书严嵩兼武英殿大学士，预机务。九月癸亥，员外郎，刘魁谏营雷殿，予杖下狱。

冬十月丁酉，宫人谋逆伏诛，磔端妃曹氏、宁嫔王氏于市。

是年，免畿内、陕西、河南、福建被灾税粮。安南入贡。

明史卷一八

本纪第一八

世宗二

二十二年春正月丙午朔，日有食之。三月庚戌，复遣使采木湖广。是春，俺答屡入塞。

秋八月，犯延绥，总兵官吴瑛等击败之。

冬十月，朵颜入寇，杀守备陈舜。十二月乙酉，免南畿被灾税粮。

是年，占城、土鲁番、撒马儿罕、天方、乌斯藏入贡。

二十三年春正月丙寅，俺答犯黄崖口。二月戊寅，犯大水谷。三月癸丑，犯龙门所。丁巳，赐秦鸣雷等进士及第、出身有差。

秋七月，俺答犯大同，总兵官周尚文战于黑山，败之。八月甲午，翟銮罢。九月癸卯，免浙江被灾税粮。丁未，吏部尚书许赞兼文渊阁大学士，礼部尚书张璧兼东阁大学士，预机务。壬子，振湖广灾。

冬十月戊辰，免河南被灾税粮。甲戌，小王子入万全右卫。戊寅，掠蔚州，至于完县。京师戒严。乙酉，逮总督宣大兵部尚书翟鹏、巡抚蓟镇佥都御史朱方下狱，鹏谪戍，方杖死。十一月庚子，京师解严。加方士陶仲文少师。十二月丙子，振江西灾。

是年，安南入贡，日本以无表却之。

二十四春二月戊申，诏流民复业，予牛种，开垦闲田者给复十年。三月壬午，逮总督宣大兵部侍郎张汉下狱，谪戍。

夏五月壬戌朔，日有食之。六月壬辰，太庙成。是夏，免畿辅、山西、陕西被灾税粮。

秋七月壬戌，有事于太庙，赦徒罪以下。八月丙午，瘗暴骸。己酉，张璧卒。庚戌，俺答犯松子岭，杀守备张文瀚。是月，犯大同，参将张凤、指挥刘钦等战死。九月丁丑，召夏言入阁。

冬十一月辛巳，许赞罢。

是年，安南、琉球、乌斯藏入贡。

二十五年春三月戊辰，四川白草番乱。

夏五月戊辰，俺答款大同塞，边将杀其使。六月甲辰，犯宣府，千户汪洪战死。

秋七月癸酉，以醴泉出承华殿，廷臣表贺，停诸司封事二十日。嗣后，庆贺斋祀悉停封奏。是月，俺答犯延安、庆阳。八月壬子，免山东被灾税粮。九月，俺答犯宁夏。

冬十月丁亥，犯清平堡，游击高极战死。癸巳，代府奉国将军充灼谋反，伏诛。甲午，杀故建昌侯张延龄。十二月丁未，免河南被灾税粮。

是年，土鲁番入贡。

二十六年春三月庚午，赐李春芳等进士及第、出身有差。

夏四月乙巳，巡抚四川都御史张时彻、副总兵何卿讨平白草叛番。己酉，俺答求贡，拒之。

秋七月丙辰，河决曹县。八月丙戌，免陕西被灾税粮。九月戊辰，户部尚书王杲以科臣劾其通贿下狱，遣戍。闰月丙午，振成都饥。

冬十一月壬午，大内火。释杨爵于狱。乙未，皇后崩。十二月辛酉，逮甘肃总兵官仇鸾。乙亥，海寇犯宁波、台州。

是年,琉球入贡。

二十七年春正月,把都儿寇广宁,参将阎振战死,癸未,以议复河套,逮总督陕西三边侍郎曾铣,杖给事中、御史于廷,罢夏言。三月癸巳,杀曾铣,逮夏言。癸卯,出仇鸾于狱。

夏五月丙戌,葬孝烈皇后。

秋七月戊寅,京师地震。庚子,西苑进嘉谷,荐于太庙。八月丁巳,俺答犯大同,指挥顾相等战死,周尚文追败之于次野口。九月壬午,犯宣府,深入永宁、怀来、隆庆,守备鲁承恩等战死。乙未,免陕西被灾税粮。

冬十月癸卯,杀夏言。十一月乙未,诏抚按官采生沙金。

是年,日本入贡。

二十八年春二月乙巳,振陕西饥。辛亥,南京吏部尚书张治为礼部尚书兼文渊阁大学士,祭酒李本为少詹事兼翰林学士,入阁预机务。壬子,俺答犯宣府,指挥董旸等败没,遂东犯永宁,关南大震。乙卯,周尚文败俺答于曹家庄。丙辰,宣府总兵官赵国忠又败之于大漫陀。三月辛未朔,日有食之。丁亥,皇太子薨。

秋七月,浙江海贼起。九月,朵颜三卫犯辽东。

冬十月辛丑,免畿内被灾税粮。

是年,日本、琉球入贡。

二十九年春三月壬午,赐唐汝辑等进士及第、出身有差。是月,琼州黎贼平。六月丁巳,俺答犯大同,总兵官张达、副总兵林椿战死。是夏,免陕西、河南、江北被灾夏税。

秋八月丙寅,封方士陶仲文为恭诚伯。丁丑,俺答大举入寇,攻古北口,蓟镇兵溃。戊寅,掠通州,驻白河,分掠畿甸州县,京师戒严。召大同总兵官仇鸾及河南、山东兵入援。壬午,薄都城。仇鸾为平虏大将军,节制诸路兵马,巡抚保定都御史杨守谦提督军务,左谕德赵贞吉宣谕诸军。癸未,始御奉天殿,戒敕群臣。甲申,寇退。
逮守通州都御史王仪。丙戌,京师解严。杖赵贞吉,谪外任。丁亥,
仇鸾败绩于白羊口。兵部尚书丁汝夔、巡抚侍郎杨守谦有罪,弃市。
杖左都御史屠侨、刑部侍郎彭黯。九月辛卯,振畿内被寇者。乙未,
罢团营,复三大营旧制,设戎政府,以仇鸾总督之。丁酉,罢领营中
官。戊申,免畿内被灾税粮。壬子,废郑王厚烷为庶人。

　　冬十月甲戌,张治卒。十一月癸巳,分遣御史选边军入卫。壬
寅,祧仁宗,祔孝烈皇后于太庙。

　　是年,琉球入贡。

　　三十年春三月壬辰,开马市于宣府、大同,兵部侍郎史道经理
之。

　　夏四月壬午,下经略京城副都御史商大节于狱。

　　秋九月乙未,京师地震,诏修省。

　　冬十一月,俺答犯大同。

　　是年,免两畿、河南、江西、辽东、贵州、山东、山西被灾税粮。

　　三十一年春正月壬辰,俺答犯大同。甲午,入弘赐堡。二月癸
丑,振宣、大饥。辛酉,俺答犯怀仁川,指挥佥事王恭战死。己巳,建
内府营,操练内侍。三月戊子,大将军仇鸾帅师赴大同。辛卯,礼部
尚书徐阶兼东阁大学士。预机务。

　　夏四月丙寅,把都儿、辛爱犯新兴堡,指挥王相等战死。丙子,
倭寇浙江。五月甲申,召仇鸾还。戊申,倭陷黄岩。

　　秋七月丙申,免陕西被灾夏税。壬寅,以倭警命山东巡抚都御
史王忬巡视浙江。八月己未,收仇鸾大将军印,寻病死。乙亥,戮仇
鸾尸,传首九边。己卯,俺答犯大同,分掠朔、应、山阴、马邑。九月
乙酉,犯山西三关。壬辰,犯宁夏。丁酉,河决徐州。庚子,兵部侍
郎蒋应奎、左通政唐国卿以冒功劾杖于廷。癸卯,罢各边马市。

　　冬十月己未,兵部尚书赵锦坐仇鸾党戍边。壬戌,免江西被灾

税粮。十二月丁巳,光禄少卿马从谦坐诽谤杖死。

三十二年春正月戊寅朔,日食,阴云不见。己卯,侍郎吴鹏振淮、徐水灾。二月甲子,倭犯温州。壬申,俺答犯宣府,参将史略战死。三月丁丑,振陕西饥。辛巳,吉能犯延绥,杀副总兵李梅。壬午,兵部侍郎杨博巡边。甲申,振山东饥。甲午,赐陈谨等进士及第、出身有差。甲辰,俺答犯宣府,副总兵郭都战死。闰三月,海贼汪直纠倭寇濒海诸郡,至六月始去。

秋七月戊午,俺答大举入寇,犯灵丘、广昌。乙丑,河套诸部犯延绥。己巳,俺答犯浮图峪,游击陈凤、朱玉御之。庚午,河南贼师尚诏陷归德及柘城、鹿邑。八月丙子,小王子犯赤城。丙申,师尚诏攻太康,官军与战于鄢陵,败绩。戊戌,振山东灾,免税粮。九月丙午,俺答犯广武,巡抚都御史赵时春败绩,总兵官李涞、参将冯恩等力战死。辛酉,以敌退告谢郊庙。

冬十月甲戌,振河南、山东饥。庚子,师尚诏伏诛,贼平。辛丑,京师外城成。

是年,琉球入贡。

三十三年春正月壬寅朔,以贺疏违制,杖六科给事中于廷。戊辰,官军围倭于南沙,五阅月不克,倭溃围出,转掠苏、松。二月庚辰,官军败绩于松江。乙丑,倭犯通、泰,余众入青、徐界。

夏四月甲戌,振畿内饥。乙亥,倭犯嘉兴,都司周应桢等战死。乙酉,陷崇明,知县唐一岑死之。五月壬寅,倭掠苏州。丁巳,南京兵部尚书张经总督军务,讨倭。六月癸酉,俺答犯大同,总兵官岳懋战死。己丑,侍郎陈儒振大同军士。

秋八月癸未,倭犯嘉定,官军败之。庚寅,复战,败绩。九月丁卯,俺答犯古北口,总督杨博御却之。

是年,暹罗、土鲁番、天方、撒马儿罕、乌斯藏入贡。

三十四年春正月丁酉朔,倭陷崇德,攻德清。二月丙戌,工部侍郎赵文华祭海,兼区处防倭。是月,俺答犯蓟镇,参将赵倾葵等战死。三月甲寅,苏、松兵备副使任环败倭于南沙。

夏四月戊子,俺答犯宣府,参将李光启被执,不屈死。五月甲午,总督侍郎张经、副总兵俞大猷击倭于王江泾,大破之。乙巳,倭分道掠苏州属县。己酉,逮张经下狱。六月壬午,兵部侍郎杨宜总督军务,讨倭。

秋七月乙巳,倭陷南陵,流劫芜湖、太平。丙辰,犯南京。八月壬辰,苏、松巡抚都御史曹邦辅败倭于浒墅。九月乙未,赵文华及巡按御史胡宗宪击倭于陶宅,败绩。丙午,俺答犯大同、宣府。戊午,犯怀来,京师戒严。辛酉,参将马芳败寇于保安。是秋,免江北、山东被灾秋粮。

冬十月庚寅,杀张经及巡抚浙江副都御史李天宠、兵部员外郎杨继盛。辛卯,倭掠宁波、台州,犯会稽。十一月壬辰朔,日有食之。庚申,倭犯兴化、泉州。闰月丁丑,免畿内水灾税粮。十二月甲午,开山东、四川银矿。壬寅,山西、陕西、河南地大震,河、渭溢,死者八十三万有奇。

是年,琉球入贡。

三十五年春正月壬午,官军击倭于松江,败绩。二月甲午,振平阳、延安灾。己亥,杨宜罢。戊午,吏部尚书李默坐诽谤下锦衣卫狱,论死。巡抚侍郎胡宗宪总督军务,讨倭。三月丁丑,赐诸大绶等进士及第、出身有差。

夏四月丙申,振陕西灾。甲辰,倭寇无为州,同知齐恩战死。辛亥,游击宗礼击倭于崇德,败没。五月乙丑,赵文华提督江南、浙江军务。丁亥,左通政王槐采矿银于玉旺峪。六月丙申,总兵官俞大猷败倭于黄浦。辛丑,俺答犯宣府,杀游击张纮。

秋七月辛巳,胡宗宪破倭于乍浦。八月壬寅,诏采芝。辛亥,胡宗宪袭破海贼徐海于梁庄。九月乙丑,徽王载圫有罪,废为庶人。免南畿被灾税粮。癸丑,以平浙江倭,祭告郊庙社稷。

　　冬十月丙戌朔,日有食之。十一月戊午,打来孙犯广宁,总兵官殷尚质等战死。十二月丁未,犯环庆。

　　三十六年春二月,俺答犯大同。三月癸丑,把都儿寇迁安,副总兵蒋承勋力战死。是月,吉能寇延绥,杀副总兵陈凤。

　　夏四月丙申,奉天、华盖、谨身三殿灾。壬寅,下诏引咎修斋五日,止诸司封事,停刑。五月癸丑,倭犯扬、徐,入山东界。癸亥,采木于四川、湖广。辛未,倭犯天长、盱眙,遂攻泗州。丙子,犯淮安。六月乙酉,兵备副使于德昌、参将刘显败倭于安东。甲午,罢陕西矿。

　　秋七月庚午,诏广东采珠。九月,俺答子辛爱寇应、朔,毁七十余堡。

　　冬十一月丁丑,辛爱围右卫城。是冬,免山东、浙江被灾税粮。是年,琉球入贡。

　　三十七年春正月癸亥,罢河南矿。三月辛未,始免三大营听征官军营造工役。

　　夏四月癸未,振辽东饥。辛巳,倭分犯浙江、福建。

　　秋八月己未,吉能犯永昌、凉州,围甘州。

　　冬十月癸丑,礼部进瑞芝一千八百六十本,诏广求径尺以上者。十一月辛亥,谕法司恤刑。

　　是年,琉球、暹罗入贡。

　　三十八年春二月庚午,把都儿犯潘家口,渡栾河,逼三屯营。三月己卯,掠迁安、蓟州、玉田。庚寅,赐丁士美等进士及第、出身有差。癸巳,倭犯浙东,海道副使谭纶败之。甲午,逮浙江总兵官俞大猷。

　　夏四月丁未,倭犯通州。甲寅,倭攻福州。庚申,倭攻淮安,巡抚凤阳都御史李遂败之于姚家荡,倭退据庙湾。丙寅,副使刘景韶大破倭于印庄。五月辛巳,逮总督蓟辽右都御史王忬下狱。甲午,刘景韶破倭于庙湾,江北倭平。六月乙巳,辛爱犯大同。

秋八月己未,李遂、胡宗宪破倭于刘家庄。甲子,振辽东饥,给牛种。是月,俺答犯土木,游击董国忠等战死。九月,犯宣府。

是年,土鲁番、天方、撒马儿罕、鲁迷、哈密、暹罗入贡。

三十九年春正月丙戌,俺答犯宣府。二月丁巳,南京振武营兵变,杀总督粮储侍郎黄懋官。戊午,振顺天、永平饥。倭犯潮州。三月癸未,大同总兵官刘汉袭败兀慎于灰河。丁亥,打来孙犯广宁,陷中前所,杀守备武守爵、黄廷勋。

夏五月壬午,振山西三关饥。壬辰,盗入广东博罗县,杀知县舒颙。

秋七月乙丑朔,把都儿犯蓟西,游击胡镇御却之。庚午,刘汉袭俺答于丰州,破之。九月己巳,俺答犯朔州、广武。

冬十二月,土蛮犯海州东胜堡。是月,闽、广贼犯江西。

是年,免畿内、山西、山东、湖广、陕西被灾税粮。暹罗入贡。

四十年春二月辛卯朔,日当食,不见。振山东饥。丁未,景王之国。三月壬戌,振京师饥。

夏四月丁未,振山西饥。五月乙亥,李本以忧去。闰月丙辰,贼犯泰和,杀副使汪一中、指挥王应鹏。

秋七月己丑朔,日有食之。庚戌,俺答犯宣府,副总兵马芳御却之。九月庚子,犯居庸关,参将胡镇御却之。辛丑,振南畿灾。

冬十一月甲午,礼部尚书袁炜为户部尚书兼武英殿大学士,预机务。庚戌,吉能犯宁夏,进逼固原。辛亥,万寿宫灾。十二月丙寅,把都儿犯辽东盖州。

是年,乌斯藏入贡。

　　四十一年春三月辛卯,白兔生子,礼部请告庙,许之,群臣表贺。壬寅,赐申时行等进士及第、出身有差。己酉,重作万寿宫成。

　　夏五月壬寅,严嵩罢。壬子,土蛮攻汤站堡,副总兵黑春力战死。

　　秋九月壬午,三殿成,改奉天曰皇极,华盖曰中极,谨身曰建极。

　　冬十月,免南畿、江西被灾税粮。十一月乙酉,分遣御史访求方士、法书。丁亥,逮胡宗宪,寻释之。辛丑,吉能犯宁夏,副总兵王勋战死。乙酉,倭陷兴化。是月,延绥总兵官赵岢分部出塞袭寇,败之。免陕西、湖广被灾及福建被寇者税粮。

　　是年,琉球入贡。

　　四十二年春正月戊申,俺答犯宣府,南掠隆庆。

　　夏四月庚申,倭犯福清,总兵官刘显、俞大猷合兵歼之。丁卯,副总兵戚继光破倭于平海卫。

　　秋八月乙亥,总兵官杨照袭寇于广宁塞外,力战死。

　　冬十月丁卯,辛爱、把都儿破墙子岭入寇,京师戒严,诏诸镇兵入援。戊辰,掠顺义、三河,总兵官孙膑败死。乙亥,大同总兵官姜应熊御寇密云,败之。十一月丁丑,京师解严。

　　是年,琉球入贡。

　　四十三年春正月壬辰,土蛮黑石炭寇蓟镇,总兵官胡镇、参将白文智御却之。二月己酉,伊王典楧有罪,废为庶人。戊午,倭犯仙游,总兵官戚继光大败之,福建倭平。闰月丙申,盗据漳平,知县魏文瑞死之。三月己未,官军击潮州倭,破之。

　　夏四月乙亥,免畿内被灾税粮。五月壬寅朔,日有食之。乙卯,获桃于御幄,群臣表贺。六月辛卯,倭犯海丰,俞大猷破之。

　　冬十二月,南韶贼起,守备贺铎、指挥蔡允元被执死之。俺答犯山西,游击梁平、守备祁谋战死。

是年,西番、哈密、安南入贡,鲁迷国贡狮子。

四十四年春三月丁巳,赐范应期等进士及第、出身有差。己未,袁炜致仕。辛酉,严世蕃伏诛。是月,土蛮犯辽东,都指挥线补衮、汤维藩战死。

夏四月庚辰,吏部尚书严讷、礼部尚书李春芳并兼武英殿大学士,预机务。壬午,俺答犯肃州,总兵官刘承业御却之。六月甲戌,芝生睿宗原庙柱,告庙受贺,遂建玉芝宫。

秋八月壬午,获仙药于御座,告庙。

冬十一月癸卯,严讷致仕。戊申,奉安献皇帝、后神主于玉芝宫。

是年,琉球入贡。

四十五年春二月癸亥,户部主事海瑞上疏,下锦衣卫狱。是月,俞大猷讨广东山贼,大破之。浙江、江西矿贼陷婺源。三月己未,吏部尚书郭朴兼武英殿大学士,礼部尚书高拱兼文渊阁大学士,预机务。

夏四月壬戌朔,日有食之。丙戌,俺答犯辽东。六月丙子,旱,亲祷雨于凝道雷轩,越三日雨,群臣表贺。

秋七月乙未,俺答犯万全右卫。

冬十月丁卯,犯固原,总兵官郭江败死。癸酉,犯偏头关。闰月甲辰,犯大同,参将崔世荣力战死。十一月己未,帝不豫。十二月庚子,大渐,自西苑还乾清宫。是日崩,年六十,遗诏裕王嗣位。隆庆元年正月,上尊谥,庙号世宗,葬永陵。

赞曰:世宗御极之初,力除一切弊政,天下翕然称治。顾迭议大礼,舆论沸腾,幸臣假托,寻兴大狱。夫天性至情,君亲大义,追尊立庙,礼亦宜之;然升祔太庙,而跻于武宗之上,不已过乎。若其时纷纭多故,将疲于边,贼讧于内,而崇尚道教,享祀弗经,营建繁兴,府

藏告匿,百余年富庶治平之业,因以渐替。虽剪剔权奸,威柄在御
要亦中材之主也矣。

明史卷一九
本纪第一九

穆 宗

穆宗契天隆道渊懿宽仁显文光武纯德弘孝庄皇帝,讳载垕,世宗第三子也。母杜康妃。

嘉靖十八年二月封裕王,与庄敬太子、景恭王同日受册。已而庄敬薨,世宗以王长且贤,继序已定,而中外危疑,屡有言者,乃令景王之国。

四十五年十二月庚子,世宗崩。壬子,即皇帝位。以明年为隆庆元年,大赦天下。先朝政令不便者,皆以遗诏改之。召用建言得罪诸臣,死者恤录。方士悉付法司治罪,罢一切斋醮工作及例外采买。免明年天下田赋之半,及嘉靖四十三年以前逋赋。释户部主事海瑞于狱。是年,土鲁番入贡。

隆庆元年春正月丙寅,罢睿宗明堂配享。戊辰,复郑王厚烷爵。丁丑,追尊母康妃为孝恪皇太后。二月戊子,祭大社大稷。乙未,册妃陈氏为皇后。吏部侍郎陈以勤为礼部尚书兼文渊阁大学士,礼部侍郎张居正为吏部左侍郎兼东阁大学士,预机务。三月壬申,葬肃皇帝于永陵。乙酉,土蛮犯辽阳,指挥王承德战殁。

夏四月丙戌朔,享太庙。丙午,禁属国毋献珍禽异兽。丁未,御经筵。五月己未,黄河决口工成。辛酉,祀地于北郊。丁丑,高拱罢。六月戊戌,以霪雨修省,素服避殿,御皇极门视事。是月,新河复决。

秋七月辛巳，招抚山东、河南被灾流民，复五年。八月癸未朔，释奠于先师孔子。九月乙卯，俺答寇大同，诏严战守。癸亥，俺答陷石州，杀知州王亮采，掠交城、文水。壬申，土蛮犯蓟镇，掠昌黎、卢龙，至于滦河。诏宣大总督侍郎王之诰还驻怀来，巡抚都御史曹亨驻兵通州。甲戌，郭朴致仕。免襄阳、郧阳被灾秋粮。乙亥，总兵官李世忠援永平，与敌战于抚宁，京师戒严。

冬十月丙戌，寇退，京师解严。甲辰，谕群臣议边防事宜。宁夏总兵官雷龙出塞邀击河套部，败之。十一月癸亥，祀天于南郊。

是年，广东贼大起，琉球入贡。

二年春正月己卯，给事中石星疏陈六事，杖阙下，斥为民。二月丁酉，寇犯柴沟堡，守备韩尚忠战死。己亥，耕耤田。丁未，如天寿山，谒长陵、永陵。庚戌，还宫，免所过田租有差。三月辛酉，立皇子翊钧为皇太子，诏赦天下。乙丑，广西总兵官俞大猷讨广东贼。戊辰，赐罗万化等进士及第、出身有差。丙子，幸南海子。戊寅，京师地震，命百官修省。

夏六月庚辰，遣使两畿录囚。己丑，广东贼曾一本寇广州，杀知县刘师颜。

秋七月己酉，贼入廉州。丙寅，徐阶致仕。

冬十月戊寅，免南畿被灾秋粮，振淮、徐饥。己亥，废辽王宪㸁为庶人。甲辰，免畿内、河南被灾秋粮。十一月壬子，宣府总兵官马芳袭俺答于长水海子，又败之鞍子山。辛酉，免江西被灾税粮。戊辰，祀天于南郊，己巳，命广东、福建督抚将领会剿曾一本。十二月庚寅，世宗神主祔太庙。丁酉，限勋戚庄田。

是年，琉球入贡。

三年春正月壬子，大同总兵官赵岢败俺答于弘赐堡。二月庚辰，免陕西被灾秋粮。三月戊辰，曾一本陷碣石卫，裨将周云翔杀参将耿宗元叛，附于贼。

夏四月己丑，总兵官雷龙出塞袭河套部，败之。五月庚戌，总兵官郭成等破贼于平山，周云翔伏诛。甲寅，御史詹仰庇请罢靡费，斥为民。

秋七月壬午，河决沛县。乙酉，诏天下有司实修积谷备荒之政。壬辰，遣使振沿河被灾州县。八月癸丑，广东贼平，曾一本伏诛。壬戌，礼部尚书赵贞吉兼文渊阁大学士，预机务。丁卯，振南畿、浙江、山东水灾。九月丙子，俺答犯大同，掠山阴、应州、怀仁、浑源。辛卯，大阅。

冬十一月甲戌，祀天于南郊。庚辰，京师地震有声，敕修省。十二月己亥，命厂卫密访部院政事。庚申，召高拱复入阁。乙丑，尚宝寺丞郑履淳以言事廷杖下狱。是冬，免两畿、山东、浙江、河南、湖广税粮。

是年，陕西贼起。琉球、土鲁番入贡。

四年春正月己巳朔，日有食之，免朝贺。辛未，避殿修省。是月，倭入广海卫城。二月乙丑，分设三大营文武提督六人。

夏四月戊戌，京师地震。丙午，俺答寇大同、宣府，官兵拒却之。是月，陕西贼寇四川。五月癸酉，给事中李己谏买金宝，廷杖下狱。

秋七月己巳，禁章奏浮冗。命抚、按官严禁有司酷刑。戊子，陈以勤致仕。乙未，免四川被灾税粮。八月庚戌，宣、大告警，敕边备。九月癸酉，陕西水灾，蠲振有差。甲戌，河决邳州。壬午，免北畿、湖广被灾税粮。癸未，寇犯大同，副总兵钱栋战死。戊子，犯锦州，总兵官王治道等战死。甲午，罢京营文武提督，置总督协理大臣。

冬十月癸卯，俺答孙把汉那吉来降。丁未，以把汉那吉为指挥使。壬戌，考察给事中、御史。十一月丁丑，俺答乞封。己卯，祀天于南郊。乙酉，赵贞吉罢。己丑，礼部尚书殷士儋兼文渊阁大学士，预机务。十二月丁酉，俺答执叛人赵全等九人来献，诏遣把汉那吉归，厚赐之。乙卯，受俘，磔赵全等于市。

五年春二月甲午,廷臣及朝觐官谒皇太子于文华左门。己未,封皇子翊镠为潞王。三月己卯,赐张元忭等进士及第、出身有差。己丑,封俺答为顺义王。

夏四月甲午,河复决邳州。五月壬戌,古田僮贼平。戊寅,李春芳致仕。六月辛卯,京师地震者三,敕修省。甲辰,授河套部长吉能为都督同知。甲寅,顺义王俺答贡马,告庙受贺。丙辰,俺答执赵全余党十三人来献。

秋八月癸卯,许河套部互市。九月癸未,三镇贡市成。

冬十月己亥,河南、山东大水,申饬河防。十一月己巳,殷士儋致仕。

是年,琉球、土鲁番入贡。

六年春正月辛未,筑徐州至宿迁堤,三百七十里。二月丙申,倭寇广东,陷神电卫,大掠。山寇复起。闰月丁卯,御皇极殿门,疾作,遽还宫。乙亥,倭寇高、雷,官军击败之。

夏四月戊辰,礼部尚书高仪兼文渊阁大学士,预机务。五月壬辰,免广东用兵诸郡逋赋。己酉,大渐,召大学士高拱、张居正、高仪受顾命。庚戌,崩于乾清宫,年三十有六。七月丙戌,上尊谥,庙号穆宗,葬昭陵。

赞曰:穆宗在位六载,端拱寡营,躬行俭约,尚食岁省巨万。许俺答封贡,减赋息民,边陲宁谧。继体守文,可称令主矣。第柄臣相轧,门户渐开,而帝未能振肃乾纲,矫除积习。盖亦宽恕有余,而刚明不足者欤。

明史卷二〇
本纪第二〇

神宗一

　　神宗范天合道哲肃敦简光文章武安仁止孝显皇帝,讳翊钧,穆宗第三子也。母贵妃李氏。

　　隆庆二年,立为皇太子,时方六岁。性岐嶷,穆宗尝驰马宫中,谏曰:"陛下天下主,独骑而骋,宁无衔橛忧。"穆宗喜,下马劳之。陈皇后病居别宫,每晨随贵妃候起居。后闻履声辄喜,为强起。取经书问之,无不响答,贵妃亦喜。由是两宫益和。

　　六年五月,穆宗崩。六月乙卯朔,日有食之。甲子,即皇帝位。以明年为万历元年,诏赦天下。祀建文朝尽节诸臣于乡,有苗裔者恤录。庚午,罢高拱。丁丑,高仪卒。壬午,礼部尚书吕调阳兼文渊阁大学士,预机务。

　　秋七月丁亥,初通漕运于密云。庚寅,察京官。己亥,戒谕廷臣,诏曰:"近岁以来,士习浇漓,官方刓缺,诋老成为无用,矜便佞为有才。遂使朝廷威福之柄,徒为人臣报复之资。用是薄示惩戒,余皆曲贷。诸臣宜被除前愆,共维新政。若溺于故习,背公徇私,获罪祖宗,朕不敢赦。"庚子,尊皇后曰仁圣皇太后,贵妃曰慈圣皇太后。八月戊午,祀大社大稷。九月甲午,葬庄皇帝于昭陵。

　　冬十月己未,侍郎王遴、吴百朋、汪道昆分阅边防。辛酉,停刑。十一月乙未,河工成。十二月辛酉,振榆林、延绥饥。甲戌,以大行未期,罢明年元夕灯火及宫中宴。

万历元年春二月癸丑,御经筵。三月丙申,诏内外官举将材。

夏四月乙丑,潮、惠贼平。庚午,旱,谕百官修省。五月甲申,诏内外官慎刑狱。六月壬申,振淮安水灾。

秋七月,河决徐州。九月癸未,振荆州、承天及济南灾。丙戌,四川都掌蛮平。癸卯,停刑。

冬十一月庚辰,命诸司立程限文簿,以防稽缓。十二月己未,振辽东饥。

是年,暹罗、琉球入贡。

二年春正月甲午,召见朝觐廉能官于皇极门。二月甲寅,振四川被寇诸县。三月癸巳,赐孙继皋等进士及第、出身有差。

夏四月丙寅,诏内外官行久任之法。五月辛丑,穆宗神主祔太庙。八月己巳,振山西灾。庚午,振淮、扬、徐水灾。

冬十月甲寅,决囚。丁卯,视朝阅铨选。闰十二月庚寅,诏罢明年元夕灯火。

是年,琉球入贡。

三年春正月丁未,享太庙。二月戊寅,祀大社大稷。辛巳,诏南京职务清简,官不必备。丙申,始命日讲官分直记注起居,纂缉章奏,临朝侍班。

夏四月己巳朔,日有食之,既。壬申,书谨天戒、任贤能、亲贤臣、远嬖佞、明赏罚、谨出入、慎起居、节饮食、收放心、存敬畏、纳忠言、节财用十二事于座右,以自警。五月庚子,淮、扬大水,诏察二府有司,贪酷老疾者罢之。六月戊辰,浙江海溢。戊寅,命抚、按官,有司贤否一体荐劾,不得偏重甲科。是夏,苏、松、常、镇大水。

秋八月丙子,礼部侍郎张四维为礼部尚书兼东阁大学士,预机务。丁丑,河决高邮、砀山。戊子,免淮、扬、凤、徐被水田租。九月戊午,京师地震。

冬十月丁卯,地再震,敕群臣修省。戊辰,停刑。十一月乙巳,祀天于南郊。十二月辛未,诏罢明年元夕灯火。

是年,安南、琉球、暹罗、土鲁番入贡。

四年春正月丁巳,辽东巡按御史刘台以论张居正逮下狱,削籍。

夏五月戊申,祀地于北郊。六月庚辰,复遣内臣督苏、杭织造。

秋七月丁酉,谕吏、户二部清吏治,蠲逋赋有差,明年漕粮折收十之三。壬寅,遣御史督修江、浙水利。甲辰,修泗州祖陵。辛亥,草湾河工成。八月壬戌,释奠于先师孔子。是秋,河决崔镇。

冬十月乙亥,振徐州及丰、沛、睢宁、金乡、鱼台、单、曹七县水灾,蠲租有差。

是年,安南、琉球、乌斯藏、土鲁番、天方、撒马儿罕、鲁迷、哈密入贡。

五年春正月己酉,诏凤阳、淮安力举营田。二月乙丑,振广西饥。三月乙巳,赐沈懋学等进士及第、出身有差。

夏五月癸巳,广东罗旁瑶平。

秋八月癸亥,河复决崔镇。闰月乙酉朔,日食,阴云不见。九月己卯,起复张居正。

冬十月乙巳,以论张居正夺情,杖编修吴中行、检讨赵用贤、员外郎艾穆、主事沈思孝,罢黜谪戍有差。丁未,杖进士邹元标,戍边。十一月癸丑,以星变考察百官。

是年,琉球入贡。

六年春正月,筑决河堤。二月戊戌,免兖、溥、登、莱所属逋赋,庚子,立皇后王氏。三月甲寅,礼部尚书马自强兼文渊阁大学士,吏部侍郎申时行兼东阁大学士,预机务。甲子,张居正葬父归。

夏四月乙未,免湖广、四川逋赋。丙午,诏户部岁增金花银二十万两。六月乙未,张居正还京师。

秋七月乙卯,吕调阳致仕。丙子,诏江北诸府民,年十五以上无田者,官给牛一头、田五十亩开垦,三年后起科。九月庚午,诏苏州诸府开垦荒田,六年后起科。辛未,停刑。

冬十月辛卯,马自强卒,十一月辛酉,祀天于南郊。

是年,乌斯藏入贡。

七年春正月戊辰,诏毁天下书院。二月己丑,遣使分阅边防。三月甲子,免淮、扬逋赋。

夏五月癸亥,祀地于北郊。六月辛卯,核两畿、山东、陕西勋戚田赋。

秋七月壬子,振苏、松水灾,蠲税粮。戊午,京师地震。

是年,乌斯藏入贡。

八年春二月辛未朔,日有食之。戊子,耕耤田。戊戌,河工成。三月辛亥,奉两宫皇太后如天寿山谒陵,免所过田租。甲寅,还宫。丁卯,赐张懋修等进士及第、出身有差。

夏闰四月庚申,广西八寨贼平。

冬十月辛丑,汰内外冗官。乙巳,振苏、松、常、镇饥。十一月丙子,诏度民田。

是年,琉球入贡。

九年春正月庚午,敕边臣备警。辛未,裁诸司冗官。癸酉,土蛮犯锦州,游击周之望败没。己卯,命翰林官日四人入直。辛巳,裁南京冗官。甲申,辽东总兵官李成梁袭败土蛮于袄郎兔。三月丙寅,大阅。是月,土蛮犯辽阳,副总兵曹簠御之,败绩。

夏四月丁酉,振山西被灾州县。乙卯,振苏、松、淮、凤、徐、宿灾。户部进《万历会计录》。

秋八月丁未,扬州大水。九月丁亥,停刑。

冬十月己亥,土蛮犯广宁、义州,李成梁御却之。十一月丙戌,振真定、顺德、广平灾,免税粮。

是年,裁各省冗官,核徭赋,汰诸司冒滥冗费。琉球、安南、土鲁番、天方、撒马儿罕、鲁迷、哈密、乌斯藏入贡。

十年春二月癸巳,顺义王俺答卒。丁酉,免天下积年逋赋。三月庚申,杭州兵变,执巡抚吴善言。丁卯,兵部侍郎张佳胤巡抚浙江讨定之。丙子,泰宁卫部长速把亥犯义州,李成梁击斩之。己卯,倭寇温州。

夏四月戊子朔,谕礼部令民及时农桑,勿事游惰。甲午,宁夏土军马景杀参将许汝继,巡抚都御史晋应槐讨诛之。庚子,以久旱敕修省。五月庚申,免先师孔子及宋儒朱熹、李侗、罗从彦、蔡沈、胡安国、游酢、真德秀、刘子翚,故大学士杨荣后裔赋役有差。庚辰,振畿内饥。六月丁亥朔,日有食之。壬寅,振太原、平阳、潞安饥。乙巳,前礼部尚书潘晟兼武英殿大学士,吏部侍郎余有丁为礼部尚书兼文渊阁大学士,预机务。晟寻罢。丙午,张居正卒。

秋七月庚午,振平、庆、延、临、巩饥。九月丙辰,以皇长子生,诏赦天下。甲子,上两宫皇太后徽号。

冬十月丙申,苏、松大水,蠲振有差。十二月壬辰,太监冯保谪奉御,籍其家。壬寅,复建言诸臣职。

是年,免畿内、山西被灾税粮。哈密、乌斯藏入贡。

十一年春正月壬戌,敕严边备。闰二月甲子,俺答子乞庆哈袭封顺义王。缅甸寇永昌。乙丑,,如天寿山谒九陵,免所过田租。庚午,如西山谒恭让章皇后、景皇帝陵。辛未,还宫。乙酉,振临、巩、平、延、庆五府旱灾,免田租。三月甲申,追夺张居正官阶。庚子,赐朱国祚等进士及第、出身有差。

夏四月丁巳,张四维以忧去。己未,吏部侍郎许国为礼部尚书兼东阁大学士,预机务。甲戌,承天大雨,江溢。是月,广东罗定兵变。五月,我大清太祖高皇帝起兵征尼堪外兰,克图伦城。六月乙丑,振承天、汉阳、郧阳、襄阳灾。

秋八月丙辰,免山西被灾税粮。九月甲申,如天寿山谒陵。己丑,还宫。

冬十月癸亥,停刑。辛未,河南水灾,蠲振有差。十一月己卯朔,日有食之。十二月庚午,慈宁宫灾,敕修省。

是年,琉球入贡。

十二年春二月丁卯,京师地震。己巳,释建文诸臣外亲谪戍者后裔。三月巳亥,减江西烧造瓷器。

夏四月乙卯,籍张居正家。丁巳,游击将军刘綖讨平陇川贼。五月甲午,京师地震。六月辛亥,以云南用兵,免税粮及逋赋。

秋八月丙辰,榜张居正罪于天下,家属戍边。九月丙戌,奉两宫皇太后如天寿山谒陵。己丑,作寿宫。辛卯,还宫。

冬十月丁巳,停刑。丙寅,免湖广、山东被灾税粮。十一月己丑,余有丁卒。十二月甲辰,前礼部侍郎王锡爵为礼部尚书兼文渊阁大学士,吏部侍郎王家屏兼东阁大学士,预机务。癸亥,罢开银矿。

是年,安南、乌斯藏入贡。

十三年春正月辛卯,四川建武所兵变,击伤总兵沈思学。二月丁未,南京地震。京师自去年八月不雨,至于是月。庚午,大雩。三月甲申,大雩。己丑,李成梁出塞袭把兔儿炒花,大破之。壬辰,减杭州织造及尚衣监料银。尚宝司少卿徐贞明督治京畿水田。

夏四月丙午,大雩。戊申,以旱诏中外理冤抑,释凤阳轻犯及禁锢年久罪宗。戊午,步祷于南郊,面谕大学士等曰:“天旱,虽由朕不德,亦天下有司贪婪,剥害小民,以致上干天和,今后宜慎选有司。”蠲天下被灾田租一年。五月丙戌,雨。六月辛丑,慈宁宫成。壬寅,建武所乱卒伏诛。是月,四川松茂番作乱。

秋八月己酉,京师地震。闰九月戊戌,振淮、凤灾。癸卯,如天寿山阅寿宫。戊申,还宫。庚申,停刑。

冬十二月丁卯,汰惜薪司内官冗员。是月,顺义王乞庆哈卒。是年,土鲁番、乌斯藏入贡。

十四年春二月癸未,严外官馈遗。三月戊戌,以旱霾,谕廷臣陈时政。癸卯,禁部曹言事,罢治京畿水田。癸丑,赐唐文献等进士及第、出身有差。戊午,久旱,敕修省。

夏四月癸酉,京师地震。六月癸未,松茂番平。是夏,振直隶、河南、陕西及广西浔、柳、平乐,广东琼山等十二县饥。山西盗起。

秋七月癸卯,振江西灾。戊申,敕户、兵二部抚安灾民,严保甲。是月,淇县贼王安聚众流劫,寻剿平之。九月壬辰,王家屏以忧去。乙卯,停刑。己未,发帑遣使振河南、山东、直隶、陕西、辽东、淮、凤灾。

冬十月丙寅,礼部主事卢洪春以疏请谨疾,杖阙下,削籍。十一月癸卯,祀天于南郊。

是年,土鲁番入贡。

十五年春正月壬辰,发帑振山西、陕西、河南、山东诸宗室。三月乙卯,乞庆哈子扯力克袭封顺义王。

夏四月,京师旱,大疫。六月戊辰,禁廷臣奢僭。是月,京师大雨。振恤贫民。

秋七月,江北蝗,江南大水,山西、陕西、河南、山东旱,河决开封,蠲振有差。八月庚申,以灾沴频仍,敕抚、按官惩贪吏,理冤狱,蠲租、振恤。九月丁亥朔,日当食,阴云不见。己丑,停刑。

冬十月庚申,大学士申时行请发留中章奏。十一月戊子,郧阳兵噪,巡抚都御史李材罢。

是年,哈密、琉球、乌斯藏入贡。

十六年春三月壬辰,诏改《景皇帝实录》,去郕戾王号,不果行。山西、陕西、河南及南畿、浙江并大饥疫。

夏四月，振江北、大名、开封诸府饥。五月，四川建昌番作乱，讨平之。乙巳，以军储仓火及各省灾伤，敕内外官修省。六月庚申，京师地震。甲子，以灾伤停减苏、杭织造。

秋七月乙卯，免山东被灾夏税。庚午，定边臣考绩法。八月乙未，诏取太仓银，二十万充阅陵赏费。九月己未，停刑。庚申，如天寿山阅寿宫。甲子，次石景山观浑河。乙丑，还宫。庚午，甘肃兵变，巡抚都御史曹子登罢。是月，青海部长他不囊犯西宁，杀副将李魁。

冬十一月辛酉，禁章奏浮冗。

是年，乌斯藏入贡。

十七年春正月己酉朔，日有食之。丁巳，太湖、宿、松贼刘汝国等作乱，安庆指挥陈越讨之，败死。二月丙申，吴淞指挥陈懋功讨平之。三月丙辰，免升授官面谢。自是临御遂简。癸亥，云南永昌兵变。乙丑，赐焦纮等进士及第、出身有差。

夏四月己亥，王家屏复入阁。始兴妖僧李圆朗作乱，犯南雄，有司讨诛之。六月甲申，浙江大风，海溢。己丑，永昌乱卒平。乙巳，南畿、浙江大旱，太湖水涸，发帑金八十万振之。

秋八月壬寅，严匿名揭之禁。

冬十月癸未，停刑。癸卯，黄河决口工成。十二月己丑，谕诸臣遇事勿得忿争求胜。

是年，安南、乌斯藏入贡。

十八年春正月甲辰朔，召见大学士申时行等于毓德宫，出皇长子见之。

夏四月甲申，振湖广饥。六月己卯，免畿内被灾夏税。甲申，青海部长火落赤犯旧洮州，副总兵李联芳败没。乙酉，更定宗藩事例，始听无爵者得自便。

秋七月庚子朔，日有食之。乙丑，召见阁臣议边事，命廷臣举将材。己巳，兵部尚书郑雒经略陕西四镇及山西、宣、大边务。是月，火落赤再犯河州、临洮,总兵官刘承嗣败绩。八月癸酉,停扯力克市赏。

冬十月戊寅,振临洮被兵军民。十二月甲申,遣廷臣九人阅边。

是年,安南入贡。

十九年春正月,缅甸寇永昌、腾越。二月乙酉,总兵官尤继先败火落赤余众于莽刺川。闰三月丁丑,以彗星见,敕修省。己卯,责给事中、御史风闻讪上,各夺俸一年。

夏四月丙申,享太庙。是后庙祀皆遣代。五月壬午,四川四哨番作乱,巡抚都御史李尚思讨平之。六月壬子,王锡爵归省。

秋七月癸未,谕廷臣,国是纷纭,致大臣争欲乞身,此后有肆行诬蔑者重治。八月丁酉,免河南被灾田赋。九月壬申,许国致仕。甲戌,申时行致仕。丁丑,吏部侍郎赵志皋为礼部尚书,前礼部侍郎张位为吏部侍郎,并兼东阁大学士,预机务。

冬十月癸巳,京营军官哗于长安门。十二月甲午,诏定威臣庄田。癸丑,河套部敌犯榆林、延绥,总兵官杜桐败之。

是年,畿内蝗,南畿、浙江大水,蠲振有差。琉球入贡。

二十年春正月丙戌,给事中孟养浩以言建储杖阙下,削籍。三月戊辰,宁夏致仕副总兵哱拜杀巡抚都御史党馨、副使石继芳,据城反。辛未,王家屏致仕。壬申,总督军务兵部尚书魏学曾讨宁夏贼。戊寅,赐翁正春等进士及第、出身有差。

夏四月甲辰,总兵官李如松提督陕西讨贼军务。甲寅,甘肃巡抚都御史叶梦熊帅师会魏学曾讨贼。扯力克擒贼,叩关献俘,复还二年市赏。五月,倭犯朝鲜,陷王京,朝鲜王李昖奔义州求救。六月丁未,诸军进次宁夏,贼诱河套部入犯,官军击却之。

秋七月癸酉,免陕西逋赋。甲戌,副总兵祖承训帅师援朝鲜,与倭战于平壤,败绩。甲申,罢三边总督魏学曾,以叶梦熊代之,寻逮学曾下狱。八月乙巳,兵部右侍郎宋应昌经略备倭军务。己酉,诏天下督、抚举将材。九月壬申,宁夏贼平。

冬十月壬寅,李如松提督蓟、辽、保定、山东军务,充防海御倭总兵官,救朝鲜。是月,振畿内、浙江、河南被灾诸府,蠲租有差。十一月戊辰,御午门,受宁夏俘。十二月甲午,以宁夏贼平,告天下。

是年,暹罗、土鲁番入贡。

二十一年春正月甲戌,李如松攻倭于平壤,克之。辛未,王锡爵还朝。辛巳,诏并封三皇子为王,廷臣力争,寻报罢。壬午,李如松进攻王京,遇倭于碧蹄馆,败绩。二月甲寅,救劳东征将士。

夏四月癸卯,倭弃王京遁。六月丁酉,诏天下每岁夏月录囚,减释轻系,如两京例。癸卯,倭使小西飞请款。

秋七月癸丑,召援朝鲜诸边镇兵还。乙卯,彗星见,救修省。八月丙戌,以灾异救戒内外诸臣修举实政。

冬十月丙申,停刑。十二月丙辰,蓟辽总督顾养谦兼理朝鲜事,召宋应昌、李如松还。

是年,振江北、湖广、河南、浙江、山东饥。河南矿贼大起。乌斯藏入贡。

二十二年春正月己亥,诏以各省灾伤,山东、河南、徐、淮尤甚,盗贼四起,有司玩愒,朝廷诏令不行。自今以安民弭盗为抚按有司黜陟。二月癸丑,皇长子常洛出阁讲学。甲子,遣使振河南,免田租。三月癸卯,诏修国史。

夏四月己酉朔,日有食之。五月辛卯,礼部尚书陈于陛、南京礼部尚书沈一贯并兼东阁大学士,预机务。庚子,王锡爵致仕。六月己酉,雷雨,西华门灾,救修省。

秋七月丙申,河套部长卜失兔犯延绥。是月,延绥总兵官麻贵败河套部敌于下马关。

冬十月己未,南京兵部右侍郎邢玠总督川、贵军务,讨播州宣慰使杨应龙。丁卯,诏倭使入朝。是月,炒花犯辽东,总兵官董一元败之。

是年，琉球、乌斯藏入贡。

二十三年春正月癸卯，遣都督金事李宗城、指挥杨方亨封平秀吉为日本国王。三月乙未，赐朱之蕃等进士及第、出身有差。

夏五月丁酉，京师地震，敕修省。

秋九月戊寅，青海部长永邵卜犯甘肃，参将达云败之。乙酉，诏复建文年号。

冬十一月辛未，湖广灾，蠲振有差。十二月辛丑，大学士赵志皋等请发留中章奏，不报。

是年，江北大水，淮溢，浸泗州祖陵。

二十四年春二月戊申，麻贵袭河套部，败之。三月乙亥，乾清、坤宁两宫灾，敕修省。壬辰，下诏自责。是月，火落赤犯洮河，总兵官刘继破走之。

夏四月己亥，李宗城自倭营奔还王京。五月戊辰，河套部敌犯甘肃，总兵官杨浚击破之。庚午，复议封倭，命都督金事杨方亨、游击沈惟敬往。六月，振福建饥。

秋七月丁卯，吏部尚书孙丕扬请发推补官员章疏，不报。戊寅，仁圣皇太后崩。乙酉，始遣中官开矿于畿内，未几，河南、山东、山西、浙江、陕西悉令开采，以中官领之。群臣屡谏不听。闰八月乙丑朔，日有食之。丁卯，大学士赵志皋请视朝，发章奏，罢采矿，不报。九月乙未，杨方亨至日本，平秀吉不受封，复侵朝鲜。乙卯，葬孝安庄皇后。是月，河套部犯宁夏，总兵官李如柏击败之。是秋，河决黄堌口。

冬十月丙子，停刑。乙酉，始命中官榷税通州。是后，各省皆设税使。群臣屡谏不听。十二月乙亥，陈于陛卒。

明史卷二一
本纪第二一

神宗二　光宗

二十五年春正月丙辰，朝鲜使来请援。二月丙寅，复议征倭。丙子，前都督同知麻贵为备倭总兵官，统南北诸军。三月乙巳，山东右参政杨镐为佥都御史，经略朝鲜军务。己未，兵部侍郎邢玠为尚书，总督蓟、辽、保定军务，经略御倭。

夏六月戊寅，皇极、中极、建极三殿灾。癸未，罢修国史。

秋七月癸巳，诫谕群臣。丁酉，诏赦天下。是月，杨应龙叛，掠合江、綦江。八月丁丑，倭破朝鲜闲山，遂薄南原，副总兵杨元弃城走，倭逼王京。甲申，京师地震。九月壬辰，逮前兵部尚书石星下狱，论死。

冬十月甲戌，安南黎惟潭篡立，款关请罪，诏授安南都统使。

是年，琉球入贡。

二十六年春正月，官军攻倭于蔚山，不克，杨镐、麻贵奔王京。三月癸卯，赐赵秉忠等进士及第、出身有差。壬子，群臣诣文华门疏请皇长子冠婚，不允。

夏四月丁卯，辽东总兵官李如松出塞，遇伏战死。壬申，京师旱，敕修省。六月丁巳，杨镐罢。戊午，中官李敬采珠广东。丙寅，张位罢。丙子，巡抚天津佥都御史万世德经略朝鲜。

秋七月丙戌，中官鲁保鬻两淮余盐。八月丁丑，京师地震。九月壬辰,免浙江被灾田租。

　　冬十月乙卯,总兵官刘綎、麻贵分道击倭,败之。董一元攻倭新寨,败绩。十一月戊戌,倭弃蔚山遁,官军分道进击。十二月,总兵官陈璘破倭于乙山,朝鲜平。

　　是年,乌斯藏入贡。

　　二十七年春二月壬子,分遣中官领浙江、福建、广东市舶司。是月,贵州巡抚江东之遣兵讨杨应龙,败绩。三月己亥,前兵部侍郎李化龙总督川、湖、贵州军务,讨杨应龙。

　　夏四月甲戌,御午门,受倭俘。是月,临清民变,焚税使马堂署,杀其参随三十四人。闰月丙戌,以倭平,诏天下,除东征加派田赋。己丑,久旱,敕修省。丙申,以诸皇子婚,诏取太仓银二千四百万两。户部告匮,命严核天下积储。六月乙亥,杨应龙陷綦江,参将房嘉宠、游击张良贤战死。

　　秋八月甲午,陕西狄道县山崩。九月,土蛮犯锦州。

　　冬十月壬午,振京城饥民。丙戌,以播州用兵,加四川、湖广田赋。戊子,贵州宣慰使安疆臣有罪,诏讨贼自赎。十一月己酉,免河南被灾田租。癸酉,振畿辅及凤阳等处饥。十二月丁丑,武昌、汉阳民变,击伤税使陈奉。戊子,振京师就食流民。

　　是年,琉球入贡。

　　二十八年春二月戊寅,京师地震。丙戌,李化龙帅师分八路进讨播州。

　　夏六月丁丑,克海龙囤,杨应龙自缢死,播州平。

　　秋七月辛亥,旱,敕修省。八月辛未,慈庆宫成。丙子,罢朝鲜戍兵。九月甲寅,停刑。是秋,炒花犯辽东,副总兵解生等败没。

　　冬十月辛未,贵州皮林苗叛,总兵官陈璘讨之。丙子,云南税监杨荣开采阿瓦、孟密宝井。十二月乙未,御午门,受播州俘。

　　是年,两畿各省灾伤,民饥盗起,内外群臣交章请罢矿税诸监,皆不听。大西洋利玛窦进方物。

二十九年春正月壬子，以播州平，诏天下，蠲四川、贵州、湖广、云南加派田租逋赋，除官民违误罪。是月，皮林苗贼平。二月甲戌，振大同、宣府饥。三月乙卯，赐张以诚等进士，及第、出身有差。是月，武昌民变，杀税监陈奉参随六人，焚巡抚公署。

夏四月乙酉，征陈奉还，以守备承天中官杜茂代之。五月，苏州民变，杀织造中官孙隆参随数人。六月，京师自去年六月不雨，至是月乙亥始雨。山东、山西、河南皆大旱。丁亥，法司请热审，不报。是夏，振畿内饥。

秋九月壬寅，河决开封、归德。丁未，赵志皋卒。癸丑，振贵州饥。戊午，前礼部尚书沈鲤、朱赓并兼东阁大学士，预机务。

冬十月己卯，立皇长子常洛为皇太子，封诸子常洵福王，常浩瑞王，常润惠王，常瀛桂王。诏赦天下。壬辰，加上慈圣皇太后尊号。十二月辛未，诏复朵颜马市。

是年，琉球入贡。

三十年春正月己未，四方灾异，敕修省。二月己卯，不豫，召大学士沈一贯于启祥宫，命罢矿税，停织造，释逮系，复建言诸臣职。翼日，疾瘳，寝前诏。甲申，重建乾清、坤宁宫。闰月丙申，复河套诸部贡市。戊午，河州黄河竭。三月甲申，腾越民变，杀税监委官。

夏四月辛丑，振顺天、永平饥。五月乙亥，法司请热审，不报。

秋七月辛巳，边饷缺，命严催积逋。是月，缅贼陷蛮莫宣抚司，宣抚思正奔腾越，贼追至，有司杀正以谢贼，始解。

冬十月戊戌，振江北灾。丙辰，停刑。

是年，琉球、哈密入贡。

三十一年春三月戊午，吏部奏天下郡守阙员，不报。是月，播州余贼吴洪等作乱，有司讨平之。

夏四月丁亥朔,日有食之。五月丙辰,阁臣请热审,不报。戊寅,京师地震。凤阳大雨雹,毁皇陵殿脊。是夏,河决苏家庄,北浸丰、沛、鱼台、单县。

秋九月甲子,江北盗起。

冬十月甲申,停刑。丙申,睢州贼杨思敬作乱,有司讨擒之。十一月甲子,获妖书,言帝欲易太子,诏五城大索。十二月丙戌,召见皇太子于启祥宫,赐手敕慰谕。

三十二年春二月壬寅,阁臣请补司道郡守及遣巡方御史,不报。三月甲子,乾清宫成。乙丑,赐杨守勤等进士及第、出身有差。

夏四月辛巳朔,日有食之。是月,浚泇河工成。五月癸酉,雷火焚长陵明楼。六月丙戌,以陵灾,命补阙官恤刑狱。丁酉,昌平大水,坏长、泰、康、昭四陵石梁。

秋七月庚戌,京师大雨,坏城垣。辛酉,振被水居民。八月辛丑,群臣伏文华门,疏请修举实政,降旨切责。丙午,分水河工成。九月戊申,振畿南六府饥。闰月辛丑,武昌宗人蕴钤等作乱,杀巡抚都御史赵可怀。

冬十月甲寅,始叙平播州功。

是年,琉球、乌斯藏入贡。

三十三年春正月,重修京师外城。庚辰,银定歹成犯镇番,总兵官达云击败之。

夏四月辛亥,蕴钤等伏诛。五月丙申,凤阳大风雨,毁陵殿神座。庚子,雷击圜丘望灯高杆。六月乙巳,以雷警,敕修省。

秋八月己巳,停刑。九月甲午,昭和殿灾。丙申,京师地震。

冬十一月辛巳,免淮阳被灾田租。十二月壬寅,诏罢天下开矿。以税务归有司,岁输所入之半于内府,半户、工二部。丙午,免河南被灾田租。乙卯,以皇长孙生,诏赦天下。开宗室科举入仕例。罢采广东珠池、云南宝井。

　　三十四年春二月庚戌，加上皇太后徽号。辛亥，大学士沈鲤、朱赓请补六部大僚，不报。三月己卯，云南人杀税监杨荣，焚其尸。丁酉，真定、顺德、广平、大名灾，蠲振有差。

　　夏四月癸亥，浚朱旺口河工成。五月癸酉，河套部犯延绥，官军击走之。六月癸卯，缅甸陷木邦。是月，畿内大蝗。

　　秋七月癸未，沈一贯、沈鲤致仕。九月甲午，诏陕西严敕边备。

　　冬十月丙申，停刑。十一月己巳，朵颜入犯，总兵官姜显谟御却之。十二月壬子，南京妖贼刘天绪谋反，事觉伏诛。

　　是年，安南、琉球入贡。蒙古喀尔喀诸部悉归我大清。

　　三十五年春正月辛未，给事中翁宪祥言，抚、按官解任宜候命，不宜听其自去，不报。二月戊戌，安南贼武德成犯云南，总兵官沐睿御却之。三月辛巳，赐黄士俊等进士及第、出身有差。

　　夏四月戊戌，银定歹成犯凉州，副总兵柴国柱击走之。壬子，顺义王扯力克卒。五月戊子，前礼部尚书于慎行及礼部侍郎李廷机、南京吏部侍郎叶向高并礼部尚书兼东阁大学士，预机务。六月，湖广及徽、宁、太平、严州大水。闰月辛巳，复河套诸部贡市。

　　秋七月庚子，京师久雨。刑部请发热审疏，不报。八月丙寅，振畿内饥。九月甲午，停刑。

　　冬十月癸酉，山东旱饥，蠲振有差。十一月壬子，于慎行卒。十二月，金沙江蛮阿克叛，陷武定，攻围云南，别陷嵩明、禄丰。安南贼犯钦州。

　　是年，琉球入贡。

　　三十六年春正月，河南、江北饥。二月戊辰，京师地震。

　　夏六月乙卯，南畿大水。

　　秋七月丁酉，京师地震。郴州矿贼起。八月癸亥，治云南失事诸臣罪，巡抚都御史陈用宾、总兵官沐睿下狱，论死。庚辰，振南畿及嘉兴、湖州饥。九月甲午，四川巡抚都御史乔璧星奏擒阿克于东川，贼平。

冬十一月壬子，朱赓卒。十二月戊午，再振南畿，免税粮。

是年，琉球入贡。

三十七年春三月辛卯，拱兔陷大胜堡，游击于守志战于小凌河，败绩。己酉，大学士叶向高请发群臣相攻诸疏，公论是非，以肃人心，不报。

夏四月，倭寇温州。

秋九月癸卯，左都御史詹沂封印自去。丁未，停刑。是秋，福建、浙江、江西大水。湖广、四川、河南、陕西、福建、山西旱。畿内、山东、徐州蝗。

冬十二月己巳，留畿内、山东诸省税银三分之一振饥民。徐州贼杀如皋知县张藩。

是年，日本入琉球，执其国王尚宁。哈密入贡。

三十八年春三月癸巳，赐韩敬等进士及第、出身有差。夏四月丁丑，正阳门楼灾。辛卯，以旱灾异常，谕群臣各修职业，勿彼此攻讦。辛丑，振畿内、山东、山西、河南、陕西、福建、四川饥。五月，河南贼陈自管等作乱，有司讨擒之。

冬十月辛丑，停刑。十一月壬寅朔，日有食之。丁卯，以军乏饷，谕廷臣陈足国长策，不得请发内帑。

是年，乌斯藏入贡。

三十九年春二月庚子，河套部敌犯甘州之红崖、青湖，官军御却之。

夏四月，京师旱。戊子，怡神殿灾。丙申，设边镇常平仓。五月壬寅，御史徐兆魁疏劾东林讲学诸人阴持典，自是诸臣益相攻击。广西、广东大水。六月，自徐州北至京师大水。是夏，停热审。

冬十月丁卯,户部尚书赵世卿拜疏自去。甲申,停刑。阁臣请释轻犯,不报。

是年,暹罗入贡。

四十年春二月癸未,吏部尚书孙丕扬拜疏自去。三月丙午,振京师流民。

夏四月丙寅,南京各道御史言:"台省空虚,诸务废堕,上深居二十余年,未尝一接见大臣,天下将有陆沈之忧。"不报。五月甲午朔,日有食之。

秋八月,河决徐州。九月庚戌,李廷机拜疏自去。

冬十月甲申,停刑。

是年,琉球中山王尚宁遣使报归国。

四十一年春正月庚申,谕朝鲜练兵防倭。三月癸酉,赐周延儒等进士及第、出身有差。

夏五月己巳,谕吏部都察院:"年来议论混淆,朝廷优容不问,遂益妄言排陷,致大臣疑畏,皆欲求去,甚伤国体。自今仍有结党乱政者,罪不宥。"六月乙未,卜失兔袭封顺义王。

秋七月甲子,兵部尚书掌都察院事孙玮拜疏自去。九月壬申,吏部左侍郎方从哲、前吏部左侍郎吴道南并礼部尚书兼东阁大学士,预机务。庚辰,吏部尚书赵焕拜疏自去。

是年,两畿、山东、江西、河南、广西、湖广、辽东大水。乌斯藏入贡。

四十二年春正月乙丑,总兵官刘绖讨建昌叛蛮,平之。二月辛卯,慈圣皇太后崩。己酉,振畿内饥。三月丙子,福王之国。

夏四月丙戌,以皇太后遗命赦天下。六月甲午,葬孝定皇后。

秋八月甲午,礼部右侍郎孙慎行拜疏自去。癸卯,叶向高致仕。

是年,安南、土鲁番入贡。

四十三年春正月乙丑，徐州决河工成。三月丁未朔，日有食之。

夏五月己酉，蓟州男子张差持梃入慈庆宫，击伤守门内侍，下狱。丁巳，刑部提牢主事王之寀揭言张差狱情，梃击之案自是起。己巳，严皇城门禁。癸酉，召见廷臣于慈宁宫。御史刘光复下狱。甲戌，张差伏诛。六月戊寅，久旱，敕修省。

秋七月己酉，振畿内饥。甲戌，停刑。闰八月庚戌，重建三殿。丁巳，山东大旱，诏留税银振之。丁卯，河套诸部犯延绥，官军御之，败绩，副将孙弘谟被执。

冬十月辛酉，京师地震。十一月戊寅，振京师饥民。

四十四年春三月辛未朔，日有食之。乙酉，赐钱士升等进士及第、出身有差。是春，畿内、山东、河南、淮、徐大饥，蠲振有差。

夏四月戊午，河南盗起，谕有司抚剿。六月壬寅，河套诸部犯延绥，总兵官杜文焕御却之。丁卯，河决祥符朱家口，浸陈、杞、睢、柘诸州县。

秋七月乙未，河套部长吉能犯高家堡，参将王国兴败没。是月，陕西旱，江西、广东水，河南、淮、扬、常、镇蝗，山东盗贼大起。

冬十月丁未，停刑。十一月己巳，隆德殿灾。

四十五年春二月戊午，以去冬无雪，入春不雨，敕修省。辛未，镇抚司缺官，狱囚久系多死，大学士方从哲等以请，不报。三月乙亥，振江西饥。

夏五月丙子，久旱，再谕修省。六月丙申，畿南大饥。有司请振，不报。是月，阁臣法司请热审，不报。

秋七月癸亥朔，日有食之。丁卯，吴道南以忧去。

是年，两畿、河南、山东、山西、陕西、江西、湖广、福建、广东灾。暹罗、乌斯藏入贡。

四十六年春二月乙巳,振广东饥。

夏四月甲辰,大清兵克抚顺城,千总王命印死之。庚戌,总兵官张承允帅师援抚顺,败没。闰月庚申,杨镐为兵部左侍郎兼右佥都御史,经略辽东。六月壬午,京师地震。是夏,有司请热审,不报。

秋七月丙午,大清兵克清河堡,守将邹储贤、张旃死之。八月壬申,海运饷辽东。庚辰,乃蛮等七部款塞。辛巳,停刑。壬辰,辽师乏饷,有司请发各省税银,不报。九月辛亥,加天下田赋。乙卯,京师地震。

冬十一月甲午,以灾异敕修省。十二月丁巳,河套部长猛克什力来降。

是年,土鲁番、天方、撒马儿罕、鲁迷、哈密、乌斯藏入贡。

四十七年春二月乙丑,经略杨镐誓师于辽阳,总兵官李如柏、杜松、刘綎、马林分道出塞。三月甲申,杜松遇大清兵于吉林崖,战死。乙酉,马林兵败于飞芬山,兵备佥事潘宗颜战死。庚寅,刘綎兵深入阿布达里冈,战死。辛丑,赐庄际昌等进士及第、出身有差。

夏四月癸酉,盔甲厂灾。六月丁卯,大清兵克开原,马林败没。癸酉,大理寺丞熊廷弼为兵部右侍郎兼右佥都御史,经略辽东。甲戌,廷臣伏文华门,请发章奏及增兵发饷,不报。

秋八月乙卯,山东蝗。癸亥,逮杨镐。九月庚辰,停刑。戊子,百官伏阙,请视朝行政,不报。

冬十月丁巳,振京师饥民。十二月,再加天下田赋。辛未,镇江、宽奠、叆阳新募援兵溃。

是年,暹罗入贡。

四十八年春正月庚子,朝鲜乞援。三月庚寅,复加天下田赋。夏四月癸丑,皇后王氏崩。戊午,帝不豫,召见方从哲于弘德殿。

秋七月壬辰,大渐,召英国公张惟贤,大学士方从哲,尚书周嘉谟、李汝华、黄嘉善、张问达、黄克缵,侍郎孙如游于弘德殿,勉诸臣勤职。丙申,崩,年五十有八。遗诏罢一切榷税并新增织造诸项。九月甲申,上尊谥,庙号神宗,葬定陵。

　　光宗崇天契道英睿恭纯宪文景武渊仁懿孝贞皇帝,讳常洛,神宗长子也。母恭妃王氏。万历十年八月生。神宗御殿受贺,告祭郊庙社稷,颁诏天下,上两宫徽号。未几,郑贵妃生子常洵,有宠。储位久不定,廷臣交章固请,皆不听。二十九年十月,乃立为皇太子。

　　三十一年,获妖书,言神宗欲易太子,指斥郑贵妃。神宗怒。捕逮株连者甚众,最后得皦生光者磔之,狱乃解。

　　四十一年六月,奸人王日乾上变,告孔学等为巫蛊,将谋不利于东宫,语连郑贵妃、福王,事具《叶向高传》。

　　四十三年夏五月己酉,蓟州男子张差持梃入慈庆宫,事复连贵妃内珰。太子请以属吏。狱具,戮差于市,毙内珰二人于禁中。自是遂有梃击之案。

　　四十八年七月,神宗崩。丁酉,太子遵遗诏发帑金百万犒边,尽罢天下矿税,起建言得罪诸臣。己亥,再发帑金百万充边赏。八月丙午朔,即皇帝位。大赦天下,以明年为泰昌元年。蠲直省被灾租赋。己酉,吏部侍郎史继偕、南京礼部侍郎沈漼为礼部尚书兼东阁大学士,预机务。辽东大旱。庚申,兰州黄河清,凡三日。甲子,礼部侍郎何宗彦、刘一燝、韩爌为礼部尚书兼东阁大学士,预机务。乙丑,南京礼部尚书朱国祚为礼部尚书兼东阁大学士,预机务。召叶向高。遣使恤刑。丙寅,帝不豫。戊辰,召对英国公张惟贤、大学士方从哲等十有三人于乾清宫,命皇长子出见。甲戌,大渐,复召从哲等受顾命。是日,鸿胪寺官李可灼进红丸。

　　九月乙亥朔,崩于乾清宫,在位一月,年三十有九。熹宗即位,从廷臣议,改万历四十八年八月后为泰昌元年。冬十月,上尊谥,庙号光宗,葬庆陵。

　　赞曰：神宗冲龄践阼，江陵秉政，综核名实，国势几于富强。继乃因循牵制，晏处深宫，纲纪废弛，君臣否隔。于是小人好权趋利者驰骛追逐，与名节之士为仇雠，门户纷然角立。驯至怠、愍，邪党滋蔓。在廷正类无深识远虑以折其机牙，而不胜忿激，交相攻讦。以致人主蓄疑，贤奸杂用，溃败决裂，不可振救。故论者谓明之亡，实亡于神宗，岂不谅欤。光宗潜德久彰，海内属望，而嗣服一月，天不假年，措施未展，三案构争，党祸益炽，可哀也夫。

明史卷二二
本纪第二二

熹　宗

　　熹宗达天阐道敦孝笃友章文襄武靖穆庄勤悊皇帝，讳由校，光宗长子也。母选侍王氏。万历三十三年十一月，神宗以元孙生，诏告天下。

　　四十八年，神宗遗诏皇长孙及时册立，未及行。九月乙亥，光宗崩，遗诏皇长子嗣皇帝位。群臣哭临毕，请见皇长子于寝门，奉至文华殿行礼，还居慈庆宫。丙子，颁遗诏。时选侍李氏居乾清宫，吏部尚书周嘉谟等及御史左光斗疏请选侍移宫，御史王安舜疏论李可灼进药之误，"红丸"、"移宫"二案自是起。已卯，选侍移仁寿殿。庚辰，即皇帝位。即皇帝位。诏赦天下，以明年为天启元年。已丑，以是年八月以后称泰昌元年。辛卯，逮辽东总兵官李如柏。甲午，荫太监魏进忠兄锦衣卫千户。封乳保客氏为奉圣夫人，官其子。

　　冬十月丙午，葬显皇帝、孝端显皇后于定陵。戊申，辽东巡抚都御史袁应泰为兵部侍郎，经略辽东，代熊廷弼。辛酉，御经筵。壬戌，礼部尚书孙如游兼东阁大学士，预机务。丁卯，哕鸾宫灾。十一月丙子，追谥皇妣孝元贞皇后，生母孝和皇太后。十二月辛酉，方从哲致仕。

　　天启元年春正月庚辰，享太庙。壬辰，追谥伍文定等七十三人。壬寅，御史王心一请罢客氏香火土田，魏进忠陵工叙录，不报。二月甲辰，言官请复当朝口奏及召对之典，从之。己未，御经筵。闰月乙酉，以风霾谕群臣修省。丁亥，孙如游致仕。丙申，除齐泰、黄子澄戚属戍籍。戊戌，昭和殿灾。三月乙卯，大清兵取沈阳，总兵官尤世功、贺世贤战死。总兵官陈策、童仲揆、戚金、张名世帅诸将援辽，战于浑河，皆败没。壬戌，大清兵取辽阳，经略袁应泰等死之。巡按御史张铨被执，不屈死。丙寅，谕兵部："国家文武并用，顷承平日久，视武弁不啻奴隶，致令豪杰解体。今边疆多故，大风猛士深轸朕怀，其令有司于山林草泽间慎选将材。"丁卯，京师戒严。

夏四月壬申朔，日有食之。甲戌，禁抄发军机。丙子，辽东巡抚佥都御史薛国用为兵部侍郎，经略辽东。参议王化贞为右佥都御史，巡抚广宁。戊寅，募兵于通州、天津、宣府、大同。甲午，募兵于陕西、河南、山西、浙江。戊戌，册皇后张氏。五月丁未，贵州红苗平。甲寅，禁讹言。辛酉，陕西都指挥陈愚直以固原兵入援，溃于临洺。未几，宁夏援辽兵溃于三河。六月癸酉，何宗彦入阁。丙子，朱国祚入阁。熊廷弼为兵部尚书兼右副都御史，经略辽东。辛巳，兵部尚书王象乾总督蓟、辽军务。

秋七月乙巳，沈潅入阁。八月丙子，擢参将毛文龙为副总兵，驻师镇江城。戊子，杭州大火，诏停织造。癸巳，停刑。九月壬寅，葬贞皇帝于庆陵。乙卯，永宁宣抚使奢崇明反，杀巡抚徐可求，据重庆，分兵陷合江、纳溪、泸州。丁卯，陷兴文，知县张振德死之。

冬十月戊辰，御史周宗建请出客氏于外，不听。给事中倪思辉、朱欠相等相继言，皆谪外任。丙子，史继偕入阁。乙酉，奢崇明围成都，布政使朱燮元固守。寻擢燮元佥都御史，巡抚四川。石砫宣抚使女土官秦良玉起兵讨贼。壬辰，叶向高入阁。十二月丁丑，巡抚河南都御史张我续为兵部侍郎，提督川、贵军务。陕西巡抚移驻汉中，郧阳巡抚移驻夷陵。湖广官军由巫峡趋忠、涪讨贼。庚辰，援辽浙兵哗于玉田。辛卯，以熊廷弼、王化贞屡议战守不合，遣使宣谕。

是年，安南、土鲁番、乌斯藏入贡。

二年春正月丁未,延绥总兵官杜文焕、四川总兵官杨愈懋讨永宁贼。丁巳,大清兵取西平堡,副将罗一贵死之。镇武营总兵官刘渠、祁秉忠逆战于平阳桥,败没。王化贞走闾阳,与熊廷弼等俱入关。参政高邦佐留松山,死之。壬戌,振山东流徙辽民。癸亥,兵部尚书张鹤鸣视师辽东。乙丑,京师戒严。河套部犯延绥。永宁贼将罗乾象约降,与官军共击贼,成都围解。二月癸酉,水西土同知安邦彦反,陷毕节、安顺、平坝、沾益、龙里,遂围贵阳,巡抚都御史李枟、巡按御史史永安固守。戊寅,免天下带征钱粮二年及北畿加派。礼部右侍郎孙承宗为兵部尚书兼东阁大学士,预机务。己丑,孙承宗兼理兵部事。三月丁酉朔,刘一燝致仕。甲辰,阳武侯薛濂管理募兵。兵部侍郎王在晋为尚书兼右副都御史,经略辽、蓟、天津、登、莱军务。甲寅,赐文震孟等进士及第、出身有差。丁巳,敕湖广、云南、广西官军援贵州。是春,举内操。

夏四月甲申,京师旱。五月戊戌,复张居正原官。己亥,录方孝孺遗嗣,寻予祭葬及谥。丙午,山东白莲贼徐鸿儒反,陷郓城。癸亥,秦良玉、杜文焕破贼于佛图关,官军合围重庆,复之。六月戊辰,徐鸿儒陷邹县、滕县,滕县知县姬文允死之。加毛文龙为总兵官。贵州总兵官张彦芳为平蛮总兵官,从巡抚都御史王三善讨水西贼。己巳,前总兵官杨肇基、游击陈九德帅兵讨山东贼。

秋七月甲辰,松潘副使李忠臣约总兵官杨愈懋谋复永宁,不克,皆死之。贼攻大坝,游击龚万禄战死,遂陷遵义。癸丑沈漼致仕。乙卯,神宗神主祔太庙。庚申,援黔兵溃于新添。癸亥,武邑贼于弘志作乱,寻伏诛。八月庚辰,孙承宗以原官督理山海关及蓟、辽、天津、登、莱军务。九月甲午朔,光宗神主祔太庙。壬寅,御史冯英请设州县兵,按亩供饷,从之。乙卯,封皇弟由检为信王。停刑。

冬十月辛未,水西贼犯云南,官军击败之。辛巳,官军复邹县,擒徐鸿儒等,山东贼平。壬午,总兵官鲁钦代杜文焕为总理,援贵州。十一月癸丑,朱燮元总督四川军务。十二月己巳,王三善、副总兵刘超败贼于龙里,贵阳围解。

是年,暹罗入贡。

三年春正月己酉,礼部侍郎朱国祯,尚书顾秉谦,侍郎朱延禧、魏广微,俱礼部尚书东阁大学士,预机务。乙卯,红夷据澎湖。贵州官军三路进讨水西,副总兵刘超败绩于陆广河。二月乙酉,赠恤邹县死难博士孟承光及母孔氏、子弘略。是月,停南京进鲜。三月癸卯,朝鲜废其主李珲。是春,振山东被兵州县。

夏四月庚申朔,京师地震。己巳,朱国祚致仕。五月辛丑,四川官军败贼于永宁,奢崇明走红崖。

秋七月辛卯,南京大内灾。壬辰,奢崇明走龙场,与安邦彦合。丁酉,安南寇广西,巡抚都御史何上晋御却之。己亥,史继偕致仕。九月癸巳,给事中陈良训疏陈防微四事,下镇抚司狱。

冬十月乙亥,京师地震。丁丑,停刑。闰月壬寅,以皇子生,诏赦天下。是月,王三善剿水西,屡破贼,至大方。十一月丁巳朔,祀天于南郊。十二月癸巳,封李倧为朝鲜国王。戊戌,京师地震。庚戌,魏忠贤总督东厂。

是年,暹罗、琉球入贡。

四年春正月丙辰朔,长兴民吴野樵杀知县石有恒、主簿徐可行,寻伏诛。乙丑,王三善自大方旋师遇伏,被执死之,诸官将皆死。庚午,何宗彦卒。二月丁酉,蓟州、永平、山海关地震,坏城郭庐舍。甲寅,京师地震,宫殿动摇有声。帝不豫。三月丁巳,疾愈。庚申,杭州兵变。是月,京师屡地震。

夏五月甲寅朔,福宁兵变,有司抚定之。六月癸未,左副都御史杨涟劾魏忠贤二十四大罪,南北诸臣论忠贤者相继,皆不纳。丙申,大雨雹。杖杀工部郎中万燝,逮杖御史林汝翥。

秋七月辛酉,叶向高致仕。癸亥,河决徐州。振山东饥。

冬十月,削吏部侍郎陈于廷、副都御史杨涟、佥都御史左光斗籍。十一月己巳,韩爌致仕。是月,贵州官兵败贼于普定,进至织金,波之。十二月辛巳,逮内阁中书汪文言下镇抚司狱。丙申,朱国祯致仕。癸卯,南京地震如雷。是月,两当民变,杀知县牛得用。

五年春正月癸亥,大清兵取旅顺。戊寅,以庆陵工成,予魏忠贤等荫赉。是月,总理鲁钦、刘超等自织金旋师,为贼所袭,诸营兵溃。三月甲寅,释奠于先师孔子。丙寅,赐余煌等进士及第、出身有差。甲戌,朱燮元总督云、贵、川、湖、广西军务,讨安邦彦。丁丑,谳汪文言狱,逮杨涟、左光斗、袁化中、魏大中、周朝瑞、顾大章,削尚书赵南星等籍。未几,涟等逮至,下镇抚司狱,相继死狱中。

夏四月己亥,削大学士刘一燝籍。五月癸亥,给事中杨所修请以“梃击”、“红丸”、“移宫”三案编次成书,从之。乙丑,祀地于北郊。庚午,行宗室限禄法。六月丙戌,朱延禧致仕。

秋七月壬戌,毁首善书院。壬申,韩爌削籍。甲戌,追论万历辛亥、丁巳、癸亥三京察,尚书李三才、顾宪成等削籍。八月壬午,毁天下东林讲学书院。削尚书孙慎行等籍。戊子,礼部尚书周如磐兼东阁大学士,侍郎丁绍轼、黄立极为礼部尚书,少詹事冯铨为礼部右侍郎,并兼东阁大学士,预机务。己亥,魏广微罢。壬寅,熊廷弼弃市,传首九边。九月壬子,辽东副总兵鲁之甲败没于柳河。

冬十月己卯,兵部尚书高第经略辽、蓟、登、莱、天津军务。丙戌,停刑。庚寅,孙承宗致仕。丙申,逮中书舍人吴怀贤下镇抚司狱,杖杀之。庚子,以皇子生,诏赦天下。十一月壬子,周如磐致仕。十二月乙酉,榜东林党人姓名,颁示天下。戊子,戍前尚书赵南星。

是年,琉球、乌斯藏入贡。

六年春正月戊午,修《三朝要典》。丁卯,大清兵围宁远,总兵官满桂、宁前道参政袁崇焕固守。己巳,围解。二月乙亥,袁崇焕为佥都御史,专理军务,仍驻宁远。戊戌,以苏杭织造太监李实奏,逮前应天巡抚周起元,吏部主事周顺昌,左都御史高攀龙,谕德缪昌期,御史李应升、周宗建、黄尊素。攀龙赴水死,起元等下镇抚司狱,相继死狱中。己亥,祭日于东郊。三月丁未,设各边镇监军内臣。太监刘应坤镇守山海关,大学士丁绍轼、兵部尚书王永光等屡谏不听。论宁远解围功,封魏忠贤从子良卿肃宁伯。庚戌,安邦彦犯贵州,官军败绩,总理鲁钦死之。壬子,袁崇焕巡抚辽东、山海。

夏四月丁丑,命南守备内臣搜括应天各府贮库银,充殿工、兵饷。戊戌,丁绍轼卒。五月戊申,王恭厂灾。死者甚众。己酉,以旱灾敕群臣修省。癸亥,朝天宫灾。六月丙子,京师地震,灵丘地震经月。壬午,河决广武。辛卯,《三朝要典》成,刊布中外。闰月辛丑,巡抚浙江金都御史潘汝桢请建魏忠贤生祠,许之。嗣是建祠几遍天下。壬寅,冯铨罢。壬子,朱燮元以忧去,偏沅巡抚都御史叶梦得代之。是夏,京师大水,江北、山东旱蝗。

秋七月辛未朔,日当食,阴云不见。辛巳,下前扬州知府刘铎诏狱,杀之。丙戌,礼部侍郎施凤来、张瑞图,詹事李国楷,俱礼部尚书东阁大学士,预机务。八月,陕西流贼起,由保宁犯广元。九月庚寅,顾秉谦致仕。壬辰,皇极殿成,停刑。己亥,魏良卿进封肃宁侯。是月,参将杨明辉赍敕招谕水西贼,被杀。是秋,江北大水,河南蝗。

冬十月戊申,进魏忠贤爵上公,魏良卿宁国公,予诰券,加赐庄田一千顷。己酉,以皇极殿成诏天下,官匠杂流升授者九百六十五人。癸丑,改修《光宗实录》。十一月庚寅,予魏良卿铁券。十二月戊申,南京地震。甲子,浔州贼杀守备蔡人龙。

是年,安南、乌斯藏、琉球入贡。

七年春正月辛未,振凤阳饥。乙亥,太监涂文辅总督太仓银库、节慎库。崔文升、李明道提督漕运河道,核京师、通州诸仓。辛卯,免榷潼关、咸阳商税。二月壬戌,修隆德殿。三月癸酉,丰城侯李承祚请开采珠池、铜矿,不许。戊子,澄城民变,杀知县张斗耀。是春,大清兵征朝鲜。

夏四月丁酉,下前侍郎王之寀镇抚司狱,死狱中。五月己巳,监生陆万龄请建魏忠贤生祠于太学旁,岁祀如孔子,许之。丙子,大清兵围锦州。癸巳,攻宁远。六月庚子,锦州围解。

秋七月乙丑朔,帝不豫。丙寅,罢袁崇焕。己卯,封魏忠贤孙鹏翼为安平伯。壬午,戍孙慎行。丁亥,海贼寇广东。是月,浙江大水。八月丙申,加魏良卿太师,魏鹏翼少师。戊戌,中极、建极二殿成。乙巳,召见阁部、科道诸臣于乾清宫,谕以魏忠贤、王体乾忠贞可计大事。封忠贤侄良栋为东安侯。甲寅,大渐。乙卯,崩于乾清宫,年二十三。遗诏以皇第五弟信王由检嗣皇帝位。

冬十月庚子,上尊谥,庙号熹宗,葬德陵。

赞曰:明自世宗而后,纲纪日以陵夷,神宗末年,废坏极矣。虽有刚明英武之君,已难复振。而重以帝之庸懦,妇寺窃柄,滥赏淫刑,忠良惨祸,亿兆离心,虽欲不亡,何可得哉。

明史卷二三
本纪第二三

庄烈帝一

　　庄烈愍皇帝，讳由检，光宗第五子也，万历三十八年十二月生。母贤妃刘氏，早薨。天启二年，封信王。六年十一月，出居信邸。

　　明年八月，熹宗疾大渐，召王入，受遗命。丁巳，即皇帝位。大赦天下，以明年为崇祯元年。九月甲申，追谥生母贤妃曰孝纯皇后。丁亥，停刑。庚寅，册妃周氏为皇后。

　　冬十月甲午朔，享太庙。癸丑，南京地震。十一月甲子，安置魏忠贤于凤阳。戊辰，撤各边镇守内臣。己巳，魏忠贤缢死。癸酉，免天启时逮死诸臣赃，释其家属。癸巳，黄立极致仕。十二月，前南京吏部侍郎钱龙锡、礼部侍郎李标、礼部尚书来宗道、吏部侍郎杨景辰、礼部侍郎周道登、少詹事刘鸿训俱礼部尚书兼东阁大学士，预机务。魏良卿、客氏子侯国兴俱伏诛。

　　崇祯元年春正月辛巳，诏内臣非奉命不得出禁门。壬午，尊熹宗后为懿安皇后。丙戌，戮魏忠贤及其党崔呈秀尸。二月乙未，禁章奏冗蔓。癸丑，御经筵。丁巳，戒廷臣交结内侍。三月己巳，葬悊皇帝于德陵。癸未，施凤来、张瑞图致仕。乙酉，赠恤冤陷诸臣。

　　夏四月癸巳，赐刘若宰等进士及第、出身有差。甲午，袁宗焕为兵部尚书，督师蓟、辽。庚戌，指挥卓铭请开矿，不许。五月己巳，李国槽致仕。庚午，毁《三朝要典》。甲戌，裁各部添注官。辛巳，祷雨。

乙酉,复外吏久任及举保连坐之法,禁有司私派。六月,削魏忠贤党冯铨、魏广微籍。壬寅,许显纯伏诛。壬子,来宗道、杨景辰致仕。

秋七月癸酉,召对廷臣及袁崇焕于平台。壬午,浙江风雨,海溢,漂没数万人。癸未,海寇郑芝龙降。甲申,宁远兵变,巡抚都御史毕自肃自杀。八月乙未,诏非盛暑祁寒,日御文华殿,与辅臣议政。九月丁卯,京师地震。

冬十月戊戌,刘鸿训罢,寻遣戍。十一月癸未,祀天于南郊。十二月丙申,韩爌复入阁。

是年,革广宁及蓟镇塞外诸部赏。诸部饥,告饥,不许。陕西饥民苦加派,流贼大起,分掠鄜州、延安。

二年春正月丙子,释奠于先师孔子。丁丑,定逆案,自崔呈秀以下凡六等。二月戊子,祀社稷。庚寅,皇长子慈烺生,赦天下。三月戊寅,蓟州兵变,有司抚定之。

夏四月甲午,裁驿站。闰月癸亥,流贼犯三水,游击高从龙战殁。癸未,祀地于北郊。五月乙酉朔,日有食之。庚子,议改历法。六月戊午,袁崇焕杀毛文龙于双岛。癸亥,以久旱,斋居文华殿,敕群臣修省。

秋八月甲子,总兵官侯良柱、兵备副使刘可训击斩奢崇明、安邦彦于红土川,水西贼平。甲戌,熹宗神主祔太庙。九月丁未,杨镐弃市。

冬十月戊寅,大清兵入大安口。十一月壬午朔,京师戒严。乙酉,山海关总兵官赵率教战没于遵化。甲申,大清兵入遵化,巡抚都御史王元雅、推官何天球等死之。丁亥,总兵官满桂入援。己丑,吏部侍郎成基命为礼部尚书兼东阁大学士,预机务。召前大学士孙承宗为兵部尚书中极殿大学士,视师通州。辛卯,袁崇焕入援,次蓟州。戊子,宣、大、保定兵相继入援。征天下镇巡官勤王。辛丑,大清兵薄德胜门。甲辰,召袁崇焕等于平台,崇焕请入城休兵,不许。下兵部尚书王洽于狱。十二月辛亥朔,再召袁崇焕于平台,下锦衣卫狱。甲寅,总兵官祖大寿兵溃,东出关。乙卯,孙承宗移驻山海关。庚申,谕廷臣进马。丁卯,遣中官趋满桂出战,桂及前总兵官孙祖寿俱战殁。总兵官马世龙总理援军。壬申,钱龙锡罢。癸酉,山西援兵溃于良乡。丁丑,礼部侍郎周延儒、尚书何如宠、侍郎钱象坤俱礼部尚书兼东阁大学士,预机务。

三年春正月甲申,大清兵克永平,副使郑国昌、知府张凤奇等死之。丙戌,瘗城外战士骸。戊子,大清兵克滦州。庚寅,逮总督蓟、辽都御史刘策下狱,论死。乙未,禁抄传边报。韩爌致仕。壬寅,兵部右侍郎刘之纶败没于遵化。是月,陕西诸路总兵官吴自勉等帅师入卫,延绥、甘肃兵溃西去,与群寇合。二月庚申,立皇长子慈烺为皇太子,大赦。三月壬午,李标致仕。戊申,流贼犯山西。

夏四月乙卯,以久旱,斋居文华殿,谕百官修省。丁丑,流贼陷蒲县。五月辛卯,马世龙、祖大寿诸军入滦州。壬辰,大清兵东归,永平、迁安、遵化相继复。六月癸丑,流贼王嘉胤陷府谷,米脂贼张献忠聚众应之。己未,授宋儒邵雍后裔《五经》博士。辛酉,礼部尚书温体仁、吴宗达并兼东阁大学士,预机务。

秋八月癸亥,杀袁崇焕。九月己卯,逮钱龙锡下狱。

冬十月癸亥,停刑。丙寅,巡抚延绥副都御史洪承畴、总兵官杜文焕败贼张献忠于清涧。十一月壬辰,破贼于怀宁。甲午,山西总兵官王国梁追贼于河曲,败绩。十二月乙巳朔,增田赋充饷。戊午,流贼陷宁塞。

是年,乌斯藏入贡。

四年春正月己卯,流贼陷保安。丁酉,御史吴甡振延绥饥民。己亥,召对内阁、九卿、科道及入觐两司官于文华殿。命都察院严核巡按御史。二月壬子,流贼围庆阳,分兵陷合水。三月丁丑,副将张应昌等击败之,庆阳围解。癸未,总督陕西三边军务侍郎杨鹤招抚流贼于宁州,群贼伪降,寻复叛。己丑,赐陈于泰等进士及第、出身有差。

夏四月庚戌，祷雨。辛酉，诏廷臣条时政。是月，延绥副将曹文诏击贼于河曲，王嘉胤败死。五月甲戌朔，步祷于南郊。庚辰，戍钱龙锡。六月丁未，钱象坤致仕。

秋七月甲戌，总兵官王承恩败贼于郿州，降贼首上天龙。八月癸卯，总兵官贺虎臣击斩贼刘六于庆阳。丁未，大清兵围祖大寿于大凌城。丙辰，何如宠致仕。九月庚辰，内臣王应朝、邓希诏等监视关、宁、蓟镇兵粮及各边抚赏。甲午，逮杨鹤下狱，论戍。洪承畴总督三边军务。丁酉，太监张彝宪总理户、工二部钱粮，给事中宋可久等相继谏，不听。戊戌，山海总兵官宋伟等援大凌，败于长山，监军太仆少卿张春被执。

冬十月辛丑朔，日有食之。戊辰，祖大寿杀副将何可刚。己巳，大寿自大凌脱归。入锦州。十一月丙戌，太监李奇茂监视陕西茶马，吕直监视登岛兵粮、海禁，群臣合疏谏，不听。壬辰，孙承宗致仕。癸巳，召对廷臣于文华殿，历询军国诸务，语及内臣，帝曰：“诸臣若实心任事，朕亦何需此辈。”己亥，流贼罗汝才犯山西。闰月乙丑，陕西降贼复叛，陷甘泉，杀参政张允登。丁卯，登州游击孔有德率师援辽，次吴桥反，陷陵县，连陷临邑、商河、齐东，屠新城。十二月丙子，济南官军御贼于阮城店败绩。丁丑，以大凌筑城招衅，夺孙承宗官。是冬，延安、庆阳大雪，民饥，盗贼益炽。

五年春正月辛丑，孔有德陷登州，游击陈良谟战死，总兵官张可大死之。巡抚都御史孙元化、副使宋光兰等被执，寻纵还。辛亥，孔有德陷黄县。丙寅，总兵官杨御蕃、王洪率师讨孔有德，败绩于新城镇。二月己巳朔，孔有德围莱州，巡抚都御史徐从治固守。辛巳，孔有德陷平度。三月壬寅，兵部侍郎刘宇烈督理山东军务，讨孔有德。

夏四月甲戌，刘宇烈败绩于沙河。癸未，徐从治中伤卒。是月，总兵官曹文诏、杨嘉谟连破贼于陇安、静宁，贼奔水落城，平凉、庄浪饥民附之，势复炽。五月丙午，参政朱大典为佥都御史，巡抚山东。辛亥，礼部尚书郑以伟、徐光启并兼东阁大学士，预机务。六月，京师大雨水。壬申，河决孟津。

秋七月辛丑，太监曹化淳提督京营戎政。癸卯，孔有德伪降，诱执登莱巡抚都御史谢琏，莱州知府朱万年死之。己未，孙元化弃市。逮刘宇烈下狱，论戍。八月甲戌，洪承畴败贼于甘泉，贼首白广恩降。甲申，朱大典督军救莱州，前锋参将祖宽败贼于沙河。乙酉，莱州围解。癸巳，官军大败孔有德于黄县，进围登州。九月丁酉，海贼刘香寇福建。是秋，陕西贼入山西，连陷大宁、泽州、寿阳，分部走河北，犯怀庆，陷修武。

冬十一月戊戌，刘香寇浙江。

六年春正月癸卯，曹文诏节制山、陕诸将讨贼。丁未，副将左良玉破贼于涉县，贼走林县山中，饥民争附之。庚申，遣使分督直省逋赋。是月，曹文诏击山西贼，屡败之。二月壬申，削左副都御史王志道籍。癸酉，流贼犯畿南。戊子，总兵官陈洪范等克登州水城。辛卯，孔有德遁入海，山东平。三月癸巳，敕曹文诏诸将限三月平贼。

夏四月己巳，免延安、庆阳、平凉新旧辽饷。壬申，总兵官邓玘、左良玉剿河南贼。五月乙巳，太监陈大金等分监曹文诏、张应昌、左良玉、邓玘军。壬子，孔有德及其党耿仲明等航海降于我大清。癸丑，河套部犯宁夏，总兵官贺虎臣战没。六月辛酉朔，太监高起潜监视宁、锦兵饷。乙丑，郑以伟卒。庚辰，周延儒致仕。甲申，延绥副将李卑援剿河南。庚寅，太监张彝宪请催逋赋一千七百余万，给事中范淑泰谏，不听。

秋七月甲辰，大清兵取旅顺，总兵官黄龙死之。癸丑，改曹文诏镇大同，山西巡抚都御史许鼎臣请留文诏剿贼，不许。八月己巳，曹文诏败贼于济源，又败之于怀庆。九月庚戌，南京礼部侍郎钱士升为礼部尚书兼东阁大学士，预机务。

冬十月戊辰，徐光启卒。十一月癸巳，礼部侍郎王应熊、何吾驹俱礼部尚书兼东阁大学士,预机务。辛亥,诏保定、河南、山西会兵剿贼。壬子,贼渡河。乙卯,陷渑池。十二月,连陷伊阳、卢氏,分犯南阳、汝宁,遂逼湖广。

是年,安南入贡。

七年春正月己丑,广鹿岛副将尚可喜降于我大清。设河南、山、陕、川、湖五省总督,以延绥巡抚陈奇瑜兼兵部侍郎为之。庚寅,总兵官张应昌渡河,败贼于灵宝。壬辰,贼自郧阳渡汉。癸巳,犯襄阳,连陷紫阳、平利、白河,南入四川。二月戊寅,陷夔州,大宁诸县皆失守。甲申,耕耤田。乙酉,张献忠突商、雒,凡十三营流入汉南。是月,振登、莱饥,蠲通赋。三月丁亥朔,日有食之。甲辰,赐刘理顺等进士及第、出身有差。乙巳,张应昌击贼于五岭山,败绩。庚戌,贼自四川走湖广,副将杨世恩追败之于石河口。山西自去年不雨至于是月,民大饥。

夏四月,贼自湖广走卢氏、灵宝。癸酉,发帑振陕西、山西饥。五月丙申,副将贺人龙等败贼于蓝田。六月辛未,总督侍郎陈奇瑜、郧阳抚治都御史卢象升会师于上津,剿湖广贼。甲戌,河决沛县。是夏,官军围高迎祥、李自成诸贼于兴安之车箱峡两月。贼食尽,伪降。陈奇瑜受之,纵出险。复叛,陷所过州县。张应昌自清水追贼,败绩。

秋七月壬辰,大清兵入上方堡,至宣府。乙未,诏总兵官陈洪范守居庸,巡抚保定都御史丁魁楚等守紫荆、雁门。辛丑,京师戒严。庚戌,大清兵克保安,沿边诸城堡多不守。八月,分遣总兵官尤世威等援边。戊辰,宣大总督侍郎张宗衡节制各镇援兵。闰月甲申,贼陷隆德、固原,参议陆梦龙赴援,败没。丁亥,大清兵克万全左卫。庚寅,旋师出塞。壬寅,李自成围贺人龙于陇州。九月庚申,盔甲厂灾。庚辰,洪承畴解陇州围,甲戌,以贼聚陕西,诏河南兵入潼、华,湖广兵入商、雒,四川兵由兴、汉,山西兵出蒲州、韩城,合剿。

冬十月庚戌,湖广兵援汉中,副将杨正芳战死。十一月庚辰,逮陈奇瑜下狱，论戍。乙酉，洪承畴兼摄五省军务。是冬，陕西贼分犯湖广、河南，李自成陷陈州。

是年，暹罗入贡。

八年春正月乙卯，贼陷上蔡，连陷汜水、荥阳、固始。己未，洪承畴出关讨贼。辛酉，张献忠陷颍州。丙寅，陷凤阳，焚皇陵楼殿，留守朱国相等战死。壬申，徐州援兵至凤阳。张献忠犯庐州，寻陷庐江、无为。李自成走归德，与罗汝才复入陕西。二月，张献忠陷潜山、罗田、太湖、新蔡，应天巡抚都御史张国维御却之。甲午，以皇陵失守，逮总督漕运尚书杨一鹏下狱，寻弃市。丁酉，总兵官邓玘败贼于罗山。是月，曹文诏败贼于随州。

夏四月，张献忠复走汉中，犯平凉、凤翔。丁亥，郑芝龙击败海贼刘香，香自杀，众悉降。辛卯，洪承畴会师于汝州，分部诸将防豫、楚要害。乙巳，川兵变于樊城，邓玘自杀。丙午，洪承畴西还，驻师灵宝。五月乙亥，吴宗达致仕。六月己丑，官军遇贼于乱马川，败绩。壬辰，副将艾万年、柳国镇击李自成于宁州之襄乐，战没。丙午，曹文诏追贼至真宁之湫头镇，遇伏，力战死之。

秋七月甲戌，少詹事文震孟、刑部侍郎张至发俱礼部侍郎兼东阁大学士，预机务。是月，张献忠突朱阳关，总兵官尤世威败绩，贼复走河南。八月，李自成陷咸阳，贼将高杰降。壬辰，诏撤监视总理内臣，惟京营及关、宁如故。辛丑，卢象升总理直隶、河南、山东、湖广、四川军务。九月辛亥，洪承畴督副将曹变蛟等败贼于关山镇。李自成东走，与张献忠合。壬戌，官军败绩于沈丘之瓦店，总兵官张全昌被执。壬申，王应熊致仕。

冬十月庚辰，下诏罪己，辟居武英殿，减膳撤乐，示与将士同甘甘。丙戌，户部尚书侯恂请严征新旧遗赋，从之。辛卯，李自成陷陕州。十一月庚戌，何吾驺、文震孟罢。庚申，祀天于南郊。总兵官祖宽破贼于汝州。十二月戊寅，城凤阳。乙酉，卢象升、祖宽败李自成于确山。戊子，左良玉败贼于阌乡。癸巳，贼犯江北，围滁州。乙巳，老回回诸贼自河南犯陕西,洪承畴败之于临潼。

是年,安南、暹罗、琉球入贡。

九年春正月甲寅,总理侍郎卢象升、祖宽援滁,大败贼于朱龙桥。丁卯,前礼部侍郎林钎以原官兼东阁大学士,预机务。二月,前副将汤九州及贼战嵩县,败没。山西大饥,人相食。乙酉,宁夏饥,兵变,杀巡抚都御史王楫,兵备副使丁启睿抚定之。辛卯,以武举陈起新为给事中。三月,卢象升、祖大乐剿河南贼。高迎祥、李自成分部入陕西,余贼自光化走湖广。振南阳饥。蠲山西被灾州县新旧二饷。

夏四月戊子,钱士升致仕。五月壬子,诏赦胁从诸贼。愿归者,护还乡,有司安置;愿随军自效者,有功一体叙录。丙辰,延绥总兵官俞冲霄击李自成于安定,败绩,死之。李自成犯榆林,贺人龙击败之。癸酉,免畿内五年以前逋赋。六月乙亥,林钎卒。甲申,吏部侍郎孔贞运,礼部尚书贺逢圣、黄士俊,俱礼部尚书兼东阁大学士,预机务。己亥,总兵官解进忠抚贼于淅川,被杀。

秋七月甲辰,内臣李国辅等分守紫荆、倒马诸关。庚戌,成国公朱纯臣巡视边关。癸丑,诏诸镇星驰入援。己未,大清兵入昌平,巡关御史王肇坤等死之。壬戌,巡抚陕西都御史孙传庭击擒贼首高迎详于盩厔,送京师伏诛。癸亥,谕廷臣助饷。甲子,兵部尚书张凤翼督援军,高起潜为总监。是月,大清兵入宝坻,连下近畿州县。八月癸酉,括勋戚文武诸臣马。乙未,卢象升入援,次真定。丙申,唐王聿键起兵勤王,勒还国,寻废为庶人。是月,大清兵出塞。九月辛酉,改卢象升总督宣大、山西军务。

冬十月乙亥,工部侍郎刘宗周以论内臣及大学士温体仁削籍。甲申,张献忠犯襄阳。丙申,命开银铁铜铅诸矿。十一月丁未,蠲山东五年以前逋赋。十二月,大清兵征朝鲜。

是年,洪承畴败贼于陇州,贼走庆阳、凤翔。暹罗入贡。

十年春正月辛丑朔,日有食之。丙午,老回回诸贼趋江北,张献忠、罗汝才自襄阳犯安庆,南京大震。二月甲戌,遣使督直省逋赋。丁酉,贼犯潜山,总兵官左良玉、副使史可法败之于枫香驿。是月,朝鲜降于我大清。三月辛亥,振陕西灾。丁巳,赐刘同升等进士及第、出身有差。甲子,官军援安庆,败绩于酆家店。

夏四月戊寅,大清兵克皮岛,副总兵金日观力战死之,总兵官沈冬魁走石城岛。癸巳,旱,清刑狱。是月,洪承畴剿贼于汉南。闰月壬寅,敕群臣洁己爱民,以回天意。江北贼分犯河南,总督两广都御史熊文灿为兵部尚书,总理南京、河南、山、陕、川、湖军务,驻郧阳讨贼。五月戊寅,李自成自秦州犯四川。六月戊申,温体仁致仕。是夏,两畿、山西大旱。

秋七月,山东、河南蝗,民大饥。八月己酉,吏部侍郎刘宇亮、礼部侍郎傅冠俱礼部尚书,佥都御史薛国观为礼部侍郎,并兼东阁大学士,预机务。庚申,阅城。九月丙子,左良玉败贼于虹县。辛卯,洪承畴败贼于汉中。癸巳,李自成陷宁羌。

冬十月丙申,自成自七盘关入西川。壬寅,陷昭化、剑州、梓潼,分兵趋潼川、江油、绵州,总兵官侯良柱战死,遂陷彰明、盐亭诸县。庚戌,逼成都。十一月庚辰,以星变修省,求直言。十二月癸卯,黄士俊致仕。癸亥,洪承畴、曹变蛟援四川,次广元。

是年,安南、琉球入贡。

明史卷二四

本纪第二四

庄烈帝二

十一年春正月丁丑，洪承畴败贼于梓潼，贼还走陕西。丁亥，裁南京冗官。二月甲辰，改河南巡按御史张任学为总兵官。三月戊寅，贺逢圣致仕。是月，李自成自洮州出番地，总兵官曹变蛟追破之。复入塞，走西和、礼县。

夏四月辛丑，张献忠伪降于谷城，熊文灿受之。戊申，张至发致仕。己酉，荧惑逆行，谕廷臣修省。五月癸亥朔，策试考选官于中左门。六月癸巳，安民厂灾，坏城垣，伤万余人。壬寅，孔贞运致仕。乙卯，兵部尚书杨嗣昌、户部尚书程国祥、礼部侍郎方逢年、工部侍郎蔡国用俱礼部尚书，大理少卿范复粹为礼部侍郎，并兼东阁大学士，预机务。嗣昌仍掌兵部。是月，两畿、山东、河南大旱蝗。

秋七月乙丑，少詹事黄道周以论杨嗣昌夺情，谪按察司照磨。八月戊戌，以灾异屡见，斋居永寿宫，谕廷臣修省。癸丑，傅冠致仕。戊午，停刑。流贼罗汝才等自陕州犯襄阳。九月，陕西、山西旱饥。辛巳，大清兵入墙子岭，总督蓟辽兵部侍郎吴阿衡死之。癸未，京师戒严。

冬十月癸巳，卢象升入援，召对于武英殿。甲午，括马。卢象升、高起潜分督援军。是月，洪承畴、曹变蛟大破贼于潼关南原，李自成以数骑遁。十一月戊辰，大清兵克高阳，致仕大学士孙承宗死之。戊子，罢卢象升，戴罪立功。刘宇亮自请视师，许之。是月，罗汝才降。

十二月庚子,方逢年罢。卢象升兵败于钜鹿,死之。戊申,孙传庭为兵部侍郎督援军,征洪承畴入卫。

是年,土鲁番、琉球入贡。

十二年春正月己未朔,以时事多艰,却廷臣贺。庚申,大清兵入济南,德王由枢被执,布政使张秉文等死之。戊辰,刘宇亮、孙传庭会师十八万于晋州,不敢进。丁丑,改洪承畴总督蓟、辽,孙传庭总督保定、山东、河北。二月乙未,刘宇亮罢。大清兵北归。三月丙寅,出青山口。凡深入二千里,阅五月,下畿内、山东七十余城。丙子,加上孝纯皇太后谥,诏天下。

夏四月戊申,程国祥致仕。是月,左良玉击降贼首李万庆。五月甲子,礼部侍郎姚明恭、张四知,兵部侍郎魏照乘,俱礼部尚书兼东阁大学士,预机务。乙丑,张献忠叛于谷城,罗汝才等起应之,陷房县。乙亥,削孙传庭籍,寻逮下狱。六月,畿内、山东、河南、山西旱蝗。己酉,抽练各镇精兵,复加征练饷。

秋七月壬申,左良玉讨张献忠,败绩于罗猴山,总兵官罗岱被执死之。熊文灿削籍,寻逮下狱。八月癸巳,诏诛封疆失事巡抚都御史颜继祖,总兵官倪宠、祖宽,内臣邓希诏、孙茂霖等三十三人,俱弃市。己亥,免唐县等四十州县去年田租之半。壬子,大学士杨嗣昌督师讨贼,总督以下并听节制。

冬十月甲申朔,杨嗣昌誓师襄阳。甲午,左良玉为平贼将军。丙申,《钦定保民四事全书》成,颁布天下。十一月辛巳,祀天于南郊。十二月,罗汝才犯四川。丙午,下兵部尚书傅宗龙于狱。

是年,琉球入贡。

十三年春闰正月乙酉,振真定饥。戊子,振京师饥民。癸卯,振山东饥。二月壬子朔,祀日于东郊。丙辰,总督陕西三边侍郎郑崇俭,大破张献忠于太平县之玛瑙山,献忠走归州。戊寅,以久旱求直言。三月甲申,祷雨。丙戌,大风霾,诏清刑狱。戊子,罢各镇内臣。

丙申,赐魏藻德等进士及第、出身有差。戊戌,振畿内饥。丁未,免河北三府逋赋。

夏四月戊午,逮江西巡抚佥都御史解学龙及所举黄道周。己卯,吏部尚书谢升为礼部尚书,礼部侍郎陈演以原官,并兼东阁大学士,预机务。五月,罗汝才犯夔州,石砫女宣秦良玉连战却之。甲申,祀地于北郊。庚戌,姚明恭致仕。六月辛亥朔,总兵官贺人龙等分道逐贼,败之,罗汝才走大宁。庚午,蔡国用卒。辛未,薛国观罢。

七月庚辰朔,畿内捕蝗。己丑,发帑振被蝗州县。辛卯,左良玉及京营总兵官柳应元等大破罗汝才于兴山。汝才走巫山,与张献忠合。八月甲戌,振江北饥。九月,陕西官军围李自成于巴西鱼腹山中,自成走免。癸巳,张献忠陷大昌,总兵官张令战死。寻陷剑州、绵州。

冬十月癸丑,熊文灿弃市。十一月,杨嗣昌进军重庆。丁亥,祀天于南郊。戊子,南京地震。十二月丁未朔,严军机抄传之禁。辛亥,张献忠陷泸州。乙卯,逮薛国观。是月,李自成自湖广走河南,饥民附之,连陷宜阳、永宁,杀万安王采𨰥,陷偃师,势大炽。

是年,两畿、山东、河南、山、陕旱蝗,人相食。

十四年春正月辛巳,祈谷于南郊。己丑,总兵官猛如虎追张献忠及于开县之黄陵城,败绩,参将刘士杰等战死,贼遂东下。丙申,李自成陷河南,福王常洵遇害,前兵部尚书吕维祺等死之。二月己酉,诏以时事多艰,灾异叠见,痛自刻责,停今岁行刑,诸犯俱减等论。庚戌,张献忠陷襄阳,襄王翊铭、贵阳王常法并遇害,副使张克俭等死之。戊午,李自成攻开封,周王恭枵、巡按御史高名衡拒却之。乙丑,张献忠陷光州。己巳,召阁臣、九卿、科道于乾清宫左室。命驸马都尉冉兴让等赍帑金振恤河南被难宗室。三月丙子朔,杨嗣昌自四川还,至荆州卒。乙酉,祷雨。丙申,洪承畴会八镇兵于宁远。丁酉,逮郑崇俭下狱,寻弃市。

夏四月壬子,大清兵攻锦州,祖大寿拒守。己未,总督三边侍郎丁启睿为兵部尚书,督师讨贼。五月庚辰,范复粹致仕。释傅宗龙于狱,命为兵部侍郎,总督陕西三边军务,讨李自成。戊子,祀地于北郊。六月,两畿、山东、河南、浙江、湖广旱蝗,山东寇起。

秋七月己卯,李自成攻邓州,杨文岳、总兵官虎大威击败之。壬寅,洪承畴援锦州,驻师松山。是月,临清运河涸。京师大疫。八月乙巳,援兵战于松山,阳和总兵官杨国柱败没。辛亥,赐薛国观死。辛酉,重建太学成,释奠于先师孔子。甲子,总兵官吴三桂、王朴自松山遁,诸军夜溃。是月,左良玉大败张献忠于信阳。九月丁丑,傅宗龙师师次新蔡,与总督保定侍郎杨文岳军会。己卯,遇贼,贺人龙师溃,宗龙被围,文岳走陈州。甲申,周延儒、贺逢圣复入阁。辛卯,封皇子慈炯为定王。壬辰,傅宗龙溃围出,趋项城,被执死之。贼屠项城及商水、扶沟。戊戌,李自成、罗汝才陷叶县,守将刘国能死之。是月,官军破张献忠于英山之望云寨。

冬十月癸卯朔,日有食之。十一月丙子,李自成陷南阳,唐王聿镆遇害,总兵官猛如虎等死之。十二月,李自成连陷泲川、许州、长葛、鄢陵。甲子,戍解学龙、黄道周。李自成、罗汝才合攻开封,周王恭枵、巡抚都御史高名衡拒守。

十五年春正月癸未,孙传庭为兵部侍郎,督京军救开封。乙酉,杨文岳援开封,贼解去,南陷西华。戊子,免天下十二年以前逋赋。是月,山东贼陷张秋、东平,劫漕艘。太监王裕民、刘元斌帅禁兵会兖东官军讨平之。二月戊申,振山东就抚乱民。癸丑,总督陕西都御史汪乔年次襄城,遇贼,贺人龙等奔入关,乔年被围。丁巳,城陷,被执死之。戊午,大清兵克松山,洪承畴降,巡抚都御史丘民仰,总兵官曹变蛟、王廷臣,副总兵江翥、饶勋等死之。是月,孙传庭总督三边军务。三月,李自成陷陈州。丁丑,魏照乘致仕。己卯,祖大寿以锦州降于大清。辛卯,李自成陷睢州、太康、宁陵、考城。壬辰,封皇子慈炤为永王。丙申,李自成陷归德。是春,江北贼陷含山、和州,南京戒严。

夏四月癸亥,李自成复围开封。乙丑,削谢升籍。五月己巳,孙传庭入关,诛贺人龙。甲戌,张献忠陷庐州。丁亥,王朴弃市。六月戊申,贺逢圣致仕。癸丑,张四知致仕。甲寅,诏天下停刑三年。己未,詹事蒋德璟、黄景昉,戎政侍郎吴甡,俱礼部尚书兼东阁大学士,预机务。庚申,诏孙传庭出关。兵部侍郎侯恂督左良玉军援开封。壬戌,以会推阁臣下吏部尚书李日宣六人于狱,谪戍有差。甲子,祀地于北郊。是月,筑坛亲祭死事文武大臣。山西总兵官许定国援开封,溃于沁水,宁武兵溃于覃怀。

秋七月己巳,左良玉、虎大威、杨德政、方国安四镇兵溃于朱仙镇。八月庚戌,安庆兵变,杀都指挥徐良宪,官军讨定之。乙丑,释黄道周于戍所,复其官。丁卯,兵部尚书陈新甲下狱,寻弃市。九月壬午,贼决河灌开封。癸未,城圮,士民溺死者数十万人。己丑,孙传庭帅师赴河南。辛卯,凤阳总兵官黄得功、刘良佐大败张献忠于潜山。

冬十月辛酉,孙传庭败绩于郏县,走入关。十一月丁卯,援汴总兵官刘超据永城反。庚午,发帑振开封被难宗室兵民。壬申,大清兵分道入塞,京师戒严。命勋臣分守九门,太监王承恩督察城守。诏举堪督师大将者。戊寅,征诸镇入援。庚辰,大清兵克蓟州。丁亥,蓟镇总督赵光抃提调援兵。戊子,张献忠陷无为。己丑,辽东督师侍郎范志完入援。闰月癸卯,下诏罪己,求直言。壬寅,大清兵南下,畿南郡邑多不守。丁巳,起废将。是月,李自成陷汝宁,前总督侍郎杨文岳、佥事王世琮不屈死。十二月,大清兵趋曹、濮,山东州县相继下,鲁王以派自杀。己巳,李自成陷襄阳,据之。左良玉奔承天,寻走武昌。贼分兵下德安、彝陵、荆门,遂陷荆州。癸巳,焚献陵。

十六年春正月丁酉,李自成陷承天,巡抚都御史宋一鹤、留守沈寿崇等死之。庚申,张献忠陷蕲州。二月乙丑朔,日有食之。己巳,范志完、赵光抃会师于平原。三月庚子,李自成杀罗汝才,并其众。壬寅,命大学士吴甡督师讨贼。丁未,贼陷武冈,杀岷王企镠。

张献忠陷黄州。

夏四月丁卯，周延儒自请督师，许之。辛卯，大清兵北归，战于螺山，总兵官张登科、和应荐败没，八镇兵皆溃。是月，刘超平。五月癸巳朔，张献忠陷汉阳。壬寅，周延儒还京师。丙午，修撰魏藻德为少詹事兼东阁大学士，预机务。戊申，吴甡罢。丁巳，周延儒罢。壬戌，张献忠陷武昌，沈楚王华奎于江，在籍大学士贺逢圣等死之。六月癸亥，诏免直省残破州县三饷及一切常赋二年。己卯，逮范志完下狱。丙戌，雷震奉先殿兽吻，敕修省。

秋七月丁酉，亲鞫范志完于中左门。乙卯，亲鞫前文选郎中吴昌时于中左门，征周延儒听勘。己未，戒廷臣私谒阁臣。京师自二月至于是月大疫，诏释轻犯，发帑疗治，瘗五城暴骸。八月壬戌朔，左良玉复武昌、汉阳。丙寅，张献忠陷岳州。丙戌，陷长沙。庚寅，陷衡州。九月丙申，张献忠陷宝庆。己亥，黄景昉致仕。辛丑，孙传庭复宝丰，进次郏县，李自成迎战，击败之。庚戌，张献忠陷永州，巡按御史刘熙祚死之。辛亥，赐杨廷鉴等进士及等、出身有差。壬子，孙传庭兵以乏食引退，贼追及之，还战大败，传庭以余众退保潼关。是月，凤阳地屡震。

冬十有辛酉朔，享太庙。丙寅，李自成陷潼关，督师尚书孙传庭死之。贼连陷华州、渭南、临潼。命有司以赎锾充饷。戊辰，李自成屠商州。庚午，张献忠陷常德。壬申，李自成陷西安，秦王存枢降，巡抚都御史冯师孔、按察使黄絅等死之。丁丑，张献忠陷吉安。十一月甲午，李自成陷延安，寻屠凤翔。壬寅，祀天于南郊。辛亥，吏部侍郎李建泰、副都御史方岳贡并兼东阁大学士，预机务。癸丑，范志完、赵光抃弃市，戍吴甡于金齿。丁巳，李自成陷榆林，兵备副使都任、在籍总兵官尤世威等死之。宁夏、庆阳相继陷，韩王亶塉被执。十二月壬戌，张献忠陷建昌。乙丑，周延儒有罪赐死。丁卯，张献忠陷抚州。辛巳，贼渡河，陷平阳，山西州县相继溃降。甲申，贼陷甘州，巡抚都御史林日瑞、总兵官马爌等死之。丙戌，左良玉复长沙。

是年,暹罗、琉球、哈密入贡。

十七年春正月庚寅朔,大风霾,凤阳地震。庚子,李建泰自请措饷治兵讨贼,许之。乙卯,幸正阳门楼,饯李建泰出师。南京地震。丙辰,工部尚书范景文、礼部侍郎丘瑜并兼东阁大学士,预机务。是月,张献忠入四川。二月辛酉,李自成陷汾州,别贼陷怀庆。丙寅,陷太原,执晋王求桂,巡抚都御史蔡懋德等死之。壬申,下诏罪己。癸酉,潞安陷。乙亥,议京师城守。李自成攻代州,总兵官周遇吉力战,食尽,退守宁武关。丁丑,贼别将陷固关,犯畿南。己卯,遣内臣高起潜、杜勋等十人监视诸边及近畿要害。壬午,真定知府丘茂华杀总督侍郎徐标,檄所属降贼。甲申,贼至彰德,赵王常㴍降。丁亥,诏天下勤王。命廷臣上战守事宜。左都御史李邦华、右庶子李明睿请南迁及太子抚军江南,皆不许。戊子,陈演致仕。李自成陷宁武,周遇吉力战死之。三月庚寅朔,贼至大同,总兵官姜瑰降贼,代王传㸅遇害,巡抚都御史卫景瑗被执,自缢死。辛卯,李建泰疏请南迁。壬辰,召廷臣于平台,示建泰疏,曰:"国君死社稷,朕将焉往?"李邦华等复请太子抚军南京,不听。蒋德璟致仕。癸巳,封总兵官吴三桂、左良玉、唐通、黄得功俱为伯。甲午,征诸镇兵入援。乙未,总兵官唐通入卫,命偕内臣杜之秩守居庸关。戊戌,太监王承恩提督城守。己亥,李自成至宣府,监视太监杜勋降,巡抚都御史朱之冯等死之。癸卯,唐通、杜之秩降于自成,贼遂入关。甲辰,陷昌平。乙巳,贼犯京师,京营兵溃。丙午,日晡,外城陷。是夕,皇后周氏崩。丁未,昧爽,内城陷。帝崩于万岁山,王承恩从死。御书衣襟曰:"朕凉德藐躬,上干天咎,然皆诸臣误朕。朕死无面目见祖宗,自去冠冕,以发覆面。任贼分裂,无伤百姓一人。"自大学士范景文而下死者数十人。丙辰,贼迁帝后梓宫于昌平。昌平人启田贵妃墓以葬。明亡。

是年夏四月,我大清兵破贼于山海关。五月,入京师,以帝礼改葬,令臣民为服丧三日,谥曰庄烈愍皇帝,陵曰思陵。

　　赞曰:帝承神、熹之后,慨然有为。即位之初,沈机独断,刈除奸逆,天下想望治平。惜乎大势已倾,积习难挽。在廷则门户纠纷,疆场则将骄卒惰。兵荒四告,流寇蔓延。遂至溃烂而莫可救,可谓不幸也已。然在位十有七年,不迩声色,忧勤惕励,殚心治理。临朝浩叹,慨然思得非常之材,而用匪其人,益以偾事。乃复信任宦官,布列要地,举措失当,制置乖方,祚讫运移,身罹祸变,岂非气数使然哉。迨至大命有归,妖氛尽扫,而帝得加谥建陵,典礼优厚。是则圣朝盛德度越千古,亦可以知帝之蒙难而不辱其身,为亡国之义烈矣。

明史卷二五
志第一

天文一

两仪　七政　恒星　黄赤宿度
黄赤宫界　仪象　极度晷影
东西偏度　中星　分野

自司马迁述《天官》，而历代作史者皆志天文。惟《辽史》独否，谓天象昭垂，千古如一，日食、天变既著本纪，则天文志近于衍，其说颇当。夫《周髀》、《宣夜》之书，安天、穹天、昕天之论，以及星官占验之说，晋史已详，又见《隋志》，谓非衍可乎。论者谓天文志首推晋、隋，尚有此病，其他可知矣。然因此遂废天文不志，亦非也。天象虽无古今之异，而谈天之家，测天之器，往往后胜于前。无以志之，使一代制作之义泯焉无传，是亦史法之缺漏也。至于彗孛飞流，晕适背抱，天之所以示儆戒者，本纪中不可尽载，安得不别志之。明神宗时，西洋人利玛窦等入中国，精于天文、历算之学，发微阐奥，运算制器，前此未尝有也。兹掇其要，论著于篇。而《实录》所载天象星变殆不胜书，择其尤异者存之。日食备载本纪，故不复书。

两仪　《楚词》言"圜则九重，孰营度之"，浑天家言"天包地如卵裹黄"，则天有九重，地为浑圆，古人已言之矣。西洋之说，既不背于古,而有验于天,故表出之。

其言九重天也,曰最上为宗动天,无星辰,每日带各重天,自东而西,左旋一周,次曰列宿天,次曰填星天,次曰岁星天,次曰荧惑天,次曰太阳天,次曰金星天,次曰水星天,最下曰太阴。自恒星天以下八重天,皆随宗动天左旋。然各天皆有右旋之度,自西而东,与蚁行磨上之喻相符。其右旋之度,虽与古有增减,然无大异。惟恒星之行,即古岁差之度。古谓恒星千古不移,而黄道之节气每岁西退。彼则谓黄道终古不动,而恒星每岁东行。由今考之,恒星实有动移,其说不谬。至于分周天为三百六十度,命日为九十六刻,使每时得八刻无奇零,以之布算制器,甚便也。

其言地圆也,曰地居天中,其体浑圆,与天度相应。中国当赤道之北,故北极常现,南极常隐。南行二百五十里则北极低一度,北行二百五十里则北极高一度。东西亦然。亦二百五十里差一度也。以周天度计之,知地之全周为九万里也。以周径密率求之,得地之全径为二万八千六百四十七里又九分里之八也。又以南北纬度定天下之纵:凡北极出地之度同,则四时寒暑靡不同,若南极出地之度与北极出地之度同,则其昼夜永短靡不同。惟时令相反,此之春,彼为秋,此之夏,彼为冬耳。以东西经度定天下之衡:两地经度相去三十度,则时刻差一辰;若相距一百八十度,则昼夜相反焉。其说与《元史》札马鲁丁地圆之旨略同。

七政　日月五星各有一重天,其天皆不与地同心,故其距地有高卑之不同。其最高最卑之数,皆以地半径准之:太阳最高距地为地半径者一千一百八十二,最卑一千一百零二;太阴最高五十八,最卑五十二;填星最高一万二千九百三十二,最卑九千一百七十五;岁星最高六千一百九十,最卑五千九百一十九;荧惑最高二千九百九十八,最卑二百二十二;太白最高一千九百八十五,最卑三百;辰星最高一千六百五十九,最卑六百二十五。若欲得七政去地之里数,则以地半径一万二千三百二十四里通之。

又谓填星形如瓜，两侧有两小星如耳。岁星四周有四小星，绕行甚疾。太白光有盈缺，如月之弦望。用窥远镜视之，皆可悉睹也。余详《历志》。

恒星　崇祯初，礼部尚书徐光启督修历法，上《见界总星图》，以为回回《立成》所载，有黄道经纬度者止二百七十八星，其绘图者止十七座九十四星，并无赤道经纬。今皆崇祯元年所测，黄赤二道经纬度毕具。后又上《赤道两总星图》，其说谓常现常隐之界，随北极高下而殊，图不能限。且天度近极则渐狭，而《见界图》从赤道以南，其度反宽，所绘星座不合仰观。因从赤道中剖浑天为二，一以北极为心，一以南极为心。从心至周，皆九十度，合之得一百八十度者，赤道纬度也。周分三百六十度者，赤道经度也。乃依各星之经纬点之，远近位置形势皆合天象。

至于恒星循黄道右旋，惟黄道纬度无古今之异，而赤道经纬则岁岁不同。然亦有黄赤俱差，甚至前后易次者。如觜宿距星，唐测在参前三度，元测在参前五分，今测已侵入参宿。故旧法先觜后参，今不得不先参后觜，不可强也。

又有古多今少，古有今无者。如紫微垣中六甲六星今止有一，华盖十六星今止有四，传舍九星今五，天厨六星今五，天牢六星今二；又如天理、四势、五帝内座、天柱、天床、大赞府、大理、女御、内厨，皆全无也。天市垣之市楼六星今二。太微垣之常陈七星今三。郎位十五星今十。长垣四星今二，五诸侯五星全无也。角宿中之库楼十星今八。亢宿中之折威七星今无。氐宿中之亢池六星今四。帝席三星今无。尾宿中天龟五星今四。斗宿中之鳖十四星今十三。天篇、农丈人俱无。牛宿中之罗堰三星今二。天田九星俱无。女宿中之赵、周、秦、代各二星，今各一。扶匡七星今四。离珠五星今无。虚宿中之司危、司禄各二星，今各一。败臼四星今二。离瑜三星今二。天垒城十三星今五。危宿中之人五星今三。杵三星今一。臼四星今三。车府七星今五。天钩九星今六。天钞十星今四。盖屋二星今一。室宿中之羽林军四十五星今二十六。螣蛇二十二星今十五。八魁九星今无。壁宿中之天厩十星今三。奎宿中之天溷七星今四。毕宿中之天节八星今七。咸池三星今无。觜宿中之座旗九星今五。井宿中之军井十三星今五。鬼宿中之外厨六星今五。张宿中之天庙十四星今无。翼宿中之东瓯五星今无。轸宿中之青丘七星今三。其军门、土司空、器府俱无也。

又有古无今有者。策星旁有客星，万历元年新出，先大今小。南极诸星，古年未有，近年浮海之人至赤道以南，往往见之，因测其经纬度。其余增入之星甚多，并详《恒星表》。

其论云汉，起尾宿，分两派。一经天江、南海、市楼，过宗人、宗星，涉天津至螣蛇。一由箕、斗、天弁、河鼓、左右旗，涉天津至车府而会于螣蛇，过造父，直趋附路、阁道、大陵、天船，渐下而南行，历五车、天关、司怪、水府，傍东井，入四渎，过阙丘、弧矢、天狗之墟，抵天社、海石之南，逾南船，带海山，贯十字架、蜜蜂，傍马腹，经南门，络三角、龟、杵，而属于尾宿，是为带天一周。以理推之，隐界自应有云汉，其所见当不诬。又谓云汉为无数小星，大陵鬼宿中积尸亦然。考《天官书》言星汉皆金之散气，则星汉本同类，得此可以相证。又言昴宿有三十六星，皆得之于窥远镜者。

凡测而入表之星，共一千三百四十七，微细无名者不与。其大小分为六等：内一等十六星，二等六十七星，三等二百零七星，四等五百零三星，五等三百三十八星，六等二百一十六星。悉具黄赤二道经纬度。列表二卷，入光启所修《崇祯历书》中。

兹取二十八宿距星及一二等大星存之，其小而有名者，间取一二，备列左方。

十二宫星名		黄道经度	黄道纬度	赤道经度 从春分起算	赤道纬度
降娄	壁宿一	四度强	北一十二度半强	三百五十八度半强	北一十二度太强

	壁宿二	九度少弱	北二十五度太弱	三百七十五度少强	北二十六度太
	奎宿一	一十七度少强	北一十五度少强	九度强	北二十五度少弱
	奎宿二	一十五度半强	北一十七度太强	七度弱	北二十二度少弱
	奎宿九	二十五度少弱	北二十六度弱	一十二度少弱	北三十三度太弱
	娄宿一	二十八度太强	北八度半弱	二十三度半强	北一十八度太强
大梁	天大将军一	九度强	北二十七度太强	二十五度半	北四十三度少
	天囷一	九度少弱	南一十二度半强	四十一度弱	北二度少强
	胃宿一	一十一度太强	北一十一度少	三十五度半强	北二十六度强
	昴宿一	二十四度太强	北四度	五十一度少强	北二十三度弱
	天船三	二十六度太弱	北三十度强	四十四度半强	北四十八度半弱
	卷舌五	二十八度弱	北一十二度弱	五十二度半强	北三十一度半弱
实沈	毕宿一	三度少	南三度	六十一度太	北一十八度少强
	毕宿五	四度半强	南五度太强	六十三度太弱	北一十五度太弱
	参宿一	一十七度少	南二十三度太弱	七十八度少强	南初度太弱

	参宿二	一十八度少强	南二十四度半强	七十九度少强	南一度半
	参宿三	十九度半	南二十五度少强	八十度半	南二度少弱
	参宿四	二十三度半强	南一十六度太强	八十三度太强	北七度少强
	参宿五	一十五度太	南一十七度弱	七十六度少强	北六度弱
	参宿七	一十一度太弱	南三十一度太弱	七十三度少弱	南八度太
	觜宿一	一十八度半强	南一十三度半弱	七十八度太	北九度太弱
	天皇大帝	一十五度半	北六十八度弱	三百三十七度半强	北八十四度少弱
	五车二	一十六度太弱	北二十二度太强	七十二度少弱	北四十五度少强
	丈人一	一十七度少强	南五十七度太弱	八十一度太强	南三十四度半
	五车五	一十七度半弱	北五度少强	七十五度太弱	北二十八度少
	子二	二十度少强	南五十九度太弱	八十四度弱	南三十六度少强
	勾陈大星	二十三度半弱	北六十六度	六度半	北八十七度少弱
	五车三	二十六度少	北二十一度半弱	八十三度少弱	北四十四度太强
鹑首	井宿一	初度少弱	南一度弱	九十度强	北二十二度太弱

	井宿三	四度弱	南六度太强	九十四度强	北一十六度太弱
	军市一	二度强	南四十一度少强	九十一度太强	南一十七度太强
	天枢 即北极星	八度弱	北六十七度少强	一百九十九度少强	北八十六度太弱
	老人	八度半	南七十五度	九十四度半弱	南五十一度半强
	狼星	九度	南三十九度少强	九十七度少强	南一十六度少弱
	北河二	一十五度强	北一十度强	一百〇七度少	北三十二度太弱
	北河三	一十八度强	北六度太弱	一百一十度太弱	北二十九度弱
	南河三	二十度太弱	南一十六度弱	一百一十度弱	北六度强
	上台一	二十六度少强	北二十九度少	一百二十五度强	北四十九度太弱
	上台二	二十七度半强	北二十八度太弱	一百二十七度半弱	北四十八度太弱
	文昌一	二十八度半弱	北四十六度少强	一百四十度少弱	北六十五度强
鹑火	鬼宿一	初度半强	南初度太强	一百二十三度弱	北一十九度少强
	柳宿一	五度少弱	南一十二度半弱	一百二十四度半强	北七度弱
	弧矢一	六度半	南五十四度半	一百一十五度弱	南三十四度少弱

	帝星	七度太弱	北七十二度太强	二百二十三度	北七十五度太强
	弧矢南一	八度太强	南五十一度少	一百一十七度半	南三十一度半弱
	天枢	一十度弱	北四十九度太弱	一百六十度强	北六十三度太
	弧矢南五	一十二度半	南五十八度少强	一百一十七度强	南三十八度太
	天璇	一十四度强	北四十五度强	一百五十九度太弱	北五十八度半弱
	中台一	一十四度少强	北二十九度太强	一百四十八度强	北四十五度弱
	太子	一十五度强	北七十五度半弱	一百三十一度半强	北七十三度太弱
	中台二	一十五度半弱	北二十八度太	一百四十八度太	北四十三度半
	天社一	二十一度少强	南六十四度弱	一百二十度弱	南四十五度半强
	星宿一	二十二度少弱	南二十二度半弱	一百三十七度少强	南七度弱
	轩辕十二	二十四度少强	北八度太强	一百四十九度太强	北二十一度太弱
	轩辕十四	二十四度太弱	北初度半弱	一百四十七度少弱	北一十三度太强
	天玑	二十五度少弱	北四十七度强	一百七十三度半弱	北五十五度太强
	天权	二十五度太强	北五十一度半强	一百七十九度少弱	北五十九度强

鹑尾	张宿一	初度半强	南二十六度少弱	一百四十三度少弱	南一十二度半
	下台一	一度少强	北二十六度少	一百六十四度半强	北三十五度少弱
	下台二	二度	北二十五度弱	一百六十四度少	北三十三度太强
	右枢	二度半强	北六十六度半强	二百〇九度少弱	北六十六度少强
	玉衡	三度半强	北五十四度少强	一百八十九度强	北五十八度少弱
	西上相	六度强	北一十四度少强	一百六十三度半强	北二十二度半强
	天记	六度半弱	南五十五度半	一百三十九度半强	南三十三度半
	开阳	一十度少强	北五十六度少强	一百九十七度少弱	北五十七度少弱
	五帝座	一十六度半弱	北一十二度少强	一百七十二度半	北二十六度太弱
	常陈一	一十八度强	北四十度强	一百八十八度半	北四十度太强
	翼宿一	一十八度半强	南二十二度太弱	一百六十度半弱	南一十六度少强
	摇光	二十一度半强	北五十四度半弱	二百零三度少弱	北五十一度半
寿星	轸宿一	五度半强	南一十四度半弱	一百八十一度弱	南十五度半弱
	长沙	八度半强	南一十八度少	一百八十度少强	南二十度强

	角宿一	一十八度太弱	南二度	一百九十六度半弱	南九度少弱
	大角	一十九度强	北三十一度强	二百零九度半强	北二十一度少弱
	马尾一	二十四度	南四十六度少弱	一百七十七度太强	南五十度强
	亢宿一	二十九度少	北三度弱	二百零八度少弱	南八度半弱
大火	十字二	一度少强	南五十一度强	一百七十九度半弱	南五十七度半弱
	贯索一	七度强	北四十四度半弱	二百二十九度太	北二十八度
	马复一	七度太弱	南四十三度	一百九十三度半弱	南五十三度半
	氐宿一	一十度弱	北半度弱	二百一十七度半	南一十四度半弱
	氐宿四	一十四度少弱	北八度半强	二百二十四度少强	南七度弱
	蜀	一十七度弱	北二十五度半强	二百三十一度半强	北七度太弱
	骑官七	二十二度少弱	南二十九度	二百一十九度少强	南四十六度强
	房宿一	二十七度太强	南五度半弱	二百三十四度少弱	南二十五度弱
	房宿三	二十八度	北一度强	二百三十六度	南一十八度太弱
	南门二	二十九度太弱	南四十一度少弱	二百二十一度少	南五十九度太弱

析木	心宿一	二度半强	南四度弱	二百三十九度太弱	南二十四度半强
	心宿二	四度半强	南四度半强	二百四十一度太弱	南二十五度半
	三角形一	六度少强	南四十七度太强	二百二十四度半强	南六十七度太强
	尾宿一	一十度强	南一十五度	二百四十五度太强	南三十六度太强
	帝座	一十二度弱	北三十七度半弱	二百五十度半弱	北一十五度弱
	箕宿一	二十五度太弱	南六度半	二百六十五度强	南三十度弱
星纪	斗宿一	五度强	南三度太强	二百七十五度太弱	南二十七度少
	天渊二	八度少强	南一十八度	二百八十度强	南四十一度少
	天渊一	九度	南二十三度	二百八十一度太	南四十六度少弱
	织女一	九度太弱	北六十一度太强	二百七十四度半强	北三十八度半弱
	河鼓二	二十六度半强	北二十九度少强	二百九十三度少弱	北八度弱
	牛宿一	二十九度弱	北四度太弱	三百度强	南十六度弱
玄枵	鸟喙一	四度太强	南四十五度	三百一十七度半强	南六十一度太强
	女宿一	六度半强	北八度少弱	三百零七度弱	南一十度太强

	鶴一	一十一度弱	南三十二度半	三百二十五度太強	南四十八度半弱
	虛宿一	一十八度少	北八度太弱	三百一十八度	南七度少弱
	危宿一	二十八度少弱	北一十度太弱	三百二十六度太弱	南二度強
	北落師門	二十八度半強	南二十一度	三百三十九度強	南三十一度半強
嬪嫜	天津四	初度少強	北六十度弱	三百零七少	北四十四度
	蛇首一	六度半弱	南六十四度半弱	二十六度太	南六十三度太強
	水委一	八度少弱	南五十九度	一十九度弱	南五十九度太弱
	室宿一	一十八度少強	北一十九度半弱	三百四十一度半強	北一十三度少
	室宿二	二十四度少弱	北三十一度少弱	三百四十一度半	北二十六度強
	土司空七	二十七度少強	南二十度太強	六度少弱	南二十度強

　　黃赤宿度　崇禎元年所測二十八宿黃赤度分，皆不合於古。夫星既依黃道行，而赤道與黃道斜交，其度不能無增減者，勢也。而黃道度亦有增減者，或推測有得失，抑恆星之行，亦或各有遲速欤？謹列其數，以備參考。

赤道宿度周天三百六十度，　　　　　黃道宿度
每度六十分。黃道同。

角，一十一度四十四分。　　　　一十度三十五分。

亢，九度一十九分。　　　　　　一十度四十分。

氐,一十六度四十一分。　一十七度五十四分。

房,五度二十分。　四度四十六分。

心,六度零九分。　七度三十三分。

尾,二十一度零六分。　一十五度三十六分。

箕,八度四十六分。　九度二十分。

斗,二十四度二十四分。　二十三度五十一分。

牛,六度五十分。　七度四十一分。

女,一十一度零七分。　一十一度三十九分。

虚,八度四十一分。　九度五十九分。

危,一十四度五十三分。　二十度零七分。

室,一十七度。　一十五度四十一分。

壁,一十度二十八分。　一十三度一十六分。

奎,一十四度三十分。　一十一度二十九分。

娄,一十二度零四分。　一十三度。

胃,一十五度四十五分。　一十三度零一分。

昴,一十度二十四分。　八度二十九分。

毕,一十六度三十四分。　一十三度五十八分。

参,二十四分。　一度二十一分。

觜,一十一度二十四分。　一十一度三十三分。

井,三十二度四十九分。　三十度二十五分。

鬼,二度二十一分。　五度三十分。

柳,一十二度零四分。　一十六度零六分。

星,五度四十八分。　八度二十三分。

张,一十七度一十九分。　一十八度零四分。

翼,二十度二十八分。　一十七度。

轸,一十五度三十分。　一十三度零三分。

　　贡赤宫界　十二宫之名,见于《尔雅》,大抵皆依星宿而定。如娄、奎为降娄,心为大火,朱鸟七宿为鹑首、鹑尾之类。故宫有一定之宿,宿有常居之宫,由来尚矣。唐以后始用岁差,然亦天自为天,岁自为岁,宫与星仍旧不易。西洋之法,以中气过宫,如日躔冬至,即为星纪宫之类。而恒星既有岁进之差,于是宫无定宿,而宿可以递居各宫,此变古法之大端也。兹以崇祯元年各宿交宫之黄赤度,分列于左方,以志权舆云。

赤道交宫宿度

箕,三度零七分,入星纪。

斗,二十四度二十一分,入玄枵。

危,三度一十九分,入娵訾。

壁,一度二十六分,入降娄。

娄,六度二十八分,入大梁。

昴,八度三十九,入实沈。

觜,一十一度一十七分,入鹑首。

井,二十九度五十三分,入鹑火。

张,六度五十一分,入鹑尾。

翼,一十九度三十二分,入寿星。

亢,一度五十分,入大火。

心,初度二十二分,入析木。

黄道交宫宿度

箕,四度一十七分,入星纪。

牛,一度零六分,入玄枵。

危,一度四十七分,入娵訾。

室,一十一度四十分,入降娄。

娄,一度一十四分,入大梁。

昴,五度一十三分,入实沈。

觜,一十一度二十五分,入鹑首。

井,二十九度五十二分,入鹑火。

星,七度五十一分,入鹑尾。

翼,一十一度二十四分,入寿星。

亢,初度四十六分,入大火。

房,二度一十二分,入析木。

仪象　璿玑玉衡为仪象之权舆,然不见用于三代。《周礼》有圭表、壶漏,而无玑衡,其制遂不可考。汉人创造浑天仪,谓即玑衡遗制,其或然欤。厥后代有制作。大抵以六合、三辰、四游、重环凑合者,谓之浑天仪;以实体圆球,绘黄赤经纬度,或缀以星宿者,谓之浑天象。其制虽有详略,要亦青蓝之别也。外此,则圭表、壶漏而已。迨元作简仪、仰仪、阛几、景符之属,制器始精详矣。

明太祖平元,司天监进水晶刻漏,中设二木偶人,能按时自击钲鼓。太祖以其无益而碎之。洪武十七年,造观星盘。十八年,设观象台于鸡鸣山。二十四年,铸浑天仪。正统二年,行在钦天监正皇甫仲和奏言:"南京观象台设浑天仪、简仪、圭表以窥测七政行度,而北京乃止于齐化门城上观测,未有仪象。乞令本监官往南京,用木做造,挈赴北京,以较验北极出地高下,然后用铜别铸,庶几占测有凭。"从之。明年冬,乃铸铜浑天仪、简仪于北京。御制《观天器铭》,其词曰:"粤古大圣,体天施治,敬天以心,观天以器。厥器伊何?璇玑玉衡。玑象天体,衡审天行。历世代更,垂四千祀,沿制有作,其制寝备。即器而观,六合外仪,阳经阴纬,方位可稽。中仪三辰,黄赤二道,日月暨星,运行可考。内仪四游,横箫中贯,南北东西,低昂旋转。简仪之作,爰代玑衡,制约用密,疏朗而精。外有浑象,反而观诸,上规下矩,度数方隅。别有直表,其崇八尺,分至气序,考景咸得。县象在天,制器在人,测验推步,靡忒毫分。昔作今述,为制弥工,既明且悉,用将无穷。惟天勤民,事天首务,民不失宁,天其予顾。政纯于仁,天道以正,勒铭斯器,以励予敬。"十一年,监臣言:"简仪未刻度数,且地基卑下,窥测日星,为四面台宇所蔽。圭表置露台,光皆四散,影无定则。壶漏屋低,夜天池促,难以注水调品时刻。请更如法修造。"报可。明年冬,监正彭德清又言:"北京,北极出地度、太阳出入时刻与南京不同,冬夏昼长夜短亦异。今宫禁及官府漏箭皆南京旧式,不可用。"有旨,令内官监改造。景泰六年,又造内观象台简仪及铜壶。成化中,尚书周洪谟复请造璇玑玉衡,宪宗令自制以进。十四年,监臣请修晷影堂,从之。

弘治二年,监正吴昊言:"考验四正日度,黄、赤二道应交于壁、轸。观象台旧制浑仪,黄、赤二道交于奎、轸,不合天象,其南北两轴不合两极出入之度,窥管又不与太阳出没相当,故虽设而不用。所用简仪,则郭守敬遗制,而北极云柱差短,以测经星去极,亦不能无爽。请修改或别造,以成一代之制。"事下礼部,覆议令监副张绅造木样,以待试验,黄道度许修改焉。正德十六年,漏刻博士朱裕复言:"晷表尺寸不一,难以准测,而推算历数用南京日出分秒,似相矛盾。请敕大臣一员总理其事,铸立铜表,考四时日中之影。仍于河南阳城察旧立土圭,以合今日之晷,及分立圭表于山东、湖广、陕西、大名等处,以测四方之影。然后将内外晷影新旧历书错综参验,撰成定法,庶几天行合而交食不谬。"疏入,不报。嘉靖二年,修相风杆及简、浑二仪。七年,始立四丈木表以测晷影,定气朔。由是钦天监之立运仪、正方案、悬晷、偏晷、盘晷诸式具备于观象台,一以元法为断。

万历中,西洋人利玛窦制浑仪、天球、地球等器。仁和李之藻撰《浑天仪说》,发明制造施用之法,文多不载。其制不外乎六合、三辰、四游之法。但古法北极出地,铸为定度,此则子午提规,可以随地度高下,于用为便耳。

崇祯二年,礼部侍郎徐光启兼理历法,请造象限大仪六,纪限大仪三,平悬浑仪三,交食仪一,列宿经纬天球一,万国经纬地球一,平面日晷三,转盘星晷三,候时钟三,望远镜三。报允。已,又言:

定时之法,当议者五事:一曰壶漏,二曰指南针,三曰表臬,四曰仪,五曰晷。

漏壶,水有新旧滑濇,则迟疾异,漏管有时塞时礶,则缓急异。正漏之初,必于正午初刻。此刻一误,靡所不误。故壶漏特以济晨昏阴晦仪晷表臬所不及,而非定时之本。

指南针,术人用以定南北,辨方正位咸取则焉。然针非指正子午,曩云多偏丙午之间。以法考之,各地不同。在京师则偏东五度四十分。若凭以造晷,冬至午正先天一刻四十四分有奇,夏至午正先天五十一分有奇。

若表臬者,即《考工》匠人置槷之法,识日出入之影,参诸日中之影,以正方位。今法,置小表于地平,午正前后累测日影,以求相等之两长影为东西,因得中间最短之影为正子午,其术简甚。

仪者,本台故有立运仪,测验七政高度。臣用以较定子午,于午前屡测太阳高度,因最高之度,即得最短之影,是为南北正线。

既定子午卯酉之正线,因以法分布时刻,加入节气诸线,即成平面日晷。又今所用员石敧晷,是为赤道晷,亦用所得正子午线。较定此二晷，皆可得天之正时刻，所为昼测日也。若测星之晷，实《周礼》夜考极星之法。然古时北极星正当不动之处，今时久渐移，已去不动处三度有奇，旧法不可复用。故用重盘星晷，上书时刻，下书节气，仰测近极二星即得时刻，所谓夜测星也。

七年，督修历法右参政李天经言：

辅臣光启言定时之法，古有壶漏，近有轮钟，二者皆由人力迁就，不如求端于日星，以天合天，乃为本法，特请制日晷、星晷、望远镜三器。臣奉命接管，敢先言其略。

日晷者，砻石为平面，界节气十三线，内冬夏二至各一线，其余日行相等之节气，皆两节气同一线也。平面之周列时刻线，以各节气太阳出入为限。又依京师北极出地度，范为三角铜表置其中。表体之全影指时刻，表中之锐影指节气。此日晷之大略也。

星晷者，治铜为柱，上安重盘。内盘镌周天度数，列十二宫以分节气，外盘镌列时刻，中横刻一缝，用以窥星。法将外盘子正初刻移对内盘节气，乃转移铜盘北望帝星与句陈大星，使两星同见缝中，即视盘面锐表所指，为正时刻。此星晷之大略也。

若夫望远镜，亦名窥筒，其制虚管层叠相套，使可伸缩，两端俱用玻璃，随所视物之远近以为长短。不但可以窥天象，且能摄数里外物如在目前，可以望敌施炮，有大用焉。

至于日晷、星晷，皆用措置得宜，必须筑台，以便安放。

帝命太监卢维宁、魏国征至局验试用法。

明年，天经又请造沙漏。明初，詹希元以水漏至严寒水冻辄不能行，故以沙代水。然沙行太疾，未协天运，乃以斗轮之外复加四轮，轮皆三十六齿。厥后周述学病其窍太小，而沙易堙，乃更制为六轮，其五轮悉三十齿，而微裕其窍，运行始与晷协。天经所请，殆其遗意欤。

夫制器尚象，乃天文家之首务。然精其术者，可以因心而作。故西洋人测天之器,其名未易悉数,内浑盖、简平二仪,其最精者也。其说具见全书,兹不载。

极度晷影　宣城梅文鼎曰:

极度晷影常相因。知北极出地之高,即可知各节气午正之影。测得各节气午正之影,亦可知北极之高。然其术非易易也。圭表之法,表短则分秒难明,表长则影虚而淡。郭守敬所以立四丈之表,用影符以取之也。日体甚大,竖表所测者日体上边之影,横表所测者日体下边之影,皆非中心之数,郭守敬所以于表端架横梁以测之也,其术可谓善矣。但其影符之制,用铜片钻针芥之孔,虽前低后仰以向太阳,但太阳之高低每日不同,铜片之欹侧安能俱合。不合,则光不透,临时迁就,而日已西移矣。须易铜片以圆木,左右用两板架之,如车轴然,则转动甚易。更易圆孔以直缝,而用始便也。然影符止可去虚淡之弊,而非其本。必须正其表焉,平其圭焉,均其度焉,三者缺一不可以得影。三者得矣,而人心有粗细,目力有利钝,任事有诚伪,不可不择也。知乎此,庶几晷影可得矣。

西洋之法又有进焉。谓地半径居日天半径千余分之一,则地面所测太阳之高,必少于地心之实高,于是有地半径差之加。近地有清蒙气,能升卑为高,则晷影所推太阳之高,或多于天上之实高,于是又有清蒙差之减。是二差者,皆近地多而渐高渐减,以至于无,地半径差至天顶而无,清蒙差至四十五度而无也。

崇祯初,西洋人测得京省北极出地度分:北京四十度,周天三百六十度,度六十分立算,下同。南京三十二度半,山东三十七度,山西三十八度,陕西三十六度,河南三十五度,浙江三十度,江西二十九度,湖广三十一度,四川二十九度,广东二十三度,福建二十六度,广西二十五度,云南二十二度,贵州二十四度。以上极度,惟两京、江西、广东四处皆系实测,其余则据地图约计之。又以十二度度六十分之表测京师各节气午正日影:夏至三度三十三分,芒种、小暑三度四十二分,小满、大暑四度十五分,立夏、立秋五度六分,谷雨、处暑六度二十三分,清明、白露八度六分,春、秋分十度四分,惊蛰、寒露十二度二十六分,雨水、霜降十五度五分,立春、立冬十七度四十七分,大寒、小雪二十度四十七分,小寒、大雪二十三度三十分,冬至二十四度四分。

东西偏度 以京师子午线为中,而较各地所偏之度。凡节气之早晚,月食之先后,胥视此。盖人各以见日出入为东西为卯酉,以日中为南为午。而东方见日早,西方见日迟。东西相距三十度,则差一时。东方之午乃西方之巳,西方之午乃东方之未也。相距九十度,则差三时。东方之午乃西方之卯,西方之午乃东方之酉也。相距一百八十度,则昼夜时刻俱反对矣。东方之午乃西方之子。西洋人汤若望曰:"天启三年九月十五夜,戌初初刻望,月食,京师初亏在酉初一刻十二分,而西洋意大里雅诸国望在昼,不见。推其初亏在巳正三刻四分,相差三时二刻八分,以里差计之,殆距京师之西九十九度半也。故欲定东西偏度,必须两地同测一月食,较其时刻。若早六十分时之二则为偏西一度,迟六十分时之二则为偏东一度。节气之迟早亦同。今各省差数未得测验,据广舆图计里之方约略条列,或不致甚舛也。南京应天府、福建福州府并偏东一度,山东济南府偏东一度十五分,山西太原府偏西六度,湖广武昌府、河南开封府偏西三度四十五分,陕西西安府、广西桂林府偏西八度半,浙江杭州府偏东三度,江西南昌府偏西二度半,广东广州府偏西五度,四川成都府偏西十三度,贵州贵阳府偏西九度半,云南云南府偏西十七度。"

右偏度,载《崇祯历书》交食历指。其时开局修历,未暇分测,度数实多未确,存之以备考订云。

中星 古今中星不同,由于岁差。而岁差之说,中西复异。中法谓节气差而西,西法谓恒星差而东,然其归一也。今将李天经、汤若望等所推崇祯元年京师昏旦时刻中星列于后。

春分，戌初二刻五分昏，北河三中；寅正一刻一十分旦，尾中。清明，戌初三刻十三分昏，七星偏东四度；昏旦时或无正中之星，则取中前、中后之大星用之。距中三度以内者，为时不及一刻，可勿论。四度以上，去中稍远，故纪其偏度焉。寅正初刻二分旦，帝座中。谷雨，戌正一刻七分昏，翼偏东七度；寅初二刻八分旦，箕偏东四度。立夏，戌正三刻二分昏，轸偏东五度；寅初初刻十三分旦，箕偏西四度。小满，亥初初刻十二分昏，角中；丑正三刻三分旦，箕中。芒种，亥初一刻十二分昏，大角偏西六度；丑正二刻三分旦，河鼓二中。

夏至，亥初二刻五分昏，房中；丑正一刻一十分旦，须女中。小暑，亥初一刻十二分昏，尾中；丑正二刻三分旦，危中。大暑，亥初初刻十二分昏，箕偏东七度；丑正三刻三分旦，营室中。立秋，戌正三刻二分昏，箕中；寅初三刻十三分旦，娄偏东六度。处暑，戌正一刻七分昏，织女一中；寅初二刻八分旦，娄中。白露，戌正三刻十三分昏，河鼓二偏东四度；寅正初刻二分旦，昴偏东四度。

秋分，戌初二刻五分昏，河鼓二中；寅正一刻十一分旦，毕偏西五度。寒露，戌初初刻十四分昏，牵牛中；寅正三刻一分旦，参四中。霜降，酉正三刻十一分昏，须女偏西五度；卯初初刻四分旦，南河三偏东六度。立冬，酉正二刻一十分昏，危偏东四度；卯初一刻五分旦，舆鬼中。小雪，酉正一刻十二分昏，营室偏东七度；卯初二刻二分旦，张中。大雪，酉正一刻五分昏，营室偏西八度；卯初二刻一十分旦，翼中。

冬至，酉正一刻二分昏，土司空中；卯初二刻十三分旦，五帝座中。小寒，酉正一刻五分昏，娄中；卯初二刻一十分旦，角偏东五度。大寒，酉正一刻十三分昏，天囷一中；卯初二刻二分旦，亢中。立春，酉正二刻一十分昏，昴偏西六度；卯初一刻五分旦，氐中。雨水，酉正三刻十一分昏，参七中；卯初初刻四分旦，贯索一中。惊蛰，戌初初刻十四分昏，天狼中；寅正三刻一分旦，心中。

　　分野　《周礼·保章氏》以星土辨九州之地,所封之域皆有分星,以观妖祥。唐贞观中,李淳风撰《法象志》,因《汉书》十二次度数,以唐州县配,而一行则以为天下山河之象,存乎南北两界,其说详矣。洪武十七年,《大明清类天文分野书》成,颁赐秦、晋二王。其书大略谓"《晋天文志》分野始角、亢者,以东方苍龙为首也。唐始女、虚、危者,以十二支子为首也。今始斗、牛者,以星纪为首也。古言天者皆由斗、牛以纪星,故曰星纪,是之取耳。"兹取其所配直隶十三布政司府州县卫及辽东都司分星录之。

　　斗三度至女一度,星纪之次也。直隶所属之应天、太平、宁国、镇江、池州、徽州、常州、苏州、松江九府,暨广德州,属斗分。凤阳府寿、滁、六安三州,泗州之盱眙、天长二县,扬州府高邮、通、泰三州,庐州府无为州,安庆府和州,皆斗分。淮安府,斗、牛分。浙江布政司所属之杭州、湖州、嘉兴、严州、绍兴、金华、衢州、处州、宁波九府皆牛、女分。台州、温州二府,斗、牛、须、女分。江西布政司所属皆斗分。福建布政司所属皆牛、女分。广东布政司所属之广州府,亦牛、女分。惠州,女分。肇庆、南雄二府,德庆州,皆牛、女分。潮州府,牛分。雷州、琼州二府,崖、儋、万三州,高州府化州,广西布政司所属梧州府之苍梧、藤、岑溪、容四县,皆牛、女分。

　　女二度至危十二度,玄枵之次也。山东布政司所属之济南府乐安、德、滨三州,皆危分。泰安州、青州府,皆虚、危分。莱州府胶州、登州府宁海州、东昌府高塘州,皆危分。东平州之阳谷、东阿、平阴三县,北平布政司所属之沧州,皆须、女、虚、危分。

　　危十三度至奎一度,娵訾之次也。河南布政司所属之卫辉、彰德、怀庆三府,北平之大名府开州,山东东昌之濮州,馆陶、冠、临清三县,东平州之汶上、寿张二县,皆室、壁分。

　　奎二度至胃三度,降娄之次也。山东济宁府之兖州滕、峄二县,青州府之莒州,安丘、诸城、蒙阴三县,济南府之沂州,直隶凤阳府之泗、邳二州,五河、虹、怀远三县,淮安府之海州,桃源、清河、沭阳三县,皆奎、娄分。

　　胃四度至毕六度，大梁之次也。北平之真定府，昴、毕分。定、冀二州，皆昴分。晋、深、赵三州，皆毕分。广平、顺德二府，皆昴分。祁州，昴、毕分。河南彰德府之磁州，山东高唐州之恩县，山西布政司所属之大同府应、朔、浑源、蔚四州，皆昴、毕分。

　　毕七度至井八度，实沈之次也。山西之太原府石、忻、代、平定、保德、岢岚六州，平阳府，皆参分。绛、蒲、吉、隰、解、霍六州，皆觜、参分。泽、汾二州，皆参分。潞、沁、辽三州，皆参、井分。

　　井九度至柳三度，鹑首之次也。陕西布政司所属之西安府同、华、乾、耀、邠五州，凤翔府陇州，延安府鄜、绥德、葭三州，汉中府金州，临洮、平凉二府，静宁州，皆井、鬼分。泾州，鬼分。庆阳府宁州，巩昌府阶、徽、秦三州，皆井、鬼分。四川布政司所属惟绵州，觜分。合州参、井分，余皆井、鬼分。云南布政司所属皆井、鬼分。

　　柳四度至张十五度，鹑火之次也。河南之河南府陕州，皆柳分。南阳府邓、汝、裕三州，汝宁府之信阳、罗山二县，开封府之均、许二州，陕西西安府之商县，华州之洛南县，湖广布政司所属德安府之随州，襄阳府之均州、光化县，皆张分。

　　张十六度至轸九度，鹑尾之次也。湖广之武昌府兴国州，荆州府归、夷陵、荆门三州，黄州府蕲州，襄阳、德安二府，安陆、沔阳二州，皆翼、轸分。长沙府轸旁小星曰长沙，应其地。衡州府桂阳州，永州府全、道二州，岳州、常德二府，澧州，辰州府沅州，汉阳府靖、郴二州，宝庆府武冈、镇远二州，皆翼、轸分。广西所属除梧州府之苍梧、藤、容、岑溪四县属牛、女分，余皆翼、轸分。广东之连州、廉州府钦州、韶州府，皆翼、轸分。

　　轸十度至氐一度，寿星之次也。河南之开封府，角、亢分。郑州，氐分。陈州，亢分。汝宁府光州，怀庆府之孟、济源、温三县，直隶寿州之霍邱县，皆角、亢、氐分。

　　氐二度至尾二度，大火之次也。河南开封府之杞、太康、仪封、兰阳四县，归德、睢二州，山东之济宁府，皆房、心分。直隶凤阳府之颍州，房分。徐、宿二州，寿州之蒙城县，颍州之亳县，皆房、心分。

尾三度至斗二度,析木之次也。北平之北平府,尾、箕分。涿、通、蓟三州,皆尾分。霸州、保定府,皆尾、箕分。易、安二州,皆尾分。河间府、景州,皆尾、箕分。永平府,尾分。滦州,尾、箕分。辽东都指挥司,尾、箕分。朝鲜,箕分。

明史卷二六
志第二

天文二

月掩犯五纬　　五纬掩犯　　五纬合聚
五纬掩犯恒星

月掩犯五纬　洪武元年五月甲申,犯填星。十二年三月戊辰朔,犯辰星。十四年十一月甲午,犯填星。十九年五月己未,卯岁星。二十三年四月丁酉,掩太白。十一月癸卯及永乐四年正月戊午,五年六月丙午,七年十二月壬子,俱犯荧惑。八年十二月壬子,九年四月庚子,十六年七月戊辰,俱犯岁星。十八年十一月辛卯,掩太白。二十年三月辛未,掩填星。二十二年八月乙丑,犯荧惑。

洪熙元年二月己未,掩填星。

宣德元年十二月丙子,掩荧惑。二年正月癸卯,犯荧惑。四月甲申,犯太白。六年十月丙申,掩太白。七年二月甲寅,犯填星。八年二月癸巳,掩岁星。四月戊子,犯岁星。

正统二年正月辛亥,掩岁星。四月癸酉、五月庚子,俱犯岁星。七月戊申,犯荧惑。四年正月乙酉,掩填星。八年三月庚申,犯填星。十一月丙寅,掩岁星。十年十一月辛卯,犯荧惑。十一年十二月甲寅,犯岁星。十二年正月辛巳,闰四月庚午,俱犯岁星。十四年四月壬子,犯太白。五月癸未,掩太白。

景泰二年四月戊子,犯岁星。九月甲辰,犯岁星于斗。五年二月丁亥,犯太白。六年正月甲寅,犯岁星。七年四月癸丑,犯填星。乙丑,犯太白。

天顺五年十一月己亥,犯太白于斗。

成化五年二月丙申、癸亥,俱犯岁星。六年三月癸未,八年正月癸亥,俱犯太白。十二年十一月戊申,犯岁星于室。十三年十月乙卯,犯填星。十二月丁酉,犯太白。十四年三月戊辰,十八年二月戊午,俱犯填星。八月己酉,二十三年四月乙亥,俱掩荧惑。五月戊午,六月乙酉,俱犯岁星。十月甲戌,掩岁星。

弘治四年二月壬子,犯岁星。七年十一月戊申,犯荧惑。八年正月癸卯,犯岁星。十二月丙辰,掩填星。十一年四月甲申、九月庚子,俱犯岁星。十二年八月壬寅,犯荧惑。十四年七月丁卯,九月己丑,俱犯岁星。丙辰,掩岁星。十二月癸丑,犯荧惑。十七年十一月甲辰,犯岁星。十八年二月丙寅,掩岁星。九月乙巳,掩填星。

正德元年十一月己卯,犯太白。四年闰九月癸亥,犯岁星。八年正月己丑,犯填星。十六年二月丙戌,掩太白。

嘉靖二年五月戊子,掩岁星。十一月壬申,犯岁星。十七年十二月己未,犯填星。十八年十月丙戌,犯荧惑。二十年五月辛卯,犯岁星。二十一年四月甲寅,二十七年七月丁丑,俱犯太白。九月庚子,犯太白于角。三十一年五月辛丑,犯填星。九月庚寅,掩填星。十二月丁卯,犯岁星。四十二年五月庚辰,掩岁星。四十四年七月丁巳,犯荧惑。

万历二年九月己卯,犯荧惑于箕。十年八月戊申,犯荧惑于井。十四年八月己丑,犯太白于角。十五年六月乙丑,十九年九月辛未,俱犯荧惑。十二月辰,犯填星于井。二十四年正月甲申,犯填星于张。二十七年九月辛亥,犯太白。三十一年五月癸未,犯太白。三十五年六月乙未,犯填星于斗。三十七年八月辛酉,犯填星。四十一年九月癸未,犯岁星。

崇祯三年八月辛亥,掩太白。十一年四月己酉,掩荧惑于尾。

　　五纬掩犯　　洪武六年三月戊申,荧惑犯填星。六月壬辰,太白犯岁星。八年三月癸亥,荧惑犯填星。二十二年六月丙辰,辰星犯太白。二十七年三月乙丑,荧惑犯岁星于奎。

　　永乐三年三月戊戌,太白犯岁星。十一月癸巳朔,太白犯辰星于箕。四年正月癸卯,太白犯岁星。五年七月甲子,荧惑犯填星。十二年十一月丁卯,太白犯岁星。十四年七月乙巳,太白犯填星。二十年九月乙亥,太白犯岁星。十月己酉,太白犯填星。

　　洪熙元年十一月丙午,太白犯填星。

　　宣德元年十一月戊戌,辰星犯填星。七年六月己酉,太白犯岁星。七月辛巳,太白犯荧惑。九年十一月己亥,太白犯填星。十年十月庚子,荧惑犯填星。

　　正统元年五月戊寅,太白犯荧惑于井。二年五月辛丑,荧惑犯填星。三年十二月戊寅,太白犯岁星。五年五月丙午,太白犯填星。七年九月戊午,太白犯荧惑于氐。十一年九月丁亥,太白犯岁星。十二年七月戊午,荧惑犯填星。十四年二月己卯,太白犯荧惑。七月丙午,荧惑犯填星。

　　景泰元年闰正月丁卯,荧惑犯岁星。

　　天顺七年十一月乙卯朔,荧惑犯填星。

　　成化六年九月乙亥,太白犯岁星。十一年七月戊辰,太白犯填星。十三年九月丙寅,荧惑犯填星。十六年六月壬申,太白犯岁星。

　　弘治二年正月戊辰,太白犯岁星。十一月壬午,太白犯填星。三年正月庚申,太白犯填星。五年八月丁未,荧惑犯岁星。六年十一月己未,太白犯填星。七年九月甲寅及十年正月丙辰,荧惑犯岁星。十二月庚辰,辰星犯岁星。十七年闰四月癸酉,岁星犯填星。

　　正德二年十月癸未,荧惑犯填星。八年正月壬午及十六年十二月丙午,俱太白犯岁星。

　　嘉靖元年正月己未,太白犯岁星。十二月甲戌,太白犯填星。三年正月癸酉,太白犯岁星。二十九年六月庚辰,荧惑犯岁星守井。

　　万历五年十二月辛丑,太白犯填星于斗。九年十二月癸巳,太白犯填星入危。十一年六月丁丑,太白犯荧惑。十五年五月己亥,太白犯填星。二十四年四月己酉,太白犯岁星。二十五年七月甲辰,荧惑犯岁星。二十七年闰四月庚寅,辰星犯太白于井。三十四年十一月庚辰,荧惑掩岁星于危;甲辰,荧惑犯岁星。三十八年十一月辛亥,太白犯填星于虚。四十七年三月壬子,太白犯岁星于壁。

天启元年八月丙申,荧惑与太白同度者两日。

崇祯九年六月己亥,太白犯岁星于张。

五纬合聚　洪武十四年六月癸未,辰星、荧惑、太白聚于井。十七年六月丙戌,岁星、填星、太白聚于参。十八年二月乙巳,五星并见。三月戊子,填星、岁星、太白聚于井。二十年二月壬午朔,五星俱见。二十四年七月戊子,太白、荧惑、填星聚于翼。十一月乙未,辰星、岁星合于斗。十二月甲子,荧惑、辰星合于箕。二十五年正月辛丑,荧惑、岁星合于牛。二十六年十月壬辰,太白、填星同度。

永乐元年五月甲辰,五星俱见东方。二年四月戊子,太白、荧惑合于井。

正统十四年九月壬寅,太白、填星、荧惑聚于翼。十二月辛未,太白、岁星合于尾。

景泰元年十月壬申,太白、岁星合于箕。十二月己丑,辰星、岁星同度。二年九月庚申,太白、荧惑、填星聚于轸。四年三月乙丑,太白、岁星合于壁。五年正月戊辰,太白、岁星合于奎。六月己酉,荧惑、岁星合于胃。十一月己未,太白、填星合于氐。七年三月戊戌,太白、荧惑合于奎。十月戊申,岁星、荧惑合于鬼。

天顺元年五月乙丑,太白、岁星合于井。十二月丙辰,太白、填星合于心。二年九月甲寅,太白、填星合于斗。三年九月乙巳,太白、岁星合于角。四年十月壬申,岁星、荧惑、辰星、太白聚于氐。五年十一月己亥,填星、荧惑合于牛。甲子,太白、荧惑合于虚。六年九月甲午,太白、荧惑合于张。七年十月庚寅,岁星、荧惑合于女。庚戌,太白、岁星合于女。八年二月丙午,填星、太白聚于危。

　　成化四年四月癸巳，岁星、荧惑合于井。壬子及七年七月庚子，太白、岁星合于井。十一年八月甲午，荧惑、填星同度。

　　弘治十三年四月癸丑，荧惑、太白、辰星聚于井。十六年八月庚申，荧惑、岁星、填星聚于井。十八年五月丙申，太白、岁星合于星。九月乙未，太白、岁星同度。

　　正德二年九月戊辰，岁星、太白聚于亢。

　　嘉靖三年正月壬午，五星聚于营室。十九年九月乙卯，太白、辰星、填星聚于角。二十三年正月癸卯，荧惑、岁星、填星聚于房。四十二年七月戊戌，太白、岁星、填星聚于井。四十三年四月庚子，岁星、填星、荧惑、太白聚于柳。

　　万历十七年十二月辛卯，太白、荧惑同度。二十年六月壬子，太白、辰星、填星聚于井。三十二年九月辛酉，岁星、填星、荧惑聚于危。

　　天启四年七月丙寅，五星聚于张。

　　崇祯七年闰八月丙午至九月壬申，填星、荧惑、太白聚于尾。十年十一月己卯，岁星、荧惑合于亢。甲午，填星、辰星同度。

　　五纬掩犯恒星　岁星　洪武六年九月庚申，犯鬼。十一月壬子，退行犯鬼。七年八月乙巳，犯轩辕大星。九年二月乙丑，退入太微，犯左执法。十年六月戊寅及戊戌，犯亢。十一月甲辰，犯房。十一年四月戊申，犯键闭。七月甲申，犯牛。八月丙午，犯房。十四年四月壬戌，犯垒壁。十七年闰十月癸卯，犯井。十九年四月丙申，入鬼。八月壬辰，犯轩辕。二十一年四月丁未，留太微垣。十一月甲戌，入亢。二十二年三月辛卯，退入亢。九月丁卯，犯氐。十一月甲午，入房。十二月壬戌，犯东咸。二十三年五月己未，守房。八月乙丑，犯东咸。二十六年二月丙子朔，犯垒壁。二十九年六月庚子，犯井钺。七月丙辰朔，入井。十月癸卯，退井。三十年八月庚辰朔，入鬼。

　　建文四年七月乙未，退犯东咸。十月丙辰，犯天江。

永乐元年正月丁未，犯建。十二月己丑，犯罗堰。六年三月己巳，犯诸王西第二星。四月甲午，犯东第一星。六月丙申，犯井。八年九月乙亥，犯灵台。十八年七月己丑，犯天樽西北星。八月庚子，犯东北星。二十一年正月庚戌，犯上将。二十二年十一月戊寅，入氐。

宣德三年闰四月己酉，犯垒壁西第六星。十一月丙寅，又犯。七年七月丙寅，犯天樽。九年五月庚子，犯轩辕大星。

正统五年六月甲寅，犯垒壁。十一年十月戊戌，犯右执法。十四年正月丙申，犯房北第一星。二月丙子，退犯房。九月己卯，犯进贤。丙戌，犯房。

景泰元年闰正月庚午，与荧惑递入斗杓。八月戊子，犯秦。二年二月庚午朔，犯牛。三年十月辛丑，犯亢。六年六月庚子，犯诸王。八月庚申，犯井钺。七年九月癸未，入鬼。

天顺元年九月癸亥，犯轩辕大星。二年八月癸未，犯右执法。十月己丑，三年正月辛卯，俱犯左执法。六月辛未，犯右执法。十二月癸亥，犯亢。四年闰十一月丙寅，犯房北第一星。庚午，犯钩钤。五年三月丁卯，退犯房上星。八月癸酉，犯钩钤。七年二月庚申朔，犯牛。八年二月丙午，犯垒壁。三月辛巳，又犯。

成化二年六月丁未，守昴。五年七月己酉，犯轩辕大星。六年三月癸卯，留守轩辕。七年三月丁丑，退入太微垣，犯执法。四月乙卯，入太微垣，留守端门。六月甲寅，犯右执法。十一月己亥，犯亢。八年十一月辛亥，犯房北第一星。癸丑，犯钩钤。九年三月丙辰，犯东咸。五月己酉，犯钩钤。六月乙丑，犯房第一星。十二年三月丁巳，犯垒壁。十三年闰二月己未，犯外屏。十五年三月甲子，犯天街。九月乙卯，犯井。辛巳，守井。十七年正月己卯，犯鬼。三月甲午，入鬼。庚子，犯积尸。十八年五月庚戌，犯灵台。闰八月壬辰，犯左执法。二十年五月乙巳，守亢。八月癸酉，犯氐。

弘治四年七月癸巳，犯井。十一月壬辰，又犯。六年八月庚寅，犯灵台。七年正月癸卯，犯垒壁。五月甲辰，犯灵台。八年二月丁巳,犯进贤。七月辛丑,又犯。十月丁卯,犯亢。十一月己酉,犯氐。九年二月至三月庚寅,守氐。十二年五月己亥,犯垒壁。十三年八月戊申,又犯。十五年七月丙子,犯诸王。十六年七月己巳,犯井。八月壬子,犯天樽。十八年九月丁未,犯太微垣上相。

正德元年二月壬子,退犯右执法及上将。三月壬午,犯灵台。十一月戊辰,犯牛。六年四月丁未,十二月壬午,俱犯垒壁。九年八月丙辰,犯诸王。十四年十月癸未,犯氐。

嘉靖元年四月戊寅,犯牛。十一月丙寅,犯罗堰。二年十一月壬辰,犯垒壁。二十年十一月庚寅,二十一年正月丁未,俱犯左执法。二十二年十二月丁亥,犯房北第一星。二十三年四月戊寅,又犯。三十五年五月壬戌,退行又犯。四十五年五月辛卯,退留守左执法。

隆庆元年二月戊午,退守亢。

万历三十九年十月己巳,天启三年九月甲辰,俱犯轩辕。四年正月丙寅,犯轩辕大星。五年正月庚戌朔,退行犯左执法。七年三月乙酉,退行犯房北第一星。

崇祯七年闰八月丁未,犯积尸。九年冬,犯右执法。

荧惑　洪武元年八月甲午,犯太微西垣上将。九月戊申,犯右执法。二年正月乙卯,犯房。六月壬辰,犯东咸。三年九月丙申,入太微垣。乙卯,留太微垣。四年九月乙卯,犯垒壁。五年十一月庚午,犯钩钤。九年三月辛酉,犯井。四月戊申,犯鬼。十年八月丙寅,犯天樽。十月乙卯,犯鬼。十一年二月壬戌,犯五诸侯。三月甲午,犯积尸。六月壬戌,犯右执法。十二年八月乙亥,犯鬼。戊寅,犯积尸。十二月庚寅,犯轩辕大星。十四年十月丙子,犯太微垣。十五年三月乙亥,犯右执法。九月乙丑,犯南斗。十六年八月辛卯,行轩辕中。九月辛酉,犯太微西垣上将。十七年正月乙卯,入氐。三月戊午,犯氐。十八年正月戊辰,犯外屏。十月丁酉,犯进贤。十九年正月壬戌,犯罚。二月丁未,犯箕。四月己亥,留斗。七月辛巳,斗。八月丁亥,犯斗。十月辛亥,十一月己巳,犯垒壁。二十一年正月丙申,入斗。四月丁未,七月庚辰,俱犯垒壁。十一月癸巳,犯外屏。二十二年正月丙戌,犯天阴。二月癸卯,行昴中。十月庚申,入氐。十一月甲午,犯东咸。十二月癸丑,犯天江。二十三年正月甲戌,入斗。三月辛卯,犯垒壁。五月戊戌,犯外屏。二十四年十二月甲子,与辰星同犯箕。二十五年二月己卯,犯垒壁。九月己卯朔,入井。二十六年三月庚戌,犯积薪。五月丙辰,犯轩辕。六月己丑,犯右执法。二十七年六月辛未,犯天街。八月癸巳,犯积薪。九月乙巳,犯鬼。二十八年二月壬午,又犯。四月戊子,入轩辕。五月戊午,犯灵台。闰九月乙丑,犯东咸。二十九年五月丙寅,犯诸王。六月甲午,犯司怪。十月辛亥,犯上将。十二月癸卯,守太微垣。三十年三月壬午,入太微垣。五月戊午,犯右执法。八月丁亥,入氐。丁未,入房。十月癸未,犯斗杓。三十一年十月,守心。

建文四年八月戊辰,犯上将。甲戌,入太微垣右掖门。九月辛巳朔,犯右执法。壬辰,犯左执法。十月甲寅,犯进贤。甲子,入角。十一月壬午,入亢。己亥,入氐。

永乐元年五月癸未,犯垒壁西第四星。十月甲戌,犯东第五星。二年四月乙酉,犯天樽。九月乙卯,犯角。十一月壬子,犯钩钤。三年三月癸丑,犯垒壁。四年正月甲午,犯天阴。戊午,犯月星。五年七月癸酉,犯诸王。八月己酉,犯司怪南第二星。六年二月庚辰朔,犯北第二星。四月辛卯,犯鬼。七月辛亥,入太微垣右掖门。丙辰及八年六月丙午,十年五月壬辰,俱犯右执法。十一年十月戊午,犯上将。十二年二月癸酉,退入太微垣,犯上相。十三年九月丁酉,犯灵台上星。癸卯,犯上将。十月庚午,犯左执法。十二月甲午朔,犯进贤。十五年九月庚申,犯左执法。十二月甲午,入房北第一星。十六年九月壬申,犯垒壁。十七年十二月庚辰,犯钩钤。二十年十月壬子,退犯天街上星。二十一年三月庚戌,犯积薪。二十二年十一月辛卯,退犯五诸侯。

洪熙元年正月庚辰,留井。四月癸卯,入鬼。

宣德元年十二月戊寅,犯轩辕。三年六月甲戌,犯积尸。十月戊子,犯太微西垣上将。四年三月癸亥,犯灵台。戊辰,犯上将。四月丙申、戊戌,俱犯右执法。九月丙辰,犯天江。五年九月乙丑,犯灵台。十月癸酉,犯上将。十一月己亥,犯左执法。丙午,犯进贤。六年三月乙卯,犯亢。六月甲寅、乙卯,俱犯氐。七月甲戌,犯房。九月癸亥,犯斗杓。七年九月辛酉,犯上将。十月己酉,犯进贤。八年正月丁卯,犯房。庚辰,犯东咸。八月丙午,犯斗魁。十月甲戌,犯垒壁。九年十一月己卯,犯氐。十二月己酉,犯钩钤。十年三月丁亥,犯垒壁。

正统元年二月乙丑,犯天街。十二月甲子,犯天江。二年四月乙亥,犯垒壁。三年三月甲辰,犯井。五月庚寅,犯积尸。四年闰二月己卯朔,犯垒壁。五年二月庚辰,三月辛未,俱犯井。七年五月己丑,犯右执法。八年八月辛丑,犯积尸。九年五月癸酉,犯左执法。十年十月辛丑,犯上将。十一年二月乙卯,三月丁酉,俱犯平道。七月丁亥,犯氐。九月辛未,犯天江。十三年正月丙午,犯房北第一星。二月戊午,犯罚。九月甲午,犯狗。十四年七月己卯朔,留守斗。九月壬寅,犯左执法。十月乙丑,犯进贤。十一月乙未,犯亢。十二月丁未朔,犯氐。丙子,犯房。

景泰元年九月丁未,犯垒壁西第三星。辛亥,犯第四星。庚申,犯第六星。十月辛未朔又犯。十二月己丑,犯第五星。二年十一月丙申,犯氐。癸亥,犯钩钤。三年四月甲申,与岁星同犯危。四年正月庚午,犯昴。五年六月戊戌,犯诸王。六年三月丙辰,犯井。五月乙巳朔,犯积尸。七年七月丁酉,入井。十月壬寅,犯鬼。

天顺元年二月癸未,又犯。二年八月戊辰,入鬼。三年正月辛卯,犯轩辕。四月乙卯,犯灵台。五月癸卯,犯右执法。四年七月戊子,犯天樽。八月丙辰,入鬼。十月庚午,犯上将。闰十一月庚申,犯上相。五年正月戊午,退入太微垣。三月癸亥,犯右执法。六年七月丙午,入鬼。九月乙卯,犯上将。十一月丙午,犯进贤。七年正月辛亥,入氐。四月辛酉,退犯氐西南星。七月壬辰,犯东南星。甲寅,犯房北第二星。八月己巳,犯斗杓。

成化元年正月丁巳,犯东咸。二月癸卯,犯天籥。五月戊午,留守斗。己巳,退犯魁第四星。七月癸酉,又犯。二年二月癸巳,犯天阴。三年八月乙未,犯垒壁。四年二月己亥,犯月星。己酉,犯天街。五月庚辰,犯鬼。癸未,犯积尸。十一年七月甲戌,犯积薪。八月癸未,入鬼。甲申,犯积尸。十月乙未,犯灵台。十二年四月壬辰,犯上将及建。十三年九月癸未,犯上将。十一月庚辰,犯进贤。十四年正月乙丑,犯亢。二月甲辰,又犯。十五年九月乙丑,犯灵台。闰十月庚申,犯进贤。十六年正月壬午朔,犯房。三月乙酉,犯天江。十月戊辰,犯垒壁。十七年三月庚辰,犯昴。十八年五月甲戌,八月丙辰,十月戊辰,俱犯垒壁。十九年十月庚辰,犯氐。十一月己酉,犯钩钤。壬子,犯东咸。二十一年正月戊子,犯天阴。十一月壬戌,犯天江。二十三年二月丁酉,犯井。

弘治元年六月庚戌,犯诸王。八月庚申,犯积薪。九月癸酉,犯鬼。甲戌,犯积尸。三年三月辛酉,犯鬼。四年六月戊子,犯诸王。五年六月己亥,犯积尸。七月癸酉,入井。十月乙巳,犯灵台。十一月丙申,犯上相。六年二月庚子,犯平道。三月甲戌,犯上相。四月丙申,犯左执法。七年十二月癸亥,犯亢。八年二月戊寅,犯房。四月癸酉、六月癸亥,俱犯氐。十二月癸丑,犯垒壁。九年十二月己丑,犯钩钤。十一年十一月乙未,犯亢。十三年正月壬戌,犯天阴。十四年四月庚子,犯垒壁。十月乙卯,犯天街。十五年二月戊辰,犯井。十六年七月丁丑,犯诸王。十七年四月癸卯,十八年九月癸未,正德二年七月戊辰,俱犯积尸。十月癸未,犯上将。三年四月乙丑,犯右执法。四年十一月己未,犯进贤。五年三月癸亥,犯亢。六月丁卯,犯房北第二星。七月丙子,犯天关。八月乙未,犯天江。十六年二月庚子,犯鬼。六月壬午,犯右执法。

嘉靖元年八月乙未,犯积尸。二年正月庚戌,入太微垣,犯内屏。闰四月丙寅,犯右执法。三年十月癸巳,犯上将。十一月甲子,犯左执法。十二月癸丑,犯进贤。四年二月戊午,犯平道。五年九月癸未,犯上将。十八年十一月辛未,犯上相。十九年九月乙卯,二十一年八月戊戌，俱犯斗。二十三年正月壬寅，犯房北第一星。三月丁巳，入斗。六月乙亥，入箕，退行二舍。二十四年十月丁巳，犯氐。二十七年十一月甲申，自毕退行至胃。二十九年十二月甲戌，退守井。三十一年九月辛卯，犯鬼。三十五年九月丁丑，犯上将。三十六年二月壬辰，自角退入轸。四月戊子，自轸退行二舍余。三十九年十二月甲寅，犯钩钤。四十二年十月辛亥，自胃退行抵娄。四十四年十二月壬申，自井退二舍。

隆庆二年六月乙未，犯右执法。三年八月丁未，犯鬼。四年五月己卯，犯右执法。

万历二年二月癸亥，犯房。五月己卯，犯氐。五年十月辛丑，又犯。九年二月辛酉，犯井。十二年十二月辛亥，退行张次。十三年正月庚辰，退入轩辕。二月戊申，犯张，又自张历柳。十五年正月丁酉，退入轸。二月丁卯，退行翼次。四月，犯翼。十七年二月己丑，犯氐。四月丁亥，自氐退入角。七月辛酉，犯房第二星。九月辛亥，犯斗杓。十九年四月乙巳，六月壬子，俱犯箕。七月丁亥，犯斗。二十年十一月戊辰，犯氐。二十一年七月辛巳，九月甲戌，俱犯室。二十二年五月，犯角。二十七年八月甲辰，犯奎。二十八年二月庚寅，犯鬼。三十年正月丁巳，退入太微垣。三十二年二月丁酉，退入角。三十四年四月己巳，犯心。五月戊寅，犯房。癸未，自心退入氐。三十七年十一月丙戌，犯氐。三十八年八月辛卯，退行娄次。四十二年十月，犯柳。四十四年十二月，犯翼。四十五年二月庚子，退行星度。四十七年正月，犯轸。二月丁巳，退入轸。辛未，退入翼。

泰昌元年八月辛亥，犯太微右将。

天启元年闰二月癸巳，退入氐。三年正月甲午，犯房北第一星。四月，守斗百日。八月甲子，犯狗国。十月甲申，犯垒壁。四年二月，守斗。五年九月乙卯，自壁退入室。

崇祯三年三月己酉，入井，退舍复赢。居数月，又入鬼，犯积尸。四月己卯，复犯积尸。八月辛亥，犯斗魁。八年九月丁丑，犯太微垣。十一年，自春至夏，守尾百余日。四月己酉，退行尾八度，掩于月。五月丁卯,退尾入心。十五年五月,守心。

填星　洪武十五年六月丁亥,九月乙未,俱犯毕。十六年八月
己卯,犯天关。十七年闰十月丙辰,犯井。十八年七月己巳,十九年
三月甲戌,俱犯天樽。九月甲寅,入鬼。十月甲午,留鬼。二十二年
二月癸卯,退行轩辕。二十三年正月戊子,五月壬子,俱犯灵台。二
十四年十月己未,犯太微东垣上相。二十五年二月辛酉,退犯上相。
巳卯,退入太微左掖。二十八年正月癸丑,守氐。四月乙丑,退入氐。
二十九年十一月甲子,犯罚。三十年正月丙辰,犯东咸。五月壬子
朔,又犯罚。

永乐元年九月丁丑,躔女留代。十二年七月戊子,犯井。十四
年七月辛亥,犯鬼。十七年九月丙子,犯上将。

洪熙元年十一月辛酉,宣德元年三月庚戌,九月壬辰,俱犯键
闭。

正统元年八月丁亥,退犯垒壁。三年十一月乙酉,犯外屏。八
年十一月庚午,十二月壬子,俱犯井。十年三月丁丑,犯天樽。十三
年九月丁亥,犯灵台。

景泰元年闰正月己酉,入太微垣。九月庚戌,二年二月戊子,俱
犯上相。庚寅,退入太微左掖。三年十月辛丑,犯亢。四年三月己
未,退犯亢。七年七月己丑,犯罚。

天顺三年正月辛卯,犯建。四月癸酉,守犯建。七年闰七月戊
午朔,退犯垒壁。十月癸丑,又犯。

成化四年七月甲子,犯天囷。七年闰九月戊午,犯斗魁。辛酉,
犯天高。十二年十月辛卯,守轩辕大星。十五年四月己丑,犯上将。
十七年二月己未,犯进贤。二十一年正月庚戌,犯罚。

弘治六年三月壬申,八年十二月戊午,十年九月乙丑,俱犯垒
壁。十四年十一月辛卯,犯诸王。十五年六月壬子,十二月辛丑,十
六年正月己卯,俱犯井。七月辛卯,犯天樽。十七年七月辛亥,犯积
尸。九月甲午,犯鬼。

正德二年八月癸巳,犯灵台。十月甲戌,犯上将。三年五月甲

子,犯灵台。五年二月戊申,六月壬辰,俱犯上相。七年四月甲申,犯亢。十五年二月丁卯,犯罗堰。十六年七月乙卯,退犯代。

嘉靖元年八月庚辰,退犯垒壁。二十二年五月甲子,退守氐三十七日。

隆庆三年三月庚午,退犯上相。

万历三十五年正月至六月,退留斗。四十八年八月癸丑,犯井。

天启元年正月丙戌,退入井。二年八月壬辰,犯守鬼。五年十月丙戌,犯上将。

太白　洪武元年七月己巳朔,犯井。三年十一月甲寅,犯垒壁。九年六月丁亥,犯毕。庚戌,犯井。八月,犯上将。九月己未,犯右执法。十年十月壬子,犯进贤。十一年九月丁丑,犯氐。十二月辛丑,犯垒壁。十二年三月壬子,犯昴。六月丁亥,犯井。七月乙巳,犯鬼。十三年八月丙戌,犯心。十六年十一月乙卯,犯垒壁。十七年七月癸卯,犯天樽。十二月丙申,犯垒壁。十八年十月壬子,犯亢。十九年正月庚午,犯牛。二月己丑,犯垒壁。七月己卯,二十年八月己巳,俱入太微垣。二十一年六月壬戌,犯左执法。二十二年正月己卯,犯建。五月癸巳,犯诸王。十一月辛未,入斗。十二月丁巳,犯垒壁。二十三年四月壬戌,犯五诸侯。六月丁丑,留井。十月庚午,入亢。二十四年七月庚戌,入太微垣右掖。辛卯,犯右执法。十月丙辰,入斗。二十五年闰十一月乙酉,入垒壁。二十六年二月癸卯,犯天街。三月丙子朔,犯诸王。二十八年六月癸酉,犯毕。七月丙午,犯井。己酉,出井,犯东第三星。闰九月壬申,入角。十月戊申,犯东咸。二十九年七月戊辰,入角。八月癸丑,犯心中星。三十年正月壬戌,犯建。十二月戊戌,入垒壁。三十一年正月乙亥,犯外屏。五月丁未朔,犯五诸侯。

建文四年六月庚子,入太微右掖。八月甲子,入角。九月癸未,入氐。丙申,入房。十月癸亥,入斗杓。

永乐元年六月丙辰,犯毕。七月甲申,入井。八月己酉,犯鬼。九月丙子朔,犯轩辕左角。十月辛未,入氐。十一月丙戌,犯键闭。

二年五月辛丑朔,犯鬼。七月己酉,入角。八月丁亥,入房南第二星。十一月丁巳,犯东咸。三年三月丙申朔,犯垒壁东第五星。十二月己巳,犯西第三星。四年二月癸未,犯天阴。五月庚寅朔,犯五诸侯。七月庚戌,犯井。八月丙申,犯御女。九月戊寅,犯进贤。十月乙卯,犯房北第一星。五年七月癸丑,犯右执法。八月己亥,犯氐。九月癸丑,犯东咸。十月癸未,犯斗魁。十一月辛未朔,犯秦。六年六月甲申,犯诸王。丙申,与岁星同犯井。七月戊申,犯天樽。七年二月丙戌,犯外屏。十一月丁亥,犯罚。八年九月壬辰,犯天江。十二年五月癸酉朔,犯五诸侯。闰九月己酉,犯左执法。十三年八月庚寅,犯房北第二星。十月乙丑朔,犯斗魁。十四年六月丁卯,犯诸王。十六年十一月甲子,犯垒壁。十七年七月戊午,犯天樽。八月癸巳,犯轩辕大星。十八年八月乙丑,犯心后星。十九年十月癸卯,犯天江。十二月丁酉,犯垒壁。

洪熙元年三月乙酉,犯昴。四月丙辰,犯井。十月辛未,犯平道。辛巳,犯亢。

宣德元年十月戊辰,犯斗杓。十一月己巳,犯垒壁。丙辰,又犯。二年正月丙申,犯外屏。七月癸巳,犯东井。八月丙辰朔,犯鬼。丁巳,又犯。乙亥,犯轩辕大星。九月丁巳,犯右执法。三年十一月甲子,犯罚。五年二月丁酉,犯昴。九月丁未,犯轩辕左角。十一月壬戌,犯键闭。六年九月丙戌,犯斗。七年七月乙酉,犯轩辕。八年十月癸亥,犯亢。十一月辛卯,犯罚。九年十一月壬辰,犯垒壁。十年正月甲戌,犯外屏。六月庚申,犯天关。八月丙辰,犯轩辕。九月壬申,犯上将。

正统三年九月己丑,十一年九月辛未,俱犯轩辕左角。己丑,犯右执法。十月乙未朔,犯左执法。丙午,犯进贤。十二年六月乙亥,犯上将。七月癸丑,犯亢。十四年正月丁亥,犯垒壁。四月庚申,犯井。五月丁亥,犯鬼。七月癸卯,犯亢。九月庚辰,犯天江。十一月丁亥,犯亢。

景泰元年正月丁亥,犯亢。闰正月庚申,入垒壁。八月甲申,犯亢。九月乙巳，犯钩钤。壬戌，犯天江。十一月辛酉，犯垒壁。二年六月戊辰朔，犯毕。八月壬寅，入太微右掖。三年四月丁卯，犯诸王。戊子，犯井。五月壬子，犯鬼。六月乙酉，犯灵台。戊子，犯上将。庚寅，入太微右掖。七月壬寅，犯左执法。五年九月癸丑，掩犯轩辕左角。甲戌，犯左执法。六年六月辛巳，犯井。己丑，与荧惑同入太微右掖。八月戊午，犯房北第二星。九月甲午，犯斗魁。七年七月辛未，犯鬼。

天顺元年十二月甲午，犯键闭。丁酉，犯罚。二年正月丁卯，犯建。七月丙申，行太微垣中。九月甲寅，犯斗杓。三年五月庚戌，犯毕。十月甲寅，犯亢。四年七月丁丑，犯右执法。甲申，犯左执法。六年九月乙未，犯轩辕左角。己未，犯左执法。十月己巳，犯进贤。七年九月丁丑，犯斗魁。乙酉，犯狗。八年二月丙午，与岁星同犯垒壁。

成化元年十二月丙午，犯键闭。二年正月乙卯，犯斗。三年二月丁未，犯娄。三月戊子，犯外屏。五月壬辰，犯毕。六月壬戌，犯井。七月甲申，入鬼，犯积尸。八月癸卯，入轩辕。四年六月戊申，犯灵台。五年二月癸巳，犯牛。六年九月丙子朔，犯轩辕左角。甲午、庚子，俱犯左执法。七年九月壬午，犯房北第二星。闰九月戊午，犯斗魁。十二月乙未，犯牛及罗堰。八年二月甲申，犯垒壁。六月庚午，入井。十二月丙戌，犯垒壁。九年四月己卯，犯五诸侯。十月甲子，犯左执法。十一年三月甲戌，犯外屏。七月庚戌，犯天樽。八月丁酉，犯灵台。庚子，犯上将。九月癸丑，犯左执法。十二年三月庚午，犯月星。四月甲午，犯井。十三年十二月甲午朔，犯垒壁。十五年九月庚辰，犯天江。十月庚子，犯斗魁。辛亥，犯狗。十七年二月丁卯，犯天阴。五月丁酉，犯轩辕。十九年八月丙寅，又犯。九月甲午，犯左执法。十月庚辰，犯房。二十年六月壬午，犯左执法。十二月庚辰，犯垒壁。二十二年六月庚子，犯井。八月甲午，犯轩辕。十一月乙亥，犯进贤。十二月庚戌，犯房。二十三年八月甲申，犯亢。

弘治元年二月癸丑，犯垒壁。六月庚戌，犯鬼。七月丙子，犯轩

辕大星。癸未,犯左角。戊子,犯灵台。二年正月庚辰,犯外屏。二
月丁未,犯垒壁。十月己丑,犯左执法。三年正月壬申,犯罗堰。十
一月戊戌,犯垒壁。四年六月癸丑,犯天关。六年二月庚子,犯罗堰。
甲子,犯垒壁西第六星。三月甲申,犯东第四星。七年二月辛未,犯
昴。七月壬子,犯鬼。八月辛巳,犯轩辕左角。九月丁亥,犯灵台。
壬寅,犯亢。十一月壬辰,犯房。乙未,犯罚。丙午,犯天江。九年
二月戊午,犯罗堰。七月己未,犯轩辕大星。十年十月辛未,犯左执
法。十二月戊辰朔,犯东咸。十一年十月辛未,犯天江。十二年七
月辛未,犯鬼。九月戊午朔,犯左执法。十三年十一月乙未,犯罚。
十四年正月辛酉,犯建。二月壬午,犯罗堰。十一月己亥,犯垒壁。
十五年二月甲寅,犯昴。五月己丑,犯天高。十一月癸酉,犯牛。十
六年三月辛卯,犯诸王。九月甲申,犯天江。十月丁未,犯斗魁。丁
丑,犯狗。十一月辛巳,犯罗堰。十七年五月己亥,犯诸王。七月丙
辰,犯上将。十八年九月丙午,犯右执法。

　　正德元年春,守轩辕。十二月癸丑,犯垒壁。二年三月壬申,犯
外屏。五月己巳,犯天高。九月辛丑朔,犯进贤。三年十月丙戌,犯
亢。四年正月己酉,犯建。五年八月己亥,犯轩辕大星。十月丙申,
犯亢。六年七月辛酉,犯左执法。十月丁亥,犯斗。十一月癸亥,犯
罗堰。七年闰五月丁酉,犯钺。六月甲子,犯积尸。八年正月丙戌,
犯外屏。七月丁亥,犯酒旗。八月戊申,犯轩辕右角。十年八月丁
卯,犯上将。丁丑,犯左执法。十三年七月戊戌,犯井。己未,犯鬼。
十四年十月戊辰,犯斗。癸未,犯狗。十六年四月癸卯,犯鬼。八月
己丑,犯轩辕右角。九月乙亥,犯左执法。十月戊子,犯进贤。十一
月丁卯,犯键闭。十二月庚子,犯建。

　　嘉靖元年正月丙辰,犯牛。十月戊子,犯斗杓。二年六月癸丑,
犯井。七月丙子,犯鬼。八月辛酉,犯左执法。四年正月丁卯,犯建。
五年六月庚辰,犯井。六年六月丁卯,犯灵台。八年二月庚寅,犯天
街。

　　隆庆元年十月甲申,入斗。

万历二十四年四月戊午,犯井。三十四年二月甲子,犯昴。四十六年四月乙卯,犯御女。

泰昌元年八月丙午朔,犯太微垣勾己。

天启三年九月,犯心中星。五年九月壬申,犯左执法。甲申,犯御女。

辰星　洪武十一年十二月庚戌,犯斗。十五年四月丁亥,犯东井。十八年八月丁酉,入太微垣。二十一年十月壬子,入氏。二十二年十月癸卯,犯氐。二十五年八月庚午,犯上将。二十七年七月辛丑,犯鬼。十一月庚子,犯键闭。二十八年正月丁酉,犯垒壁。五月甲辰,犯天樽。三十年十二月甲辰,犯建。

建文四年六月庚午,犯积薪。

永乐二年四月丁酉,犯毕。癸卯,犯诸王。五月丁卯,犯轩辕大星。十月己丑,犯斗杓。三年六月己卯,犯轩辕大星。六年正月庚戌朔,犯垒壁。二月癸巳,又犯。十六年六月戊子,犯轩辕大星。

宣德元年五月丁未,犯鬼。二年十一月丙戌,犯氐。五年闰十二月丁酉,犯建。戊戌,又犯。七年五月辛巳,犯积尸。

正统十三年十月丙辰,犯亢。

景泰四年五月己未,犯积薪。

成化十二年三月壬戌,犯昴。

弘治五年十一月庚辰,犯罚。十二年六月壬子,犯鬼。十月壬子,犯房北第一星。十七年七月丙辰,犯灵台。十八年五月庚子,犯鬼。十一月戊子,犯键闭。

正德七年六月丙寅,犯鬼。

嘉靖元年正月戊午,犯罗堰。二年八月壬寅,犯上将。

天启七年三月辛未,退犯房。

按两星经纬同度曰掩,光相接曰犯,亦曰凌。纬星出入黄道之内外,凡恒星之近黄道者,皆其必由之道,凌犯皆由于此。而行迟则凌犯少,行速则多,数可预定,非如彗孛飞流之无常。然则天象之示炯戒者,应在彼而不在此。历代史志凌犯多系以事应,非附会即偶中尔。兹取纬星之掩犯恒星者次列之。比事以观，其有验者，十无一二，后之人可以观矣。至于月道与纬星相似，而行甚速，其出入黄道也，二十七日而周，计其掩犯恒星殆无虚日，岂皆有休咎可占。今见于《实录》者不及百分之一，然已不可胜书，故不书。

明史卷二七
志第三

天文三

**星昼见　客星　彗孛　天变
日变月变　晕适　星变　流陨
云气**

星昼见　恒星　洪武十九年七月癸亥,二十年五月丁丑,七月
壬寅,二十一年十二月丁卯,俱三辰昼见。弘治十八年九月甲午申
刻,河鼓、北斗见。庚子,星昼见。正德元年二月癸酉,星斗昼见。天
启二年五月壬寅,有星随日昼见。崇祯十六年十二月辛酉朔,星昼
见。

岁星　景泰二年九月甲辰,昼见。三年六月壬戌,四年五月丁
丑,六月甲辰,五年七月庚戌、壬子、癸亥,六年七月丁酉,天顺元年
五月丙子,五年七月乙卯,六年八月庚午,七年三月乙巳,成化十四
年六月庚子,八月丁酉,十六年七月丙申,十八年九月癸亥,二十年
八月壬申,弘治元年六月甲寅,二年五月癸亥,六月甲午,五年十月
己酉,六年九月癸卯,七年十一月癸卯,九年二月辛亥至甲寅,四月
壬午,十年正月甲寅至丙辰,十一年八月甲申,十三年四月庚子至
乙巳,十四年六月壬辰至乙未,并如之。十五年六月,连日昼见。十
六年七月辛卯,十七年七月壬子,十八年五月乙未,八月辛巳至九

月癸未,正德元年十一月乙酉,二年十一月辛酉至丁卯,六年三月
壬寅至四月壬申,九年八月乙巳至甲寅,十二年十月甲子至乙巳,
并如之。嘉靖二年三月辛未,二十九年八月戊寅,昼见守井。崇祯
十一年四月壬子,昼见。

荧惑　景泰三年八月甲子,昼见于未位。

太白　洪武四年二月戊午,昼见。四月戊申,六月壬午朔,五年
六月甲申至丁亥,十二月甲申,八年八月丁巳,九年二月乙巳至己
酉,三月壬申,十二年闰五月戊戌,十三年七月甲午,十五年四月丁
亥,七月戊申、辛酉,九月丁未朔,十六年十月壬辰至乙未,十八年
四月己亥至辛丑,六月丙申至辛丑、辛亥,并如之。九月戊寅,经天
与荧惑同度。乙酉,昼见。丁亥,又见,犯荧惑。十月癸巳至丙申,
昼见。戊戌至辛丑,十九年十月甲申朔至庚寅,并如之。二十年六
月戊戌,经天。七月壬寅至甲辰,昼见。二十一年四月己巳,七月丙
申,二十三年三月丁亥,二十四年八月辛巳,二十五年二月辛酉,二
十六年四月甲辰,并如之。八月庚子,与太阴同昼见。建文四年七
月庚子,经天。永乐元年五月癸未、癸卯,俱与太阴同昼见。六月壬
申,与太阴昼见。四年七月壬寅,昼见。五年八月丙申,六年二月甲
辰,八年十月庚戌,十二年九月癸未,十五年七月己酉,八月庚戌,
洪熙元年六月戊戌,七月乙巳,八月癸巳,宣德六年十月乙巳,八年
九月戊戌至甲寅,九年十二月甲子,十年七月丁亥,正统四年七月
壬子,十月丙申,六年五月庚戌,并如之。十一年七月甲申,经天。十
三年二月辛酉,昼见。十四年正月辛亥,八月丙子,景泰元年十月乙
酉,二年五月庚子、辛亥,并如之。壬子,经天。三年五月丁巳,昼见。
十一月壬戌,五年正月甲戌,二月丙戌,六月癸卯,七年正月戊戌,
天顺元年四月甲午,八月壬子,二年十月己未,三年四月癸亥、癸
酉,四年十一月庚寅,十二月丙戌,五年正月丁未,十二月癸巳,六
年六月己丑,八月庚午,七年闰七月辛酉、癸未,八年正月庚申,成
化元年二月癸未,三年四月癸丑,四年六月丙申,六年六月丙戌,七
年八月癸卯,并如之。八年正月乙卯,经天,与日争明。十一年五月

己未,昼见。十二年十月丙戌,十三年十二月甲午,并如之。十四年
六月庚子,与岁星俱昼见。八月甲午,昼见。十五年十二月丙子,十
七年三月癸未,八月癸亥,十八年九月庚戌,十九年四月癸亥朔,并
如之。二十年八月壬申,与岁星俱昼见。二十一年十一月丙辰,昼
见。二十二年六月己丑,二十三年九月丙午,弘治元年五月庚午,二
年正月壬戌,三月庚申,五月丙戌,八月癸巳、庚子,四年四月辛未,
五年五月乙亥,十月辛酉,六年十二月乙丑,七年五月庚戌,八年七
月戊子,九年二月己酉朔,十年正月甲子至丁卯,并如之。六月丙子
未刻,经天。八月癸未及十一年十月辛巳,昼见。十二年三月戊辰
至壬申,八月庚寅,并如之。十三年四月庚子至乙巳,与岁星同昼
见。十月丁未、己酉,十四年十二月庚戌,十五年五月庚寅至癸巳,
十六年七月壬辰,十七年二月戊戌及六月癸亥,十八年二月壬戌,
并昼见。五月辛亥,经天。八月癸亥至戊辰,昼见。正德元年十月
己未,如之。二年正月庚辰,经天。三月戊辰,昼见。三年五月乙巳
至丁未,十月己卯、庚辰,四年十月戊戌至乙巳,五年五月丙子,六
年七月壬申至八月癸未,八年正月丙戌,至己丑,四月壬戌、癸亥,
八月庚戌至乙卯,九年十一月甲申至十二月壬辰,十一年六月甲寅
至己未,十四年八月丙寅至庚辰,十五年正月己未至二月辛酉,十
六年八月丁亥,嘉靖元年九月辛未,并如之。二年三月辛未,与岁星
俱昼见。三年四月庚戌,昼见。五年五月庚子,十一年四月癸巳,十
月辛巳、戊子,十一月甲寅,十三年闰二月庚申,并如之。五月癸巳,
与月同昼见。十七年九月辛卯,昼见。十八年四月癸亥,十一月壬
寅,二十年十一月乙巳至丁未,二十二年七月丙午,二十三年二月
辛巳,二十四年闰正月戊寅,二十五年十月辛卯,二十六年四月丙
申,二十七年四月丁巳,十一月丙戌至乙未,二十八年十一月乙酉
至己丑,二十九年六月戊申、甲寅,三十年六月丙子至辛巳,三十一
年正月丙戌至丙申,三十二年二月辛未至甲戌,七月戊辰至辛未,
三十五年五月壬午,十月癸卯至丙午,三十六年十二月庚辰朔,三
十八年七月癸酉,三十九年正月庚寅至壬辰,并如之。四十年三月

丙子,昼见,历二十四日。八月辛未,昼见。四十一年九月乙未,四十二年四月己巳至壬申,四十三年五月甲寅,并如之。十月戊子,昼见,历二十二日。四十五年正月己亥,昼见。隆庆元年七月辛酉,二年正月甲寅,并如之。三年三月甲子,昼见,历二十二日。四年十一月乙丑至丁卯,昼见。万历十一年七月辛丑,十二年七月癸巳,十六年九月丁丑,二十一年八月甲午,二十四年十月丙寅,并如之。二十七年九月辛卯,经天。三十七年三月辛丑,昼见。三十八年十月辛巳,四十年五月壬寅,天启二年二月丙戌,三年三月丁巳,十二月乙丑,五年四月癸未,并如之。七月癸酉,经天。崇祯元年七月壬戌,昼见。三年四月己卯,十二月丙辰,并如之。

客星　《史记·天官书》有客星之名,而不详其形状。叙国皇、昭明诸异星甚悉,而无瑞星、妖星之名。然则客星者,言其非常有之星,殆诸异星之总名,而非有专属也。李淳风志晋、隋天文,始分景星、含誉之属为瑞星,彗、孛、国皇之类为妖星,又以周伯、老子等为客星,自谓本之汉末刘睿《荆州占》。夫含誉,所谓瑞星也,而光芒则似彗;国皇,所谓妖星也,而形色又类南极老人。瑞与妖果有定哉?且周伯一星也,既属之瑞星,而云其国大昌。又属之客星,而云其国兵起有丧。其说如此,果可为法乎?马迁不复区别,良有以也。今按《实录》,彗、孛变见特甚,皆别书。老人星则江以南常见,而燕京必无见理,故不书。余悉属客星而编次之。

洪武三年七月,太史奏文星见。九年六月戊子,有星大如弹丸,白色。止天仓,经外屏、卷舌,入紫微垣,扫文昌,指内厨,入于张。七月乙亥灭。十一年九月甲戌,有星见于五车东北,发芒丈余。扫内阶,入紫微宫,扫北极五星,犯东垣少宰,入天市垣,犯天市。至十月己未,阴云不见。十八年九月戊寅,有星见太微垣,犯右执法,出端门。乙酉,入翼,彗长丈余。至十月庚寅,犯军门,彗扫天庙。二十一年二月丙寅,有星出东壁,占曰“文士效用”。帝大喜,以为将策进士兆也。

永乐二年十月庚辰，辇道东南有星如盏，黄色，光润而不行。二十二年九月戊戌，有星见斗宿，大如碗，色黄白，光烛地，有声，如撒沙石。

宣德五年八月庚寅，有星见南河旁，如弹丸大，色青黑，凡二十六日灭。十月丙申，蓬星见外屏南，东南行，经天仓、天庾，八日而灭。十二月丁亥，有星如弹丸，见九游旁，黄白光润，旬有五日而隐。六年三月壬午，又见。八年闰八月戊午，景星三，见西北方天门，青赤黄各一，大如碗，明朗清润，良久聚半月形。丁丑，有黄赤色见东南方，如星非星，如云非云，盖归邪星也。

景泰三年十一月癸未，有星见鬼宿积尸气旁，徐徐西行。

天顺二年十一月癸卯，有星见于星宿，色白，西行，至丙午，其体微，状如粉絮，在轩辕旁。庚戌，生芒五寸，犯爟位西北星，至十二月壬戌，没于东井。五年六月壬辰，天市垣宗正旁，有星粉白，至乙未，化为白气而消。六年六月丙寅，有星见策星旁，色苍白，入紫微垣，犯天牢，至癸未，居中台下，形渐微。

弘治三年十二月丁巳，有星见天市垣，东南行。戊辰，见天仓下，渐向壁。七年十二月丙寅，有星见天江旁，徐行近斗，至八年正月庚戌，入危。十二年七月戊辰，有星见天市垣宗星旁，入紫微垣东藩，经少宰、尚书，抵太子后宫，出西藩少辅旁，至八月己丑灭。十五年十月戊辰，有星见天庙旁，自张抵翼，复退至张，戊寅灭。

正德十六年正月甲寅朔，东南有星如火，变白，长可六七尺，横亘东西，复变勾屈状，良久乃散。

嘉靖八年正月立春日，长星亘天。七月又如之。十一年二月壬午，有星见东南，色苍白，有芒，积十九日灭。十三年五月丁卯朔，有星见腾蛇，历天厩入阁道，二十四日灭。十五年三月戊午，有星见天梧旁，东行历天厨，西入天汉，至四月壬辰没。二十四年十一月壬午，有星出天梧，入箕，转东北行，逾月没。

万历六年正月戊辰，有大星如日，出自西方，众星皆西环。十二年六月己酉，有星出房。三十二年九月乙丑，尾分有星如弹丸，色赤黄,见西南方,至十月而隐。十二月辛酉。转出东南方,仍尾分。明年二月渐暗,八月丁卯始灭。三十七年,有大星见西南,芒刺四射。四十六年九月乙卯,东南有白气一道,阔尺余,长二丈余,东至轸,西入翼,十九日而灭。十一月丙寅,旦月花白星见东方。

天启元年四月癸酉,赤星见于东方。

崇祯九年冬,天狗见豫分。

彗孛 彗之光芒傅日而生,故夕见者必东指,晨见者必西指。孛亦彗类,其芒气四出,天文家言其灾更甚于彗。

洪武元年正月庚寅,彗星见于昴、毕。三月辛卯,彗星出昴北大陵、天船间,长八尺余,指文昌,近五车,四月己酉,没于五车北。六年四月,彗星三入紫微垣。二十四年四月丙子,彗星二,一入紫微垣阊阖门,犯天床;一犯六甲,扫五帝内座。

永乐五年十一月丙寅,慧星见。

宣德六年四月戊戌,有星孛于东井,长五尺余。七年正月壬戌,彗星出东方,长丈余,尾扫天津,东南行,十月始灭。是月戊子,又出西方,十有七日而灭。八年闰八月壬子,彗星出天仓旁,长丈许。己巳,入贯索,扫七公。己卯,复入天市垣,扫晋星,二十有四日而灭。

正统四年闰二月己丑,彗星见张宿旁,大如弹。丁酉,长五丈余,西行,扫酒旗,迤北,犯鬼宿。六月戊寅,彗星见毕宿旁,长丈余,指西南,计五十有五日乃灭。九年七月庚午,彗星见太微东垣,长丈许,累日渐长,至闰七月己卯,入角没。十四年十二月壬子,彗星见天市垣市楼旁,历尾度,长二尺余,至乙亥没。

景泰元年正月壬午,彗星出天市垣外,扫天纪星。三年三月甲午朔,有星孛于毕。七年四月壬戌,彗星东北见于胃,长二尺,指西南。五月癸酉,渐长丈余。戊子,西北见于柳,长九尺余,扫犯轩辕星。甲午,见于张,长七尺余,扫太微北,西南行。六月壬寅,入太微垣,长尺余。十二月甲寅,彗星复见于毕,长五寸,东南行,渐长,至癸亥而没。

天顺元年五月丙戌,彗星见于危,若动摇者,东行一度,芒长五寸,指西南。六月癸巳朔,见室,长丈余,由尾至东壁,犯天大将军、卷舌第三星,井宿水位南第二星。十月己亥,彗星见于角,长五寸余,指北,犯角北星及平道东星。五年六月戊戌,彗见东方,指西南,入井度。七月丙寅始灭。

成化元年二月,彗星见。三月,又见西北,长三丈余,三阅月而没。四年九月己未,有星见星五度,东北行,越五日,芒长三丈余。尾指西南,变为彗星。其后晨见东方,昏见室,南犯三公、北斗、瑶光、七公,转入天市垣。出垣渐小,犯天屏西第一星。十一月庚辰,始灭。七年十二月甲戌,彗星见天田,西指,寻北行,犯右摄提,扫太微垣上将及幸臣、太子、从官,尾指正西,横扫太微垣郎位。己卯,光芒长大,东西竟天。北行二十八度余,犯天枪,扫北斗、三公、太阳,入紫微垣内,正昼犹见。自帝星、北斗、魁、庶子、后宫、勾陈、天枢、三师、天牢、中台、天皇大帝、上卫、阁道、文昌、上台,无所不犯。乙酉,南行犯娄、天河、天阴、外屏、天囷。八年正月丙午,行奎宿外屏,渐微,久之始灭。

弘治三年十一月戊戌,彗星见天津南,尾指东北。犯人星,历杵臼。十二月戊申朔,入营室。庚申,犯天仓。十三年四月甲午,彗星见垒壁阵上,入室壁间,渐长三尺余。指离宫,扫造父,过太微垣,渐微。入紫微垣,近女史,犯尚书,六月丁酉没。

正德元年七月己丑,有星见紫微西藩外,如弹丸,色苍白。越数日,有微芒见参、井间,渐长二尺,如帚,西北至文昌。庚子,彗星见,有光,流东南,长三尺。越三日,长五尺许,扫下台上星,入太微垣。十五年正月,彗星见。

嘉靖二年六月,有星孛于天市。十年闰六月乙巳,彗星见于东井,长尺余,扫轩辕第一星,芒渐长,至翼,长七尺余。东北扫天樽,入太微垣,扫郎位,行角度,东南扫亢北第二星,渐敛,积三十四日而没。十一年八月己卯,彗星见东井,长尺许。后东北行,历天津,渐至丈余。扫太微垣诸星及角宿、天门,至十二月甲戌,凡一百十五日而灭。十二年六月辛巳，彗星见于五车，长五尺余，扫大陵及天大将军。渐长丈余，扫阁道，犯螣蛇。至八月戊戌而灭。十八年四月庚戌，彗星见，长三尺许，光指东南。扫轩辕北第八星，旬日始灭。三十三年五月癸亥，彗星见天权旁，犯文昌，行入近浊，积二十七日而没。三十五年正月庚辰，彗星见进贤旁，长尺许，西南指，渐至三尺余。扫太微垣，次相东北，入紫微垣，犯天床，四月二日灭。三十六年九月戊辰，彗星见天市垣列肆旁，东北指，至十月二十三日灭。

隆庆三年十月辛丑朔，彗星见天市垣，东北指，至庚申灭。

万历五年十月戊子，彗星见西南，苍白色，长数丈，气成白虹。由尾、箕越斗、牛逼女，经月而灭。八年八月庚申，彗星见东南方，每夜渐长，纵横河汉凡七十日有奇。十年四月丙辰，彗星见西北，形如匹练，尾指五车，历二十余日灭。十三年九月戊子，彗星出羽林旁，长尺许。每夕东行，渐小，至十月癸酉灭。十九年三月丙辰，西北有星如彗，长尺余。历胃、室、壁，长二尺。闰三月丙寅朔，入娄。二十一年七月乙卯，彗星见东井。乙亥，逆行入紫微垣，犯华盖，二十四年七月丁丑，彗星见西北，如弹丸。入翼，长尺余，西北行。三十五年八月辛酉朔，彗星见东井，指西南，渐往西北。壬午，自房历心灭。四十六年十月乙丑，彗星出于氐，长丈余，指东南，渐指西北。扫犯太阳守星，入亢度，西北扫北斗、璇玑、文昌、五车，逼紫微垣右，至十一月甲辰灭。四十七年正月杪，彗见东南，长数百尺，光芒下射，末曲而锐，未几见于东北，又未几见于西。

崇祯十二年秋，彗星见参分。十三年十月丙戌，彗星见。

天变　洪武二十一年八月壬戌至甲子，天鼓鸣，昼夜不止。二十八年三月戊午，昏刻天鸣，如风水相搏，至一鼓止。九月戊戌，初鼓，天鸣如泻水，自东北而南，至二鼓止。宣德元年八月戊辰，昏刻天鸣，如雨阵迭至，自东南而西南，良久乃息。辛未，东南天鸣，声如万鼓。正统十年三月庚寅，西北天鸣，如鸟群飞。正德元年二月壬子，夜东北天鸣，如风水相搏者五七次。隆庆二年八月甲辰，绛州西北天裂,自丑至寅乃合。万历十六年九月乙丑,甘肃石灰沟天鸣,云中如犬状乱吠,有声。崇祯元年三月辛巳,昧爽,天赤如血,射窗牖皆红。十年九月,每晨夕天色赤黄。

日变月变　洪武二年十二月甲子,日中有黑子。三年九月戊戌,十月丁巳,十一月甲辰,四年三月戊戌,五月壬子至辛巳,九月戊寅,五年正月庚戌,二月丁未,五月甲子,七月辛未,六年十一月戊戌朔,七年二月庚戌至甲寅,八年二月辛亥,九月癸未,十二月癸丑,十四年二月壬午至乙酉,十五年闰二月丙戌,十二月辛巳,并如之。

正统元年八月癸酉至己卯,月出入时皆有游气,色赤无光。十四年八月辛未,月昼见,与日争明。十月壬申,日上黑气如烟,寻发红光,散焰如火。

景泰二年四月己卯,月色如赭。七年九月丙子,日色变赤。

天顺二年闰二月己巳,日无光,旋赤如赭。三年八月丁卯,日色如赭。六年十月丙子,日赤如血。七年四月癸未,如之。乙酉,日色变白。八年二月己亥,日无光。

成化五年闰二月己卯,日色变白。十一年二月己亥,日色如赭。四月辛卯,如之。十三年三月壬申,日白无光。十月辛卯,十四年三月庚午,十六年三月丙戌,并如之。十七年三月丁酉,日赤如赭。十八年四月壬寅,日赤无光。十二月癸酉,日赤如赭。二十年二月癸酉,如之。

弘治元年十一月己卯,月生芒如齿,长三尺余,色苍白。十八年八月癸酉至九月甲午,日无光。

嘉靖元年正月丁卯,日惨白,变青,无光。二十八年三月丙申至庚子,日色惨白。三十四年十二月庚申,晦,日忽暗,有青黑紫日影如盘数十相摩,久之千百,飞荡满天,向西北而散。

万历二十五年三月癸丑,黑日二三十余,回绕日旁,移时云隐不见。五月辛卯朔,日光转荡,旋为黑饼。三十年三月甲申,日光照地黄赤。三十五年十一月丙午，日赤无光，烛地如血。四十二年三月庚辰，日赤黄如赭如血者累日。四十四年八月戊辰，日中有黑光。四十六年闰六月丙戌至戊子，黑气出入日中摩荡。

天启四年正月癸未，日赤无光，有黑子二三荡于旁，渐至百许，凡四日。二月壬子，日淡黄无光。癸丑，黑日摩荡日旁。四月癸酉，日中黑气摩荡。十二月辛巳，午刻，非烟非雾，覆压日上，摩荡如盖如吞，通天皆赤。

崇祯四年正月戊戌，日色如血，照人物皆赤。二月乙巳朔，日赤如血，无光。十月丙午，月昼见。十一年十一月癸亥，日中有黑子及黑青白气。日入时，日光摩荡如两日。十二年正月己未朔，日白无光。辛酉，日光摩荡竟日，有气从日中出，如镜黛喷花。二月庚子，日旁有红白丸，又白芒黑气交掩，日光摩荡。十三年九月己巳，两日并出，辰刻乃合为一，入时又分为二。十四年正月壬寅，日青无光。后三年正月癸丑，有星入月。三月壬寅，日色无光者两旬。

晕适　洪武六年三月戊辰，日交晕。十年正月己巳，白虹贯日。十二月甲子，白虹贯月。十二年四月庚申，日交晕。十四年正月壬子，日有珥，白虹贯之。九月甲辰，白虹贯日。十五年正月丁未，十九年三月己巳，二十二年十二月戊午，并如之。二十三年正月壬辰，日晕，白虹贯珥。二十八年十一月乙亥，日上赤气长五丈余，须臾又生直气、背气，皆青赤色。又生半晕，两白虹贯珥，已而弥天贯日。三十年二月辛亥，白虹亘天贯日。

永乐十八年闰正月癸未，日生重半晕，上有青赤背气，左右有珥，白虹贯之，随生黄气、璚气。

洪熙元年正月乙未，日生两珥，白虹贯之。四月丁未，如之，复生交晕。

宣德元年正月庚戌，日生青赤璚气，随生交晕，色黄赤。二月己卯，日两珥，又生交晕，左右有珥，上重半晕及背气。昏刻，月生两珥，白虹贯之。二年十二月甲戌，月生交晕，左右珥，白虹贯之。三年三月庚寅，日生交晕，色黄赤，两珥及背气、戟气各一，色皆青赤。
丁酉，日晕，又交晕及戟气二道。十二月己卯，日生交晕。五年正月
癸亥，日晕，随生交晕。二月甲午，日交晕，随生戟气。四月庚辰，日
生两珥，白虹贯之。六年二月甲寅，日晕，随生交晕及重半晕璚气。
八年九月戊戌，辰刻，日晕，两珥背气，申刻诸气复生。十年十二月
辛亥，日晕，白虹贯两珥，有璚气，随生重半晕及背气。

　　正统元年二月己酉，白虹贯月。九月丁未，如之。十二月丙戌，
月生背气，左右珥，白虹贯之。三年四月庚辰，日生两珥，白虹贯之，
随晕。十二月癸酉，月生两珥，白虹贯之，随生背气。七年十二月辛
丑，月晕，白虹贯之。十一年正月乙未，日生背气，白虹弥天。十四
年八月戊申，日晕，旁有戟气，随生左右珥及戴气，东北虹霓如杵。

　　景泰元年二月壬午，酉刻，日上黑气四道，约长三丈，离地丈
许，两头锐而贯日，其状如鱼。十二月甲午，日交晕，上下背气各一
道，两旁戟气各一道。二年正月癸卯，日生左右珥，白虹贯之，随生
背气。二月丙戌，日交晕。三年正月丙辰，日生左右珥及背气、白虹。
五年十一月壬戌，月晕，左右珥及背气，又生白虹，贯右珥。七年六
月丁丑，日晕，随生重半晕及左右珥。

　　天顺元年二月庚戌，辰刻，日交晕，左右珥，旋生抱气及左右戟
气，白虹贯日。未刻，诸气复生。辛亥，日交晕，左右珥及戟气，白虹
贯日，弥天者竟日。二年二月乙卯，日交晕，上有背气，白虹贯日。七
年正月戊戌，月生连环晕。

　　成化二年四月壬寅，日交晕，右有珥。十一年六月己酉，日重
晕，左右珥及背气。十二年正月甲子，日交晕。二十年二月己未，日
生白虹，东北亘天。二十一年十月癸巳，巳刻，日晕，左右珥。未刻，
复生，又生抱气背气。二十三年十二月癸巳，日晕，左右珥，又生背
气及半晕。

　　弘治二年正月甲戌，午刻，日晕，白虹弥天。丙戌，日交晕，左右
珥，白虹弥天。二月壬寅，日生左右珥及背气，又生交晕、半晕及抱、
格二气。十一月戊辰，月晕连环，贯左右珥。四年二月庚戌，午刻，

日交晕，左右珥，下生戟气，白虹弥天。六年十一月乙巳，月晕，左右珥，连环贯之。十八年二月己巳，月晕，左右珥，白虹弥天。

正德元年正月乙酉，日晕，上有背气，左右有珥，白虹弥天。十二月辛酉，月晕，白虹弥天，甲子，如之。

嘉靖元年四月癸未，月生连环晕。二年正月己酉，月晕，连环左右珥。七年正月乙亥日重晕，两珥及戟气，白虹弥天。十三年二月壬辰，白虹亘天，日晕，左右珥及戟气。十八年十二月壬午，立春，日晕右珥，白虹亘天。二十一年十一月甲子，月晕连环。四十一年十一月辛丑，日晕，左右珥，上抱下戟，白虹弥天。

隆庆五年三月辛巳，日晕，有珥，白虹亘天。

万历三十五年正月庚午，日晕，黑气蔽天。四十八年二月癸丑，日连环晕，下有背气，左右戟气，白虹弥天。

天启元年二月甲午，日交晕，左右有珥，白虹弥天。三年十月辛巳，日生重半晕，左右珥。

崇祯八年二月丙午，白虹贯日。

星变　洪武二十八年闰九月辛巳，垒壁阵疏拆复聚。二十九年八月戊子，钦天监言，井宿东北第二星，近岁渐暗小，促聚不端列。三十一年五月癸亥，垒壁阵疏者就聚。正统元年九月丁巳，狼星动摇。十四年十月辛亥，如之。成化六年丁巳，荧惑无光。十三年九月乙丑朔，岁星光芒炫耀，而有玉色。正德元年八月，大角及心中星动摇，北斗中璇、玑、权三星不明。万历四十四年，权星暗小，辅星沉没。四十六年九月，太白光芒四映如月影。天启五年七月壬申，荧惑色赤，体大，有芒。崇祯九年十二月，荧惑如炬，在太微垣东南。十二年十月甲午，填星昏晕。十三年六月，泰阶拆。九月。五车中三柱隐。十月，参足突出玉井。后四年二月，荧惑怒角。三月壬辰，钦天监正戈承科奏，帝星下移。已，又轩辕星绝续不常，大小失次。文昌星拆，天津拆，瑶光拆，芒角黑青。

星流星陨　　灵台候簿飞流之记，无夜无有，其小而寻常者无关休咎，择其异常者书之。

洪武三年十月庚辰，有赤星如桃，起天桴至垒壁阵，抵羽林军，爆散有声。五小星随之，至土司空旁，发光烛天，忽大如碗，曳赤尾至天仓没，须臾东南有声。二十一年八月乙巳，赤星如杯，自北斗杓东南行三丈余，分为二，又五丈余，分为三，经昴宿复为二，经天廪合为一，没于天苑。

永乐元年闰十一月丁卯，有星色苍，大如斗，光烛地，出中天云中。西南行，隆隆有声，入云中。二年五月丙午，有赤星大如斗，光烛地，出中天，西北行入云中。十六年，有星大如斗，色青赤，光烛地，自柳东行至近浊。二十二年五月己亥，有星如盏，色青白，光烛地，起东南云中。西北行，入云中，有声如炮。七月庚寅，有星如碗，色赤有光，自奎入参炸散，众星摇动。

宣德元年十二月己巳，有星大如碗，光赤，出卷舌，东行过东井坠地，有声如雷。

正统元年八月乙酉，昏刻至晓，大小流星百余。四年八月癸卯，大小流星数百。十四年十月癸丑，有星大如杯，亦光烛地，自三师西北抵少弼，尾迹化苍白气，长五尺余，曲曲西行。十二月戊申，有星大如杯，色青白，有声，光烛地。自太乙旁东南行丈余，发光大如斗，至天市西垣没，四小星随之。

景泰二年六月丙申，大小流星八十余。八月壬午，有赤星二：一如桃，一如斗，光烛地。一出紫微西藩北行，至阴德，三小星随之；一出天津，东南行至河南，十余小星随之。尾迹炸散，声如雷。

天顺三年四月癸丑，有星大如碗，赤光烛地，自左旗东南行抵女宿，尾迹炸散。八年二月壬子，有星如碗，光烛地，自天市至天津，尾化苍白气，如蛇形，长丈余，良久散。

成化十二年十一月乙丑，延绥波罗堡有星二，形如辘轴，一坠樊家沟，一坠本堡，红光烛天。二十年五月丙申，有大星，坠番禺县东南，声如雷，散为小星十余。既而天地皆晦，良久乃复。二十一年正月甲申朔，申刻，有火光自中天少西下坠，化白气，复曲折上腾，有声。逾时，西方有赤星大如碗，自中天西行近浊，尾迹化白气，曲曲如蛇行良久，正西轰轰如雷震。

弘治元年八月戊申，巳刻，南方流星如盏，自南行丈余，大如碗，西南至近浊，尾化白云，屈曲蛇行而散。四年十月丁巳，有星赤，光如电，自西南往东北，声如鼓，陨光山县，化为石如斗。光州商城亦见大星飞空，如光山所见。十一月甲戌，星陨真定西北，红光烛天。西南天鸣如鼓，又若奔车。七年五月，宣府、山西、河南有星昼陨。八年四月辛未，有星如轮，流至西北，陨于铅山县，其声如雷。九年闰三月戊午，平凉东南有流星如月，红光烛地，至西北止，既而天鼓鸣。十年正月壬子，有星大如斗，色黄白，光长三十余丈，一小星随之，陨于宁夏西北隅。天鸣如雷者数声。九月乙巳，有星如斗，光掩月，流自西北，陨于永平有声。十一年正月癸亥，有流星陨于肃州，大如房，响如雷，良久灭。十月壬申，晓，东方赤星如碗，行丈余，光烛地，东南行，小星数十随之。十四年闰七月辛巳，山东有星大如车轮，赤光烛天，自东南往西北，陨于寿光。天鼓鸣。十六年正月己酉，南京有星昼流。

正德元年十二月庚午，有星如碗，陨宁夏中卫，空中有红光大二亩。二年八月己亥，宁夏有大星，自正南流西南而坠，后有赤光一道，阔三尺，长五丈。五年四月丁亥，雷州有大星如月，自东南流西北，分为二，尾如彗，随没，声如雷。六年八月癸卯，有流星如箕，尾长四五丈，红光烛天。自西北转东南，三首一尾，坠四川崇庆卫。色化为白，复起绿焰，高二丈余，声如雷震。十五年正月丁未，酉刻，有星陨于山西龙舟谷巡检司厅事。四月丙戌，陕西巩昌府有星如日，色赤，自东方流西南而陨。天鼓鸣。

嘉靖十二年九月丙子，流星如盏，江照地，自中台东北行近浊，尾迹化为白气。四更至五更，四方大小流星，纵横交行，不计其数，至明乃息。十四年九月戊子，开封白昼天鼓鸣。有星如碗，东南流，众小星从之如珠。十九年五月辛丑，星陨枣强，为石四。

万历三年五月癸亥，昼，景州天鼓鸣。陨星二，化为黑石。四年十一月甲午，有四星陨费县，火光照地。质明，落赤点于城西北，色如朱砂，长二里，阔一二尺。是月，临漳有星长尺许，白昼北飞。十三年七月辛巳，有星如碗，陨于沈丘莲花集。天鼓鸣。十五年六月丙寅，平阳昼陨星。丁卯，辰刻，有星如斗，陨于平阴，震响如雷。十七年正月庚申，有星陨西宁卫，大如月。天鼓鸣。二十年二月丙辰，有三星陨闽县东南。二十二年正月戊戌，保定青山口有大飞星，余光若彗，长二十余丈。二十七年三月庚子，盖州卫天鼓鸣，连陨大星三。三十年九月己未朔，有大星见东南，赤如血，大如碗，忽化为五，中星更明，久之会为一，大如箕。辛巳，有大小星数百交错行。十月壬辰，五更，流星起中天，光散七道，有声如雷。三十三年九月戊子，有星如碗，坠于南京龙江后营，光如火，至地游走如萤，移时灭。明日，复有星如月，从西北流至阅兵台，分为三，坠地有声。十一月，有星陨南京教场，入地无迹。三十五年十一月癸巳，有星陨于泾阳、淳化诸县，大如车轮，赤色，尾长丈余，声如轰雷。三十八年二月癸酉，有星大如斗，坠阳曲西北，碎星不绝。天鼓齐鸣。四十一年正月庚子，真定天鼓鸣。流星昼陨有光。四十三年三月戊申，昼，星坠清丰东流村，声如雷，四十六年十月，辛酉，有星如斗，陨于南京安德门外，声如霹雳，化为石，重二十一斤。

天启三年九月甲寅，固原州星陨如雨。

崇祯十五年夏，星流如织。后二年三月己丑朔，有星陨于御河。

云气　洪武四年四月辛丑，五色云见。戊申、乙酉，十一月壬戌，五年正月庚午、丙子，六月辛巳，七月己酉、壬子，八月己亥，六年六月丁丑，七月癸卯，七年四月丙午，五月丙戌、癸巳、甲午，六月乙未、乙卯，七月己卯，八月辛酉，八年正月壬申，四月丁未，五月庚午、癸未，六月壬辰、己亥，十月庚戌，九年八月癸巳，十四年九月甲申，十五年正月甲申，五月庚申，九月乙卯、丙寅，十一月辛酉，十八年四月癸巳、乙未，五月辛未、甲申，六月癸丑，十九年九月壬午，二十年十一月丁亥,五月乙酉,二十七年六月乙卯,并如之。

永乐元年六月甲寅,日下五色云见。八月壬申,日珥随五色云见。八年二月庚戌,车驾次永安甸,日下五色云见。十一年六月戊申朔,武当山顶五色云见。十七年九月丙辰、十二月癸未,庆云见。二十二年十一月丙戌,月下五色云见。

洪熙元年二月癸酉、庚辰,三月乙未,俱五色云见。

宣德元年八月庚辰,白云起东南,状如群羊惊走。十一月丙辰,北方有苍白云,东西竟天。二年十一月乙未,日下五色云见。四年六月戊子夜,五色云见。六年二月壬子,昏,西方有苍白云,南北竟天。十年三月丁亥,月生五色云。

正统二年七月庚子,月生五色云。十月己丑,日生五色云。十二月癸亥,如之。三年七月己亥,夜,中天有苍白云,南北竟天,贯南北斗。八年十一月戊辰,夜,东南方有苍白云,东西亘天。九年十一月甲午,月生五色云。十年九月丁酉,日生五色云。十一月甲午,月生五色云。十四年十月庚申,昼生苍白云,复化为三,东西南北竟天。

景泰元年六月乙酉,赤云四道,两头锐如耕垅状,徐徐东北行而散。八年甲戌,黑云如山,化作龙虎麋鹿状。九月丙寅,有苍白云气,南北亘天。二年六月戊寅,日上五色云。九月辛酉,夜苍白云三,东西竟天。三年正月癸亥,东南有黑云,如人戴笠而揖。四年十一月丁卯,月生五色云。天顺二年十月壬申,四年十月戊午,亦如之。

成化二年三月辛未,白云起南方,东西竟天。十一年正月丙寅,月生五色云。十八年十月庚午,五色云见于泰陵。二十一年闰四月壬辰,开、濮二州,清丰,金乡,未、申时黑云起西北,化为五色,须臾晦如夜。

弘治二年正月辛巳,日生五色云。十四年三月己酉朔,嘉靖十七年九月戊子,并如之。十八年二月庚子朔,当午,日下有五色云见,长径二寸余,形如龙凤。

万历五年六月庚辰,祥云绕月。

天启四年六月癸巳,午刻,南方五色云见。

明史卷二八
志第四

五行一　水

恒寒　恒阴　雨雪陨霜　冰雹
雷震　鱼孽　蝗螟　豕祸
龙蛇之孽　马异　人痾　疾疫
鼓妖　陨石　水潦　水变
黑眚黑祥

　　史志五行，始自《汉书》，详录五行传说及其占应。后代作史者因之。粤稽《洪范》，首叙五行，以其为天地万物之所莫能外。而合诸人道，则有五事，稽诸天道，则有庶征。天人相感，以类而应者，固不得谓理之所无。而传说则条分缕析，以某异为某事之应，更旁引曲证，以伸其说。故虽父子师弟，不能无所抵牾，则果有当于叙畴之意欤。夫苟知天人之应，捷于影响，庶几一言一动，皆有所警惕。以此垂戒，意非不善。然天道远，人道迩，逐事而比之，必有验有不验。至有不验，则见以为无征而怠焉。前贤之论此，悉矣。孔子作《春秋》，纪异而说不书。彼刘、董诸儒之学，颇近于术数机祥，本无足述。班氏创立此志，不得不详其学之本原。而历代之史，往往取前人数见之说，备列简端。揆之义法，未知所处。故考次洪武以来，略依旧史五行之例，著其祥异，而事应暨旧说之前见者，并削而不载云。

《洪范》曰"水曰润下"。水不润下，则失其性矣。前史多以恒寒、恒阴、雪霜、冰雹、雷震、鱼孽、蝗蝻、豕祸、龙蛇之孽、马异、人痾、疾疫、鼓妖、陨石、水潦、水变、黑眚黑祥皆属之水。今从之。

　　恒寒　景泰四年冬十一月戊辰至明年孟春，山东、河南、浙江、直隶、淮、徐大雪数尺，淮东之海冰四十余里，有畜冻死万计。五年正月，江南诸府大雪连四旬，苏、常冻饿死者无算。是春，罗山大寒，竹树鱼蚌皆死。衡州雨雪连绵，伤人甚多，牛畜冻死三万六千蹄。成化十三年四月壬戌，开原大雨雪，畜多冻死。十六年七八月，越巂雨雪交作，寒气若冬。弘治六年十一月，郧阳大雪，至十二月壬戌夜，雷电大作，明日复震，后五日雪止，平地三尺余，人畜多冻死。正德元年四月，云南武定陨霜杀麦，寒如冬。万历五年六月，苏、松连雨，寒如冬，伤稼。四十六年四月辛亥，陕西大雨雪，羸橐驼冻死二千蹄。

　　恒阴　洪武十八年二月，久阴。正统五年七月戊午、己未及癸亥，晓刻阴沉，四方浓雾不辨人。八年，邳、海二州阴雾弥月，夏麦多损。景泰六年正月癸酉，阴雾四塞，既而成霜附木，凡五日。八年正月甲子，阴晦大雾，咫尺不辨人物。成化四年三月，昏雾蔽天，不见星日者累昼夜。九年三月甲午，四月丁卯，山东黑暗如夜。二十年五月丙申，番禺天晦，良久乃复。二十三年十二月辛卯，大雾不辨人。弘治十五年十一月，景东昼晦者七日。十六年四月辛亥，甘肃昏雾障天，咫尺不辨人物。十八年秋，广昌大雨雾，凡两月，民病且死者相继。正德十年四月，巨野阴雾六日，杀谷。十四年三月戊午，阴晦。嘉靖元年正月丁卯，日午，昏雾四塞。三年，江北昏雾，其气如药。天启六年六月丙戌，雾重如雨。闰六月己未，如之。

雨雪陨霜　洪武十四年五月丁未,建德雪。六月己卯,杭州晴日飞雪。二十六年四月丙申,榆社陨霜损麦。景泰四年,凤阳八卫二三月雨雪不止,伤麦。天顺四年三月乙酉,大雪,越月乃止。成化二年四月乙巳,宣府陨霜杀青苗。十九年三月辛酉,陕西陨霜。弘治六年十月,南京雨雪连旬。八年四月庚申,榆社、陵川、襄垣、长子、沁源陨霜杀麦豆桑。辛酉,庆阳诸府县卫所三十五,陨霜杀麦豆禾苗。九年四月辛巳,榆次陨霜杀禾。是月,武乡亦陨霜。十七年二月壬寅,郧阳、均州雨雪雹,雪片大者六寸。六月癸亥,雨雪。正德八年四月乙巳,文登、莱阳陨霜杀稼。丙辰,杀谷。十三年三月壬戌,辽东陨霜,禾苗皆死。嘉靖二年三月甲子,郯城陨霜杀麦。辛未,杀禾。二十二年四月己亥,固原陨霜杀麦。隆庆六年三月丁亥,南宫陨霜杀麦。万历二十四年四月己亥,林县雪。二十六年十一月辛亥,彰德陨霜,不杀草。三十八年四月壬寅,贵州暴雪,形如土砖,民居片瓦无存者。四十四年正月,雨红黄黑三色雪,屋上多巨人迹。崇祯六年正月辛亥,大雪,深二丈余。十一年五月戊寅,喜蜂口雪三尺。十三年四月,会宁陨霜杀稼。十六年四月,鄢陵陨霜杀麦。

冰雹　洪武二年六月庚寅,庆阳大雨雹,伤禾苗。三年五月丙辰,蔚州大雨雹,伤田苗。五年五月癸丑夜,中都皇城万岁山雨冰雹,大如弹丸。七年八月甲午,平凉,延安绥德、米脂雨雹。九月甲子,巩昌雨雹。八年四月,临洮、平凉、河州雹伤麦。十四年七月己酉,临洮大雨雹,伤稼。十八年二月,雨雹。

永乐七年秋,保定、浙东雨雹。十二年四月,河南一州八县雨雹,杀麦。

正统三年,西、延、平、庆、临、巩六府及秦、河、岷、金四州,自夏逮秋,大雨雹。四年五月壬戌,京师大雨雹。五年四月丁酉,平凉诸府大雨雹,伤人畜田禾。六月壬申至丙子,山西行都司及蔚州连日雨雹,其深尺余,伤稼。八月庚辰,保定大雨雹。深尺余,伤稼。

景泰五年六月庚寅,易州大方等社雨雹甚大,伤稼百二十五里,人马多击死。六年闰六月乙巳,束鹿雨雹如鸡子,击死鸟雀狐兔无算。

天顺元年六月己亥,雨雹大如鸡卵,至地经时不化,奉天门东吻牌摧毁。八年五月丁巳,雨雹。

成化元年四月庚寅,雨雹大如卵,损禾稼。五月辛酉,又大雨雹。五年闰二月癸未,琼山雨雹大如斗。八年七月丙午,陇州雨雹大如鹅卵,或如鸡子,中有如牛者五,长七八寸,厚三四寸,六日乃消。九年五月丁巳,雨雹如拳。十三年春,湖广大雨冰雹,牛死无算。十九年六月乙亥,潞州雨雹,大者如碗。二十年二月丙子,清远雨雹,大如拳。丙戌,大雷电,复雨雹。二十一年三月己丑夜,番禺、南海风雷大作,飞雹交下,坏民居万余,死者千余人。二十二年三月甲寅,南阳雨雹,大如鹅卵。

弘治元年三月壬申夜,融县雨雹,坏城楼垣及军民屋舍,死者四人。二年三月戊寅,宾州雨雹如鸡子,击杀牧坚三人,坏庐舍禾稼。庚辰,贵州安庄卫大雷,雨雪雹,坏麦苗。四月辛卯,洮州卫雨冰雹,水涌三丈。四年三月癸卯,裕、汝二州雨雹,大者如墙杵,积厚二三尺,坏屋宇禾稼。四月己酉,洮州卫雨雹及冰块。水高三四丈,漫城郭,漂房舍,田苗人畜多淹死。五年四月乙丑,莒、沂二州,安丘、郯城二县,雨雹大如酒杯,伤人畜禾稼。六年八月己巳,长子雨雹,大者如拳,伤禾稼,人有击死者。辛未,雨雹,大如弹丸,平地壅积。八年二月壬申,永嘉暴风雨,雨雹,大如鸡卵,小如弹丸,积地尺余,白雾四起,毁屋杀黍,禽鸟多死。三月己亥,桐城雨雹,深五尺,杀二麦。己酉,淮、凤州县暴风雨雹,杀麦。四月乙亥,常州、泗、邳雨雹,深五寸,杀麦及菜。丙子,沂州雨雹,大者如盘,小者如碗,人畜多击死。六月乙卯,雨雹。七月乙酉,洮州卫雨冰雹,杀禾。暴水至,人畜多溺死者。丙戌,甘肃西宁大雨雹,杀禾及畜。九年五月丙辰,雨雹。十年二月己卯,江西新城雨冰雹,民有冻死者。三月丁卯,北通州雨冰,深一尺。十三年八月戊子,雨雹。丙午,又雨雹。九月壬戌,又雨雹。十四年四月丁酉,徐州、清河、桃源、宿迁雨冰雹,平地五寸,夏麦尽烂。五月乙亥,登、莱二府雨雹杀禾。七月辛卯,雨雹。

正德元年六月戊辰,宣府马营堡大雨雹,深二尺,禾稼尽伤。三年四月辛未,泾州雨雹,大如鸡卵,坏庐舍菽麦。四年五月甲午,费县大雨雹,深一尺,坏麦谷。八年十月戊戌,平阳、太原、沁、汾诸属邑,大雨雹,平地水深丈余。冲毁人畜庐舍。十一年六月甲戌,宣府大雨雹,禾稼尽死。九月丙申,贵州大雨雹。十二年五月己亥,安肃大雨雹,平地水深三尺,伤禾,民有击死者。十三年四月壬午,衡州疾风迅雷,雨雹,大如鹅子,棱利如刀,碎屋,断树木如剪。

嘉靖元年四月甲申,云南左卫各属雨雹,大如鸡子,禾苗房屋被伤者无算。五月己未,蓬溪雨雹,大如鹅子,伤亦如之。二年五月丁丑,大同前卫雨雹。四年四月丁未,大同卫雨雹。五月戊子,固安雨雹。五年五月甲辰,满城雨雹。六月丁巳,大同县雨冰雹,俱大如鸡子。丁卯,万全都司及宣府皆雨雹,大者如瓯,深尺余。七月癸未,南丰雨雹,大如碗,形如人面。遂昌雨雹,顷刻二尺,大杀麻豆。六年六月癸丑,镇番卫大雨雹,杀伤三十余人。十四年三月辛巳,汉中雨雹陨霜杀麦。四月庚子,开封、彰德雨雹杀麦。十八年五月壬辰,庆都、安肃、河间雨冰雹,大如拳,平地五寸,人有死伤者。二十八年三月庚寅,临清大冰雹,损房舍禾苗。六月丁卯,延川雨雹如斗,坏庐舍,伤人畜。三十四年五月庚子,凤阳大冰雹,坏民田舍。三十六年三月癸未,沂州雨雹,大如盂,小如鸡卵,平地尺余,径八十里,人畜伤损无算。四十三年闰二月甲申,雨雹。四月庚寅,又雨雹。

隆庆元年七月辛巳,紫荆关雨雹,杀稼七十里。三年三月辛未,平溪卫雨雹。平地水涌三尺,漂没庐舍。四月己丑,郧阳县雨雹。平地水深二尺。五月癸丑,延绥口北马营堡雨雹,杀稼七十里。四年四月辛酉,宣府、大同雨雹,厚三尺余,大如卵,禾苗尽伤。五年四月戊午,大雨雹。六年八月乙丑,祁、定二州大雨雹,伤损禾菽,击毙三人。

万历元年五月辛巳,雨雹。四年四月丙午,博兴大雨雹,如拳如卵，明日又如之，击死男妇五十余人，牛马无算，禾麦毁尽。兖州相继损禾。五月乙巳，定襄雨雹，大者如卵，禾苗尽损。九年八月庚子，辽东等卫雨雹，如鸡卵，禾尽伤。十一年闰二月丁卯，泰州、宝应雨雹如鸡子，杀飞鸟无算。五月庚子，大雨雹，十三年五月乙酉，宛平大雨雹，伤人畜千计。十五年五月癸巳，喜峰口大雨雹，如枣栗，积尺余，田禾瓜果尽伤。十九年四月壬子，雨雹。二十一年二月庚寅，贵阳府大雨雹。十月丙戌，武进、江阴大冰雹，伤五谷。二十三年五月乙酉，临邑雨雹，尽作男女鸟兽形。二十五年八月壬戌，风雹。二十八年六月，山东大风雹，击死人畜，伤禾苗。河南亦雨冰雹，伤禾麦。三十年四月己未，大雨雹。三十一年五月戊寅，凤阳皇陵雨雹。七月丙戌，又大雨雹，平地水深三尺。三十六年五月戊子，雨雹。四十一年七月丁卯，宣府大雨雹，杀禾稼。四十六年三月庚辰，长泰、同安大雨雹，如斗如拳，击伤城郭庐舍，压死者二百二十余人。十月壬午，云南雨雹。

天启二年四月壬辰，大雨雹。

崇祯三年九月辛丑，大雨雹。四年五月，襄垣雨雹，大如伏牛盈丈，小如拳，毙人畜甚众。六月丙申，大雨雹。七年四月壬戌，常州、镇江雨雹，伤麦。八年七月己酉，临县大冰雹三日，积二尺余，大如鹅卵，伤稼。十年四月乙亥，大雨雹。闰四月癸丑，武乡、沁源大雨雹，最大者如象，次如牛。十一年六月甲寅，宣府乾石河山场雨雹，击杀马骡四十八匹。九月，顺天雨雹。十二年八月，白水、同官、雒南、陇西诸邑，千里雨雹，半日乃止，损伤田禾。十六年六月丁丑，乾州雨雹，大如牛，小如斗，毁伤墙屋，击毙人畜。

雷震　洪武六年十一月戊申，雷电交作。十三年五月甲午，雷震谨身殿。六月丙寅，雷震奉天门。十月甲戌，雷电。十二月己巳，广州大风雨雷电。十八年二月甲午，雷电雨雪。二十一年五月辛丑，雷震玄武门兽吻。六月癸卯，暴风，雷震洪武门兽吻。

宣德九年六月甲子，雷震大祀坛外西门兽吻。

正统八年五月戊寅,雷震奉天殿鸱吻。七月辛未,雷震南京西角门楼兽吻。是日,大同巡警军至沙沟,风雷骤至,裂肤断指者二百余人。九年正月辛亥朔,雷电大雨。闰七月壬寅,雷震奉先殿鸱吻。十一年十二月壬寅,大雨雷电,翼日乃止。十四年六月丙辰,南京风雨雷电,谨身殿灾。

景泰三年六月庚寅,雷击宫庭中门,伤人。

天顺二年六月己卯,雷震大祀殿鸱吻。四年六月癸丑,雷毁蓟州仓廒四。

成化三年六月戊申,雷震南京午门正楼。五年二月乙卯,又震山川坛具服殿之兽吻。八年四月辛未,始雷。十二年十一月癸亥,南京大雷雨。十三年二月甲戌,安庆大雪,既而雷电交作。十一月辛未冬至,杭州大雷雨。戊寅,荆门州大雷电雨雪。十七年七月己亥,雷震郊坛承天门脊兽。十一月丁酉,江南大雷雨雪。

弘治元年五月丙子,辰刻,南京震雷坏洪武门兽吻。巳刻,坏孝陵御道树。六月己酉,又坏鹰扬卫仓楼,聚宝门旗杆。二年四月庚子,又毁神乐观祖师殿。三年七月壬子,又坏午门西城墙。六年闰五月丁未,蓟州大风雷,拔木偃禾,牛马有震死者。十二月壬戌,南京雷雨,拔孝陵树。七年六月癸酉,如之。七月丙辰,福州雷毁城楼。八年十二月丙子,长沙大雷电雨雪。丁丑,南昌、彭水俱大雷电,雨雪雹,大木折。十年四月,雷震宣府西横岭之南山,倾三十余丈。七月乙卯,雷击吉王府端礼门兽吻。十二年四月丙午,雷震楚府承运殿。十四年闰七月庚辰,福州大风雷,击坏教场旗杆、城楼、大树。

正德元年五月壬辰,雷震青州衣甲库兽吻,有火起库中。六月辛酉,雷击西中门柱脊,暴风折郊坛松柏,大祀殿及斋宫兽瓦多堕落者。丙子,南京暴风雨,雷震孝陵白土冈树。十二月己巳朔,南通州雷再震。四年十二月壬寅,杭州大雨雷电,越二日复作。五年六月丙申,雷震万全卫紫沟堡,毙墩军四人。七年五月戊辰,雷震余干万春寨旗杆,状如刀劈。闰五月丁亥,雷震成都卫门及教场旗杆。十年闰四月甲申,蓟州赚狗崖、东墩及新开岭关雷火,震伤三十余人。

十二年八月癸亥，南京祭历代帝王，雷雨大作，震死斋房吏。十二月庚辰，瑞州大雷电。十六年八月，雷击奉天门。

嘉靖二年五月丁丑，雷击观象台。四年七月己丑，雷击南京长安左门兽吻。五年四月戊寅，雷击阜城门城楼南角兽吻及北九铺旗杆。十年六月丁巳，雷击德胜门，破民屋柱，毙者四人。癸亥，雷击午门角楼及西华门城楼柱。十五年六月甲申，雷击南京西上门兽吻，震死男妇十余人。十六年五月戊戌，雷震谨身殿鸱吻。二十八年六月丁酉朔，雷震奉先殿左吻及东室门楣。三十三年四月乙亥，始雷。三十八年六月丙寅，雷击奉先殿门外南西二墙。

隆庆元年八月，大暑雷震。次日，大寒，如严冬。是夕，雷震达旦。四年六月辛酉，雷击圜丘广利门鸱吻。

万历三年六月己卯，雷击建极殿鸱吻。壬辰，雷击端门鸱尾。六年七月壬子，雷击南京承天门左檐。十三年七月戊子，雷震郊坛广利门，震伤榜题"利"字及斋宫北门兽吻。十六年八月壬午，雷震南京旧西安门钟鼓楼兽头。十九年五月甲戌，太平路、喜峰路并雷击，墩台折，伤官军。二十一年四月戊戌，雷震孝陵大木。二十二年六月己酉，雷雨，西华门灾。七月壬辰，雷击祈谷坛东天门左吻。二十四年二月己酉夜，鄮县大雷雨，火光遍十余里。二十五年七月庚寅朔，雷毁黄花镇台垣及火器。三十二年五月癸酉，雷毁长陵楼，又毁蓟镇松棚路墩台。三十三年五月庚子，大雷电，击毁南郊望灯高杆。三十七年八月甲寅，雷劈西城上旗杆。

泰昌元年十月己未，雷毁淮安城楼。

崇祯六年十二月丁亥，大风雪，雷电。九年正月甲戌，雷毁孝陵树。十年四月乙亥，蓟州雷火焚东山二十余里。十二年七月，雷击破密云城铺楼，所贮炮木皆碎。十月乙未立冬，雷电大作。十四年四月癸丑，雷火起蓟州西北，焚及赵家谷，延二十余里。六月丙午，雷震宣府西门城楼。十五年四月癸卯，雷震南京孝陵树，火从树出。十六年五月癸巳朔，雷震，通夕不止。次日，见太庙神主横倒，诸铜器为火所铄，熔而成灰。六月丙戌，雷震奉先殿鸱吻。楣扇皆裂，铜环尽毁。

　　鱼孽　嘉靖四十一年二月乙亥，德州九龙庙雨鱼，大者数寸。崇祯十年三月，钱塘江木柿化为鱼，有首尾未变者。

　　蝗蝻　洪武五年六月，济南属县及青、莱二府蝗。七月，徐州、大同蝗。六年七月，北平、河南、山西、山东蝗。七年二月，平阳、太原、汾州、历城、汲县蝗。六月，怀庆、真定、保定、河间、顺德、山东、山西蝗。八年夏，北平、真定、大名、彰德诸府属县蝗。建文四年夏，京师飞蝗蔽天，旬余不息。永乐元年夏，山东、山西、河南蝗。三年五月，延安、济南蝗。十四年七月，畿内、河南、山东蝗。宣德四年六月，顺天州县蝗。九年七月，两畿、山西、山东、河南蝗蝻覆地尺许，伤稼。十年四月，两京、山东、河南蝗蝻伤稼。正统二年四月，北畿、山东、河南蝗。五年夏，顺天、河间、真定、顺德、广平、应天、凤阳、淮安、开封、彰德、兖州蝗。六年夏，顺天、保定、真定、河间、顺德、广平、大名、淮安、凤阳蝗。秋，彰德、卫辉、开封、南阳、怀庆、太原、济南、东昌、青、莱、兖、登诸府及辽东广宁前、中屯二卫蝗。七年五月，顺天、广平、大名、河间、凤阳、开封、怀庆、河南蝗。八年夏，两畿蝗。十二年夏，保定、淮安、济南、开封、河南、彰德蝗。秋，永平、凤阳蝗。十三年七月，飞蝗蔽天。十四年夏，顺天、永平、济南、青州蝗。景泰五年六月，宁国、安庆、池州蝗。七年五月，畿内蝗蝻延蔓。六月，淮安、扬州、凤阳大旱蝗。九月，应天及太平七府蝗。天顺元年七月，济南、杭州、嘉兴蝗。二年四月，济南、兖州、青州蝗。成化三年七月，开封、彰德、卫辉蝗。九年六月，河间蝗。七月，真定蝗。八月，山东旱蝗。十九年五月，河南蝗。二十二年三月，平阳蝗。四月，河南蝗。七月，顺天蝗。弘治三年，北畿蝗。四年夏，淮安、扬州蝗。六年六月，飞蝗自东南向西北，日为掩者三日。七年三月，两畿蝗。嘉靖三年六月，顺天、保定、河间、徐州蝗。隆庆三年闰六月，山东旱蝗。万历十五年七月，江北蝗。十九年夏，顺德、广平、大名蝗。三十七年九月，北畿、徐州、山东蝗。四十三年六月，山东旱蝗。四十四年四月，复蝗。七月，常州、镇江、淮安、扬州、河南蝗。九月，江宁、广德蝗蝻大起，禾黍竹树俱尽。四十五年，北畿旱蝗。四十六年，畿南四府又蝗。四十七年八月，济南、东昌、登州蝗。天启元年七月，顺天蝗。五年六月，济南飞蝗蔽天，田禾俱尽。六年十月，开封旱蝗。崇祯八年七月，河南蝗。十年七月，山东、河南蝗。十一年六月，两京、山东、河南大旱蝗。十三年五月，两京、山东、河南、山西、陕西大旱蝗。十四年六月，两京、山东、河南、浙江大旱蝗。

豕祸　嘉靖七年，杭州民家有豕，肉膜间生字。万历二十三年春，三河民家生八豕，一类人形，手足俱备，额上一目。三十八年四月，燕河路营生豕，一身二头，六蹄二尾。六月，大同后卫生豕，两头四眼四耳。四十七年六月，黄县生豕，双头四耳，一身八足。七月，宁远生豕，身白无毛，长鼻象嘴。天启三年七月，辰州玩平溪生豕，猪身人足，一目。四年三月，神木生豕，额多一鼻逆生，目深藏皮肉，合则不见。四月，榆林生豕，一首二身，二尾八足。六月，霍州生豕，二身二眼，象鼻，四耳四乳。崇祯元年三月，石泉生豕类象。鼻下一目甚大，身无毛，皮肉皆白。六年二月，建昌生豕，二身一首，八蹄二尾。十五年七月，聊城生豕，一首二尾七蹄。

龙蛇之孽　成化五年六月，河决杏花营，有卵浮于河，大如人首，下锐上圆，质青白，盖龙卵也。弘治九年六月庚辰，宣府镇南口墩骤雨火发，龙起刀鞘内。十八年五月辛卯，日午，旋风大起，云翳三殿，若有人骑龙入云者。正德七年六月丁卯夜，招远有赤龙悬空，光如火，盘旋而上，天鼓随鸣。十二年六月癸亥，山阳见黑龙，一龙吸水，声闻数里，摄舟及舟女至空而坠。十三年五月癸丑，常熟俞野村迅雷震电，有白龙一、黑龙二乘云并下，口中吐火，目睛若炬，撤去民居三百余家，吸二十余舟于空中。舟人坠地，多怖死者。是夜，红雨如注，五日乃息。十四年四月，鄱阳湖蛟龙斗。嘉靖四十年五月癸酉,青浦余山九蛟并起,涌水成河。万历十四年七月戊申,舒城大雷雨,起蛟百五十八,迹如斧劈,山崩田陷,民溺死无算。是岁,建昌民樵于山,逢巨蛇,一角,六足如鸡距,不噬不惊,或言此肥蟥也。十八年七月,猗氏大水,二龙斗于村,得遗卵,寻失。十九年六月己未,公安大水,有巨蛇如牛,首赤身黑,修二丈余,所至堤溃。三十一年五月戊戌,历城大雨,二龙斗水中,山石皆飞,平地水高十丈。四十五年八月,安丘青河村青白二龙斗。

马异　永乐十八年九月,诸城进龙马。民有牝马牧于海滨,一日云雾晦冥,有物蜿蜒与马接。产驹,具龙文,其色青苍,谓之龙马云。宣德七年五月,忻州民武焕家马生一驹,鹿耳牛尾,玉面琼蹄,肉文被体如鳞。七月,沧州畜官马,一产二驹,州以为祥,献于朝。宣宗曰:"物理之常,何足异也。"

成化十七年六月,兴济马生二驹。弘治元年二月,景宁屏风山有异物成群,大如羊,状如白马,数以万计。首尾相衔,迤逦腾空而去。嘉靖四十二年四月,海盐有海马万数,岸行二十余里。其一最巨,高如楼。

人痾　前史多志一产三男事,然近岁多有,不可胜详也,其稍异者志之。洪武二十四年八月,河南龙门妇司牡丹死三年,借袁马头之尸复生。宣德元年十一月,行在锦衣卫校尉綦荣妻皮氏一产四子。天顺四年四月,扬州民妇一产五男。成化十三年二月,南京鹰扬卫军陈僧儿妻朱氏一产三男、一女。十七年六月,宿州民张珍妻王氏脐下右侧裂,生一子。二十年十二月,徐州妇人肋下生瘤,久之渐大,儿从瘤出。二十一年,嘉善民邹亮妻初乳生三子,再乳生四子,三乳生六子。弘治十一年六月,腾骧左卫百户黄盛妻宜氏一产三男一女。十六年五月,应山民张本华妻崔氏生须,长三寸。是时,郑阳商妇生须三缭,约百余茎。嘉靖二年六月,曲靖卫舍人胡晟妻生一男,两头四手三足。四年,横泾农孔方胁下产肉块,剖视之,一儿宛然。五年,江南民妇生妖,六目四面,有角,手足各一节,独爪,鬼声。十一年,当涂民妇一产三男一女。十二年,贵州安卫军李华妻生男,两头四手四足。二十七年七月,大同右卫参将马继舍人马录女,年十七化为男子。隆庆二年十二月,静乐男子李良雨化为妇人。五年二月,唐山民妇生儿从左胁出。万历十年,浙川人化为狼。十八年,南宿州民妇一产七子,肤发红白黑青各色。三十七年六月,繁峙民李宜妻牛氏一产二女,头面相连,手足各分。四十六年,广宁卫民妇产一猴,二角四齿。是时,大同民妇一产四男。崇祯八年夏,镇江民妇产一子,顶载两首,臀赘一首,与母俱毙。十五年十一月,曹县民妇产儿,两头,顶上有眼,手过膝。

疾疫　永乐六年正月,江西建昌、抚州,福建建宁、邵武自去年至是月,疫死者七万八千四百余人。八年,登州宁海诸州县自正月至六月,疫死者六千余人。邵武比岁大疫,至是年冬,死绝者万二千户。九年七月,河南、陕西疫。十一年六月,湖州三县疫。七月,宁波五县疫。正统九年冬,绍兴、宁波、台州瘟疫大作,及明年死者三万余人。景泰四年冬,建昌、武昌、汉阳疫。六年四月,西安、平凉疫。七年五月,桂林疫死者二万余人。天顺五年四月,陕西疫。成化十一年八月,福建大疫,延及江西,死者无算。正德元年六月,湖广平溪、清凉、镇远、偏桥四卫大疫,死者甚众。靖州诸处自七月至十二月大疫,建宁、邵武自八月始亦大疫。十二年十月,泉州大疫。嘉靖元年二月,陕西大疫。二年七月,南京大疫,军民死者甚众。四年九月,山东疫死者四千一百二十八人。三十三年四月,都城内外大疫。四十四年正月,京师饥且疫。万历十年四月,京师。十五年五月,又疫。十六年五月,山东、陕西、山西、浙江俱大旱疫。崇祯十六年,京师大疫,自二月至九月止。明年春,北畿、山东疫。

鼓妖　洪武五年八月己酉,徐沟西北空中有声如雷。十一年,瑞昌有大声如钟,自天而下,无形。天顺六年九月乙巳夜,天无云,西北方有声如雷。七年二月晦夜，空中有声。大学士李贤奏，无形有声，谓之鼓妖。上不恤民则有此异。成化十三年正月甲子，代州无云而雷。十四年八月戊戌，早朝，东班官若闻有甲兵声者，辟易不成列，久之始定。弘治六年六月丁卯，石州吴城驿无云而震者再。十七年六月甲申，江西庐山鸣如雷。嘉靖二十九年二月甲子，隆庆州张山营堡山鸣。万历十二年十二月己未，萧县山鸣，如惊涛澎湃，竟夜不止。二十八年八月戊戌，西北方有声如雷。天启七年八月丁巳，庄烈即位，朝时，空中有声，如天鼓，发于殿西。崇祯十二年十二月乙未，萧县山鸣。是月，西山大鸣如雷，如风涛。十三年二月壬子，浙江省城门夜鸣。十六年冬，建极殿鸱吻中有声似鹁鸠，曰"若苦"，其声渐大，复作犬吠声，三日夜不止。明年三月辛丑，孝陵夜有哭声，亦鼓妖也。

陨石 成化六年六月壬申，阳信雷声如啸，陨石一，碎为三，外黑内青。十四年六月辛亥，临晋天鸣，陨石县东南三十里，入地三尺，大如升，色黑。二十三年五月壬寅，束鹿空中响如雷，青气坠地。掘之得黑石二，一如碗，一如鸡卵。弘治三年三月，庆阳雨石无数，大小不一，大者如鹅卵，小者如芡实。四年十月丁巳，光山有红光如电，自西南往东北，声如鼓，久之入地，化为石，大如斗。十年二月丙申，修武黑气入地，化为石，状如羊首。十二年五月戊寅，朔州有声，如迅雷，白气腾上，陨大石三。正德元年八月壬戌夜，有火光落即墨，化为绿石，圆高尺余。九年五月己卯，滨州有声陨石。十三年正月己未，邻水陨石一。嘉靖十二年五月丁未，祁县有声如鼓，火流坠地为石。四十二年三月癸卯，怀庆陨石。隆庆二年三月己未，保定新城陨黑石二。万历三年五月癸亥，有二流星昼陨景州城北，化为黑石。十七年九月戊午，万载黑烟腾起，陨石演武厅畔。十九年四月辛酉，遵化陨石二。四十四年正月丁丑，易州及紫荆关有光化石崩裂。崇祯九年九月丁未，太康陨石。

水潦　洪武元年六月戊辰,江西永新州大风雨。蛟出,江水入城,高八尺,人多溺死。事闻,使赈之。三年六月,溧水县江溢,漂民居。四年七月,南宁府江溢,坏城垣。衢州府龙游县大雨,水漂民庐,男女溺死。五年八月,嵊县、义乌、余杭山谷水涌,人民溺死者众。六年二月,崇明县为潮所没。七月,嘉定府龙游县洋、雅二江涨,翼日南溪县江涨,俱漂公廨民居。七年八月,高密县胶河溢,伤禾。八年七月,淮安、北平、河南、山东大水。十二月,直隶苏州、湖州、嘉兴、松江、常州、太平、宁国、浙江杭州俱水。九年,江南、湖北大水。七月湖广、山东大水。十年六月,永平滦、漆二水没民庐舍。七月,北平八府大水,坏城垣。十一年七月,苏、松、扬、台四府海溢,人多溺死。十月丙辰,河决兰阳。十二年五月,青田山水没县治。十三年十一月,崇明潮决沙岸,人畜多溺死。十四年八月庚辰,河决原武。十五年二月壬子,河南河决。三月庚午,河决朝邑。七月,河溢荥泽、阳武。是岁,北平大水。十七年八月丙寅,河决开封,横流数十里。是岁,河南、北平俱水。十八年八月,河南又水。是年,江浦、大名水。二十三年正月庚寅,河决归德。七月癸巳,河决开封,漂没民居。又海门县风潮坏官民庐舍。漂溺者众。是岁,襄阳、沔阳、安阳水。二十四年十月,北平、河间二府水。二十五年正月,河决阳武,开封州县十一俱水。二十六年十一月,青、兖、济宁三府水。二十七年三月,宁阳汶河决。二十八年八月,德州大水,坏城垣。三十年八月丁亥,河决开封,三面皆水,犯仓库。

永乐元年五月,章丘漯河决岸、伤稼。南海、番禺潮溢。八月,安丘县红河决。二年六月,苏、松、嘉、湖四府俱水。七月,湖广、江西水。十月,河决开封,坏城。三年三月,温县水决堤四十余丈。济、漯二水溢。八月,杭州属县多水,淹男妇四百余人。七年五月,安陆州江溢,决渲马滩圩岸千六百余丈。六月,寿州水决城。是岁,泰兴江岸沦于江者三千九百余丈。浑河决固安。八年五月,平度州潍水及浮糠河决,浸百十三所。七月,平阳县潮溢,漂庐舍。八月庚申,河溢开封。十二月戊戌,河决汴梁,坏城。九年正月,高邮甓社等九湖及天长诸水暴涨。六月,扬州属州县五江潮涨四日,漂人畜甚众。七月,海宁潮溢,漂溺甚众。八月,漳、卫二水决堤淹田。九月,雷州飓风暴雨,淹遂溪、海康、坏田禾八百余顷,溺死千六百余人。是岁,湖广、河南水。十年七月,卢沟水涨,坏桥及堤岸,溺死人畜。保定县决河岸五十四处。十一月,吴桥、东光、兴济、交河、天津决堤伤稼。十二月,安州水决直亭等河口八十九处。十二年十月,临晋涑河逆流,决姚暹渠堰,流入硝池,淹没民田,将及盐池。崇明潮暴至,漂庐舍五千八百余家。十三年六月,北畿、河南、山东水溢,坏庐舍,没田禾,临清尤甚。滏、漳二水漂磁州民舍。十四年夏,南昌诸府江涨,坏民庐舍。七月,开封州县十四河决堤岸。永平滦、漆二河溢,坏民田禾。福宁、延平、邵武、广信、饶州、衢州、金华七府,俱溪水暴涨,坏城垣房舍,溺死人畜甚众。辽东辽河、代子河水溢,浸没城垣屯堡。十八年夏秋,仁和、海宁潮涌,堤沦入海者千五百余丈。二十年五月,广东诸府潮溢,漂庐舍,坏仓粮,溺死三百六十余人。夏秋,湖广沔阳江涨,河南北及凤阳河溢。二十一年五月,峨眉溪水涨,溺死百三十人。八月,琼州府潮溢,漂溺甚众。二十二年七月,黄岩潮溢,溺死死八百人。九月庚辰,河溢开封。

洪熙元年六月,骤雨,白河溢,冲决河西务、白浮、宋家等口堤岸。临漳漳、滏二河决堤岸二十四。真定滹沱河大溢,没三州五县田。七月,容城白沟河涨,伤禾稼。浑河决卢沟桥东狼窝口,顺天、河间、保定、滦州俱水。

宣德元年六七月,江水大涨,襄阳、谷城、均州、郧县,缘江民居漂没者半。黄、汝二水溢,淹开封十州县及南阳汝州、河南嵩县。三年五月,邵阳、武冈、湘乡暴风雨七昼夜,山水骤长,平地高六尺。永宁卫大水,坏城四百丈。六月,浑河水溢,决卢沟河堤百余丈。七月,北畿七府俱水。五年七月,南阳山水泛涨,冲决堤岸,漂流人畜庐舍。六年六月,浑河溢,决徐家等口,顺天、保定、真定、河间州县二十九俱水。河决开封,没八县。七年六月,太原河、汾并溢,伤稼。八年六月,江西濒江八府江涨,漂没民田,溺死男妇无算。九年正月,沁乡沁水涨,决马曲湾,经获嘉、新乡,平地成河。五月,宁海县潮决,徙地百七十余顷。六月,浑河决东岸,自狼河口至小屯厂,顺天、顺德、河间俱水。七月,辽东大水。

正统元年闰六月,顺天、真定、保定、济南、开封、彰德六府俱大水。二年,凤阳、淮安、扬州诸府,徐、和、滁诸州,河南开封,四五月河、淮泛涨,漂居民禾稼。九月,河决阳武、原武、荥泽。湖广沿江六县大水决江堤。三年,阳武河决,武陟沁决,广平、顺德漳决,通州白河溢。四年五月,京师大水,坏官舍民居三千三百九十区。顺天、真定、保定三府州县及开封、卫辉、彰德三府俱大水。七月,滹沱、沁、漳三水俱决,坏饶阳、献县、卫辉、彰德堤岸。八月,白沟、浑河二水溢,决保定安州堤。苏、常、镇三府及江宁五县俱水,溺死男妇甚众。九月,滹沱复决深州,淹百余里。五年五月至七月,江西江溢,河南河溢,八月,潮决萧山海塘。六年五月,泗州水溢丈余,漂庐舍。七月,白河决武清、漷县堤二十二处。八月,宁夏久雨,水泛,坏屯堡墩台甚众。八年六月,浑河决固安。八月,台州、松门、海门海潮泛溢,坏城郭、官亭、民舍、军器。九年七月,扬子江沙洲潮水溢涨,高丈五六尺,溺男女千余人。闰七月,北畿七府及应天、济南、岳州、嘉兴、湖州、台州俱大水。河南山水灌卫河,没卫辉、开封、怀庆、彰德民舍,坏卫所城。十年三月,洪洞汾水堤决,移置普润驿以远其害。夏,福建大水,坏延平府卫城,没三县田禾舍,人畜漂流无算。河南州县多大水。七月,延安卫大水,坏护城河堤。九月,广东卫所多大水。十月,河决山东金龙口阳谷堤。十一年六月,浑河溢固安。两畿、浙江、河南俱连月大雨水。是岁,太原、兖州、武昌亦俱大水。十二年春,赣州、临江大水。五月,吉安江涨淹田。十三年六月,大名河决,淹三百余里,坏庐舍二万区,死者千余人。河南、济南、青、兖、东昌亦俱河决。七月,宁夏大水。河决汉、唐二坝。河南八树口决,温曹、濮二州,抵东昌,坏沙湾等堤。十四年四月,吉安、南昌临江俱水,坏坛庙廨舍。

景泰元年七月,应天大水,没民庐。三年六月,河决沙湾白马头七十余丈。八月,徐州、济宁间,平地水高一丈,民居尽圮。南畿、河南、山东、陕西、吉安、袁州俱大水。四年春夏,河连决沙湾。五年六月,扬州潮决高邮、宝应堤岸。七月,苏、松、淮、扬、庐、凤六府大水。八月,东、兖、济三府大水,河涨淹田。六年六月,开封、保定俱大水。闰六月,顺天大水,滦河泛溢,坏城垣民舍,河间、永平水患尤甚。武昌诸府江溢伤稼。七年六月,河决开封,河南、彰德田庐淹没。是岁,畿内、山东俱水。

天顺元年夏,淮安、徐州、怀庆、卫辉俱大水,河决。三年六月,谷城、景陵、襄水涌泛伤稼。四年夏,湖北江涨,淹没麦禾。北畿及开封、汝宁大水。七月,淮水决,没军民田庐。五年七月,河决开封土城,筑砖城御之。越三日,砖城亦溃,水深丈余。周王后宫及官民乘筏以避,城中死者无算。襄城水决城门,溺死甚众。崇明、嘉定、昆山、上海海潮冲决,溺死万二千五百余人。浙江亦大水。六年七月,淮安大水,潮溢,溺死盐丁千三百余人。七年七月,密云山水骤涨,军器、文卷、房屋俱没。

成化三年六月,江夏水决江口堤岸,迄汉阳,长八百五十丈有奇。五年,湖广大水。山西汾水伤稼。六年六月,北畿大水。七年九月,山东及浙江杭、嘉、湖、绍四府俱海溢,坏淹田宅人畜无算。九年六月,畿南五府及怀庆俱大水。八月,山东大水。十一年五月,湖广水。十二年八月,浙江风潮大水。淮、凤、扬、徐亦俱大水。十三年二月甲戌,安庆大雪。次日大雨,江水暴涨。闰二月,河南大水。九月,淮水溢,坏淮安州县官舍民屋,淹没人畜甚众。十四年四月,襄阳江溢,坏城郭。五月,陕州大水,人多淹死。七月,北畿、山东水。九月,河决开封护城堤五十丈。十八年七月,昌平大水,决居庸关水门四十九,城垣、铺楼、墩台一百二。八月,卫、漳、滹沱并溢,自清平抵天津。

弘治二年五月,河决开封黄沙冈抵红船湾,凡六处,入沁河。所经州县多灾。省城尤甚。七月,顺、永、河、保四府州县大水。八月,卢沟河堤坏。四年八月,苏、松、浙江水。五年夏秋,南畿、浙江、山东水。七年七月，苏、常、镇三府潮溢，平地水五尺，沿江者一丈，民多溺死。九年六月，山阴、萧山山崩水涌，溺死三百余人。十四年五月，贵池水涨，蛟出，淹死二百六十余人，旁邑十二皆大水。七月，廉州及灵山海涨，淹死百五十余人。闰七月，琼山飓风潮溢，平地水高七尺。八月，安、宁、池、太四府大水，蛟出，漂流房屋。十五年七月，南京江水泛溢，湖水入城五尺余。十七年六月，庐山平地水丈余，溺死星子、德安民，及漂没庐舍甚众。

正德元年六月，陕西徽州河溢，漂没居民孳畜。二年六月，固原河涨，平地水高四尺，人畜溺死。三年九月，延绥、庆阳大水。五年九月，安、宁、太三府大水，溺死二万三千余人。十一月，苏、松、常三府水。六年六月，汜水暴涨，溺死百七十六人，毁城垣百七十余堵。十二年，顺天、河间、保定、真定大水。凤阳、淮安、苏、松、常、镇、嘉、湖诸府皆大水。荆、襄江水大涨。十五年五月，江西大水。十六年七月，辽阳汤跕堡大水决城。

嘉靖元年七月，南京暴风雨，江水涌溢，郊社、陵寝、宫阙、城垣吻脊栏盾皆坏。拔树万余株，江船漂没甚众。庐、凤、淮、扬四府同日大风雨雹，河水泛涨，溺死人畜无算。二年七月，扬、徐复大水。夏、秋间，山东州县俱大水。八月，苏、松、常、镇四府大水，开封亦如之。五年六月，陕西五郎坝大水三丈余，冲决官舍。徐、沛河溢，坏丰县城。六年秋，湖广水。十六年秋，两畿、山东、河南、陕西、浙江各被水灾，湖广尤甚。二十六年七月丙辰，曹县河决，城池漂没，溺死者甚众。二十七年正月，汧阳大水没城。

隆庆元年夏，京师大水。六月，新河鲇鱼口沉运船数百艘。是岁，襄阳、郧阳水。二年七月，台州飓风，海潮大涨，挟天台山诸水入城，三日溺死三万余人，没田十五万亩，坏庐舍五万区。三年闰六月，真定、保定、淮安、济南、浙江、江南俱大水。七月壬午，河决沛县，自考城、虞城、曹、单、丰，沛至徐州，坏田庐无算。八月，淮水溢，自清河至通济闸及淮安城西，淤三十里，决二坝入海。莒、沂、郯城之水又溢出邳州，溺人民甚众。四年七月，沙、薛、汶、泗诸水骤溢，决仲家浅等漕堤。九月,陕西大水,河决邳州。五年四月,又决邳州,自曲头集至王家口新堤多坏。是岁,山东、河南大水。

万历元年七月,荆州、承天大水。二年六月,福建永定大水,溺七百余人。是岁,海盐海大溢,死者数千人。八月庚午,淮安、扬州、徐州河溢伤稼。三年四月,淮、徐大水。五月,淮水大决。六月,杭、嘉、宁、绍四府海涌数丈,没战船、庐舍、人畜不计其数。八月,淮、扬、凤、徐四府州大水,河决高邮、砀山及邵家口、曹家庄。九月,苏、松、常、镇四府俱水。四年正月,高邮清水堤决。九月,河决丰、沛、曹、单。十一月,淮、黄交溢。五年闰八月,徐州河淤,淮河南徙,决高邮、宝应诸湖堤。六年六月,清河水溢。七年五月,苏、松、凤阳、徐州大水。八月,又水。是岁,浙江大水。九年五月,从化、增城、龙门溪壑泛涨,田禾尽没,淹死男妇无算。七月,福安洪水逾城,漂没庐舍殆尽。八月,泰兴、海门、如皋大水,塘圩坡埂尽决,溺死者甚众。十年正月,淮、扬海涨,浸丰利等盐场三十,溺死二千六百余人。七月,苏、松六州县潮溢,坏田禾十万顷,溺死者二万人。十一年四月,承天江水暴涨,漂没民庐人畜无算。金州河溢没城。十四年夏,江南、浙江、江西、湖广、广东、福建、云南、辽东大水。十五年五月,浙江大水。七月,开封及陕州、灵宝河决。是岁,杭、嘉、湖、应天、太平五府江湖泛溢,平地水深丈余。七月终,飓风大作,环数百里,一望成湖。十六年八月,河决东光魏家口。十七年六月,浙江海沸,杭、嘉、宁、绍、台属县廨宇多圮,碎官民船及战舸,压溺者二百余人。十九年六月,苏、松大水,溺人数万。七月,宁、绍、苏、松、常五府滨海潮溢,伤稼淹人。九月,泗州大水,州治浸三尺。淮水高于城,祖陵被浸。十月,扬州湖淮涨溢,决邵伯堤五十余丈,高邮南北闸俱冲。二十年夏秋,真、顺、广、大四府水。二十一年五月,邳州、高邮、宝应大水决湖堤。二十二年七月,凤阳、庐州大水。二十三年四月,泗水浸祖陵。二十四年秋,杭、嘉、湖三府大水。二十九年八月,沔阳大水入城。三十年六月,京师大水。三十一年五月,成安、永年、肥乡、安州、深泽,漳、滏、沙、燕河并溢,决堤横流。祁州、静海圮城垣、庐

舍殆尽。六月，泰安大水，淹八百余人。八月，泉州诸府海水暴涨，
溺死万余人。三十二年六月，昌平大水，坏各陵桥道。七月，永平、
真、保三府俱水，淹男妇无算。八月，河决苏家庄，淹丰、沛，黄水逆
流灌济宁、鱼台、单县。三十五年六月，黄州蛟起。武昌、承天、郧阳、
岳州、常德大水，漂没庐舍。徽州、宁国、太平、严州四府山水大涌，
漂人口甚众。闰六月，京师大水，长安街水深五尺。三十七年九月，
福建、江西大水。四十一年六月，通惠河决。七月，京师大水。南畿、
江西、河南俱大水。八月，山东、广西、湖广俱大水。九月，辽东大水。
四十二年，浙江、江西、两广俱水。四十四年七月，江西、广东水。四
十六年八月，潮州六县海飓大作，溺万二千五百余人，坏民居三万
间。

天启三年，睢宁河决。六年秋，河决匙头湾，倒入骆马湖，自新
安镇抵邳、宿，民居尽没。是岁，顺天、永平二府大水，边垣多圮。

崇祯元年七月壬午，杭、嘉、绍三府海啸，坏民居数万间，溺数
万人，海宁、萧山尤甚。三年，山东大水。四年六月，又大水。五年
六月壬申，河决孟津口，横浸数百里。七年五月，邛、眉诸州县大水，
坏城垣、田舍、人畜无算。十年八月，叙州大水，民登州堂及高阜者
得免，余尽没。十三年五月，浙江大水。十四年七月，福州风潮泛溢，
漂溺甚众。十五年六月，汴水决。九月壬午，河决开封朱家寨。癸
未，城圮，溺死士民数十万。

水变　洪武五年，河南黄河竭，行人可涉。天顺二年十二月癸
未，武强苦井变为甘。弘治十四年八月丙辰，融县河水红浊如黄河。
十月丙辰，马湖底涡江水白可鉴，翌日浊如泔浆，凝两岸沙石上者
如土粉，十七日乃澄。丁巳，叙州东南二河白如雪、浓如浆者三日。
十五年九月丙戌，濮州井溢，沙土随水而出。正德十年七月，文安水
忽僵立，是日大寒，结为冰柱，高围俱五丈，中空旁穴。数日而贼至，
民避穴中，生全者甚众。隆庆六年五月，南畿龙目井化为酒。万历
二十二年四月，南京正阳门水赤三日。二十五年八月甲申，蒲州池

塘，无风涌波，溢三四尺。临淄濠水忽涨，南北相向而斗。又夏庄大湾潮忽起，聚散不恒，聚则丈余。开则见底。乐安小清河逆流。临清砖板二闸，无风大浪。三十年闰二月戊午，河州莲花寨黄河涸。四十六年四月，宣武、正阳门外水赤三里，如血，一月乃止。四十七年四月，宣武门响闸至东御河，水复赤。崇祯十年，宁远卫井鸣沸，三日乃止。河南汝水变色，深黑而味恶，饮者多病。十三年，华阴渭水赤。十四年，山西潞水北流七昼夜，势如潮涌。十五年，达州井鸣，濠水变血。十六年，松江自五月至七月不雨，河水尽涸，而泖水忽增数尺。

黑眚黑祥　洪武十年正月丁酉、金华、处州雨水如墨汁。十四年正月，黑气亘天，十一月壬午，黑气亘天者再。二十一年二月乙卯，黑气亘天，宣德元年二月戊子，北方黑气东西亘天。八月辛巳，乐安城中有黑气如死灰。正统元年九月辛亥，未刻，黑气亘天，自西南属东北。二年八月甲申，北方黑气东西亘天。十四年十一月己丑，晡时，西方有黑气从地而生。景泰元年二月壬寅，黑气南北亘天。十月辛未，西南黑气如烟火，南北亘天。二年四月庚辰，有黑气如烟，摩地而上。天顺五年七月己亥朔，东方有黑气，须臾蔽天。成化七年四月丙辰，雨黑沙如漆。八年三月庚子，黑气起西北，临清、德州昼晦。十二年七月庚戌，京师黑眚见。民间男女露宿，有物金睛修尾，状如犬狸，负黑气入牖，直抵密室，至则人昏迷。遍城惊扰，操刃张灯，鸣金鼓逐之，不可得。帝常朝，奉天门侍卫见之而哗。帝欲起，怀恩持帝衣，顷之乃定。弘治五年二月己巳，北方黑气东西亘天。六年八月壬申，南京有黑气，东西百余丈。十四年四月辛未，应州黑风大作。十六年二月庚子，宜良黑气迷空，咫尺莫辨人形。正德七年六月壬戌，黑眚见顺德、河间及涿，大者如犬，小者如猫，夜出伤人，有至死者。寻见于京师，形赤黑，风行有声，居民夜持刃斗，相警达旦，逾月乃息。后又见于封丘。十二年闰十二月丁丑夜，瑞州有红气变白，形如曲尺，中外二黑气，相斗者久之。八年十月癸巳，杭州雨黑水。三十七年三月,衡州黑眚见。隆庆二年四月,天雨黑豆。六年四月,杭州黑雾,有物蜿蜒如车轮,目光如电,冰雹随之。万历二十四年十二月辛卯,同安生黑毛。二十五年二月癸亥,湖州黑雨,杂以黄沙。崇祯十年,山东雨黑水,新乡亦如之。十一年,京师有黑眚,状如狸,入民家为祟,半岁乃止。十三年正月丁卯,黑气弥空者三日。

明史卷二九
志第五

五行二　火　木

恒燠　草异　羽虫之孽　羊祸
火灾　火异　赤眚赤祥　恒雨
狂人　服妖　鸡祸　鼠妖　木冰
木妖　青眚青祥

《洪范》曰"火曰炎上"，火不炎上，则失其性矣。前史多以恒燠、草异、羽虫之孽、羊祸、火灾、火异、赤眚赤祥皆属之火，今从之。

恒燠　洪熙元年正月癸未，以京师一冬不雪，诏谕修省。正统九年冬，畿内外无雪。十二年冬，陕西无雪。景泰六年冬，无雪。天顺元年冬，宫中祈雪。是年，直隶、山西、河南、山东皆无雪。二年冬，命百官祈雪。六年冬，直隶、山东、河南皆无雪。成化元年冬，无雪。五年冬，燠如夏。六年二月壬申，以自冬徂春，雨雪不降，敕谕群臣亲诣山川坛请祷。十年二月，南京、山东奏，冬春恒燠，无冰雪。十一年，以无雪祈祷。十五年冬，直隶、山东、河南、山西无雪。十九年冬，京师、直隶无雪。弘治九年冬，无雪。十五年冬，无雪。十八年冬，温如春，无雪。正德元年冬，无雪。永嘉自冬至春，麦穗桃李实。三年冬，无雪。六年至九年，连岁无雪。十一年冬，无雪。嘉靖十四年,冬深无雪,遣官遍祭诸神。十九年冬,无雪。二十年十二月癸卯,祷雪于神祇坛。二十四年十二月甲午,命诸臣分告宫庙祈雪。三十二年冬,无雪。三十三年十二月壬申,以灾异屡见,即祷雪日为始,百官青衣办事。三十六年冬,无雪。三十九年冬,无雪。明年,又无雪。帝将躬祷,会大风,命巫祷雪兼禳风变。四十一年至四十五年冬,祈雪无虚岁。隆庆元年冬,无雪。四年冬,无雪。万历四年十二月己丑,命礼部祈雪。十六年、十七年、二十九年、三十七年、四十七年,亦如之。崇祯五年十二月癸酉,命顺天府祈雪。六年、七年冬,无雪。

草异　永乐十六年正月乙丑,同州、澄城、郃阳、朝邑雨谷及荞麦。正统八年十一月,殿上生荆棘,高二尺。十四年,广州狱竹床,逾年忽青生叶。成化六年二月戊寅,湖广应山雨粟。弘治八年二月,枯竹开花,实如麦米。苦荬开莲花。六月甲子,黟县雨豆,味不可食。九年,黄州民家瓜大如斗,瓤皆赤血。万历四十三年四月戊寅,石首雨豆,大小不一,色杂红黑。崇祯四年、五年,河南草生人马形,如被甲持矛驰驱战斗者然。十三年,徐州田中白豆,多作人面,眉目宛然。

羽虫之孽　万历二十五年二月壬午,岳州民家有鸭,含絮裹火,飞上屋,入竹椽茅茨中。火四起,延烧数百家。四十三年四月壬午,双鹤衔火。飞集掖县海神庙殿。明日,庙火。崇祯六年,汝宁有鸟,鸠身猴足。凤阳恶鸟数万,兔头、鸡身、鼠足,供馔甚肥,犯其骨立死。

羊祸　万历三十八年四月,崞县民家羊产羔,一首、二眼、四耳、二尾、八足。三十九年四月,降夷部产羊羔,人面羊身。

火灾　洪武元年闰七月丁酉,京师火,延烧永济仓。三年二月己巳,大河卫火。燔及广积库。七月乙未,宝源局火。甲子,凤台门军营火,延烧武德卫军器局。四年十一月癸亥,京师大军仓灾。五年二月癸未,临濠府火。壬辰至甲午,京师火,毁龙骧等六卫军民庐舍。七月丁卯,永清卫军器库火。十二月丙戌,京师定远等卫火,焚及军器局兵仗。十七年十二月己未,潮州火,官廨民居及仓廪、兵仗、图籍焚荡无遗。二十一年二月戊辰,历代帝王庙火,上元县治亦灾。甲戌,天界、能仁二寺灾。二十九年二月辛丑,通州火,燔屋千九百余。三十年四月甲午,广南卫火,延烧城楼及卫治仓库。

建文二年八月癸巳,承天门灾。

永乐四年十二月辛亥,瓯宁王邸第火,王薨。十三年正月壬子,北京午门灾。十九年四月庚子,奉天、谨身、华盖三殿灾。二十年闰十二月戊寅,乾清宫灾。

宣德三年三月己亥,东岳泰山庙火。六年八月,武昌火,延烧楚王宫,谱系敕符俱烬。甲辰,天津右卫北城外火,飞焰入城,烧仓廒。九年二月庚午,京城东南楼火。

正统二年二月,西镇吴山庙火。三年八月辛酉,顺天贡院火,席舍多焚,改期再试。十二月乙亥,韩府承运殿灾。四年三月戊午,代府寝殿火。七年正月,广昌木厂火,焚松木八千八百余株。戊午,南京内府火,燔廊房六十余间,图籍、器用、守卫衣甲皆空。三月辛未,赵城娲皇寝庙火。十年正月庚寅,忠义前后二卫灾。是时太仓屡火,遣官祷祭火龙及太岁以禳之。五月甲申,忠义后卫复火。癸巳,通州右卫仓火。十一月丁酉,御花房火。十一年秋,武昌火,死者数百人。十二月乙未,周府灾。十二年六月,南京山川坛灾。十三年二月癸酉,忠义前卫仓火,十四年六月丙辰夜,南京谨身、奉天、华盖三殿灾。

景泰二年六月丙子,青州废齐府火。三年八月戊寅,秦府火。五年春,南京火,延烧数数千家。七年九月壬申,宁府火,延烧八百余家。

天顺元年七月丙寅夜,承天门灾。二年五月戊子,器皿厂火。三年九月庚寅,肃州城中火,延烧五千四百余家,死者六十余人。四年八月己巳,光禄寺大烹内门火。是岁,楚府频火,宫殿家庙悉毁。五年三月丁卯,南京朝天宫灾。六年六月癸未,楚府火。七年正月丁酉,南京西安门木厂火,延烧皇墙。二月戊辰,会试天下举人,火作于贡院,御史焦显扃其门,烧杀举子九十余人。

成化二年九月癸未,南京御用监火。六年十一月己亥,江浦火,延烧二百六十余家。九年七月庚戌,东直门灾。十一年四月壬辰夜,乾清宫门灾。十三年十一月壬辰,太仓米麦,岁久蒸浥,自焚百余石。十八年八月丙午,合州火,延烧千五百余家。乙卯,楚府火凡三发。十一月戊午,南京国子监火。十二月乙卯,器皿厂火。壬辰,宁河王府火。先有妖夜见,或为神,或为王侯,时举火作欲焚状,是夜燔府第无遗,冠服器用皆烬。二十年正月戊戌,钦天监火。二十二年六月,临海县灾,延烧千七百余家。

弘治元年三月庚寅,南京内花园火。十一月丁丑夜,南京甲字库灾。二年四月乙未,南京神乐观火。四年二月戊午,礼部官舍火。六年四月甲寅,刑部官舍火。辛酉夜,南京旧内灾。八年三月戊子,镇东等堡跃火星如斗,毁公馆仓厫,人马多毙。十一年,自春徂夏,贵州大火,毁官民房舍千八百余所,死伤者六千余人。十月甲戌夜,清宁宫灾。十二年六月甲辰夜,阙里圣庙灾。十二月,建阳县书坊火,古今书板皆烬。十三年二月乙酉,礼部官舍火。七月甲寅,南城县空中有火,乍分乍合,流光下坠十余丈,隐隐有声,毁军民庐舍。庚申,永宁卫雁尾山至居庸关之石纵山,东西四十余里,南北七十余里,延烧七昼夜。闰七月辛巳,福州城楼毁。八月己未,沈府火。十一月庚辰,宁河府火。十六年三月庚午,辽东铁岭卫坠火如斗。丙子,火起,烧房屋二千五百余间,死者百余人。四月戊午,宽河卫仓灾,毁米豆四万余石。九月戊寅,广宁卫城火,燔三百余家。十七年四月丁巳,淮安火焚五百余家。五月癸巳,正阳门内西廊火,燔武功坊。

正德元年二月庚寅,郧阳火,毁谯楼官舍,延百余家。是岁,宁夏左屯卫红气亘天,既而火作,城楼台堡俱烬。六月庚寅,大同平虏城灾。燔藁百万余。十一月己亥,临海县治火,延烧数千家。七年三月己未,峄县有火如斗,自空而陨,大风随之,毁官民房千余间。火逸城外,延及丘木。庚申,成山卫秦皇庙火,屋宇悉毁,像设如故。是月,文登大桑树火,树燔而枝叶无损。五月癸酉至闰五月丙子,辽东懿路城火三作,焚官民庐舍之半。九月壬午,玉山火,燔学舍及民居三百余家。八年六月辛酉,丰城县西南连陨火星,如盆如斗。既而火作,至七月初始熄,燔二万余家。七月戊子,火陨龙泉县,焚四千余家。十月壬寅,饶州及永丰、浮梁火,各燔五百余家。浮梁学舍灾。庚申,临江火,燔官舍,延八百余家。九年正月庚辰,乾清宫火。十一年八月丁丑,黔阳火,毁城楼官廨,延七百余家。十二年正月甲辰,清宁宫小房火。四月,裕陵神宫监火。八月丁卯,南昌火,燔三百家。九月壬午,建安火,燔二百五十余家。十三年二月己卯,夷陵火,燔七百余家。八月庚辰,献陵明楼灾。丁酉,延平火,燔五百余家。十四年四月乙巳,淮安新城火。七月丙辰,泰宁火。燔五千余家。十五年五月辛卯,静乐火,燔八百余家。

　　嘉靖元年正月己未,清宁宫后三小宫灾,杨廷和言废礼之应,不报。二月己丑,南京针线厂火。己亥,通州城楼火。二年五月丙子,荣府火。九月戊辰,秦府宫殿火。四年三月壬午夜,仁寿宫灾,玉德、安喜、景福诸殿俱烬。五年三月乙酉,赵府家庙火。六年三月丁亥,西库火。八年十月癸未,大内所房灾。十年正月辛亥,大内东偏火。四月庚辰,兵、工二部公廨灾。毁文籍。十三年六月甲子,南京太庙火,毁前后殿、东西庑、神厨库。十五年四月癸卯,山西平虏卫火,尽毁神机官库军器。十八年二月乙丑,赵州及临洺镇行宫俱火。丁卯,驾幸卫辉,行宫四更火,陆炳负帝出,后宫及内侍有殒于火者。六月丁酉,皇城北鼓楼灾。二十年四月辛酉夜,宗庙灾,毁成、仁二庙主。二十五年五月壬申,盔甲厂火。二十六年十一月壬午,宫中火,释杨爵于狱。三十一年八月乙丑,南京试院火。三十五年九月戊辰,杭州大火,延烧数千家。三十六年四月丙申,奉天、华盖、谨身三殿，文武二楼，午门、奉天门俱灾。三十七年正月，光禄寺灾。三十八正月癸未，前军都督府火。四十年十一月辛亥夜，万寿宫灾。四十四年三月己亥夜，大明门内西千步廊火。

隆庆二年正月，浙江省城外灾，毁室庐舟舰以千计。三月乙亥，乾清、坤宁两宫，一时俱烬。五年二月壬子，南京广、惠二仓火。

万历元年十一月己亥，慈宁宫后舍火。三年四月甲戌，工部后厂火。五年十月丙申，禁中火。十一月癸未，宗人府灾。十一年十二月庚午夜，慈宁宫灾。十二年二月己酉，无逸殿灾。十二月癸卯朔，又灾。十五年五月甲子，司设监火。十八年三月辛酉，辽东寨山儿堡火，毁城堡器械，伤九十余人。十九年十二月甲辰，万法宝殿灾。二十一年六月望，太仓公署后楼有炮声，火药器械俱烬。二十二年五月壬寅，天火燔铁岭卫千余家。二十四年二月甲寅，潞府门火。三月乙亥，火发坤宁宫，延及乾清宫，俱烬。二十五年二月壬午，杭州火，烧官民房千三百余间。丙戌，马湖屏山灾，延燔八百余家，毙二十四人。三月癸卯，泗州大火，烧民房四千余。盱眙火，燔民房百六十余间。拨漕粮二万石以振。六月戊寅，三殿灾，火起归极门，延皇极等殿，文昭、武成二阁，周遭廊房，一时俱烬。十二月甲寅，吏部文选司署火。二十七年十一月壬申内府火，延烧尚宝司印绶监、工部廊，至银作局山墙而止。二十八年三月，南阳火，延烧唐府。二十九年正月己巳，铁岭卫火，车辆火药俱烬。八月己卯，大光明东配殿灾。三十年二月乙酉，魏国公赐第火。十月丙申，孝陵灾。十二月庚子，南海普陀山寺灾。三十一年九月戊寅，通州漕艘火。三十三年二月乙丑，御马监火。五月辛巳，洗白厂火。九月甲午，昭和殿火。丙申，官军于盔甲厂支火药，药年久凝如石，用斧劈之，火突发，声若震霆，刀枪火箭迸射百步外，军民死者无数。十一月丁卯，刑部提牢厅火。三十五年二月乙卯，易州神器库火。四月丁酉，通州西仓火。十月己卯，南京行人司署毁。三十七年正月庚子，庆府火，燔寝宫及帑藏。三月丙戌，武昌火，越二日又火。共燔二百六十余家。六月，庆府灾。十月戊午，朝日坛火。三十八年四月丁丑夜，正阳门箭楼火。三十九年四月戊子,怡神殿灾。四十一年五月壬戌,蜀府灾,门殿为烬。四十三年四月壬午,黄花镇柳沟火,延烧数十里,甲午,蜀府殿庭灾。辽东长宁堡自二月至五月,火凡五发,毁房屋人畜无算。闰八月辛亥,通州粮艘火。九月丁丑,湖口税廨毁。四十四年十一月己巳,隆德殿灾。丁亥,南城延喜宫灾。四十五年正月壬午,东朝房火,延毁公生门。十一月丙戌,宣禧宫灾。四十六年闰四月丁丑夜,开原殷家庄堡台杆八同时烬。甲申,暖阁厂膳房火。九月壬子,茂陵火。四十七年四月癸酉,盔甲厂火。

泰昌元年十月丁卯,哕鸾宫灾。

天启元年闰二月戊戌,昭和殿灾。三月甲辰,杭州火,延烧六千余家。八月戊子,复灾。城内外延毁万余家。二年五月丙申,旗纛庙正殿灾,火药尽焚,匠役多死者。三年七月辛卯,南京大内左傍宫灾。六年五月戊申,王恭厂灾。地中霹雳声不绝,火药自焚,烟尘障空,白昼晦冥,凡四五里。五月癸亥,朝天宫灾。七月庚寅,登州城楼火。七年十月庚子,宁远前屯火,伤男妇二百余人。

崇祯元年四月乙卯,左军都督府灾。五月乙亥,鹰坊司火。丁亥,丁字库火。七月己卯,公安县火,毁文庙,延五千余家。二年十一月庚子,火药局灾。三年三月戊戌,又灾。八月癸酉,头道关灾,火器轰击无余。六年正月癸丑,济南舜庙灾。七年九月庚申,盔甲厂灾。十一年四月戊戌,新火药局灾,伤人甚众。六月癸巳,安民厂灾,震毁城垣廨舍,居民死伤无算。八月丁酉,火药局又灾。

火异　成化二十一年正月甲申朔,有火光自中天而少西,坠于下,化为白气,复曲折上腾,声如雷。

弘治三年三月庚午,仪陇空中有红白火焰,长三丈余,自县治东北流,至正东六十余里而坠,声震如雷。八年三月辛卯,广宁右卫台杆火,高五寸,杆如故。十年四月辛丑,阜平有火光,长八九尺,大如辘轴,有声,自东南至西南而坠。

正德元年三月戊申夜,太原有火如斗大,坠宁化王殿前。广宁墩台火发旗杆，凡六。七月壬戌夜，火光坠即墨民家，化为绿石，圆高尺余。七年三月丁卯夜，大风雷电，余干仙居寨有光如箭，坠旗竿上，俄如烛龙，光照四野。士卒撼其旗，飞上竿首，既而其火四散，枪首皆有光如星。十二年五月己亥夜，火陨都察院狱，旋转久之始灭。十五年六月癸未夜，台州火陨三，大如盘，触草木皆焦。

嘉靖五年七月甲申，有火球三，大五六尺，从北坠于东，其光烛天。二十年七月丙戌，火球如斗，陨左军都督府中门东，良久乃灭。

隆庆二年三月戊午，延绥保宁堡城角旗杆出火，灼灼有声。

万历十四年，保定府民间墙壁内出火，三日夜乃熄。十五年二月，绥靖边城各堡，脊兽旗杆俱出火。军士以杖扑之，杖亦生火，三更乃熄。二十年三月，陕西空中有火，大如盆，后生三尾，陨于西北。二十一年二月庚辰夜分，大毛山楼上各兽吻俱有火，如鸡卵，赤色。即时雨雪，火上嗟嗟有声。二十三年九月癸巳夜，永宁有火光，形如屋大，陨于西北。永昌、镇番、宁远所见同。二十四年二月戊申夜，鄠县雷雨，遍地火光，十有余里。二十五年二月癸亥，平凉瓦兽口出火，水灌不灭。八月甲申，肃、凉二州火光在天，形如车轮，尾分三股，约长三丈。

天启六年五月壬寅朔，厚载门火神庙红球滚出。前门城楼角有数千萤火，并合如车轮。

崇祯元年，西安有火如碾如斗者数十，色青，焰高尺许，尝入民居，留数日乃去。用羊豕禳之，不为害，自五月至七月而止。十三年六月壬申，镇安火光如斛，自西坠地，土木皆焦。

赤眚赤祥　成化十三年二月甲午，浙江山阴涌泉如血。

正德元年正月乙酉夜，崇明空中有红光，曳尾如虹，起东北至西南没，声如雷。辛丑，凤阳红光发，与日同色，声如雷。二年八月己亥，赤光见宁夏，长五丈。八年七月甲申，龙泉有赤弹二，自空陨于县治，形如鹅卵，跃入民居，相斗久之。

嘉靖三十三年四月戊子，慈溪民家涌血高尺余。三十七年五月戊辰,东阳民张思齐家地裂五六处,出血如线,高尺许。血凝,犬就食之,掘地无所见。三十九年二月己未,竹溪民家出血。

隆庆六年闰二月癸酉,辽东赤风扬尘蔽天。

万历六年七月丁丑,松门卫金铠家涌血三尺,有声。十三年四月乙丑,虹民王禄投宿姚垒家,见血出于地,惊走至市,市亦流血。乡人击器物噪之,乃止。十九年六月庚戌,慈溪茅家浦涌血八处,大如盆,高尺许。血溅船,船即出血,溅人足,足亦出血,数刻乃绝。二十六年九月甲辰,萧山贾九经家出血,高尺许。

天启元年六月庚寅,肇庆民王体积中庭喷血,如跑突泉。

崇祯七年二月戊午,海丰雨血。八年八月戊寅,宣城池中出血。

《洪范》曰"木曰曲直"。木不曲直,则失其性矣。前史多以恒雨、狂人、服妖、鸡祸、鼠孽、木冰、木妖、青眚青祥皆属之木,今从之。

恒雨　洪武十三年七月,海康大雨,坏县治。二十三年十一月,山东二十九州县久雨,伤麦禾。

建文元年三月乙卯夜,燕王营于苏家桥。大雨,平地水三尺,及王卧榻。

永乐元年三月,京师霪雨坏城西南隅五十余丈。七月,建宁卫霪雨坏城。二年七月,新安卫霪雨坏城。八月,霪雨坏北京城五千余丈。六年七月,思明霪雨坏城。七年九月,浙江卫所五,飓风骤雨,坏城漂流房舍。八年七月,金乡卫飓风骤雨,坏城垣公廨。十二年九月,密云后卫霪雨坏城。二十年正月,信丰雨水坏城,瞿城卫如之。二十一年二月,六安卫霪雨坏城。是岁,建昌守御所,淮安、怀来等卫,皆霪雨坏城。二十二年二月,寿州卫雨水坏城。三月,赣州、振武二卫雨水坏城。四月,霪雨坏密云及蓟州城。是岁,南、北畿、山东州县,霪雨伤麦禾甚众。

洪熙元年夏,苏、松、嘉、湖积雨伤稼。闰七月,京师大雨,坏正阳、齐化、顺成等门城垣。九月,久雨,坏密云中卫城。

宣德元年五月，永嘉、乐清飓风急雨，坏公私廨宇及坛庙。

正统元年七月，顺天、山东、河南、广东霪雨伤稼。四年夏，居庸关及定州卫霪雨坏城。五年二月，南京大风雨，坏北上门脊，覆官民舟。七年，济南、青、莱、淮、凤、徐州，五月至六月霪雨伤稼。九年闰七月，野狐岭等处霪雨坏城及濠堑墩台。十一年春，江西七府十六县霪雨，田禾淹没。十二年六月，瑞金霪雨，市水丈余，漂仓库，溺死二百余人。十三年四月，雨水坏顺天古北口边仓。五月至六月，凤阳、徽州久雨伤稼。九月，宁都大雨，坏城郭庐舍，溺死甚众。

景泰三年，永平、兖州所久雨伤禾。大嵩等二十卫所久雨坏城。四年，南畿、河南、山东府十州一，自五月至于八月霪雨伤稼。五年，杭、嘉、湖大雨伤苗，六旬不止。七月，京师久雨，九门城垣多坏。六年，北畿府五、河南府二久雨伤稼，云南大理诸府如之。七年，两畿、江西、河南、浙江、山东、山西、湖广共府三十，恒雨淹田。

天顺元年，济、兖、青三府大雨阅月，禾尽没。四年，安庆、南阳雨，自五月至七月，淹禾苗。七年五月，淮、凤、扬、徐大雨，腐二麦。武昌、汉阳、荆州庐舍漂没，民皆依山露宿。

成化元年六月，畿东大雨，水坏山海关、永平、蓟州、遵化城堡。八月，通州大雨，坏城及运仓。二年，定州积雨，坏城垣及墩台垛口百七十三。八年七月，南京大风雨，坏天、地坛、孝陵庙宇。凤阳大雨，坏皇陵墙垣。九年三月，南京大风雨，拔太庙、社稷坛树。十三年七月，京城大雨。十四年八月，凤阳大雨，没城内民居以千计。十七年七月乙酉，南京大风雨，社稷坛及太庙殿宇皆摧。十八年，河南、怀庆诸府，夏秋霪雨三月，塌城垣千一百八十余丈，漂公署、坛庙、民居三十一万四千间有奇，淹死一万一千八百余人。

弘治二年七月，京师霪雨，求直言。三年七月，南京骤雨，坏午门西城垣。七年七月庚寅，南京大风雨，坏殿宇、城楼兽吻，拔太庙、天、地、社稷坛及孝陵树。自五月至八月，义州等卫连雨害稼。八年五月，南京阴雨逾月，坏朝阳门北城堵。九月，潮州诸府，飓风暴雨，坏城垣庐舍。十年七月，安陆霪雨，坏郭庐舍殆尽。十一年七月，长安岭暴风雨,坏城及庐舍。十四年六月,义、锦、广宁霪雨,坏城垣、墩堡、仓库、桥梁,民多压死者。十五年六七月,南京大风雨,孝陵神宫监及懿文陵树木、桥梁、墙垣多摧拔者。十六年五月,榆林大风雨毁子城垣,移垣洞于其南五十步。十八年三月,双山堡大雷雨坏城。六月至八月,京畿连雨。

正德元年七月,凤阳诸府大雨,平地水深丈五尺,没居民五百余家。二年七月,武平大风雨,毁城楼。长泰、南靖大风雨三日夜,平地水深二丈,漂民居八百余家。十二年,苏、松、常、镇、嘉、湖大雨,杀麦禾。十三年,应天、苏、松、常、镇、扬大雨弥月,漂室庐人畜无算。十六年,京师久雨伤稼。

嘉靖四年六月,登州大雨坏城。十六年,京师雨,自夏及秋不绝,房屋倾倒,军民多压死。二十五年八月,京师大雨,坏九门城垣。三十三年六月,京师大雨,平地水数尺。四十五年九月,郧阳大霪雨,平地水丈余。坏城垣庐舍,人民溺死无算。

隆庆元年六月,京师霪雨,辽东自五月至七月雨不止,坏垣墙禾黍。

万历元年七月,霪雨。十一年四月,承天大雨水。十二年正月,喜峰口大风雨,坏各墩台。十五年五月至七月,苏、松诸府霪雨,禾麦俱伤。六月,京师大雨。二十四年,杭、嘉、湖霪雨伤苗。二十八年七月,兴化、莆田、连江、福安大雨数日夜,城垣、桥梁、堤岸俱圮。二十九年春夏,苏、松、嘉、湖霪雨伤麦。三十二年七月,京师霪雨,城崩。三十三年五月丙申,凤阳大风雨,损皇陵正殿御座。三十九年春,河南大雨。夏,京师、广东大雨。广西积雨五阅月。四十二年,浙江霪雨为灾。

天启六年闰六月,大雨连旬,坏天寿山神路,都城桥梁。是岁,辽东霪雨,坏山海关内外城垣,军民伤者甚众。七年,山东州县二十有八积雨伤禾。

崇祯五年六月,大雨。八月,又雨,冲损庆陵。九月,顺天二十七县霪雨害稼。十一年夏,雨,浃旬,圮南山边垣。十二年十二月,浙江霪雨，阡陌，成巨浸。十三年四月至七月，宁、池诸郡霪雨，田半为墋。十五年十月，黄、蕲、德安诸郡县霪雨。十六年二月戊辰，亲祀社稷，大风雨，仅成礼而还。

狂人　景泰三年五月癸巳朔，以明日立太子，具香亭于奉天门。有一人自外竟入，执红棍击香亭曰：“先打东方甲乙木。”嘉靖十八年，驾将南幸。有军人孙堂从御路中桥至奉天门下，登金台，坐久，守门官役无知者。升堂大呼，觉而捕之，乃病狂者。

服妖　正德元年，妇女多用珠结盖头，谓之璎珞。十三年正月，车驾还京，令朝臣用曳撒大帽鸾带。给事中朱鸣阳言，曳撒大帽，行役所用，非见君服。皆近服妖也。十五年十二月，帝平宸濠还京，俘从逆者及悬诸逆首于竿，皆标以白帜，数里皆白。时帝已不豫，见者识其不祥。崇祯时，朝臣好以纱縠、竹篾为带，取其便易。论者谓金银重而贵，纱篾贱而轻，殆贱将乘贵也。时北方小民制帻，低侧其檐，自掩眉目，名曰“不认亲”。其后寇乱民散，途遇亲戚，有饮泣不敢言，或掉臂去之者。

鸡祸　弘治十四年，华容民刘福家，鸡雏三足。十七年六月，崇明民顾孟文家，鸡生雏，猴头而人形，身长四寸，有尾，活动无声。嘉靖四年，长垣民王宪家，鸡抱卵，内成人形，耳目口鼻四肢皆具。万历二十二年六月，靖边营军家雌鸡化为雄。崇祯九年，淮安民家牝鸡啼跃，化为雄。十年，宣武门外民有白鸡，喙距纯赤，重四十斤。或曰此鹜也，所见之处国亡。十四年，太仓卫指挥姜周辅家，鸡伏子，两头四翼八足。

鼠妖　万历四十四年七月，常、镇、淮、扬诸郡，土鼠千万成群，夜衔尾渡江，络绎不绝，几一月方止。四十五年五月，南京有鼠万余，衔尾渡江，食禾稼。崇祯七年，宁夏鼠十余万，衔尾食苗。十二年,黄州鼠食禾,渡江五六日不绝。时内殿奏章房多鼠盗食,与人相触而不畏,亦鼠妖也。至甲申元旦后,鼠始屏迹。又秦州关山中鼠化鹌鹑者以数千计。十五年二月,群鼠渡江,昼夜不绝。十月,榆林、定边诸堡,鼠生虾蟆腹中,一生数十,食苗如割。

　　木冰　洪武四年正月戊申,木冰。六年十二月乙丑,雨木冰。十一年正月丁亥,雨木冰。二十二年正月甲戌,雨木冰。正统三年十月丁丑晓,木介。天顺七年十月甲辰,雨木冰。八年正月乙丑,雨木冰。成化十六年正月辛卯晓,雨木冰。二十三年十二月戊辰晓,木介。隆庆三年十一月癸巳,木冰。万历十四年冬,苏、松木冰。崇祯元年十一月,陕西木冰,树枝尽折。其后大河以北,岁有此异。

　　木妖　弘治八年,长沙枫生李实,黄莲生黄瓜。九年三月,长宁楠生莲花,李生豆荚。嘉靖三十七年十月戊辰,泗水沙中涌出大杉木,围丈五尺,长六丈余。
　　隆庆五年四月,杭州栗生桃。万历十八年五月丁卯,祖陵大松树孔中吐火,竟日方灭。二十三年十二月癸亥,皇陵树颠火出,延烧草木。天启六年四月癸巳,白露著树如垂绵,日中不散。十月辛酉,南京西华门内有烟无火。礼臣往视,乃旧宫材木,瘗土中久,烟自生,土石皆焦。以水沃之,三日始灭。崇祯六年五月癸巳,霍山县有木甑飞堕,不知所自来。七年二月丁巳,太康门牡自开者三,知县集邑绅议其事,梁堕而死。

　　青眚青祥　宣德元年八月辛巳,东南天有青气,状如人叉手揖拜。

明史卷三〇
志第六

五行三　金 土

恒旸　　诗妖　　毛虫之孽　　犬祸
金异　　白眚白祥　　恒风　　风霾晦冥
花孽　　虫孽　　牛祸　　地震　　山颓
雨毛地生毛　　年饥　　黄眚黄祥

《洪范》曰"金曰从革"。金不从革,则失其性矣。前史多以恒旸、诗妖、毛虫之孽、犬祸、金石之妖、白眚白祥皆属之金,今从之。

恒旸　洪武三年,夏旱。六月戊午朔,步祷郊坛。四年,陕西、河南、山西及直隶常州、临濠、北平、河间、永平旱。五年夏,山东旱。七年夏,北平旱。二十三年,山东旱。二十六年,大旱,诏求直言。

永乐十三年,凤阳、苏州、浙江、湖广旱。十六年,陕西旱。

宣德元年夏,江西旱。湖广夏秋旱。二年,南畿、湖广、山东、山西、陕西、河南旱。七年,河南及大名夏秋旱。八年,南、北畿、河南、山东、山西自春徂夏不雨。九年,南畿、湖广、江西、浙江及真定、济南、东昌、兖州、平阳、重庆等府旱。十年,畿辅旱。

正统二年,河南春旱。顺德、兖州春夏旱。平凉等六府秋旱。三年,南畿、浙江、湖广、江西九府旱。四年,直隶、陕西、河南及太原、平阳春夏旱。五年，江西夏秋旱。南畿、湖广、四川府五，州卫各一，自六月不雨至于八月。六年，陕西旱。南畿、浙江、湖广、江西府州县十五，春夏并旱。七年，南畿、浙江、湖广、江西府州县卫二十余，大旱。十年夏，湖广旱。十一年，湖广及重庆等府夏秋旱。十二年，南畿及山西、湖广等府七，夏旱。十三年，直隶、陕西、湖广府州七，夏秋旱。十四年六月，顺天、保定、河间、真定旱。

景泰元年畿辅、山东、河南旱。二年，陕西府四、卫九，旱。三年，江西旱。四年，南北畿、河南及湖广府三，数月不雨。五年，山东、河南旱。六年，南畿及山东、山西、河南、陕西、江西、湖广府三十三，州卫十五，皆旱。七年，湖广、浙江及南畿、江西、山西府十七，旱。

天顺元年夏，两京不雨，杭州、宁波、金华、均州亦旱。三年，南北畿、浙江、湖广、江西、四川、广西、贵州旱。四年，济南、青州、登州、肇庆、桂林、甘肃诸府卫，夏旱。五年，南畿府四、州一，及锦衣等卫连月旱，伤稼。七年，北畿旱。济南、青州、东昌、卫辉，自正月不雨至于四月。

成化三年，湖广、江西及南京十一卫旱。四年，两京春夏不雨。湖广、江西旱。六年，直隶、山东、河南、陕西、四川府县卫多旱。八年，京畿连月不雨，运河水涸，顺德、真定、武昌俱旱。九年，彰德、卫辉、平阳旱。十三年四月，京师旱。是岁，真定、河间、长沙皆旱。十五年，京畿大旱，顺德、凤阳、徐州、济南、河南、湖广皆旱。十八年，两京、湖广、河南、陕西府十五、州二，旱。山西大旱。十九年，复旱。二十年，京畿、山东、湖广、陕西、河南、山西俱大旱。二十二年六月，陕西旱，虫鼠食苗稼，凡九十五州县。八月，北畿及江西三府旱。九月，温、台大旱，长沙诸府亦旱。

弘治元年，南畿、河南、四川及武昌诸府旱。三年，两京、陕西、山东、山西、湖广、贵州及开封旱。四年，浙江府二，广西府八，及陕西洮州卫旱。六年，北直、山东、河南、山西及襄阳、徐州旱。七年，福建、四川、山西、陕西、辽东旱。八年，京畿、陕西、山西、湖广、江西大旱。十年，顺天、淮安、太原、平阳、西安、延安、庆阳旱。十一年，河南、山东、广西、江西、山西府十八旱。十二年夏,河南四府旱。秋,山东旱。十三年,庆阳、太原、平阳、汾、潞旱。十四年,辽东镇春至秋不雨,河沟尽涸。十六年夏,京师大旱,苏、松、常、镇夏秋旱。十八年,北京及应天四十二卫旱。

正德元年,陕西三府旱。二年,贵州、山西旱。三年,江南、北旱。四年,旱,自三月至七月,陕西亦旱。七年,凤阳、苏、松、常、镇、平阳、太原、临、巩旱。八年,畿辅及开封、大同、浙江六县旱。九年,顺天、河间、保定、庐、凤、淮、扬旱。十一年,北畿及兖州、西安、大同旱。十五年,淮、扬、凤阳州县三十六及临、巩、甘州旱。十六年,两京、山东、河南、山西、陕西自正月不雨,至于六月。

嘉靖元年,南畿、江西、浙江、湖广、四川、辽东旱。二年,两京、山东、河南、湖广　江西及嘉兴、大同、成都俱旱,赤地千里,殍殣载道。三年,山东旱。五年,江左大旱。六年,北畿四府,河南、山西及凤阳、淮安俱旱。七年,北畿、湖广、河南、山东、山西、陕西大旱。八年,山西及临洮、巩昌旱。九年,应天、苏、松旱。十年,陕西、山西大旱。十一年,湖广、陕西大旱。十七年夏,两京、山东、陕西、福建、湖广大旱。十九年,畿内旱。二十年三月,久旱,亲祷。二十三年,湖广、江西旱。二十四年,南、北畿、山东、山西、陕西、浙江、江西、湖广、河南俱旱。二十五年,南畿、江西旱。二十九年,北畿、山西、陕西旱。三十三年,兖州、东昌、淮安、扬州、徐州、武昌旱。三十四年,陕西五府及太原旱。三十五年夏,山东旱。三十七年,大旱,禾尽槁。三十九年,太原、延安、庆阳、西安旱。四十年,保定等六府旱。四十一年,西安等六府旱。

隆庆二年,浙江、福建、四川、陕西及淮安、凤阳大旱。四年夏,旱,诏诸司停刑。六年夏,不雨。

万历十一年八月庚戌朔,河东盐臣言:解池旱涸,盐花不生。十三年四月戊午,因久旱,步祷郊坛。京师自去秋至此不雨,河井并涸。十四年三月乙巳,以久旱,命顺天府祈祷。十七年,苏、松连岁大旱,震泽为平陆。浙江、湖广、江西大旱。十八年四月,旱。二十四年,杭、嘉、湖三府旱。二十六年四月,旱。二十七年夏,旱。二十九年,畿辅、山东、山西、河南及贵州黔东诸府卫旱。三十年夏,旱。三十四年夏,亢旱。三十七年,楚、蜀、河南、山东、山西、陕西皆旱。三十八年夏,久旱,济、青、登、莱四府大旱。三十九年夏,京师大旱。四十二年夏,不雨。四十三年三月,不雨,至于六月。山东春夏大旱,千里如焚。四十四年,陕西旱。秋冬,广东大旱。四十五年夏,畿南亢旱。四十七年,广西梧州旱,赤地如焚。

泰昌元年,辽东旱。

天启元年,久旱。五年,真、顺、保、河四府,三伏不雨,秋复旱。七年,四川大旱。

崇祯元年夏,畿辅旱,赤地千里。三年三月,旱,择日亲祷。五年,杭、嘉、湖三府,自八月至十月,七旬不雨。六年,京师及江西旱。十年夏,京师及河东不雨,江西大旱。十一年,两京及山东、山西、陕西旱。十二年,畿南、山东、河南、山西、浙江旱。十三年,两京及登、青、莱三府旱。十四年,两京、山东、河南、湖广及宣、大边地旱。十六年五月辛丑,祈祷雨泽,命臣工痛加修省。

诗妖　太祖吴元年,张士诚弟伪丞相信士信及黄敬夫、叶德新、蔡彦文用事。时有十七字谣曰:"丞相做事业,专靠黄、蔡、叶。一朝西风起,乾鳖。"未几,苏州平,士信及三人者皆被诛,此其应也。建文初年,有道士歌于途曰:"莫逐燕。逐燕日高飞,高飞上帝畿。"已忽不见,是靖难之谶也。

正统二年,京师旱,街巷小儿为土龙祷雨,拜而歌曰:"雨帝雨帝,城隍土地。雨若再来,还我土地。"说者谓"雨帝"者,与弟也,帝弟同音。"城隍"者,郕王。"再来"、"还土地"者,复辟也。

万历末年,有道士歌于市曰:"委鬼当头坐,茄花遍地生。"北人读客为楷,茄又转音,为魏忠贤、客氏之兆。又成都东门外镇江桥回澜塔,万历中布政余一龙所修也。张献忠破蜀毁之,穿地取砖,得古碑。上有篆书云:"修塔余一龙,拆塔张献忠。岁逢甲乙丙,此地血流红。妖运终川北,毒气播川东。吹箫不用竹,一箭贯当胸。汉元兴元年,丞相诸葛孔明记。"本朝大兵西征,献忠被射而死,时肃王为将。又有谣曰:"邺台复邺台,曹操再出来。"贼罗汝才自号曹操,此其兆也。

毛虫之孽　弘治九年八月,有黑熊自都城莲池缘城上西直门,官军逐之下,不能获。啮死一人,伤一人。十一年六月,有熊自西直门入城,郎中何孟春曰:"当备盗。亦宜慎火"。宋绍兴间熊抵永嘉城,州守高世则以熊字能火,戒郡中慎火,果延烧庐舍,此其兆也。是年,城内多火灾。嘉靖五年七月,南城县有虎,具人手足。四十五年六月,太医院吏目李乾献兔,体备五色,以为瑞兔。

犬祸　嘉靖二十年,民家生一犬,八足四耳四目。万历四十七年七月,怀宁民家产一犬,长五寸,高四寸,一头二身八脚,状如人。

金异　洪武十一年正月元旦甲戌,早朝,殿上金钟始叩,忽断为二。六月丁卯夜,宁夏卫风雨,兜鍪旗槊皆有火光。十二年十二月甲子,徐州卫谯楼铜壶自鸣。乙丑,复鸣。是岁,胡惟庸井中生石笋,去之,笋复旁出者三。次年,惟庸伏诛。建文二年四月乙卯,燕王营于苏家桥,兵端火光如球,上下相击,金铁铮铮,弓弦自鸣。成化十三年六月壬子,雨钱于京师。正德四年三月甲寅,盖州卫城楼钟自鸣者三。七年,文登秦始皇庙钟鼓自鸣。成山卫如之。嘉靖六年五月甲午,京师雨钱。隆庆六年七月七日,有物轰轰,飞至直隶华亭海滨,坠于地,乃钟也。铸时年月具在,识者谓其来自闽云。万历二十一年十月甲申;山东督抚令旗及刀枪头皆火出,且有声。二十六年五月庚寅,古浪城楼大钟自鸣者三。天启六年五月丁未,京城石狮掷出城外。银、钱、器皿飘至昌平阅武场中。崇祯六年五月癸巳,有铁斧飞落霍山县。八年十二月辛巳,夜四鼓,山东镇南城楼大炮鸣如钟,至黎明,大吼一声乃止。十三年三月丙申,蕲州城隍庙古钟自鸣。

白眚白祥　洪熙元年六月庚戌,中天有白气,东西竟天。宣德元年六月癸未夜,有苍白气,东西竟天。八月庚辰,东南有白气,状如群羊惊走。既灭,有黑气如死蛇,顷之分为二。弘治五年十二月辛亥夜,东方有白气,南北亘天,去地五丈。正德元年三月戊申夜,太原空中见红光,如弯弓,长六七尺。旋变黄,又变白,渐长至二十余丈,光芒亘天。嘉靖七年十二月望,白气亘天津。

《洪范》曰"土爰稼穑"。稼穑不成,则土失其其性矣。前史多以恒风、风霾、晦冥、花妖、虫孽、牛祸、地震、山颓、雨毛、地生毛、年饥、黄眚黄祥皆属之土,今从之。

恒风　宣德六年六月,温州飓风大作,坏公廨、祠庙、仓库、城垣。正统四年七月,苏、松、常、镇四府大风,拔木杀稼。
天顺二年二月,暴风拔孝陵松树,懿文陵殿兽脊、梁柱多摧。三年四月,顺天、河间、真定、保定、广平、济南连日烈风,麦苗尽败。成化十四年八月丁未,南京大风,拔太庙树。十五年八月辛卯,大风拔孝陵木。二十一年五月,南京大风拔太庙树,摧大祀殿及皇城各门兽吻。弘治三年六月壬午朔,陕西靖虏卫大风,天地昏暗,变为红光如火,久之乃息。七年三月己亥,广宁诸卫狂风,沈阳、锦州城仆百余丈。正德元年六月辛酉,暴风折郊坛松柏,坏大祀殿、斋宫兽瓦。二年闰正月癸亥,卢龙、迁安大风拔树毁屋。乙丑,大风坏奉天门右吻。三年二月己丑,大同暴风,屋瓦飞动,三日而止。九年二月丁巳,长乐大雨雹,狂风震电,屋瓦皆飞。五月戊辰,曲阜暴风毁宣圣庙兽吻。十二年四月丙辰,来宾大风雨,雹,毁官民庐舍,屋瓦皆飞。十一月癸巳,南京大风雪,仆孝陵殿前树及围墙内外松柏。十二月己酉,大理卫大风坏城楼。十三年三月甲寅,庆符大风雹,坏学宫。十六年十二月辛卯,甘肃行都司狂风,坏官民庐舍树木无算。嘉靖元年七月己巳，南京暴风雨，郊社、陵寝、宫阙、城垣兽吻、脊栏皆坏，拔树万余株。五年，陕西屡发大风，卷擎庙宇、民居百数十家，了无踪迹。万历十八年三月甲辰，大名狂风，天色乍黑乍赤。二十六年十月癸亥，喜峰路台西北楼内，旋风大作，黑气冲天，楼内有火光。三十四年七月丙戌，大风拔朝日坛树。四十一年八月乙未，青州大风拔树，倾城屋。天启元年三月辛亥，大风扬尘四塞。四年五月癸亥，乾清宫东丹墀旋风骤作，内官监铁片大如屋顶者，盘旋空中，陨于西墀，铿訇若雷。八月戊戌，蓟州寒风杀人。崇祯十四年五月，南阳大风拔屋。七月乙亥，福州大风，坏官署、民舍。十五年五月，保定广平诸县怪风，麦禾俱伤。十六年正月丁酉，大风，五凤楼前门闩风断三截，建极殿槾桷俱折。

　　风霾晦冥　建文元年七月癸酉，燕王起兵，风云四起，咫尺不辨人。少焉东方露青天尺许，有光烛地，洞彻上下。天顺八年二月壬子，风霾昼晦。成化六年二月丁丑，开封昼晦如夜，黄霾蔽天。三月辛巳，雨霾昼晦。九年三月癸未，济南诸府，狂风昼晦，咫尺莫辨。二十一年三月戊子，大名风霾，自辰迄申，红黄满空，俄黑如夜。已而雨沙，数日乃止。京师自正月至三月，风霾不雨。弘治二年二月辛亥，开封昼晦如夜。三月，黄尘四塞，风霾蔽天者累日。四年八月乙卯，南京晦冥。七年三月己亥，广宁诸卫昼晦。正德五年三月甲子，大风霾，天色晦冥者数日。十六年十一月辛酉，甘肃行都司黑风昼晦，翌日方散。嘉靖元年九月己巳，大风霾，昼晦。八年正月戊戌朔，风霾，晦如夕。二十六年七月乙丑，甘州五卫风霾昼晦，色赤复黄。二十八年三月丙申，风霾四塞，日色惨白，凡五日。三十年正月辛卯，大风扬尘蔽天，昼晦。四十年二月己酉，亦如之。四月癸巳，大风雨，黄土昼晦。四十三年三月望，异风作，赤黄霾，至二十一日乃止。隆庆二年正月元旦，大风扬沙走石，白昼晦冥，自北畿抵江、浙皆同。万历十七年正月乙丑，盖州卫风霾昼晦，坏廨宇、庐舍。二十五年二月戊寅，京师风霾。二十九年四月，连日风霾。三十八年四月戊戌,崇阳风霾昼晦,至夜转烈,损官民屋木无算。四十八年八月以前,云南诸府时昼晦。天启元年四月乙亥午,宁夏洪广堡风霾大作,坠灰片如瓜子,纷纷不绝,逾时而止。日将沉,作红黄色,外如炊烟,围罩亩许,日光所射如火焰,夜分乃没。四年二月辛丑,风霾昼晦,尘沙蔽天,连日不止。崇祯元年正月癸亥,永年县昼晦,咫尺不辨人物。七年三月戊子,黄州昼晦如夜。十三年闰正月丙申,南京日色晦朦,风霾大作,细灰从空下,五步外不见一物。后四年三月丙申,风霾昼晦。

花孽　弘治十六年九月,安陆桃李华。正德元年九月,宛平枣林庄李花盛开。其冬,永嘉花尽放。六年八月,霸州桃李华。

虫孽　景泰五年三月,畿南五府有虫食桑,春蚕不育。弘治六年八月己巳,临晋雨虫如雪。七年三月,广宁诸卫有黑虫堕地,大如蝇,久之入于土。

牛祸　正德十二年,徐州牛产犊,一头二舌,两尾八足。嘉靖五年七月,南阳牛产犊,一首身。六年十一月,漳浦有牛产犊,三目三角。十一年二月,铜仁黄牸产犊,满身有纹,即死。十二年,山东平山卫牛犊有纹,前两足及尾,悉具鳞甲,中皆毳毛。万历十三年九月,光山牛产一物,火光满地,鳞甲森然,一夕毙。三十七年五月,历城、高苑二县牛各产犊,双头三眼,两鼻二口。三十八年三月,获嘉牛产犊,一身两头,四眼四耳,两口两足,一尾。三十九年二月,汲县牛产犊,一膊两头,两口四眼,两耳七蹄。四月降夷部牛产犊,人头羊耳。四十五年八月,开州牛产犊,两口三眼。天启元年十月,会宁牛产异兽,遍体鳞甲,有火光。三年十月,沅陵牸生犊,一身两头三尾。七年三月,莒州牛产犊如麟。崇祯十三年,襄阳牛产犊,两头二目。

地震　洪武四年正月己丑,巩昌、临洮、庆阳地震。五年四月戊戌,梧州府苍梧、贺州、恭城、立山等处地震。六月癸卯,太原府阳曲县地震。七月辛亥,又震。壬戌,京师风雨地震。八月癸未,太原府徐沟县西北空中有声如雷,地震凡三日。戊戌,阳曲县地又震。九月壬戌,又震者再。十月戊寅、辛卯,复震。是年,阳曲地凡七震。自六年至十四年,复八震。八年七月戊辰,京师地震。十二月戊子,又震。十一年四月乙巳,宁夏地震,坏城垣。十三年十二月甲戌,福州府、广州府、河州地震。十九年六月辛丑,云南地震。十一月己卯,复震,有声。二十三年正月庚辰,山东地震。

建文元年三月甲午,京师地震,求直言。

永乐元年十一月甲午,北京地震。山西、宁夏亦震。二年十一月癸丑,京师、济南、开封并震,有声。六年五月壬戌、十一年八月甲子,京师复震。十三年九月壬戌、十四年九月癸卯,京师地震。十八年六月丙午,北京地震。二十二年六月壬申,南京地震。

洪熙元年二月戊午,六安卫地震,凡七日。是岁,南京地震,凡四十有二。

宣德元年七月癸巳,京师地震,有声,自东南迄西北。是岁,南京地震者九。二年春,复震者十。三年,复屡震。四年,两京地震。五年正月壬子,南京地震。辛酉,又震。

正统三年三月己亥,京师地震。庚子,又震。甲辰,又震者再。四年六月乙未,复震。八月己亥,又震。五年十月庚午朔,兰州、庄浪地震十日。十月、十一月屡震,坏城堡庐舍,压死人畜。十年二月丁巳,京师地震。

景泰二年七月癸丑,京师地震。三年七月,永新珠坑村地陷十七所。是年,南京地震。五年十月庚子,京师地震,有声,起西北迄东南。六年二月甲午,安福大雷雨。白泉陂羊塘地陷二,一深三丈,广十余丈,一深六尺,广一丈有奇。

天顺元年十月乙巳,南京地震。

成化元年四月甲申,钧州地震二十三日乃止。三年,四川地震,凡三百七十五。五月壬申,宣府、大同地震,有声,威远、朔州亦震,坏墩台墙垣,压伤人。四年八月癸巳,京师地震,有声。十二月戊戌,湖广地震。五年十二月丙辰,汝宁、武昌、汉阳、岳州同日地震。六年正月丁亥,河南地震。是年,湖广亦震。十年四月壬午,鹤庆地震。九月己巳,自寅至申,复十五震,坏廨舍民居,伤人畜。十月丁酉,灵州大沙井驿地震,有声如雷。自后昼夜屡震,至十一月甲寅,一日十一震,城堞房屋多圮。十二年正月辛亥,南京地震。十月辛巳,京师地震。十三年正月己巳,凤阳、临淮地震,有声。闰二月癸卯,临洮、巩昌地震,城有颓者。四月戊戌,甘肃地裂,又震,有声。榆林、凉州亦震。宁夏大震,声如雷。城垣崩坏者八十三处。甘州、巩昌、榆林、凉州及沂州、郯城、滕、费、峄等县,同日俱震。九月甲戌,京师地三震。十四年六月,广西太平府地震,至八月乙巳,凡七震。七月,四川盐井卫地连震,廨宇倾覆,人畜多死。十六年八月丁巳,四川越嶲卫一日七震,越数日连震。十七年二月甲寅,南京、凤阳、庐州、淮安、扬州、和州、兖州及河南州县,同日地震。五月戊戌,直隶蓟州遵化县地震。六月甲辰,又震,日三次。永平府及辽东宁远卫亦三震。二十年正月庚寅,京师及永平、宣府、辽东皆震。宣府地裂,涌沙出水。天寿山、密云、古北口、居庸关城垣墩堡多摧,人有压死者。五月甲寅,代州地七震。九月辛巳,费县地陷,深二尺,纵横三丈许。二十一年二月壬申,泰安地震。三月壬午朔,复震,声如雷,泰山动摇。后四日复微震,癸巳、乙未、庚子连震。闰四月癸未,巩昌府、固原卫及兰、河、洮、岷四州,地俱震,有声。癸巳,蓟州遵化县地震,有声,越数日复连震,城垣民居有颓仆者。五月壬戌,京师地再震。九月丙辰,廉州、梧州地震,有声,连震者十六日。十一月丙寅,京师地震。二十二年六月壬辰,汉中府及宁羌卫地裂,或十余丈,或六七丈。宝鸡县裂三里,阔丈余。九月辛亥,成都地日七八震,俱有声。次日,复震。

弘治元年八月壬寅,汉、茂二州地震,仆黄头等寨碉房三十七户,人口有压死者。戊申,宣府葛峪堡地陷深三尺,长百五十步,阔

一丈。沙河中涌瞵，高一尺，长七十步。十二月辛卯，四川地震，连
三日。二年五月庚申，成都地震，连三日，有声。三年十二月巳未，
京师地再震。四年六月辛亥，复三震。八月乙卯，南京地震，屋宇皆
摇。淮、扬二府同日震。六年三月，宁夏地震，连三年，共二十震。四
月甲辰，开封、卫辉、东昌、兖州同日地震，有声。七年二月丁丑，曲
靖地震，坏房屋，压死军民。是岁，两京并六震。八年三月己亥，宁
夏地震十二次，声如雷，倾倒边墙、墩台、房屋，压伤人。九月甲午至
辛丑，安南卫地十二震。十月壬戌至甲子，海州九震。是岁，南京地
再震。九年，两京地震者各二次。十年正月戊午，京师、山西地震。
六月乙亥，海丰地震，声如雷，数日乃止。是岁，真定、宁夏、榆林、镇
番、灵州、太原皆震。屯留尤甚，如舟将覆，屋瓦皆落。十一年六月
丙子，桂林地有声若雷，旋陷九处，大者围十七丈，小者七丈或三
丈。十三年七月己巳，京师地震。十月戊申，两京、凤阳同时地震。
十四年正月庚戌朔，延安、庆阳二府，同、华诸州，咸阳、长安诸县，
潼关诸卫，连日地震，有声如雷。朝邑尤甚，频震十七日，城垣、民舍
多摧，压死人畜甚众。县东地拆，水溢成河。自夏至冬，复七震。是
日，陕州永宁、卢氏二县，平阳府安邑、荣河二县，俱震，有声。蒲州
自是日至戊午连震。丁丑，福、兴、泉、漳四府地俱震。二月乙未，蒲
州地又震，至三月癸亥，凡二十九震。八月癸丑，四川可渡河巡检司
地裂而陷，涌泉数十派，冲坏桥梁、庄舍，压死人畜甚众。癸酉，贵州
地三震。十月辛酉，南京地震。十五年九月丙戌，南京、徐州、大名、
顺德、济南、东昌、兖州同日地震，坏城垣、民舍。濮州尤甚，地裂涌
水，压死百余人。是日，开封、彰德、平阳、泽、潞亦震。十月甲子，山
西应、朔、代三州，山阴、马邑、阳曲等县，地俱震，声如雷。丁卯，南
京地震。十六年二月庚申南京地震。十八年六月癸亥，宁夏地震，
声如雷，城倾圮。九月癸巳，杭、嘉、绍、宁四府地震，有声。甲午，南
京及苏、松、常、镇、淮、扬、宁七府，通、和二州，同日地震。辛丑，蒲、
解二州，绛、夏、平陆、荣河、闻喜、芮城、猗氏七县地俱震，有声。而
安邑、万全尤甚，民有压死者。

正德元年二月癸酉至乙亥，郃阳地震者十余，有声如雷。四月癸丑，云南府连日再震。木密关地震如雷凡五，坏城垣、屋舍，压伤人。八月丁巳，莱州府鳌山卫地震，声如雷，城垛坏，以后屡震。莱州自九月至十二月，地震四十五，俱有声如雷。二年九月庚午，云南府安州、新兴州三日连震，摇撼民居，人有死者。四年三月甲寅，广宁大兴堡地陷，长四尺，宽三尺，深四丈余。五月己亥夜，武昌见碧光如电者六，有声如雷，已而地震。六年四月乙未，楚雄地三日五震。至明年五月又连震十三日。十月甲辰，大理府邓川州、剑川州、洱海卫地震。鹤庆、剑川尤甚，坏城垣、房廨，人有压死者。十一月戊午，京师地震。保定、河间二府及八县三卫，山东武定州，同日皆震。霸州连三日十九震。七年五月壬子，楚雄府自是日至甲子，地连震，声如雷。八月己巳，腾冲卫地震两日，坏城楼、官民廨宇，赤水涌出，田禾尽没，死伤甚众。八年十二月戊戌，成都、重庆二府，潼川、邛二州，地俱震。九年六月甲辰，凤阳府地震有声。八月乙巳，京师大震。十月壬辰，叙州府，太原府代、平、榆次等十州县，大同府应州山阴、马邑二县，俱地震，有声。十年五月壬辰，云南赵州永宁卫地震，逾月不止，有一日二三十震者。黑气如雾，地裂水涌，坏城垣、官廨、民居不可胜计，死者数千人，伤倍之。八月丁丑，大理府地震，至九月乙未，复大震四日。十一年八月戊辰，南京地震，武昌府亦震。十二月己未，楚雄、大理二府，蒙化、景东二卫俱震。十二年四月甲子，抚州府及余干、丰城二县，泉州府，俱地震。浙江金乡卫自是日至七月己丑，凡十有五震。六月戊辰，云南新兴州及通海、河西、嶍峨诸县地震，坏城楼、房屋，民有压死者。九月己卯，济、青、登、莱四府地震。是岁，泉州二月至六月，金华二月至七月，皆数震。十三年六月己巳，大理府及赵、邓川二州，浪穹县地震。是日，蒙化府亦震。十月甲午、十一月癸卯，又震。十四年二月丁丑，京师地震。九月丙午，昌平州、宣府、开平等卫亦震。丙辰，福、兴、泉三府地震。十五年三月丙申，安宁、姚安、宾州、蒙化、鹤庆俱地震。蒙化震二日，仆城垣、庐舍，民有压死者。八月辛酉，景东卫地震，声如雷。摇仆城墙、廨宇,地多拆裂。乙丑,济南、东昌、开封地震。

嘉靖二年正月,南京、凤阳、山东、河南、陕西地震。七月壬申,浙江定海诸卫地震,城堞尽毁。三年正月丙寅朔,两畿、河南、山东、陕西同时地震。二月辛亥,苏、常、镇三府地震。是年,南京震者再。四年八月癸卯,徐州、凤阳一卫三州县及怀庆、开封二府俱地震,声如雷。九月壬申,凤阳、徐州及开封二县复震。五年四月癸亥,永昌、腾冲、腾越同日地震。贵州安南卫地震,声如雷,坏震垣。壬申,复震。六年十月戊辰,京师地震。十二年八月丁酉,京师地震。十五年十月庚寅,京师地震。顺天、永平、保定、万全都司各卫所,俱震,声如雷。十六年九月癸酉,云南地震。十八年七月庚寅,楚雄、临安、广西地震。十九年四月庚午,洮州、甘肃俱震。二十一年九月甲戌,平阳、固原、宁夏、洮州同日地震,有声。十一月丁巳,巩昌、固原、西安、凤翔地震。二十上二年三月乙巳,太原地震,有声,凡十日。明年三月,复如之。四月庚辰,福、兴、泉、漳四府地震。二十三年三月朔,太原地震有声者十日。二十七年七月戊寅,京师地震,顺天、保定二府俱震。八月癸丑,京师复震,登州府及广宁卫亦震。三十年九月乙未,京师地震,有声。三十一年二月癸亥,凤阳府地震有声。三月丙戌,山西地震,有声。三十四年十二月壬寅,山西、陕西、河南同时地震,声如雷。渭南、华州、朝邑、三原、蒲州等处尤甚。或地裂泉涌,中有鱼物,或城郭房屋,陷入地中,或平地突成山阜,或一日数震,或累日震不止。河、渭大泛,华岳、终南山鸣,河清数日。官吏、军民压死八十三万有奇。三十七正月庚申,陕西地震。三月丁丑,昌平州地震。五月丁卯,蒲州地连震,三日,声如雷。六月甲申,又震。十月丙午,华州地震,声如雷。至壬子又震,戊午,复大震,倾陷庐舍甚多。三十八年七月辛巳,南京地震,有声。三十九年四月,嘉兴、湖州地震,屋庐摇动如帆。河水撞激,鱼皆跃起。四十年二月戊戌,甘肃山丹卫地震,有声,坏城堡庐舍。六月壬申,太原、大同、榆林地震,宁夏、固原尤甚。城垣、墩台、府屋皆摧,地涌黑黄沙水,压死军民无算,坏广武、红寺等城。四十一年正月丙申,京师地震。是岁,宁夏地震,圮边墙。四十五年正月癸巳,福建福、兴、泉三府同日地震。

隆庆二年三月甲寅,陕西庆阳、西安、汉中、宁夏,山西蒲州、安邑,湖广郧阳及河南十五州县,同日地震。戊寅,京师地震。是日,山东登州、四川顺义等县同日震。乐亭地裂三丈余者二,黑沙水涌出。宁远城崩。四月癸未,怀庆、南阳、汝宁、宁夏同日地震。乙酉,凤翔、平凉、西安、庆阳地震,坏城伤人。七月辛酉,陵川地裂三十余步。三年十一月庚辰,京师地震。四年四月戊戌,京师地震。五年二月丙午,广西靖江王府及宗室所居、布政司官署,俱地陷。六月辛卯朔,京师地震者三。

万历元年八月戊申,荆州地震,至丙寅方止。二年二月癸亥,长汀地震,裂成坑,陷没民居。三年二月甲戌,湖广、江西地震。五月戊戌朔,襄阳、郧阳及南阳府属地震三日。己亥,信阳亦震。六月戊子,福、汀、漳等府及广东之海阳县俱地震。九月戊午京师地震。十月丁卯,又震。己卯,岷州卫地震。己丑至壬午,连百余震。四年二月庚辰,蓟、辽地震。辛巳,又震。五年二月辛巳,腾越地二十余震,次日复震。山崩水涌,坏庙庑、仓舍千余间,民居圮者十之七,压死军民甚众。六年二月辛卯,临桂村田中青烟直上,随裂地丈余,鼓声轰轰,民居及大树石皆陷。七年七月戊午,京师地震。八年五月壬午,遵化数震,七日乃止。七月甲午,井坪路地大震,摧城垣数百丈。九年四月己酉,蔚州地震,声如雷。房屋震裂。大同镇堡各州县,同时地震,有声。十一年二月戊子,承天府地震。十二年二月丁卯,京师地震。五月甲午,又震。十三年二月丁未,淮安、扬州、庐州及上元、江宁、江浦、六合俱地震。江涛沸腾。三月戊寅,山西山阴县地震,旬有五日乃止。八月己酉,京师地震。十四年四月癸酉,又震。十五年三月壬辰,开封府属地震者三,彰德、卫辉、怀庆同日震。五月,山西地震。十六年六月庚申,京师地再震。十七年七月己未,杭州、温州、绍兴地震。十八年六月丙子,甘肃临洮地震,坏城郭、庐舍,压死人畜无算。八月,福建地屡震。十九年闰三月己巳,昌平州地震。十月戊戌，山丹卫地震，坏城垣。二十三年五月丁酉，京师地震。十二月癸亥，陕西地震，声若雷。二十四年十一月，福建地震。二十五年正月壬辰朔，四川地震三日。八月己卯，辽阳、广宁诸卫地震，涌水三日。甲申，京师地震，宣府、蓟镇等处俱震。十二月乙酉，京师地震。二十六年正月丁亥朔，宁夏地震。次日，长乐地陷五丈。八月丁丑，京师地震，有声。二十七年七月辛未，承天、沔阳、岳州地震。二十八年二月戊寅，京师地震，自民方西南行，如是者再。三十一年四月丙午，承天府钟祥县地震，房屋摧裂。五月戊寅，京师地震。三十二年闰九月庚辰，巩昌及醴泉地一日十余震，城郭民居并摧。白阳、吴泉界地裂三丈，溢出黑水，搏激丈余。三十三年五月辛丑，陆川地震，有声，坏城垣、府屋，压死男妇无算。六月庚午，灵川社坛有声。陷地十余丈，深丈余。九月丙申，京师地震者再，自东北向西南行。三十四年六月丙辰，陕西地震。三十五年七月乙卯，松潘、茂州、汶川地震数日。三十六年二月戊辰，京师地震。七月丁酉，又震。三十七年六月辛酉，甘肃地震，红崖、清水诸堡压死军民八百四十余人，圮边墩八百七十里，裂东关地。四十年二月乙亥，云南大理、武定、曲靖地大震，次日又震。缅甸亦震。五月戊戌，云南大理、曲靖复大震，坏房屋。四十二年九月庚午，山西、河南地震。四十三年二月己卯，扬州地震。狼山寺殿坏塔倾。八月乙亥，楚雄地震如雷，人民惊殒。十月辛酉，京师地震。四十五年五月甲戌，凤阳府地震。乙亥，复震。八月，济南地裂者二。四十六年六月壬午，京师地震。九月乙卯，京师地再震，畿辅、山西州县一十有七及紫荆关，马水、沿河二口，偏头、神池同日皆震。四十八年二月庚戌，云南及肇庆、惠州、荆州、襄阳、承天、沔阳、京山皆地震。

天启元年四月癸丑，延绥孤山城陷三十五丈，入地二丈七尺。二年二月癸酉，济南、东昌、河南、海宁地震。三月癸卯，济南、东昌属县八，连震三日，坏民居无数。九月甲寅，平凉、隆德诸县，镇戎、平虏诸所，马刚、双峰诸堡，地震如翻，坏城垣七千九百余丈，屋宇万一千八百余区，压死男妇万二千余口。十一月癸卯，陕西地震。三年四月庚申朔，京师地震。十月乙亥，复震。闰十月乙卯，云南地震。十二月丁未，南畿六府二州俱地震，扬州府尤甚。是月戊戌，京师地又震。四年二月丁酉，蓟州、永平、山海地屡震，坏城郭庐舍。甲寅，乐亭地裂，涌黑水，高尺余。京师地震，宫殿动摇有声，铜缸之水，腾波震荡。三月丙辰、戊午，又震。庚申，又震者三。六月丁亥，保定地震，坏城郭，伤人畜。八月己酉，陕西地震。十二月癸卯，南京地震。六年六月丙子，京师地震。济南、东昌及河南一州六县同日震。天津三卫、宣府、大同俱数十震，死伤惨甚。山西灵丘昼夜数震，月余方止。城郭、庐舍并摧，压死人民无算。七月辛未，河南地震。九月甲戌，福建地震。十二月戊辰，宁夏石空寺堡地大震。磶山石殿倾倒，压死僧人。是年，南京地亦震。七年，宁夏各卫营屯堡，自正月己巳至二月己亥，凡百余震，大如雷，小如鼓如风，城垣、房屋、边墙、墩台悉圮。十月癸丑，南京地震，自西北迄东南，隆隆有声。

　　崇祯元年九月丁卯，京师地震。三年九月戊戌，南京地震。四年六月乙丑，临洮、巩昌地震，坏庐舍，损民畜。五年四月丁酉，南京、四川地震。十月丁卯，山西地震。十一月甲寅，云南地震。六年正月丁巳，镇江地裂数丈。七月戊戌，陕西地震。八年冬，山西地震。九年三月戊辰，福建地震。七月丁未，清江城陷。十年正月丙午，南京地震。七月壬午，云南地震。十月乙卯，四川地震。十二月，陕西西安及海剌同时地震，数月不止。十一年九月壬戌，辽东地震。十二年二月癸巳，京师地震。十三年十一月戊子，南京地震。十四年三月戊寅，福建地震。四月丙寅，湖广地震。五月戊子，甘肃地震。六月丙午，福建地震。九月甲午，四川地震。十五年五月丙戌，两广地震。七月甲申，山西地震。十六年九月，凤阳地屡震。十一月丙申山东地震。明年正月庚寅朔，凤阳地震。乙卯，南京地震。三月辛卯，广东地震。

　　山颓　洪武六年正月壬戌夜，伏羌高山崩。正统八年十一月，浙江绍兴山移于平田。是岁，陕西二处山崩。十三年，陕西夏秋霪雨,通渭、平凉、华亭三县山倾,军民压死者八十余口。天顺四年十月,星子山裂。成化八年七月,陇州北山吼三日,裂成沟,长半里,寻复合。十六年四月壬子,巨津州金沙江北岸白石雪山断裂里许,两岸山合,山上草木如故。下塞江流,禾黍尽没。久之其下渐开,水始泄。六月,长乐平地出小阜,人畜践之辄陷。明年,复涌一高山。十七年十二月辛丑,寿阳县城南山崩,声如牛吼。弘治三年六月乙巳,河州山崩地陷。九年六月庚寅,山阴、萧山二县同日大雨山崩。十四年闰七月,乌撒军民府大雨山崩。十五年八月戊申,宣府合河口石山崩。十八年六月丙子,河州沙子沟夜大雷雨,石崖山崩,移七八里,崩处裂为沟,田庐民畜俱陷。正德元年十二月癸亥,即墨三表山石崩。四年三月甲寅,辽东东山大家峪山崩二处,约丈余。五年六月乙未,秦州山崩,伤室庐、禾稼甚众。龙王沟口山亦崩。六年七月丙寅,夔州獐子溪骤雨,山崩。十三年五月癸亥,云南黑盐井山崩,井塞。十五年八月丁丑,云南赵州大雨,山崩。嘉靖四年七月乙酉,清源贾家山崩。五年四月壬申,贵州歹苏屯山崩。十九年十二月己巳,峨眉宋皇观山鸣,震裂,涌泉水八日。二十一年六月乙酉,归州沙子岭大雷雨,崖石崩裂,塞江流二里许。二十六年七月癸酉,澄城麻陂山界头岭,昼夜吼数日。山忽中断,移走,东西三里,南北五里。隆庆二年五月庚戌,永宁州山崩。是岁,乐亭地裂三处,俱涌黑沙水。四年八月,湖州山朋,成湖。万历二十五年六月,泰山崩。二十七年八月甲午,狄道城东山崩,其下冲成一沟,山南耕地涌出大小山五,高二十余丈。三十三年八月丙午,镇江西南华山裂二三尺。三十七年六月辛酉,甘肃南山崩。天启三年闰十月乙卯,仁寿长山声震如雷,裂七里,宽三尺,深不可测。崇祯九年十二月,镇江金鸡岭土山崩。后八年,秦州有二山,相距甚远,民居其间者数百万家。一日地震,两山合,居民并入其中。

雨毛、地生毛　洪武十九年九月丙子,天雨絮。宣德元年七月甲午,地生毛,长尺余。正统八年,浙江地生白毛。成化十三年四月,甘肃地裂,生白毛。十五年五月,常州地生白毛。十七年四月,南京地生白毛。弘治元年五月丙寅,沪州长宁县雨毛。正德十二年四月,金华地生黑白毛,长尺余。

年饥　洪武二年,湖广、陕西饥。四年,陕西洊饥。五年,济南、东昌、莱州大饥,草实树皮,食为之尽。六年,苏州、扬州、真定、延安饥。七年,北平所属州县三十三饥。十五年,河南饥。十九年春,河南饥。夏,青州饥。二十年,山东三府饥。二十三年,湖广三府二州饥。二十四年,山东及太原饥,徐、沛民食草实。二十五年,山东洊饥。

永乐元年,北畿、山东、河南及凤阳、淮安、徐州、上海饥。二年,苏、松、嘉、湖四府饥。四年,南畿、浙江、陕西、湖广府州卫十四饥。五年,顺天、保定、河间饥。十年,山东饥。十二年,直省州县二十四饥。十三年,顺天、青州、开封三府饥。十四年,平阳、大同二府饥。十八年,青、莱二府大饥。时皇太子赴北京,过邹县,命亟发官粟以赈。

洪熙元年,北畿饥。山东、河南、湖广及南畿州县三十四饥。

宣德元年,直省州县二十九饥。二年,直省县十四饥。三年,直省州县十五饥。六年,直省县十饥。八年,以水旱告饥者,府州县七十有六。九年,南畿、山东、浙江、陕西、山西、江西、四川多告饥,湖广尤甚。十年,扬、徐、滁、南昌大饥。

正统三年春,平凉、凤翔、西安、巩昌、汉中、庆阳、兖州七府及南畿三州、二县,江西、浙江六县饥。四年,直省州县卫十八及山西隰州、大同、宣府、偏头诸关饥。五年,直省十府、一州、二县饥。陕西大饥。六年,直省州县二十六饥。八年夏,湖南饥。秋,应天、镇江、常州三府饥。九年春,苏州府饥。是岁,云南、陕西乏食。十年,陕西、山西饥。十二年夏,淮安、岳州、襄阳、荆州、郴州俱洊饥。十三年,宁、绍二府及州县七饥。

景泰元年,大名、顺德、广平、保定、处州、太原、大同七府饥。二年,大名、广平又饥。顺天、保定、西安、临洮、太原、大同、解州饥。三年,淮、徐大饥,死者相枕藉。四年,徐州荐饥。河南、山东及凤阳饥。五年,两畿十府饥。六年春,两畿、山东、山西、浙江、江西、湖广、云南、贵州饥,苏、松尤甚。七年,北畿、山东、江西、云南又饥。河南亦饥。

天顺元年,北畿、山东并饥,发茔墓,斫道树殆尽。父子或相食。二年,长沙、辰州、永州、常德、岳州五府及铜鼓、五开诸卫饥。四年,湖广及镇远府,都匀、平越诸卫饥。六年,陕西饥。

成化元年,两畿、浙江、河南饥。二年,南畿饥。四年,两畿、湖广、山东、河南无麦。凤阳及陕西宁夏、甘、凉饥。五年,陕西荐饥。六年,顺天、河间、真定、保定四府饥,食草木殆尽。山西、两广、云南并饥。八年,山东饥。九年,山东又大饥,骼无余胔。十三年,南畿、山东饥。十四年,北畿、湖广、河南、山东、陕西、山西饥。十五年,江西饥。十六年,北畿、山东、云南饥。十八年,南畿、辽东饥。十九年,凤阳、淮安、扬州三府饥。二十年,陕西饥,道殣相望。畿南及山西平阳饥。二十一年,北畿、山东、河南饥。二十三年,陕西大饥。武功民有杀食宿客者。淮北、山东亦饥。

弘治元年,应天及浙江饥。六年,山东饥。七年,保定、真定、河间三府饥。八年,苏、松、嘉、湖四府饥。十四年,顺天、永平、河间、河南四府饥。辽东大饥。十五年,辽东荐饥。兖州饥。十六年,浙江、山东及南畿四府三州饥。十七年,淮、扬、庐、凤荐饥,人相食,且发瘗胔以继之。十八年,延安诸府饥。

正德三年,庐、凤、淮、扬四府饥。四年,苏、松、常、镇四府饥。五年,山东饥。七年,嘉兴、金华、温、台、宁、绍六府乏食。八年,河间、保定饥。九年春,永平诸府饥。民食草树殆尽,有阖室死者。秋,关、陕亦饥。十一年,顺天、河间饥。河南大饥。十二年春,顺天、保定、永平饥。十三年,苏、松、庐、凤、淮、扬六府饥。十四年冬,辽东饥,南畿、淮、扬诸府尤甚。十六年,辽东饥。

嘉靖二年,应天及滁州大饥。三年,湖广、河南、大名、临清饥。

南畿诸郡大饥，父子相食，道殣相望，臭弥千里。四年，河间、沈阳、大同三卫饥。五年，顺天、保定、河间三府大饥。六年，辽东大饥。八年，真定、庐、凤、淮、扬五府，徐、滁、和三州及山东、河南、湖广、山西、陕西、四川饥，襄阳尤甚。九年，畿内、河南、湖广、山东、山西大饥。十二年，北畿、山东饥。十五年，湖广大饥。十七年，北畿饥。河南、郧阳、襄阳三府饥。二十年，保定、辽东饥。二十一年，顺天、永平饥。二十四年，又饥。南畿亦饥。二十五年，顺天饥，江西亦饥。二十七年，巩昌、汉中大饥。三十一年，宣、大二镇大饥，人相食。三十二年，南畿、庐、凤、淮、扬、山东、河南、陕西并饥。三十三年，顺天及榆林饥。三十六年，辽东大饥，人相食。三十九年，顺天、永平饥。四十年，两畿、山西饥。四十三年，北畿、山东大饥。四十四年，顺天饥。四十五年，淮、徐饥。

隆庆元年，苏、松二府大饥。二年，湖广饥。

万历元年，淮、凤二府饥，民多为盗。十年，延安、庆阳、平凉、临洮、巩昌大饥。十三年，湖广饥。十五年七月，黄河以北，民食草木。富平、蒲城、同官诸县有以石为粮者。十六年，河南饥，民相食。苏、松、湖三府饥。二十二年，河南大饥，给事中杨明绘《饥民图》以进，巡按陈登云进饥民所食雁粪，帝览之动容。二十八年，山东及河间饥。二十九年，两畿饥。阜平县饥，有食其稚子者。苏州饥，民殴杀税使七人。三十七年，山西饥。四十年，南畿荐饥，凤阳尤甚。四十三年，浙江饥。四十四年，山东饥甚，人相食。河南及淮、徐亦饥。四十五年，北畿民食草木，逃就食者，相望于道。山东属邑多饥。四十六年，陕西饥。四十八年，湖广大饥。

崇祯元年，陕西饥，延、巩民相聚为盗。二年，山西、陕西饥。五年，淮、扬诸府饥，流殍载道。六年，陕西、山西大饥。淮、扬荐饥，有夫妻雉经于树及投河者。盐城教官王明佐至自缢于官署。七年，京师饥，御史龚廷献缓《饥民图》以进。太原大饥，人相食。九年，南阳大饥，有母烹其女者。江西亦饥。十年浙江大饥，父子、兄弟、夫妻相食。十二年，两畿、山东、山西、陕西、江西饥。河南大饥，人相食，卢氏、嵩、伊阳三县尤甚。十三年，北畿、山东、河南、陕西、山西、浙江、三吴皆饥。自淮而北至畿南，树皮食尽，发瘞胔以食。十四年，南畿饥。金坛民于延庆寺近山见人云："此地深入尺余，其土可食"。如言取之，淘磨为粉粥而食，取者日众。又长山十里亦出土，堪食，其色青白类茯苓。又石子涧土黄赤，状如猪肝，俗呼"观音粉"，食之多腹能陨坠，卒枕藉以死。是岁，畿南、山东荐饥。德州斗米千钱，父子相食，行人断绝，大盗滋矣。

　　黄眚黄祥　正统十一年二月辛酉，有异气现华盖殿金顶及奉天殿鸱吻之上。成化九年四月乙亥，两京雨土。十三年四月戊戌，陕西、甘肃冰厚五尺，间以杂沙，有青红黄黑四色。弘治十年三月己酉，雨土。十一年四月辛巳，雨土。十七年二月甲辰，郧阳、均州雨沙。嘉靖元年正月丁卯，雨黄沙。十三年二月己未，雨微土。二十一年，象山雨黄雾，行人口耳皆塞。隆庆元年三月甲寅，南郑雨土。万历二十五年二月癸亥，湖州雨黄沙。四十六年三月庚午，暮刻，雨土，濛濛如雾如霰，入夜不止。四十七年二月甲戌，从未至酉，尘沙涨天，其色赤黄。四十八年，山东省城及泰安、肥城皆雨土。崇祯十二年二月壬申，浚县有黑黄云起，旋分为二，顷之四塞。狂风大作，黄埃涨天，间以青白气。五步之外，不辨人踪，至昏始定。十四年正月壬寅，黄埃涨天。

明史卷三一
志第七

历 一

历法沿革

　　后世法胜于古,而屡改益密者,惟历为最著。《唐志》谓天为动物,久则差忒,不得不屡变其法以求之。此说以矣。而不然也。《易》曰:"天地之道,贞观者也。"盖天行至健,确然有常,本无古今之异。其岁差盈缩迟疾诸行,古无而今有者,因其数甚微,积久始著。古人不觉,而后人知之,而非天行之忒也。使天果久动而差忒,则必差参凌替而无典要,安从修改而使之益密哉?观传志所书,岁失其次、日度失行之事,不见于近代,亦可见矣。夫天之行度多端,而人之智力有限,持寻尺之仪表,仰测穹苍,安能洞悉无遗。惟合古今人之心思,踵事增修,庶几符合。故不能为一成不易之法也。

　　黄帝迄秦,历凡六改。汉凡四改。魏迄隋,十五改。唐迄五代,十五改。宋十七改。金迄元,五改。惟明之《大统历》,实即元之《授时》,承用二百七十余年,未尝改宪。成化以后,交食往往不验,议改历者纷纷。如俞正已、冷守中不知妄作者无论已,而华湘、周濂、李之藻、邢云路之伦颇有所见。郑世子载堉撰《律历融通》,进《圣寿万年历》,其说本之南都御史何瑭,深得《授时》之意,而能补其不逮。台官泥于旧闻,当事惮于改作,并格而不行。崇祯中,议用西洋新法,命阁臣徐光启、光禄御李天经先后董其事,成《历书》一百三十余卷,多发古人所未发。时布衣魏文魁上疏排之,诏立两局推验。累年校测,新法独密,然亦未及颁行。由是观之,历固未有行之久而不差者,乌可不随时修改,以求合天哉。

今采各家论说,有裨于历法者,著于篇端。而《大统历》则述立法之原,以补《元志》之未备。《回回历》始终隶于钦天监,与《大统》参用,亦附录焉。

吴元年十一月乙未冬至,太史院使刘基率其属高翼上戊申《大统历》。太祖谕曰:“古者季冬颁历,太迟。今于冬至,亦未善。宜以十月朔,著为令。”洪武元年改院为司天监,又置回回司天监。诏征元太史院使张佑、回回司天太监黑的儿等共十四人,寻召回回司天台官郑阿里等十一人至京,议历法。三年改监为钦天,设四科:曰天文,曰漏刻,曰《大统历》,曰《回回历》。以监令、少监统之。岁造《大统民历》、《御览月令历》、《七政躔度历》、《六壬遁甲历》、《四季天象占验历》、《御览天象录》,各以时上。其日月交食分秒时刻、起复方位,先期以闻。十年三月,帝与群臣论天与七政之行,皆以蔡氏左旋之说对。帝曰:“朕自起兵以来,仰观乾象,天左旋,七政右旋,历家之论,确然不易。尔等犹守蔡氏之说,岂所谓格物致知之学乎?”十五年九月,诏翰林李翀、吴伯宗译《回回历书》。

十七年闰十月,漏刻博士元统言:“历以《大统》为名,而积分犹踵《授时》之数,非所以重始敬正也。况《授时》以至元辛巳为历元,至洪武甲子,积一百四年,年远数盈,渐差天度,合修改。七政运行不齐,其理深奥。闻有郭伯玉者,精明九数之理,宜征令推算,以成一代之制。”报可。擢统为监令。统乃取《授时历》,去其岁实消长之说,析其条例,得四卷,以洪武十七年甲子为历元,命曰《大统历法通轨》。二十二年改监令、丞为监正、副。二十六年,监副李德芳言:“监正统改作洪武甲子历元,不用消长之法,以考鲁献公十五年戊寅岁天正冬至,比辛巳为元,差四日半强。今当复用辛巳为元及消长之法。”疏入,元统奏辩。太祖曰:“二说皆难凭,但验七政交会行度无差者为是。"自是《大统历》元以洪武甲子,而推算仍依《授时》法。三十一年罢回回钦天监,其《回回历》科仍旧。

永乐迁都顺天,仍用应天冬夏昼夜时刻,至正统十四年始改用顺天之数。其冬,景帝即位,天文生马轼奏,昼夜时刻不宜改。下廷臣集议。监正许惇等言:"前监正彭德清测验得北京北极出地四十度,比南京高七度有奇,冬至昼三十八刻,夏至昼六十二刻。奏准改入《大统历》,永为定式。轼言诞妄,不足听。"帝曰:"太阳出入度数,当用四方之中。今京师在尧幽都之地,宁可为准。此后造历,仍用洪、永旧制。"

景泰元年正月辛卯,卯正三刻月食。监官误推辰初初刻,致失救护。下法司,论徒。诏宥之。成化十年,以监官多不职,擢云南提学童轩为太常寺少卿,掌监事。十五年十一月戊戌望,月食,监推又误,帝以天象微渺,不之罪也。十七年,真定教谕俞正己上《改历议》,诏礼部及轩参考。尚书周洪谟等言:"正己止据《皇极经世书》及历代天文、历志推算气朔,又以己意创为八十七年约法,每月大小相间。轻率狂妄,宜正其罪。"遂下正己诏狱。十九年,天文生张陞上言改历。钦天监谓祖制不可变,陞说遂寝。弘治中,月食屡不应,日食亦舛。

正德十二、三年,连推日食起复,皆弗合。于是漏刻博士朱裕上言:"至元辛巳距今二百三十七年,岁久不能无差,若不量加损益,恐愈久愈舛。乞简大臣总理其事,令本监官生半推古法,半推新法,两相交验,回回科推验西域《九执历法》。仍遣官至各省,候土圭以测节气早晚。往复参较,则交食可正,而七政可齐。"部覆言:"裕及监官历学未必皆精,今十月望月食,中官正周濂等所推算,与古法及裕所奏不同,请至期考验。"既而濂等言:"日躔岁退之差一分五十秒。今正德乙亥,距至元辛巳二百三十五年,赤道岁差,当退天三度五十二分五十秒。不经改正,推步岂能有合。臣参详较验,得正德丙子岁前天正冬至气应二十七日四百七十五分,命得辛卯日丑初初刻,日躔赤道箕宿六度四十七分五十秒,黄道箕宿五度九十六分四十三秒为历元。其气闰转交四应,并周天黄赤道,诸类立成,悉从岁差,随时改正。望敕礼臣并监正董其事。"部奏:"古法未可轻变,请仍旧法。别选精通历学者,同灒等以新法参验,更为奏请。"从之。

十五年,礼部员外郎郑善夫言:"日月交食,日食最为难测。盖月食分数,但论距交远近,别元四时加减,且月小阇虚大,八方所见皆同。若日为月所掩,则日大而月小,日上而月下,日远而月近。日行有四时之异,月行有九道之分。故南北殊观,时刻亦异。必须据地定表,因时求合。如正德九年八月辛卯日食,历官报食八分六十七秒,而闽、广之地,遂至食既。时刻分秒,安得而同?今宜按交食以更历元,时刻分秒,必使奇零剖析详尽。不然,积以岁月,躔离朓朒,又不合矣。"不报。十六年以南京户科给事中乐頀、工部主事华湘通历法,俱擢光禄少卿,管监事。

嘉靖二年,湘言:"古今善治历者三家,汉《太初》以钟律,唐《大衍》以蓍策,元《授时》以晷景为近。欲正历而不登台测景,皆空言臆见也。望许臣暂罢朝参,督中官正周灒等,及冬至前诣观象台,昼夜推测,日记月书,至来年冬至,以验二十四气、分至合朔、日躔月离、黄赤二道、昏旦中星、七政四余之度,视元辛巳所测,离合何如,差次录闻。更敕礼部延访精通理数者征赴京师,令详定岁差,以成一代之制。"下礼部集议,而頀谓历不可改,与湘颇异。礼部言:"湘欲自行测候,不为无识,请二臣各尽所见,穷极异同,以协天道。"从之。

七年,钦天监奏:"闰十月朔,《回回历》推日食二分四十七秒,《大统历》不食。"已而不食。十九年三月癸巳朔,台官言日当食,已而不食。帝喜,以为天眷,然实由推步之疏也。隆庆三年,掌监事顺天府丞周相刊《大统历法》,其历原历叙古今诸历异同。万历十二年十一月癸酉朔,《大统历》推日食九十二秒,《回回历》推不食,已而《回回历》验。礼科给事中侯先春因言:"迩年月食在酉而曰戌,月食将既而曰未九分,差舛甚矣。回回历科推算日月交食,五星凌犯,最为精密,何妨纂入《大统历》中,以备考验。"诏可。二十年五月甲戌夜月食,监官推算差一日。

二十三年,郑世子载堉进《圣寿万年历》、《律历融通》二书。疏略曰:"高皇帝革命时,元历未久,气朔未差,故不改作,但讨论润色而已。积年既久,气朔渐差。《后汉志》言'三百年斗历改宪'。今以万历为元,而九年辛巳岁适当'斗历改宪'之期,又协'乾元用九'之义,历元正在是矣。臣尝取《大统》与《授时》二历较之,考古则气差三日,推今则时差九刻。夫差虽九刻,处夜半之际,所差便隔一日。节气差天一日,则置闰差一月。闰差一月,则时差一季。时差一季,则岁差一年。其失岂小小哉?盖因《授时》减分太峻,失之先天;《大统》不减,失之后天。因和会两家,酌取中数,立为新率,编撰成书,大旨出于许衡,而与衡历不同。黄钟乃律历本原,而旧历罕言之。新法则以步律吕爻象为首。尧时冬至日躔宿次,何承天推在须、女十度左右,一行推在女、虚间,元人历议亦云在女、虚之交。而《授时历》考之,乃在牛宿二度。《大统历》考之,乃在危宿一度。相差二十六度,皆不与《尧典》合,新法上考尧元年甲辰岁,夏至午中,日在柳宿十二度左右,冬至午中,日在女宿十度左右,心昴昏中,各去午正不逾半次,与承天、一行二家之说合。此皆与旧历不同之大者,其余详见《历议》。望敕大臣名儒参订采用。"

其法首曰步发敛。取嘉靖甲寅岁为历元,元纪四千五百六十,期实千四百六十一,节气岁差一秒七十五忽,岁周气策无定率,各随岁差求而用之。律应即气应五十五日六十刻八十九分。律总旬周六十日。次曰步朔闰。朔望弦策与《授时》同,闰应十九日三十六刻十九分。次曰步日躔。日平行一度,躔周即天周三百六十五度二十五分,躔中半之,象策又半之,辰策十二分躔周之一。黄、赤道岁差,盈初缩末限,缩初盈末限,俱与《授时》同,周应二百三十八度二十二分三十九秒。按《授时》求日度法,以周应加积度,命起虚七,其周应为自虚七度至箕十度之数。《万年历法》以周应减积度,命起角初,其周应为箕十度至角初度之数,当为二百八十六度四十五分。今数不合,似误。次曰步晷漏。

北极出地度分，冬、夏至中晷恒数，并二至昼夜长短刻数，俱以京师为准。参以岳台，以见随处里差之数。次曰步月离。月平行、转周、转中，与《授时》同。离周即迟疾限三百三十六限十六分六十秒，离中半之，离象又半之。转差一日九十七刻六十分。转应七日五十刻三十四分。次曰步交道。正交、中交与《授时》同。距交十四度六十六分六十六秒。交周、交中、交差，与《授时》同。交应二十日四十七刻三十四分。次曰步交食。日食交外限六度，定法六十一，交内限八度，定法八十一。月食限定法与《授时》同。次曰步五纬。合应：土星二百六十二日三千二十六分，木星三百一十日一千八百三十七分，火星三百四十三日五千一百七十六分，金星二百三日八千三百四十七分，水星九十一日七千六百二十八分。历应：土星八千六百四日五千三百三十八分，木星四千一百十八日六千七百七十三分，火星三百一十四日四十九分，金星六十日一千九百七十五分，水星二百五十三日七千四百九十七分。周率、度率及晨夕伏见度，俱与《授时》同。

其议岁余也，曰：“阴阳消长之理，以渐而积，未有不从秒起。《授时》考古，于百年之际顿加一分，于理未安。假如鲁隐公三年辛酉岁，下距至元辛巳二千年，以《授时》本法算之，于岁实当加二十分，得庚午日六刻，为其年天正冬至。次年壬戌岁，下距至元辛巳一千九百九十九年，本法当加十九分，得乙亥日五十刻四十四分，为其年天正冬至。两冬至相减，得相距三百六十五日四十四刻四十四分，则是岁余九分日之四，非四分日之一也。历法之谬，莫甚于此。新法酌量，设若每年增损二秒，推而上之，则失昭公己丑；增损一秒至一秒半，则失僖公辛亥。今约取中数，其法置定距自相乘，七因八归，所得百，约之为分，得一秒七十五忽，则辛亥、己丑皆得矣。”

其议日躔也，曰：“古历见于《六经》，灼然可考者莫如日躔及中星。而推步家鲜有达者，盖由不知夏时、周正之异也。大抵夏历以节气为主，周历以中气为主。何承天以正月甲子夜半合朔雨水为上元，进乖夏朔，退非周正。故近代推《月令》、《小正》者，皆不与古合。

尝以新法岁差，上考《尧典》中星，则所谓四仲月，盖自节气之始至于中气之终，三十日内之中星耳。后世执著于二分二至，是亦误矣。"

其议候极也，曰："自汉至齐、梁，皆谓纽星即不动处。惟祖暅之测知纽星去极一度有余。自唐至宋，又测纽星去极三度有余。《元志》从三度，盖未有定说也。新法不测纽星，以日景验之，于正方案上，周天度内权指一度为北极，自此度右旋，数至六十七度四十一分，为夏至日躔所在。复至一百一十五度二十一分，为冬至日躔所在。左旋，数亦如之。四处并中心共五处，各识一针。于二至日午中，将案直立向南取景，使三针景合，然后县绳界取中线，又取方十字界之，视横界上距极度分，即极出地度分也。"

其议晷景也，曰："何承天立表测景，始知自汉以来，冬至皆后天三日。然则推步晷景，乃治历之要也。《授时历》亦凭晷景为本，而《历经》不载推步晷景之术，是为缺略。今用北极出地度数，兼弧矢二术以求之，庶尽其原。又随地形高下，立差以尽变，前此所未有也。"又曰："《授时历》议据《前汉志》鲁献公十五年戊寅岁正月甲寅朔旦冬至，引用为首。夫献公十五年下距隐公元年己未，岁百六十一年，其非春秋时明矣。而《元志》乃云'自春秋献公以来'，又云'昭公冬至，乃日度失行之验'，误矣。夫献公甲寅冬至，别无所据，惟刘歆《三统历》言之。岂《左传》不足信，而歆乃可信乎？太初元年冬至在辛酉，歆乃以为甲子，差天三日，尚不能知，而能逆知上下数百年乎？故凡春秋前后千载之间，气朔交食，《长历》、《大衍》所推近是，刘歆、班固所说全非也。"又曰："《大衍历》议谓宋元嘉十三年十一月甲戌，景长为日度变行，《授时历》议亦云，窃以为过矣。苟日度失行，当如岁差，渐渐而移。今岁既已不合，来岁岂能复合耶？盖前人所测，或未密耳。夫冬至之景一丈有余，表高晷长，则景虚而淡，或设望筒、副表、景符之类以求实景。然望筒或一低昂，副表、景符或一前却，所据之表或稍有倾欹，圭面或稍有斜侧，二至前后数日之景，进退只在毫厘之间，要亦难辨。况委托之人，未知当否。九服之远,既非目击,所报晷景,宁足信乎?"

其议漏刻也,曰:"日月带食出入,五星晨昏伏见,历家设法悉因晷漏为准。而晷漏则随地势南北,辰极高下为异焉。元人都燕,其《授时历》七曜出没之早晏,四时昼夜之永短,皆准大都晷漏。国初都金陵,《大统历》晷漏改从南京,冬夏至相差三刻有奇。今推交食分秒,南北东西等差及五星定伏定见,皆因元人旧法,而独改其漏刻,是以互相舛误也。故新法晷漏,照依元旧。"

其议日食也,曰:"日道与月道相交处有二,若正会于交,则食既,若但在交前后相近者,则食而不既。此天之交限也。又有人之交限,假令中国食既,戴日之下,所亏才半,化外之地,则交而不食。易地反观,亦如之。何则?日如大赤丸,月如小黑丸,共县一线,日上而月下,即其下正望之,黑丸必掩赤丸,似食之既;及旁观有远近之差,则食数有多寡矣。春分已后,日行赤道北畔,交外偏多,交内偏少。秋分已后,日行赤道南畔,交外偏少,交内偏多。是故有南北差。冬至已后,日行黄道东畔,午前偏多,午后偏少。夏至已后,日行黄道西畔,午前偏少,午后偏多。是故有东西差。日中仰视则高,旦暮平视则低。是故有距午差。食于中前见早,食于中后见迟。是故有时差,凡此诸差,唯日有之,月则无也。故推交食,惟日颇难。欲推九服之变,必各据其处,考晷景之短长,揆辰极之高下,庶几得之。《历经》推定之数,徒以燕都所见者言之耳。旧云:'月行内道,食多有验。月行外道,食多不验。'又云:'天之交限,虽系内道,若在人之交限之外,类同外道,日亦不食。'此说似矣,而未尽也。假若夏至前后,日食于寅卯酉戌之间,人向东北、西北观之,则外道食分反多于内道矣。日体大于月,月不能尽掩之,或遇食既,而日光四溢,形如金环,故日无食十分之理。虽既,亦止九分八十秒。《授时历》日食,阳历限六度,定法六十,阴历限八度,定法八十。各置其限度,如其定法而一,皆得十分。今于其定法下,各加一数以除限度,则得九分八十余秒也。"

其议月食也,曰:"暗虚者,景也。景之蔽月,无早晚高卑之异,四时九服之殊。譬如悬一黑丸于暗室,其左燃烛,其右悬一白丸,若烛光为黑丸所蔽,则白丸不受其光矣。人在四旁观之,所见无不同也。故月食无时差之说。自《纪元历》妄立时差,《授时》因之,误矣。"

其议五纬也,曰:"古法推步五纬,不知变数之加减。北齐张子信仰观岁久,知五纬有盈缩之变,当加减以求逐日之躔。盖五纬出入黄道内外,各自有其道,视日远近为迟疾,其变数之加减,如里路之径直斜曲也。宋人有言曰:'五星行度,惟留退之际最多差。自内而进者,其退必向外,自外而进者,其退必由内。其迹如循柳叶,两末锐于中间,往还之道相去甚远。故星行两末度稍迟,以其斜行故也。中间行度稍速,以其径捷故也。'前代修历,止增损旧法而已,未尝实考天度。其法须测验每夜昏晓夜半,月及五星所在度秒,置簿录之。满五年,其间去阴云昼见日数外,可得三年实行,然后可以算术缀之也。"

书上,礼部尚书范谦奏:"岁差之法,自虞喜以来,代有差法之议,竟无画一之规。所以求之者,大约有三:考月令之中星,测二至之日景,验交食之分秒。考以衡管,测以臬表,验以漏刻,斯亦傥得之矣。历家以周天三百六十五度四分度之一,纪七政之行,又析度为百分,分为百秒,可谓密矣。然浑象之体,径仅数尺,布周天度,每度不及指许,安所置分秒哉?至于臬表之树,不过数尺,刻漏之筹,不越数寸。以天之高且广也,而以尺寸之物求之,欲其纤微不爽,不亦难乎?故方其差在分秒之间,无可验者,至逾一度,乃可以管窥耳。此所以穷古今之智巧,不能尽其变欤?即如世子言,以《大统》、《授时》二历相较,考古则气差三日,推今则时差九刻。夫时差九刻,在亥子之间则移一日,在晦朔之交则移一月,此可验之于近也。设移而前,则生明在二日之昏,设移而后,则生明在四日之夕矣。今似未至此也。其书应发钦天监参订测验。世子留心历学,博通今古,宜赐敕奖谕。"从之。

河南佥事邢云路上书言:"治历之要,无逾观象、测景、候时、筹策四事。今丙申年日至,臣测得乙未日未正一刻,而《大统》推在申正二刻,相差九刻。且今年立春、夏至、立冬皆适直子半之交。臣推立春乙亥,而《大统》推丙子;夏至壬辰,而《大统》推癸巳;立冬己酉,而《大统》推庚戌。相隔皆一日。若或直元日于子半,则当退履端于月穷,而朝贺大礼在月正二日矣。岂细故耶?闰八月朔,日食,《大统》推初亏巳正二刻,食几既,而臣候初亏巳正一刻,食止七分余。《大统》实后天几二刻,则闰应及转应、交应,各宜增损之矣。”钦天监见云路疏,甚恶之。监正张应侯奏诋,谓其僭妄惑世。礼部尚书范谦乃言:“历为国家大事,士夫所当讲求,非历士之所得私。律例所禁,乃妄言妖祥者耳。监官拘守成法,不能修改合天。幸有其人,所当和衷共事,不宜妒忌。乞以云路提督钦天监事,督率官属,精心测候,以成钜典。”议上,不报。

三十八年,监推十一月壬寅朔日食分秒及亏圆之候,职方郎范守己疏驳其误。礼官因请博求知历学者,令与监官昼夜推测,庶几历法靡差。于是五官正周子愚言:“大西洋归化远臣庞迪峨、熊三拔等,携有彼国历法,多中国典籍所未备者。乞视洪武中译西域历法例,取知历儒臣率同监官,将诸书尽译,以补典籍之缺。”先是,大西洋人利玛窦进贡土物,而迪峨、三拔及龙华民、邓玉函、汤若望等先后至,俱精究天文历法。礼部因奏:“精通历法,如云路、守己为时所推,请改授京卿,共理历事。翰林院检讨徐光启、南京工部员外郎李之藻亦皆精心历理,可与迪峨、三拔等同译西洋法,俾云路等参订修改。然历法疏密,莫显于交食,欲议修历,必重测验。乞敕所司修治仪器,以便从事。”疏入,留中。未几云路、之藻皆召至京,参预历事。云路据其所学,之藻则以西法为宗。

四十一年,之藻已改衔南京太仆少卿,奏上西洋历法,略言台监推算日月交食时刻亏分之谬。而力荐迪峨、三拔及华民、阳玛诺等,言:“其所论天文历数,有中国昔贤所未及者,不徒论其度数,又能明其所以然之理。其所制窥天、窥日之器,种种精绝。今迪峨等年龄向衰,乞敕礼部开局,取其历法,译出成书。”礼科姚永济亦以为言。时庶务因循,未暇开局也。

　　四十四年，云路献《七政真数》，言："步历之法，必以两交相对。两交正，而中间时刻分秒之度数，一一可按。日月之交食，五星之凌犯，皆日月五星之相交也。两交相对，互相发明，七政之能事毕矣。"天启元年春，云路复详述古今日月交食数事，以明《授时》之疏，证新法之密。章下礼部。四月壬申朔日食，云路所推食分时刻，与钦天监所推互异。自言新法至密，至期考验，皆与天不合。云路又尝论《大统》宫度交界，当以岁差考定，不当仍用《授时》三百年前所测之数。又月建非关斗杓所指，斗杓有岁差，而月建无改移。皆笃论也。

　　崇祯二年五月乙酉朔日食，礼部侍郎徐光启依西法预推，顺天府见食二分有奇，琼州食既，大宁以北不食。《大统》、《回回》所推，顺天食分时刻，与光启互异。已而光启法验，余皆疏。帝切责监官。时五官正戈丰年等言："《大统》乃国初所定，实即郭守敬《授时历》也，二百六十年毫未增损。自至元十八年造历，越十八年为大德三年八月，已当食不食，六年六月又食而失推。是时守敬方知院事，亦付之无可奈何，况斤斤守法者哉？今若循旧，向后不能无差。"于是礼部奏开局修改。乃以光启督修历法。光启言："近世言历诸家，大都宗郭守敬法，至若岁差环转，岁实参差，天有纬度，地有经度，列宿有本行，月五星有本轮，日月有真会、视会，皆古所未闻，惟西历有之。而舍此数法，则交食凌犯，终无密合之理。宜取其法参互考订，使与《大统》法会同归一。"

　　已而光启上历法修正十事：其一，议岁差，每岁东行渐长渐短之数，以正古来百年、五十年、六十年多寡互异之说。其二，议岁实小余，昔多今少，渐次改易，及日景长短岁岁不同之因，以定冬至，以正气朔。其三，每日测验日行经度，以定盈缩加减真率，东西南北高下之差，以步日躔。其四，夜测月行经纬度数，以定交转迟疾真率，东西南北高下之差，以步月离。其五，密测列宿经纬行度，以定七政盈缩、迟疾、顺逆、违离、远近之数。其六，密测五星经纬行度，以定小轮行度迟疾、留逆、伏见之数，东西南北高下之差，以推步凌犯。其七，推变黄道、赤道广狭度数，密测二道距度，及月五星各道与黄道相距之度，以定交转。其八，议日月去交远近及真会、视会之因，以定距午时差之真率，以正交食。其九，测日行，考知二极出入地度数，以定周天纬度，以齐七政。因月食考知东西相距地轮经度，定交食时刻。其十，依唐、元法，随地测验二极出入地度数，地轮经纬，以求昼夜晨昏永短，以正交食有无、先后、多寡之数。因举南京太仆少卿李之藻、西洋人龙华民、邓玉函。报可。九月癸卯开历局。三年，玉函卒，又征西洋人汤若望、罗雅谷译书演算。光启进本部尚书，仍督修历法。

　　时巡按四川御史马如蛟荐资县诸生冷守中精历学，以所呈历书送局。光启力驳其谬，并预推次年四月四川月食时刻，令其临时比测。四年正月，光启进《历书》二十四卷。夏四月戊午，夜望月食，光启预推分秒时刻方位。奏言："日食随地不同，则用地纬度算其食分多少，用地经度算其加时早晏。月食分秒，海内并同，止用地经度推求先后时刻。臣从舆地图约略推步，开载各布政司月食初亏度分，盖食分多少既天下皆同，则余率可以类推，不若日食之经纬各殊，必须详备也。又月体一十五分，则尽入闇虚亦十五分止耳。今推二十六分六十秒者，盖闇虚体大于月，若食时去交稍远，即月体不能全入闇虚，止从月体论其分数。是夕之食，极近于交，故月入闇虚十五分方为食既，更进一十一分有奇，乃得生光，故为二十六分有奇。如《回回历》推十八分四十七秒，略同此法也。"已而四川报冷守中所推月食实差二时，而新法密合。

　　光启又进《历书》二十一卷。冬十月辛丑朔日食，新法预推顺天见食二分一十二秒，应天以南不食，大漠以北食既，例以京师见食不及三分，不救护。光启言：

　　　　月食在夜，加时早晚，苦无定据。惟日食按晷定时，无可迁就。故历法疏密，此为之证。臣等纂辑新法，渐次就绪，而向后交食为期尚远，此时不与监臣共见，至成历后，将何征信？且是食之必当测候，更有说焉。

旧法食在正中，则无时差。今此食既在日中，而新法仍有时差者，盖以七政运行皆依黄道，不由赤道。旧法所谓中乃赤道之午中，非黄道之正中也。黄赤二道之中，独冬夏至加时正午，乃得同度。今十月朔去冬至度数尚远，两中之差，二十三度有奇，岂可因加时近午，不加不减乎？适际此日，又值此时，足可验时差之正术，一也。

本方之地经度，未得真率，则加时难定，其法必从交食时测验数次，乃可较勘画一。今此食依新术测候，其加时刻分，或前后未合，当取从前所记地经度分，斟酌改定，此可以求里差之真率，二也。

时差一法，但知中无加减，而不知中分黄赤，今一经目见，人人知加时之因黄道，因此推彼，他术皆然，足以知学习之甚易，三也。

即分数甚少，亦宜详加测候，以求显验。

帝是其言。至期，光启率监臣预点日晷，调壶漏，用测高仪器测食甚日晷高度。又于密室中斜开一隙，置窥筒、远镜以测亏圆，画日体分数图板以定食分，其时刻、高度悉合，惟食甚分数未及二分。于是光启言："今食甚之度分密合，则经度里差已无烦更定矣。独食分未合，原推者盖因太阳光大，能减月魄，必食及四五分以上，乃得与原推相合。然此测，用密室窥筒，故能得此分数，倘止凭目力，或水盆照映，则眩耀不定，恐少尚不止此也。"

时有满城布衣魏文魁，著《历元》、《历测》二书，令其子象乾进《历元》于朝，通政司送局考验。光启摘当极论者七事：其一，岁实自汉以来，代有减差，至《授时》减为二十四分二十五秒。依郭法百年消一，今当为二十一秒有奇。而《历元》用赵知微三十六秒，翻覆骤加。其一，弧背求弦矢，宜用密率。今《历测》中犹用径一围三之法，不合弧矢真数。其一，盈缩之限，不在冬夏至，宜在冬夏至后六度。今考日躔，春分迄夏至，夏至迄秋分，此两限中，日时刻分不等。又立春迄立夏，立秋迄立冬，此两限中，日时刻分亦不等。测量可见。

其一，言太阴最高得疾，最低得迟，且以圭表测而得之，非也。太阴迟疾是入转内事，表测高下是入交内事，岂容混推。而月行转周之上，又复左旋，所以最高向西行极迟，最低向东行乃极疾，旧法正相反。其一，言日食正午无时差，非也。时差言距，非距赤道之午中，乃距黄道限东西各九十度之中也。黄道限之中，有距午前后二十余度者，但依午正加减，焉能必合。其一，言交食定限，阴历八度、阳历六度，非也。日食，阴历当十七度，阳历当八度。月食则阴阳历俱十二度。其一，《历测》云："宋文帝元嘉六年十一月己丑朔，日食不尽如钩，昼星见。今以《授时》推之，止食六分九十六秒，郭历舛矣。"夫月食天下皆同，日食九服各异。南宋都于金陵，郭历造于燕地，北极出地差八度，时在十一月，则食差当得二分弱，其云"不尽如钩"，当在九分左右。郭历推得七分弱，乃密合，非舛也。本局今定日食分数，首言交，次言地，次言时，一不可阙。已而文魁反覆论难，光启更申前说，著为《学历小辨》。

其论岁实小余及日食变差尤明晰。曰："岁实小余，自汉迄元，渐次消减。今新法定用岁实，更减于元。不知者必谓不惟先天，更先《大统》。乃以推壬申冬至，《大统》得己亥寅正一刻，而新法得辰初一刻十八分。何也？盖正岁年与步月离相似，冬至无定率，与定朔、定望无定率一也。朔望无定率，宜以平朔望加减之，冬至无定率，宜以平年加减之。故新法之平冬至，虽在《大统》前，而定冬至恒在《大统》后也。"又曰："宋仁宗天圣二年甲子岁，五月丁亥朔，历官推当食不食，诸历推算皆云当食。夫于法则实当食，而于时则实不食。今当何以解之？盖日食有变差一法，月在阴历，距交十度强，于法当食。而独此日此地之南北差，变为东西差，故论天行，则地心与日月相参直，实不失食。而从人目所见，则日月相距近变为远，实不得食。顾独汴京为然，若从汴以东数千里，则渐见食，至东北万余里外，则全见食也，夫变差时时不同，或多变为少，或少变为多，或有变为无，或无变为有，推历之难，全在此等。"未几，光启入内阁。

五年九月十五日，月食，监推初亏在卯初一刻，光启等推在卯

初三刻,回回科推在辰初初刻。三法异同,致奉诘问。至期测候,阴云不见,无可征验。光启具陈三法不同之故,言:

　　时刻之加减,由于盈缩、迟疾两差。而盈缩差,旧法起冬夏至,新法起最高,最高有行分,惟宋绍兴间与夏至同度。郭守敬后此百年,去离一度有奇,故未觉。今最高在夏至后六度。此两法之盈缩差所以不同也。迟疾差,旧法只用一转周,新法谓之自行轮。自行之外,又有两次轮。此两法之迟疾差所以不同也。至于《回回历》又异者,或由于四应,或由于里差,臣实未晓其故。总之,三家俱依本法推步,不能变法迁就也。

　　将来有宜讲求者二端:一曰食分多寡。日食时,阳晶晃耀,每先食而后见。月食时,流气纷侵,每先见而后食。其差至一分以上。今欲灼见实分,有近造窥筒,日食时,于密室中取其光景,映照尺素之上,初亏至复圆,分数真确,画然不爽。月食用以仰观二体离合之际,鄞鄂著明。与目测迥异。此定分法也。一曰加时早晚。定时之术,壶漏为古法,轮钟为新法,然不若求端于日星,昼则用日,夜则任用一星。皆以仪器测取经纬度数,推算得之。此定时法也。二法既立,则诸术之疏密,毫末莫遁矣。

　　古今月食,诸史不载。日食,自汉至隋,凡二百九十三,而食于晦者七十七,晦前一日者三,初二日者三,其疏如此。唐至五代凡一百一十,而食于晦者一,初二日者一,初三日者一,稍密矣。宋凡一百四十八,无晦食者,更密矣,犹有推食而不食者十三。元凡四十五,亦无晦食,犹有推食而不食者一,食而失推者一,夜食而书昼者一。至加时差至四五刻者,当其时已然。可知高远无穷之事,必积时累世,乃稍见其端倪。故汉至今千七百岁,立法者十有三家,而守敬为最优,尚不能无数刻之差,而况于沿习旧法者,何能责其精密哉?

　　是年,光启又进《历书》三十卷。明年冬十月,光启以病辞历务,以山东参政李天经代之。不逾月而光启卒。七年,魏文魁上言,历官所推交食节气皆非是。于是命文魁入京测验。是时言历者四家，《大统》《回回》外，别立西洋为西局，文魁为东局。言人人殊，纷若聚讼焉。

天经缮进《历书》凡二十九卷，并星屏一具，俱故辅光启督率西人所造也。天经预推五星凌犯会合行度，言："闰八月二十四，木犯积尸气。九月初四昏初，火土同度。初七卯正，金土同度。十一昏初，金火同度。旧法推火土同度，在初七，是后天三日。金火同度在初三，是先天八日。"而文魁则言，天经所报，木星犯积尸不合。天经又言："臣于闰八月二十五日夜及九月初一日夜，同礼臣陈六辖等，用窥管测，见积尸为数十小星团聚，木与积尸，共纳管中。盖窥管圆径寸许，两星相距三十分内者，方得同见。如觜宿三星相距三十七分，则不能同见。而文魁但据臆算，未经实测。据云初二日木星已在柳前，则前此岂能越鬼宿而飞渡乎？"天经又推木星退行、顺行，两经鬼宿，其度分暑刻，已而皆验，于是文魁说绌。

天经又进《历书》三十二卷，并日暑、星暑、窥筒诸仪器。八年四月，又上《乙刻丙子七政行度历》及《参订历法条议》二十六则。

其七政公说之议七：一曰诸曜之应宜改。盖日月五星平行起算之根则为应，乃某曜某日某时躔某宫次之数。今新法改定诸应，悉从崇祯元年戊辰前，冬至后，己卯日子正为始。二曰测诸曜行度，应用黄道仪。盖太阳由黄道行，月星各有本道，出入黄道内外，不行赤道。若用赤道仪测之，所得经纬度分，须通以黄、赤通率表，不如用黄道仪，即得七政之本度为便也。三曰诸方七政行度，随地不等。盖日月东西见食，其时各有先后，既无庸疑矣。则太阳之躔二十四节气，与月五星之掩食凌犯，安得不与交食同一理乎？故新法立成诸表，虽以顺天府为主，而推算诸方行度，亦皆各有本法。四曰诸曜加减分，用平、立、定三差法，尚不足。盖加减平行以求自行，乃历家要务。第天实圆体，举平行异类，旧所用三差法，俱从勾股平行定者，于天体未合。即各盈缩损益之数，未得其真。今新法加减诸表，乃以圆齐圆，始可合天。五曰随时随地可求诸曜之经度。旧法欲得某日某曜经度，必先推各曜冬至日所行宫度宿次，后乃以各段日度比算始得。今法不拘时日方所，只简本表推步即是。六曰径一围三，非弧矢真法。盖古历家以直线测圆形，名曰弧矢法，而算用径一围三，谬也。今立割圆八线表，其用简而大。弧矢等线，但乘除一次，便能得之。七曰球上三角三弧形，非勾股可尽。盖古法测天以勾股为本，然勾股能御直角，不能御斜角。且天为圆球，其面上与诸道相割生多三弧形，勾股不足以尽之。

恒星之议四：一曰恒星本行，即所谓岁差，从黄道极起算。盖各星距赤极度分，古今不同，其距赤道内外也，亦古今不同。而距黄极或距黄道内外，则皆终古如一，所以知日月五星俱依黄道行。其恒星本行，应从黄极起算，以为岁差之率。二曰古今各宿度不同。盖恒星以黄道极为极，故各宿距星行度，与赤道极时近时远。行渐近极，即赤道所出过距星线渐密，其本宿赤道弧则较小。渐远极，即过距星线渐疏，其本宿赤道弧则较大。此缘二道二极不同，非距星有异行，亦非距星有易位也。如觜宿距星，汉测距参二度，唐测一度，宋崇宁测半度，元郭守敬测五分。今测之，不啻无分，且侵入参宿二十四分，非一证乎？三曰夜中测星定时。盖太阳依赤道左行，每十五度为一小时。今任测一星距子午圈前后度分，又以本星经行与太阳经行相加减，得太阳距子午圈度分，因以变为真时刻。四曰宋时所定十二宫次，在某宿度，今不能定于某宿度。盖因恒星有本行，宿度已右移故也。

太阳之议四：一曰太阳盈缩之限，非冬、夏二至，所谓最高及最高冲也。此限年年右行，今已过二至后六度有奇。二曰以圭表测冬夏二至，非法之善。盖二至前后，太阳南北之行度甚微，计一丈之表，其一日之影差不过一分三十秒，则一秒得六刻有奇。若测差二三秒，即差几二十刻，安所得准乎？今法独用春、秋二分，盖以此时太阳一日南北行二十四分，一日之景差一寸二分，即测差一二秒，算不满一刻，较二至为最密。三曰日出入分，应从顺天府起算。盖诸方北极出地不同，晨昏时刻亦因以异。《大统》依应天府算，是以昼夜长短,日月东西带食,所推不准。今依顺天府改定。四曰平节气,非上天真节气。盖旧法气策,乃岁周二十四分之一。然太阳之行,有盈有缩,不得平分。如以平分,则春分后天二日,秋分先天二日矣。今悉改定。

太阴之议四:一曰朔望之外,别有损益分,一加减不足以尽之。盖旧定太阴平行,算朔望加减,大率五度有奇,然两弦时多寡不一,即《授时》亦言朔望外,平行数不定,明其理未著其法。今于加减外,再用一加减,名为二三均数。二曰纬度不能定于五度,时多时寡。古今历家以交食分数及交泛等,测定黄白二道相距约五度。然朔望外两道距度,有损有益,大距计五度三分度之一。若一月有两食,其弦时用仪求距黄道度五度,未能合天。三曰交行有损益分。盖罗睺、计都即正交、中交行度,古今为平行。今细测之,月有时在交上,以平求之,必不合算。因设一加减,为交行均数。四曰天行无紫气。旧谓生于闰余,又为木之余气。今细考诸曜,无象可明,知为妄增。

交食之议四:一曰日月景径分恒不一。盖日月有时行最高,有时行最卑,因相距有远近,见有大小。又因远近得太阴过景,时有厚薄,所以径分不能为一。二曰日食午正非中限,乃以黄道九十度限为中限。盖南北东西差俱依黄道,则时差安得不从黄道论其初末以求中限乎?且黄道出地平上,两象限自有其高,亦自有其中。此理未明,或宜加反减,宜减反加,凡加时不合者由此也。三曰日食初亏复圆,时刻多寡恒不等,非二时折半之说。盖视差能变实行为视行,则以视差较食甚前后,鲜有不参差者。夫视差既食甚前后不一,又安能令视行前后一乎?今以视行推变时刻,则初亏复圆,其不能相等也明矣。四曰诸方各依地经推算时刻及日食分。盖地面上东西见日月出没,各有前后不同,即所得时刻亦不同。故见食虽一而时刻异,此日月食皆一理。若日食则因视差随地不一,即太阴视距不一,所见食分亦异焉。

五纬之议三:一曰五星应用太阳视行,不得以段目定之。盖五星皆以太阳为主,与太阳合则疾行,冲则退行。且太阳之行有迟疾,则五星合伏日数,时寡时多,自不可以段目定其度分。二曰五星应加纬行。盖五星出入黄道,各有定距度。又木、土、火三星冲太阳纬大,合太阳纬小。金、水二星顺伏纬小,逆伏纬大。三曰测五星,当用恒星为准则。盖测星用黄道仪外,宜用弧矢等仪。以所测纬星视距二恒星若干度分,依法布算,方得本星真经纬度分。或绘图亦可免算。

是时,新法书器俱完,屡测交食凌犯,俱密合,但魏文魁等多方阻挠,内官实左右之。以故帝意不能决,谕天经同监局虚心详究,务祈画一。是年,天经推水星伏见及木星所在之度,皆与《大统》各殊,而新法为合。又推八月二十七日寅正二刻,木、火、月三曜同在张六度,而《大统》推木在张四度,火、月张三度。至期,果同在张六度。九年正月十五日辛酉,晓望月食。天经及《大统》、《回回》、东局,各预推亏圆食甚分秒时刻。天经恐至期云掩难见,乃按里差,推河南、山西所见时刻,奏遣官分行测验。其日,天经与罗雅谷、汤若望、大理评事王应遴、礼臣李焜及监局守登、文魁等赴台测验,惟天经所推独合。已而,河南所报尽合原推,山西则食时云掩无从考验。

帝以测验月食,新法为近,但十五日雨水,而天经以十三日为雨水,令再奏明。天经覆言:

论节气有二法:一为平节气,一为定节气。平节气者,以一岁之实,二十四平分之,每得一十五日有奇,为一节气。故从岁前冬至起算,必越六十日八十七刻有奇为雨水。旧法所推十五日子正二刻者此也。定节气者,以三百六十为周天度,而亦以二十四平分之,每得一十五度为一节气。从岁前冬至起算,历五十九日二刻有奇,而太阳行满六十度为雨水。新法所推十三日卯初二刻八分者,此也。太阳之行有盈有缩,非用法加减之,必不合天,安得平分岁实为节气乎?以春分证之,其理更明。分者,黄赤相交之点,太阳行至此,乃昼夜平分。旧法于二月十四日下,注昼五十刻、夜五十刻是也。夫十四日昼夜已平分,则新法推十四日春分者,为合天,而旧法推十六日者,后天二日矣。

知春分，则秋分及各节气可知，而无疑于雨水矣。

已而天经于春分届期，每午赴台测午正太阳高度。二月十四日高五十度八分，十五日高五十度三十三分。天经乃言：

> 京师北极出地三十九度五十五分，则赤道应高五十度五分，春分日太阳正当赤道上，其午正高度与赤道高度等，过此则太阳高度必渐多。今置十四日所测高度，加以地半径差二分，较赤道已多五分。盖原推春分在卯正二刻五分弱，是时每日纬行二十四分弱，时差二十一刻五分，则纬行应加五分强。至十五日，并地半径较赤道高度已多至三十分，况十六日乎？是春分当在十四，不当在十六也。秋分亦然。

又出《节气图》曰：

> 内规分三百六十五度四分度之一者，日度也。外规分三百六十度者，天度也。自冬至起算，越九十一日三十一刻六分，而始历春分者，日为之限也，乃在天则已逾二度余矣。又越二百七十三日九十三刻，一十九分，而即交秋分者，亦日为之限也，乃在天不及二度余。岂非旧法春分每后天二日，秋分先天二日耶？

十年正月辛丑朔，日食，天经等预推京师见食一分一十秒，应天及各省分秒各殊，惟云南、太原则不见食。其初亏、食甚、复圆时刻亦各异。《大统》推食一分六十三秒，《回回》推食三分七十秒，东局所推止游气侵光三十余秒。而食时推验，惟天经为密。时将废《大统》，用新法，于是管理另局历务代州知州郭正中言：“中历必不可尽废。西历必不可专行。四历各有短长，当参合诸家，兼收西法。”十一年正月，乃诏仍行《大统历》，如交食经纬，晦朔弦望，因年远有差者，旁求参考新法与回回科并存。是年，进天经光禄寺卿，仍管历务。十四年十二月，天经言：“《大统》置闰，但论月无中气，新法尤视合朔后先。今所进十五年新历，其十月、十二月中气，适交次月合朔时刻之前，所以月内虽无中气，而实非闰月。盖气在朔前，则此气尚属前月之晦也。”至十六年第二月止有惊蛰一节，而春分中气，交第三月合朔之后，则第二月为闰正月，第三月为二月无疑。"时帝已深知西法之密。迨十六年三月乙丑朔日食，测又独验。八月，诏西法果密，即改为《大统历法》，通行天下。未几国变，竟未施行。本朝用为时宪历。

按明制，历官皆世业，成、弘间尚能建修改之议，万历以后则皆专己守残而已。其非历官而知历者，郑世子而外，唐顺之、周述学、陈壤、袁黄、雷宗皆有著述。唐顺之未有成书，其议论散见周述学之《历宗通议》《历宗中经》。袁黄著《历法新书》，其天地人三元，则本之陈壤。而雷宗亦著《合璧连珠历法》，皆会通回回历以入《授时》，虽不能如郑世子之精微，其于中西历理，亦有所发明。邢云路《古今律历考》，或言本出魏文魁手，文魁学本肤浅，无怪其所疏《授时》，皆不得其旨也。

西洋人之来中土者，皆自称瓯罗巴人，其历法与回回同，而加精密。尝考前代，远国之人言历法者多在西域，而东南北无闻。唐之《九执历》，元之《万年历》，及洪武间所译《回回历》，皆西域也。盖尧命羲、和仲叔分宅四方，羲仲、羲叔、和叔则以嵎夷、南交、朔方为限，独和仲但曰"宅西"，而不限以地，岂非当时声教之西被者远哉。至于周末，畴人子弟分散。西域、天方诸国，接壤西陲，非若东南有大海之阻，又无极北严寒之畏，则抱书器而西征，势固便也。瓯罗巴在回回西，其风俗相类，而好奇喜新竞胜之习过之。故其历法与回回同源，而世世增修，遂非回回所及，亦其好胜之俗为之也。羲、和既失其守，古籍之可见者，仅有《周髀》。而西人浑盖通宪之器，寒热五带之说，地圆之理，正方之法，皆不能出《周髀》范围，亦可知其源流之所自矣。夫旁搜博采以续千百年之坠绪，亦礼失求野之意也，故备论之。

明史卷三二
志第八

历 二

大统历法一上　法原

造历者各有本原，史宜备录，使后世有以考。如《太初》之起数钟律，《大衍》之造端蓍策，皆详本志。《授时历》以测验算术为宗，惟求合天，不牵合律吕卦爻。然其法之所以立，数之所从出，以及晷影、星度，皆有全书。郭守敬、齐履谦传中，有书名可考。《元史》漫无采摭，仅存李谦之《议录》、《历经》之初稿。其后改三应率及立成之数，与夫割圆弧矢之法，平立定三差之原，尽削不载。使作者精意湮没，识者憾焉。今据《大统历通轨》及《历草》诸书，稍为编次，首法原，次立成，次推步。而法原之目七：曰勾股测望，曰弧矢割圆，曰黄赤道差，曰黄赤道内外度，曰白道交周，曰日月五星平立定三差，曰里差刻漏。

勾股测望　北京立四丈表，冬至日午正，测得景长七丈九尺八寸五分。随以简仪测到太阳南至地平二十六度四十六分半，为半弧背。求得矢度，五度九十一分半。置周天半径，截矢余五十四度九十六分为股，乃本地去戴日下之度。以弦股别勾术，求得勾二十六度一十七分六十六秒，为日出地半弧弦。

北京立四丈表，夏至日午正，测得景长一丈一尺七寸一分。随以简仪测到太阳南至地平七十四度二十六分半，为半弧背。求得矢度，四十三度七十四分少。置周天半径，截矢余一十七度一十三分二十五秒为勾，乃本地去戴日下之度。以勾弦别股术，求得股五十八度四十五分半，为日出地半弧弦。

以二至日度相并，得一百度七十三分，折半得五十度三十六分半，为北京赤道出地度，以赤道出地度转减周天四之一，余四十度九十四分九十三秒七十五微，为北京北极出地度。

弧矢割圆 周天径一百二十一度七十五分少。少不用。半径六十〇度八十七分半。又为黄赤道大弦。二至黄赤道内外半弧背二十度。所测就整。二至黄赤道弧矢四度八十四分八十二秒。黄赤道大勾二十三度八十分七十秒。黄赤道大股五十六度〇二分六十八秒。半径内减去矢度之数。

割圆求矢术 置半弧背度自之，为半弧背幂，周天径自之，为上廉。上廉乘半弧背幂，为正实。上廉乘径，为益从方。半弧背倍之，乘径，为下廉。以初商乘上廉，得数以减益从方，余为从方。置初商自之以减下廉，余以初商乘之，为从廉。从方、从廉相并，为下法。下法乘初商，以减正实，实不足减，改初商。实有不尽，次第商除之。倍初商数，与次商相并以乘上廉，得数以减益从方，余为从方。并初商次商而自之，又以初商自之，并二数以减下廉，余以初商倍数并次商乘之，为从廉。从方、从廉相并，为下法。下法乘次商，以减余实，而定次商。有不尽者，如法商之，皆以商得数为矢度之数。黄赤道同用。

如以半弧背一度求矢度。术曰：置半弧背一度自之，得一度，为半弧背幂。置周天径一百二十一度太自之，得一万四千八百二十三度〇六分二十五秒，为上廉。上廉乘半弧背幂，得一万四千八百二十三度〇六分二五，为正实。上廉又乘径，得一百八十〇万四千七百〇七度八十五分九十三秒七五，为益从方。半弧背一度倍之，得二度，以乘径得二百四十三度五十分，为下廉。初商八十秒。置初商八十秒乘上廉一万四千八百二十三度〇六二五,得一百一十八度五八四五,以减益从方一百八十〇万四千七百〇七度八五九三七五,余一百八十〇万四千五百八十九度二七四八七五,为从方。又置初商八十秒自之,得六十四微,以减下廉,余二百四十三度四九九九三六。仍以八十秒乘之,得一度九四七九九九四八八,为从廉。以从廉、从方并之,共得一百八十〇万四千五百九十一度二二二八七四四八八,为下法。下法乘初商,得一万四千四百三十六度七十二分九七八二九九五九〇四,以减正实,余实三百八十六度三十三分二七一七〇〇四〇九六。次商二秒。置初商八十秒倍之,得一分六十秒。加次商二秒,得一分六十二秒,乘上廉一万四千八百二十三度〇六二五,得二百四十〇度一三三六一二五,以减益从方,余一百八十〇万四千四百六十七度七二五七六二五,为从方。又置初次商八十二秒自之,得六十七微。加初商八十秒,自之之数;得一秒三十一微,以减下廉,余二百四十三度四九九八六九。以前所得一分六十二秒乘之,得三度九十四分四六九七八七七八,为从廉。以从廉、从方并,得一百八十〇万四千四百七十一度六十七分〇四六〇三七七八,为下法。下法乘次商,得三百六十〇度八九四三三四〇九二〇七五五六,以减余实,仍余二十五度四三八三八二九一二〇二〇四四。不足一秒弃不用,下同

　　凡求得矢度八十二秒,余度各如上法,求到矢度,以为黄赤相求及其内外度之根。数详后。

　　黄赤道差　　求黄道各度下赤道积度术。置周天半径内减去黄道矢度,余为黄赤道小弦。置黄赤道小弦,以黄赤道大股乘之大股见割圆为实。黄赤道大弦半径为法。实如法而一,为黄赤道小股。置黄道矢自乘为实,以周天全径为法,实如法而一,为黄道半背弦差。以差去减黄道积度,即黄道半弧背。余为黄道半弧弦。置黄道半弧弦自之为股幂,黄赤道小股自之为勾幂,二幂并之,以开平方法除之,为赤道小弦。置黄道半弧弦,以周天半径亦为赤道大弦乘之为实,以

赤道小弦为法而一，为赤道半弧弦。置黄赤道小股，亦为赤道横小勾。以赤道大弦即半径乘之为实，以赤道小弦为法而一，为赤道横大勾，以减半径，余为赤道横弧矢。横弧矢自之为实，以全径为法而一，为赤道半背弦差。以差加赤道半弧弦，为赤道积度。

如黄道半弧背一度，求赤道积度。术曰：置半径六十〇度八十七分五十秒，即黄赤道大弦。内减黄道矢八十二秒余六十〇度八六六八，为黄赤道小弦。置黄赤道小弦，以黄赤道大股五十六度〇二六八乘之，得三千四百一十〇度一七二〇三〇二四为实，以黄赤道大弦六十〇度八七五为法，实如法而一，得五十六度〇一分九十二秒，为黄赤道小股。又为赤道小勾。置矢度八十二秒自之，得六十七微，以全径一百二十一度七五为法，除之得五十五纤，为黄道半背弦差。置黄道半弧背一度，内减黄道半背弦差，余为半弧弦，因差在微以下不减，即用一度为半弧弦。置黄道半弧弦一度自之，得一度为股幂。黄赤道小股五十六度〇一九二自之，得三千一百三十八度一五〇七六八六四为勾幂。二幂并得三千一百三十九度一五〇七六八六四为弦实，平方开之，得五十六度〇二八一，为赤道小弦。置黄道半弧弦一度，以半径即赤道大弦乘之，得六十〇度八七五为实，以赤道小弦五十六度〇二八一为法除之，得一度〇八分六十五秒，为赤道半弧弦。置黄赤道小股五十六度〇一九二，又为赤道小勾。以赤道大弦半径六十〇度八七五乘之，得三千四百一十〇度一六八八为实，以赤道小弦为法除之，得六十〇度八十六分五十三秒，为赤道横大勾。置半径六十〇度八十七分五十秒，内减赤道大勾六十〇度八十六分五十三秒，余九十七秒，为赤道横弧矢。置赤道横弧矢九十七秒自之，得九十四微〇九，以全径为法除之，得七十七纤，为赤道背弦差。置赤道半弧弦一度〇八分六十五秒，加赤道背弦差，为赤道积度，今差在微已下不加，即用半弧弦为积度。

凡求得赤道积度一度〇八分六十五秒。余度各如上法，求到各黄道度下赤道积度，两数相减，即得黄赤道差，乃至后之率。其分后，以赤道度求黄道，反此求之，其数并同。

黄赤道相求弧矢诸率立成上

至后黄分后赤 道积度	黄道矢度	黄道矢差	黄道半弧弦，又为赤道小股	黄赤道小股，又为赤道小股	赤道小弦
十度十分	十度十分十秒	十度十分十秒	十度十分十秒	十度十分十秒	十度十分十秒
初					
一	八二○	二四六	一○○○○	五六○一九二	五六○二八一
二	○三二八	○四一一	二○○○○	五五九九六六	五六○三二三
三	○七三九	○五七六	二九九九九	五五九五八八	五六○三九一
四	一三一五	○七四一	三九九九九	五五九○五八	五六○四八七
五	二○五六	○九○七	四九九九七	五五八三七六	五六○六一○
六	二九六三	一○七三	五九九九三	五五七五四一	五六○七五九
七	四○三六	一二四○	六九九八七	五五六五五三	五六○九三六
八	五二七六	一四○八	七九九七七	五五五四一二	五六一一四○
九	六六八四	一五七六	八九九六三	五五四一一六	五六一三七一

十○	八二六○	一七四五	九九九四四	二六六六	一六三○
一	一○○○五	一九一六	○九九一八	一○六○	一九一五
二	一九二一	二○八七	一一九八八三	五四九二九六	二二二六
三	四○○八	二二五八	一二九八三九	七三七五	二五六五
四	六二六六	二四三○	一三九七八三	五二九七	二九二八
五	八六九六	二六○五	一四九七一三	三○六一	三三二○
六	二一三○一	二七七九	一五九六二八	○六六三	三七三五
七	四○八○	二九五五	一六九五二四	五三八一○六	四一七八
八	七○三五	三一三○	一七九四○○	五三八九	四六四四
九	三○一六五	三三○七	一八九二五三	二五○五	五一三五
二○	三四七二	三四八五	一九九○八○	五二九四六二	五六五二
一	六九五七	三六六三	二○八八七八	六二五四	六一九二
二	四○六二○	三八四二	二一八六四五	二八八二	六七五六
三	四四六二	四○二○	二二八三七六	五一九二四七	七三四二

四	八四八二	四二〇〇	二三八〇七〇	五六四七	七九五二
五	五二六八二	四三七九	二四七七二一一	七八一	八五八二
六	七〇六一	四五五九	二五七三二六	五〇七七五一	九二三四
七	六一六二〇	四七三八	二六六八八一	三五五五	九九〇六
八	六三五八	四九一七	二七六三八二	四九九二九九	五七〇五九九
九	七一二七五	五〇九五	二八五八二八	四六六九	一三一〇
三〇	六三七〇	五二七三	二九五二一〇	四八九九八〇	二〇三九
一	八一六四三	五四五〇	三〇四五三五	五一二七	二七八六
二	七〇九三	五六二六	三一三七六	〇〇一一一	三五四九
三	九二七一九	五八〇一	三二二九三九	四七四五三三	四三二六
四	八五二〇	五九七四	三三二〇二八	四六九五九四	五一一八
五	一〇四四九四	六一四五	三四一〇三二	四〇九六	五九二三
六	一一〇六三九	六三一四	九九四六	四五八四四〇	六七四〇
七	六九五三	六四八一	三五八七六六	二六二九	七五六九

八	一二三四三四	六六四七	三六七四八六	四四六六六四	八四〇七
九	一三〇〇八一	六八〇八	三七六一〇二	〇五四七	九二五二
四〇	六八八九	六九六七	三八四六〇九	四三四二八二	五八〇一〇七
一	一四三八五六	七一二四	三九三〇〇三	四二七八六九	〇九六七
二	一五〇九八〇	七二七六	四〇一二六七	一三一二	一八三一
三	八二五六	七四二六	九四二九	四一四六一六	二六九九
四	一六五六八二	七五七一	四一七四五四	四〇七七八二	三五六九
五	一七三二五三	七七一二	四二五三四六	〇八二二二	四四四〇
六	一八〇九六五	七八五〇	四三三一〇二	三九三七一五	五三一一
七	一八八八一五	七九八四	四四〇七一八	三八六四九	六一八
八	一九六七九九	八一一二	八一八九	三七九一四三	七〇四五
九	二〇四九一一	八二三七	四五五五一三	三七一六七六	七九〇七
五〇	二一三一四八	八三五七	四六二六八四	三六四〇九五	八七六三
一	二二一五〇五	八四七二	九七〇一	三五六四〇四	九六一二

二	二二九九七七	八五八三	四七六五五九	三四八六〇七	五九〇四五三
三	二三八五六〇	八六八八	四八三二五六	三四〇七〇七	五八一二八五
四	二四七二四八	八七八九	四八九七八九	三三二七一一	五七二一〇六
五	二五六〇三七	八八八五	四九六一五六	三二四六二二	五六二九一七
六	二六四九二二	八九七七	五〇二三五四	三一六四四五	五五三七一四
七	二七三八九九	九〇六三	五〇八三八二	三〇八一八三	五四四四九九
八	二八二九六二	九一四四	五一四二三六	二九九八四一	五三五二六七
九	二九二一〇六	九二二二	五一九九一七	二九一四二六	五二六〇二二
六〇	三〇一三二八	九二九四	五二五四二一	二八二九三八	五一六七六〇
一	三一〇六二二	九三六一	五三〇七五一	二七四三八四	五〇七四八一
二	三一九九八三	九四二六	五三五九〇二	二六五七六九	四九八一八四
三	三二九四〇九	九四八五	五四〇八七五	二五七〇九四	四八八八六五
四	三三八八九四	九五三八	五四五六六八	二四八三六四	四七九五三二
五	三四八四三二	九五九〇	五五〇二八四	二三九五八六	四七〇一七八

六	三五 八〇二二	九六三八	四七一九	〇七五九	〇八〇二
七	三六 七六六〇	九六八一	八九七四	二二 一八八九	一四〇四
八	三七 七三四一	九七一九	五六三〇五〇	二一 二九七九	一九八四
九	三八 七〇六〇	九七五六	六九四八	二〇 四〇三四	二五四四
七〇	三九 六八一六	九七八九	五七〇六六七	一九 五〇五五	三〇八一
一	四〇 六六〇五	九八一八	四二〇七	一八 六〇四六	三五九五
二	四一 六四二三	九八四五	七五七〇	一七 七〇二〇	四〇八六
三	四二 六二六八	九八六八	五八〇七五六	一六 七九四九	四五五三
四	四三 六一三六	九八九一	三七六六	一五 八八七六	四九九七
五	四四 六〇二七	九九一〇	六六〇〇	一四 九七六三	五四一六
六	四五 五九三七	九九二五	九二五八〇六四三	一三 一五〇八	五八一〇
七	四六 五八六二	九九四〇	五九一七四四	一三 一五〇八	六一八一
八	四七 五八〇二	九九五二	四〇五六	一二 二三五九	六五二六
九	四八 五七五四	九九六二	六一九六	一一 三二〇〇	六八四七

八○	四九五七一六	九九七二	八一六五	一○四○三二	七一四四
一	五○五六八八	九九七九	九九六三	○九四八五四	七四一五
二	五一五六六七	九九八四	六○一五九二	○八五六七○	七六六一
三	五二五六五一	九九八九	三○五二	○七六四八一	七八八二
四	五三五六四○	九九九三	四三四五	○六七二八七	八○七九
五	五四五六三三	九九九六	五四七○	○五八○九○	八二五○
六	五五五六二九	九九九七	六四一八	○四八八九○	六○八三九五
七	五六五六二六	九九九九	七二二二	○三九六一九	八五一八
八	五七五六二五	一○○○○	七八四九	○三○四八七	八六一三
九	五八五六二五	○○○○	八三一一	○二一二八三	八六八三
九○	五九五六二五	○○○○	八六○九	○一二○七九	八七二九
一	六○五六二五	○三一二五	八七四二	○○二八七六	八七四九
一三一	八七五○	○○○○	八七五○	○○○○	八七五○

黄赤相求弧矢諸率立成下

至后黄分后赤道积度	赤道半弧弦	赤道矢度	至后赤分后黄道积度	度率	黄赤道差
十度十分	十度 十分十秒	十度 十分十秒	十度十分十秒	十度 十分十秒	十度 十分十秒
初				一〇八六五	
一	一〇八六五	九七	一〇八六五	〇八六一	〇八六五
二	二一七二八	〇三八八	二一七二八	〇八六〇	一七二八
三	三二五八七	〇八七五	三二五八八	〇八五七	二五八八
四	四三四四三	一五五三	四三四四五	〇八四九	三四四五
五	五四二九〇	二四二五	五四二九四	〇八四三	四二九四
六	六五一二七	三四九四	六五一三七	〇八三三	五一三七
七	七五九五二	四七五七	七五九七〇	〇八二三	五九七〇
八	八六七六二	六二一四	八六七九三	〇八一二	六七九三
九	九七五五五	七八一四	九七六〇五	〇八〇一	七六〇五
一〇	一〇八三二九	九七一六	一〇八四〇六	〇七八六	八四〇六
一一	一一九〇六九	一一七六〇	一一九一一二	〇七七二	九一九二

二	一二九八○三	四○○○	一二九九六四	○七五五	九九六四
三	一四○四九八	六四三五	一四○七一九	○七四○	一○七一九
四	一五一一六一	九○六七	一五一四五九	○七二○	一四五九
五	一六一七九六	二一八九三	一六二一七九	○七○四	二一七九
六	一七二三七四	四九一五	一七二八八三	○六八四	二八八三
七	一八二九一七	八一三二	一八三五六七	○六六三	三五六七
八	一九三四一三	三一五四四	一九四二三○	○六四二	四二三○
九	二○三八五八	五一五○	二○四八七二	○六二二	四八七二
二○	二一四二四八	八九四八	二一五四九四	○五九九	五四九一
一	二二四五七八	四二九四八	二二六○九三	○五七五	六○九三
二	二三四八四五	七一二四	二三六六六八	○五五四	六六六八
三	二四五○四四	五一四九八	二四七二二二	○五三○	七二二二
四	二五五一七一	六○六一	二五七七五二	○五○六	七七五二
五	二六五二二一	六○八一四	二六八二五八	○四八二	八二五八

六	二七 五一八九	五七五一	二七八七四〇〇	四五六	八七四〇
七	二八 五〇七一〇	七 八七四	二八九一九六	一 〇四三二	一 九一九六
八	二九 四八六二	六一七八	二九九六二八	〇四〇八	九六二八
九	三〇 四五五九	八 一六六四	三一〇〇三六	〇三八二	二 〇〇三六
三〇	三一 四一五五	七三二六	三二〇四一八	〇三五五	〇四一八
一	三二 三六四五	九三 二六三	三三七七七三	〇三三二〇	七七三
二	三三 三〇二七	九一七三	三四一一〇	五〇三〇六	一一〇五
三	三四 二二九五	一〇 五三五一	三五一四一一	〇二八〇	一四一一
四	三五 一四四四	一一 一六九五	三六一六九六	〇二五四	一六九一
五	三六 〇四七〇	八二〇二三	三七一九四五	〇二二九	一九四五
六	九三六八	一二 四八六六	三八二一七四	〇二〇三	二一七四
七	三七 八一三四	一三 一六八六	三九二三七七	〇一七七	二三七七
八	三八 六七六四	八六五四	四〇二五五四	〇一五二	二五五四
九	三九 五二五四	一四 五七七〇	四一二七〇六	〇一二六	二七〇六

四〇	四〇三五九九	一五三〇二七	四二二八三二	〇一〇	二八三二
一	四一一七九七	一六〇四二〇	四三二九三〇	〇〇七五	二九三〇
二	四一九八四二	一六七九四六	四四三〇〇九	〇〇四九	三〇〇九
三	四二七七三三	一七五五九八	四五三〇五八	〇〇二七	三〇五八
四	四三五四六七	一八三三七三	四六三〇八五	〇一〇〇〇〇	三〇八五
五	四四三〇五八	一九一二六五	四七三〇八五	九九七四	三〇八五
六	四五〇四四五	一九九二六五	四八三〇五九	九九五一	三〇五九
七	四五七六八七	二〇七三七九	四九三〇一〇	九九二五	三〇一〇
八	四六四七六〇	二一五五九〇	五〇二九三五	九九〇一	二九三五
九	四七一六六二	二二三八九七	五一二八三六	九八九六	二八三六
五〇	四七八三九一	二三二二九五	五二二七一二	九八五一	二七一二
一	四八四九四六	二四〇七七八	五三二五六三	九八二七	二五六三
二	四九一三二六	二四九三四一	五四二三九〇	九八〇三	二三九〇
三	四九七五三〇	二五七九八〇	五五二一九三	九七八〇	二一九三

四	五〇 三五五六六六八七	二六	五六一九七三	九七五五	一九七三
五	九四〇五	二七 五四六〇	五七一七二八	九七三一一	一七二八
六	五一 五〇七六四二九一	二八	五八一四五九	九七〇八	一四五九
七	五二 〇五六八三一八〇	二九	五九一一六七	九六八五	一一六七
八	五八八三	三〇 二一一八	六〇〇八五二	九六六一	〇八五二
九	五三 一〇一九一一〇二	三一	六一〇五一三	九六三九	〇五一三
六〇	五九七八	三二 〇一二八	六二〇一五二	九六一六	〇一五二
一	五四 〇七六一 九一九一		九七六八八 九五九四		一 九七六八
二	五三六八	三三 八二八七	六三九三六二	九五七二	九三六二
三	九八〇〇	三四 七四一四	六四八九三四	九五五一	八九三四
四	五五 四〇五七六五六八	三五	六五八四八五	九五二九	八四八五
五	八一四三	三六 五七四二	六六八〇一四	九五〇九	八〇一四
六	五六 二〇五七四九三九	三七	六七七五二三	九四八七	一 七五二三
七	五八〇一	三八 四一五一	六八七〇一〇	九四七〇	七〇一〇

八	九三七九	三九 三三七八	六九六四八〇	九四五〇	六四八〇
九	五七 二七九〇	四〇 二六一五	七〇五九三〇	九四二七	五九三〇
七〇	六〇三一	四一 一八六二	七一五三五七	九四一二	五三五七
一	九一一一	四二 一一一六	七二四七六九	九三九二	四七六九
二	五八 二〇二九	四三 〇三七四	七三四一六一	九三八五	九一六一
三	四七八七	九六三六	七四三五四六	九三五三	三五四六
四	七三八七	四四 八八九九	七五二八九九	九三四三	二八九九
五	九八三〇	四五 八一六三	七六二二四二	九三二九	二二四二
六	五九 二一一七	四六 七四二五	七七一五七一	九三一五	一五七一
七	四二五一	四七 六六八五	七八〇八八六	九三〇四	〇八八六
八	六二三四	四八 五九四四	七九〇一九〇	九二八六	〇一九〇
九	八〇六五	四九 五一九五	九四七六	九二七五	〇 九四七六
八〇	九七四七	五〇 四四四三	八〇八七五一	九二六五	八七五一
一	六〇 一二八一	五一 三六八八	八一八〇一六	九二五五	八〇一六

二	二六七四	五二二九二七	八二七二七一	九二四四	七二七一
三	三九一三	五三二一五九	八三六五一五	九二三八	六五一五
四	五〇一二	五四一三八九	八四五七五三	九二二八	五七五三
五	五九六七	五五〇六一三	八五四九八一	九二二二	四九八一
六	六七八一	九八三二	八六四二〇三	九二一五	四二〇三
七	七四五三	五六九〇四六	八七三四一八	九二一二	三四一八
八	七九八五	五七八二五七	八八二六三〇	九二一〇	二六三〇
九	八三七一	五八七四六五	八九一八四〇	九二〇四	一八四〇
九〇	八六三〇	五九六六七一	九〇一〇四四	九二〇四	一〇四四
一	八七四三	六〇五六七四	九一〇二四八	八二八七七	〇二四八
一三一	八七五〇	八七五〇	三一二五	〇〇〇〇	〇〇〇〇

按郭守敬創法五端，內一曰黃赤道差，此其根率也。舊法以一百一度相減相乘。《授時》立術，以勾股、弧矢、方圓、斜直所容，求其差數，合于渾象之理，視古為密。顧《至元曆經》所載甚略，又誤以黃道矢度為積差，黃道矢差為差率，今正之。

割圓弧矢圖

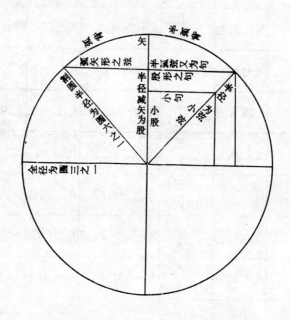

　　凡军圆中剖,则成平圆。任割平圆之一分,成弧矢形,皆有弧背,有弧弦,有矢。剖弧矢形而半之,则有半弧背,有半弧弦,有矢。因弦矢生勾股形,以半弧弦为勾,矢减半径之余为股,半径为弦。勾股内成小勾股,则有小勾、小股、小弦,而大小可互求,平侧可互用,浑圆之理,斯为密近。

　　侧立之图

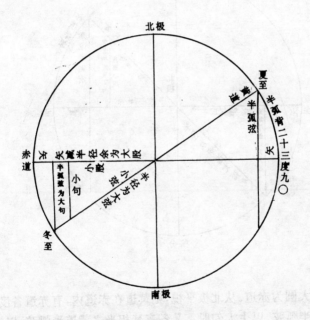

平者为赤道,斜者为黄道。因二至黄赤之距,生大勾股。因各度黄赤之距,生小勾股。

平视之图

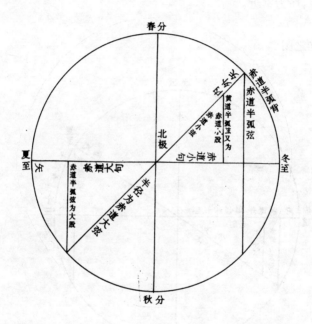

外大圆为赤道。从北极平视,则黄道在赤道内,有赤道各度,即各有其半弧弦,以生大勾股。又各有其相当之黄道半弧弦,以生小勾股。此二者皆可互求。

按旧史无图,然表亦图之属也。今勾股割圆弧矢之法,实为历家测算之本。非图不明,因存其要者数端。

黄赤道内外度　推黄道各度,距赤道内外及去极远近术。置半径内减去赤道小弦,余为赤道二弦差。又为黄赤道小弧矢,又为内外矢,又为股弦差。置半径内减去黄道矢度,余为黄赤道小弦,以二至黄赤道内外半弧弦乘之为实,以黄赤道大弦为法,即半径。除之为黄赤道小弧弦。即黄赤道内外半弧弦,又为黄赤道小勾。置黄赤道小弧矢自之,即赤道二弦差。以全径除之,为半背弦差。以差加黄赤道小弧弦为黄赤道小弧半背,即黄赤道内外度。置黄赤道内外度,视在盈初缩末限以加,在缩初盈末限以减,皆加减象限度,即各得太阳去北极度分。

　　如冬至后四十四度,求太阳去赤道内外及去极度。术曰:置半径六十〇度八十七分半,内减黄道四十四度下赤道小弦五十八度三十五分六十九秒,余二度五十一分八十一秒,为黄赤道小弧矢。即内外矢。置半径六十〇度八七五,内减黄道四十四度,矢一十六度五十六分八十二秒,余四十四度三十〇分六十八秒,为黄赤道小弦。置黄赤道小弦,以二至黄赤道内外半弧弦二十三度七十一分乘之,得一千〇五十〇度五十一分四二三八为实,以黄赤道大弦六十〇度八七五为法除之,得一十七度二十五分六十九秒为黄赤道小弧弦。即内外半弧弦。置黄赤道小弧矢二度五十一分八十一秒自之为实,以全径一百二十一度七十五分除之,得五分二十一秒为背弦差,以差加黄赤道小弧弦一十七度二十五分六十九秒,得一十七度三十〇分八十九秒,为二至前后四十四度,太阳去赤道内外度。置象限九十一度三十一分四十三秒七五,以内外度一十七度三〇八九加之,得一百〇八度六十二分三十二秒七五,为冬至后四十四度太阳去北极度。

　　黄道每度去赤道内外及去北极立成

黄道积度	黄赤内外矢,又为赤道二弦差	内外半弧弦,又为黄赤小弧弦	内外度,又为黄赤道小弧半背	冬至前后去极度	夏至前后去极度
十度分	十度十分十秒	十度十分十秒	十度十分十秒	十度十分十秒	十度十分十秒

初	○四八四八二	二三七一〇〇	二三九〇三〇	一一五二一七三	六七四一一三
一	八四六九	七〇七八	八九九七	二一四〇	四一四六
二	八四二七	六九七二	八八九八	二〇四一	四二四五
三	八三五九	六八一二	八七三二	一八七五	四四一一
四	八二六三	六五八八	八五四一	一六四四	四六四二
五	八一四〇	六二九九	八二〇二	一三四五	四九四一
六	七九六一	五九四六	七八三八	〇九八〇	五三〇六
七	七八一四	五五二八	七四〇五	〇五四八	五七三八
八	七六一〇	五〇四五	六九〇七	〇〇五〇	六二三六
九	七四九九	四四九六	六三四二	一一四九四八五	六八〇一
一〇	七一二〇	三八八三	五七〇六	八八四九	七四三七
一	六八三五	三二〇三	五〇〇四	八一四七	八一三九
二	六五二四	二四五七	四二三五	七三七八	八九〇八
三	六一八七	一六四四	三三九六	六五三九	九七四七

四	五八二二	〇七六四	二四八八	五六三一	八〇六五五（六）
五	五四三〇	二九八一八（二）	一五一三	四六五六	一六三〇
六	五〇一五	八八〇二	〇四六六	三六〇九	二六七七
七	四五七二	七七二一	二九三五（二三）	二四九五	三七九一
八	四二〇六	六五七〇	八一六七	一三一〇	四九七六
九	三六一五	五三五一	六九一三	〇〇五六	六二三〇
二〇	三〇九八	四〇六三	五五八八	三八七三（二一）	七五五五
一	二五五八	二七〇六	四一九三	七三三六	八九五〇
二	一九九四	一二七九	二七二七	五八七〇	九〇四一六（六）
三	一四〇八	一九七八（二三）	一一九〇	四三三三	一九五三
四	〇七九八	八二一七	一九五八（二四）	二七二七	三五五九
五	〇一六八	六五八一	七九〇六	一〇四九	五二三七
六	三九五一六	四八七五	六一五九	二九三〇二（一二）	六九八四
七	八八四四	三一〇〇	四三三九	七四八二	八八〇四

八	八一五一	一二五四	二四四九	五五九二	七〇〇六九四
九	七四四〇	二〇九三三九	〇四八九	三六三二	二六五四
三〇	六七一一	七三五五	〇八四六二三	一六〇五	四六八一
一	五九六四	五三〇一	六三六三	一一一九五〇六	六九八〇
二	五二〇一	二二七八	四一九五	七三三八	八九四八
三	四四二四	〇九八七	一九六〇	五一〇三	七一一一八三
四	三六三二	一九八七二	一八九九六五七	二八〇〇	三四八六
五	二八二七	六四〇一	七二八六	〇四二九	五八五七
六	二〇一〇	四〇〇八	四八四九	一一〇七九九二	八二九四
七	三一一八一	一九一五四八	一九二三四六	一〇五四八九	七二〇七九七
八	〇三四三	一八九〇二四	一八九七八〇	二九二三	三三六三
九	二九四九七	六四三五	七一四九	〇二九二	五九九四
四〇	八六四三	三七八三	四四五六	一〇九七五九九	八六八七
一	七七八三	一〇七〇	一七〇四	四八四七	七三一四三九

二	六九一九	^一七八二九五	^一七八八九〇	三〇三三	四二五三
三	六〇五一	五四六一	六〇一八	^{一〇}八九一六一	七一二五
四	五一八一	二五六九	三〇八九	六二三二	^七四〇〇五四
五	四三一〇	^一六九六二〇	〇一〇五	三二四八	三〇三八
六	三四三九	六六一六	^一六七〇六七	〇二一〇	六〇七六
七	二五七〇	三五五九	三九七七	^{一〇}七七一二〇	九一六六
八	一七〇五	〇四四九	〇八三六	三九九九	^七五二三〇七
九	〇八四三	^一五七二八九	^一五七六四五	〇七八八	五四九八
五〇	一九九八七	四〇八一	四四〇九	^{一〇}六七五五二	八七三四
一	九一三八	〇八二三	一一二四	四二六七	^七六二〇一九
二	八二九七	^一四七五二三	^一四七七九八	〇九四一	五三四五
三	七四六五	四一八四	四四三四	^{一〇}五七五七七	八七〇九
四	六六四四	〇八〇〇	一〇二七	四一七〇	^七七二一一六
五	五八三三	^一三七三七七	^一三七五八二	〇七二五	五五六一

六	五〇三六	三九一六	四一〇一	一〇四七二四四	九〇四二
七	四二五一	〇四二〇	〇五八六	三七二九	七八二五五七
八	三四八三	一二六八九	一二七〇三九	〇一八二	六一〇四
九	二七二八	三三二八	三四六一	一〇三六六〇四	九六八二
六〇	一九九〇	一一九七三六	一一九八五四	二九九七	七九三二八九
一	一二六九	六一一七	六二二一	一〇二九三六四	六九二二
二	〇五六六	二四七一	二五六二	五七〇五	八〇〇五八一
三	〇九八八二	一〇八七九九	一〇八八七九	二〇二二	四二六四
四	九二一八	五一〇五	五一七四	一〇一八三一七	七九六九
五	八五七二	一三九〇	一四五〇	四五九三	八一一六九三
六	七九四八	〇九七六五五	〇九七七〇六	〇八四九	五四三七
七	七三四六	三九〇一	三九四五	一〇〇七〇八八	九一九八
八	六七六六	〇一三二	〇一六九	三三一二	八二二九七四
九	六二〇六	〇八六三四	〇八六三七八	〇九九九五二一	六七六五

七〇	五六六九	二五四五	二五七一	五七一四	三〇五七二 ^八
一	五一五五	七八七三三〇	七八七五四〇	一八九七	四三八九
二	四六六四	四九〇九	四九二六	八八〇六九 ^九	八二一七
三	四一九七	一〇四七	一〇八八	四二三一	四二〇五五 ^八
四	三七五三	六七二三〇	六七二四一	〇三八四	五九〇二
五	三三三四	三三七八	三三八七	七六五三〇 ^九	九七五六
六	〇二九四〇	〇五九五一八	五九五二五	七二六六八 ^九	五三六一八 ^八
七	二五六九	五六五三	五六五八	六八八〇一 ^九	七四八五
八	二二二四	一七八一	一七八五	四九二八	六一三五八 ^八
九	一九〇三	四七九〇五	四七九〇八	一〇五一	五二三五
八〇	一六〇六	四〇二五	四〇二七	五七一七〇 ^九	九一一六
一	一三三五	〇一四一	〇一四二	三二八五	七三〇〇一 ^八
二	一〇八九	三六二五四	三六二五四	四九三九七 ^九	六八八九
三	〇八六八	二三六五	二三六五	五五〇八	八〇七七八 ^八

四	○六七一	○二八四七五	○二八四七五	一六一八	四六六八
五	○五○○	四五八三	四五八三	○九三七七二六	八五六○
六	○三五五	○六九○	○六九○	三八三三	八九二四五三
七	○二三二	○一六七九六	○一六七九六	○九二九九三九	六三四七
八	○一三七	○二九○二	○二九○二	六○四五	九○○二四一
九	○○六七	○九○○七	○九○○七	二一五○	四一三六
九○	○○二一	五一一二	五一一二	○九一八二五五	八○三一
一	○○○	一二一七	一二一七	四三六○	九一一九二六
一三一	○○○○	○○○○	○○○○	三一四三	三一四三

　　白道交周　推白赤道正交,距黄赤道正交极数。术曰:置实测白道出入黄道内外六度为半弧弦，又为大圆弧矢，又为股弦差。置半径六十○度八七五自之，得三千七百○五度七六五六二五，以矢六度而一，得六百一十七度六十三分为股弦和，加矢六度，六百二十三度六十三分为大圆径。依法求得容阔五度七十分，又为小勾。又以二至出入半弧弦二十三度七十一分为大勾。以大勾为法，除大股五十六度○六分五十秒，得二度三十七分就整为度差。以度差乘小勾，得小股一十三度四十七分八十二秒，为容半长。置半径六十○度八七五为大弦，以乘小勾五度七十分为实，以大勾二十三度七十一分为法除之，得一十四度六十三分为小弦，又为白赤道正交，

距黄赤道正交半弧弦。依法求得半弧背一十四度六十六分，为白赤
道正交距黄赤道正交极数。

月道距差图

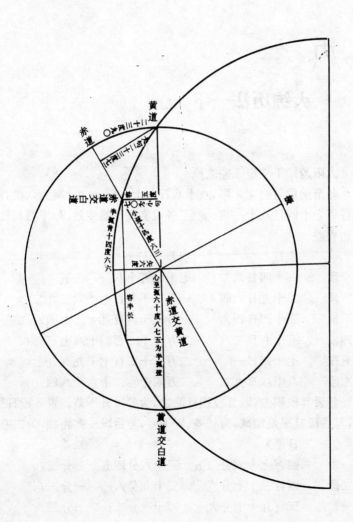

明史卷三三
志第九

历　三

大统历法一下　法原

太阳盈缩平立定三差之原

冬至前后盈初缩末限，八十八日九十一刻，_{就整。}离为六段，每段各得一十四日八十二刻。_{就整。}各段实测日躔度数，与平行相较，以为积差。

	积日	积差
第一段	一十四日八二	七千〇五十八分〇二五
第二段	二十九日六四	一万二千九百七十六三九二
第三段	四十四日四六	一万七千六百九十三七四六二
第四段	五十九日二八	二万一千一百四十八七三二八
第五段	七十四日一〇	二万三千二百七十九九九七
第六段	八十八日九二	二万四千〇二十六一八四

各置其段积差，以其段积日除之，为各段日平差。置各段日平差，与后段日平差相减，为一差。置一差，与后段一差相减，为二差。

	日平差	一差	二差
第一段	四百七十六分二五	三十八分四五	一分三八
第二段	四百三十七分八〇	三十九分八三	一分三八
第三段	三百九十七分九七	四十一分二一	一分三八

第四段	三百五十六分七六	四十二分五九	一分三八
第五段	三百一十四分一七	四十三分九七	
第六段	二百七十○分二○		

　　置第一段日平差,四百七十六分二十五秒,为泛平积。以第二段二差一分三十八秒,去减第一段一差三十八分四十五秒,余三十七分○七秒,为泛平积差。另置第一段二差一分三十八秒,折半得六十九秒,为泛立积差。以泛平积差三十七分○七秒,加入泛平积四百七十六分二十五秒,共得五百一十三分三十二秒,为定差。以泛立积差六十九秒,去减泛平积差三十七分○七秒,余三十六分三十八秒为实,以段日一十四日八十二刻为法除之,得二分四十六秒为平差。置泛立积差六十九秒为实,以段日为法除二次,得三十一微,为立差。

　　夏至前后缩初盈末限,九十三日七十一刻,就整。离为六段,每段各得一十五日六十二刻。就整。各段实测日躔度数,与平行相较,以为积差。

	积日	积差
第一段	一十五日六二	七千○五十八分九九○四
第二段	三十一日二四	一万二千九百七十八八六五八
第三段	四十六日八六	一万七千六百九十六六六七九
第四段	六十二日四八	二万一千一百五十○七二九六
第五段	七十八日一○	二万三千二百七十八四八六
第六段	九十三日七二	二万四千○百一十七六二四四

　　推日平差、一差、二差术,与盈初缩末同。

	日平差	一差	二差
第一段	四百五十一分九二	三十六分四七	一分三三
第二段	四百一十五分四五	三十七分八○	一分三三
第三段	三百七十七分六五	三十九分一二	一分三三
第四段	三百三十八分五二	四十○分四六	一分三三
第五段	二百九十八分○六	四十一分七九	

第六段　　　二百五十六分二七

　　置第一段日平差,四百五十一分九十二秒,为泛平积。以第一段二差一分三十三秒,去减第一段一差三十六分四十七秒,余三十五分一十四秒,为泛平积差。另置第一段二差一分三十三秒折半,得六十六秒五十微,为泛立积差。以泛平积差三十五分一十四秒,加入泛平积四百五十一分九十二秒,共四百八十七分〇六秒,为定差。以泛立积差六十六秒五十微,去减泛平差三十五分一十四秒,余三十四分四十七秒五十微为实,以段日一十五日六二为法除之,得二分二十一秒,为平差。置泛立积差六十六秒五十微为实,以段日为法,除二次,得二十七微,为立差。

　　凡求盈缩,以入历初末日乘立差,得数以加平差,再以初末日乘之,得数以减定差,余数以初末日乘之,为盈缩积。

　　凡盈历以八十八日九〇九二二五为限,缩历以九十三日七一二〇二五为限。在其限已下为初,以上转减半岁周余为末。盈初是从冬至后顺推,缩末是从冬至前逆溯,其距冬至同,故其盈积同。缩初是从夏至后顺推,盈末是从夏至前逆溯,其距夏至同,故其缩积同。

　　盈缩招差图

定差实								
一一								一限
一二	二四							二限
一三	二六	三九						三限
一四	二八	三十二	四十六					四限

一 五	二 十	三 十五	四 二十	五 廿五					五限
一 六	二 十二	三 十八	四 廿四	五 三十	六 三六				六限
一 七	二 十四	三 廿一	四 廿八	五 三十五	六 四十二	七 四九			七限
一 八	二 十六	三 廿四	四 三十二	五 四十	六 四十八	七 五十六	八 六四		八限
一 九	二 十八	三 廿七	四 三十六	五 四十五	六 五十四	七 六十三	八 七十二	九 八一	九限定差
平差 立差	平差 立差	平差 立差	平差 立差	平差 立差	平差 立差	平差 立差	平差 立差	平差 立差	法

盈缩招差图说

盈缩招差，本为一象限之法。如盈历则以八十八日九十一刻为象限，缩历则以九十三日七十一刻为象限。今止作九限者，举此为例也。其空格九行定差本数，为实也。其斜线以上平差立差之数，为法也。斜线以下空格之定差，乃余实也。假如定差为一万，平差为一百，立差为单一。今求九限法，以九限乘定差得九万为实。另置平差，以九限乘二次，得八千一百。置立差，以九限乘三次，得七百二十九。并两数得八千八百二十九为法。以法减实，余八万一千一百七十一，为九限积。又法，以九限乘平差得九百，又以九限乘立差二次得八十一，并两数得九百八十一为法，定差一万为实，以法减实，余九千零一十九，即九限末位所书之定差也。于是再以九限乘余实，得八万一千一百七十一，为九限积，与前所得同。盖前法是先乘后减，又法是先减后乘，其理一也。

按《授时历》于七政盈缩，并以垛积招差立算，其法巧合天行，与西人用小轮推步之法殊途同归。然世所传《九章》诸书，不载其术，《历草》载其术，而不言其故。宣城梅文鼎为之图解，于平差、立差之理,垛积之法,皆有以发明其所以然。有专书行于世,不能备录,谨录《招差图说》,以明立法之大意云。

凡布立成

盈初缩末　置立差三十一微,以六因之,得一秒八十六微,为加分立差。置平差二分四十六秒,倍之,得四分九十二秒,加入加分立差,得四分九十三秒八十六微,为平立合差。

置定差五百一十三分三十二秒,内减平差二分四十六秒,再减立差三十一微,余五百一十〇分八十五秒六十九微,为加分。

缩初盈末　置立差二十七微,以六因之,得一秒六十二微,为加分立差。置平差二分二十一秒,倍之,得四分四十二秒,加入加分立差,得四分四十三秒六十二微,为平立合差。

置定差四百八十七分〇六秒,内减平差二分二十一秒,再减立差二十七微,余四百八十四分八十四秒七十三微,为加分。

已上所推,皆初日之数。其推次日,皆以加分立差,累加平立合差,为次日平立合差。以平立合差减其日加分,为次日加分。盈缩并同。其加分累积之,即盈缩积,其数并见立成。

太阴迟疾平立定三差之原

太阴转周二十七日五十五刻四六,测分四象,象各七段,四象二十八段,每段十二限,每象八十四限,凡三百三十六限,而四象一周。以四象为法,除转周日,得每象六日八八八八六五,分为七段,每段下实测月行迟疾之数,与平行相较,以求积差。

	积限	积差
第一段	一十二	一度二十八分七一二
第二段	二十四	二度四十五分九六一六
第三段	三十六	三度四十八分三七九二
第四段	四十八	四度三十二分五九五二
第五段	六十	四度九十五分二四
第六段	七十二	五度三十二分九四四
第七段	八十四	五度四十二分三三七六

　　各置其段积差,以其段积限为法除之,为各段限平差。置各段限平差,与后段相减为一差。置一差,与后段一差相减为二差。

	限平差	一差	二差
第一段	一十〇分七二六〇	四十七秒七六	九秒三六
第二段	一十〇分二四八四	五十七秒一二	九秒三六
第三段	九分六七七二	六十六秒四八	九秒三六
第四段	九分〇一二四	七十五秒八四	九秒三六
第五段	八分二五四〇	八十五秒二〇	九秒三六
第六段	七分四〇二〇	九十四秒五六	
第七段	六分四五六四		

　　置第一段限平差一十〇分七二六为泛平积。置第一段一差四十七秒七六,以第一段二差九秒三六减之,余三十八秒四十微,为泛平积差。另置第一段二差九秒三十六微折半,得四秒六十八微,为泛立积差。以泛平积差三十八秒四十微,加泛平积一十〇分七二六,得一十一分一十一秒,为定差。置泛平积差三十八秒四十微,以泛立积差四秒六十八微减之,余三十三秒七十二微为实,以十二限为法除之,得二秒八十一微,为平差。置泛立积差四秒六十八微为实,十二限为法,除二次,得三微二十五纤,为立差。

　　凡求迟疾,皆以入历日乘十二限二十分,以在八十四限已下为初,已上转减一百六十八限余为末。各以初末限乘立差,得数以加平差,再以初末限乘之,得数以减定差,余以初末限乘之,为迟疾积。　其初限是从最迟最疾处顺推至后,末限是从最迟最疾处逆溯至前,其距最迟最疾处同,故其积度同。太阴与太阳立法同,但太阳以定气立限,故盈缩异数。太阴以平行立限,故迟疾同原。

　　布立成法　置立差三微二十五纤,以六因之,得一十九微五十纤,为损益立差。　置平差二秒八十一微,倍之,得五秒六十二微,再加损益立差一十九微五十纤,共得五秒八十一微,为初限平立合差。自此以损益立差,累加之,即每限平立合差。至八十限下,积至二十一秒四一五,为平立合差之极。八十一限下差一秒七八〇九,八十二限下一秒七八〇八,至八十三限下,平立合差,与益分中分,为益分之终。八十四限下差,亦与损分中分,为损分之始。至八十六限下差,亦二十一秒四一五,自此以损益立差累减之,即每限平立合差,至末限与初限同。置定差一十一分一十一秒,内减平差二秒八十一微,再减立差三微二十五纤,余一十一分〇八秒一十五微七十五纤,为加分定差,即初限损益分。置损益分,以其限平立合差益减损加之,即为次限损益分。以益分积之,损分减之,便为其下迟疾度。以八百二十分为一限日率,累加八百二十分为每限日率。以上俱详立成。

五星平立定三差之原

凡五星各以实测,分其行度为八段,以求积差,略如日月法。

木星立差加,平差减。

	积日	积差
第一段	一十一日五十刻	一度二一五二九七一一五
第二段	二十三日	二度三四〇五二一四
第三段	三十四日五十刻	三度三五四一三七二六五
第四段	四十六日	四度二三四六〇九一二
第五段	五十七日五十刻	四度九六〇四〇一三七五
第六段	六十九日	五度五〇九九七八四四
第七段	八十〇日五十刻	五度八六一八〇四七二五
第八段	九十二日	五度九九四三四四六四

	泛平差	泛平较	泛立较
第一段	一十分五六七八〇一	三十九秒一六二一	六秒二四二二
第二段	一十分一七六一八	四十五秒四〇四三	六秒二四二二
第三段	九分七二二一三七	五十一秒六四六五	六秒二四二二
第四段	九分二〇五六七二	五十七秒八八八七	六秒二四二二
第五段	八分六二六七八五	六十四秒一三〇九	六秒二四二二
第六段	七分九八五四七六	七十〇秒三七二一	六秒二四二二
第七段	七分二八一七四五	七十六秒六一五三	

第八段　六分五一五五九二

　　各置其段所测积差度分为实，以段日为法除之，为泛平差。各以泛平差与次段泛平差相较，为泛平较。又以泛平较与次段泛平较相较，为泛立较。置第一段泛平较三十九秒一六二一，减其下泛立较六秒二四二二，余三十二秒九一九九，为初段平立较。加初段泛平差一十分五六七八〇一，共得一十〇分八十九秒七十〇微，为定差。秒置万位。置初段平立较差三十二秒九一九九，内减泛立较之半，三秒一二一一，余二十九秒七九八八，以段日一十一日五十刻除之，得二秒五十九微一十二纤，为平差。置泛立差之半，三秒一二一一，以段日为法除二次，得二微三十六纤，为立差。

　　已上为木星平立定三差之原。

　　火星盈初缩末。立差减，平差减。

　　　　积日

第一段　　七日六十二刻五十分

第二段　　一十五日二十五刻

第三段　　二十二日八十七刻五十分

第四段　　三十〇日五十〇刻

第五段　　三十八日一十二刻五十分

第六段　　四十五日七十五刻

第七段　　五十三日三十七刻五十分

第八段　　六十一日

　　　　积差

第一段　　六度二六八二五一二二八一八五五九三七五

第二段　　一十一度六〇〇一七五七四三五九三七五

第三段　　一十六度〇二五九六三七九二五一九五三一二五

第四段　　一十九度六六九〇一三六二一二五

第五段　　二十二度二七九八九一四七六〇七四二一八七五

第六段　　二十四度一六八二二八六〇三二八一二五

第七段　　二十五度三三一五五六二四九二六〇一五六二五

第八段　　二十五度六一九五一五六六

泛平差

第一段　　八十二分〇六五七三四八四三七五

第二段　　七十六分〇六六七二六一六七五

第三段　　七十〇分〇五八八五八一〇九三七五

第四段　　六十四分一八二九六九二五

第五段　　五十八分四三九〇五九六〇九三七五

第六段　　五十二分八二七一二九一八七五

第七段　　四十七分三四七一七七九八四三七五

第八段　　四十一分九九九二〇六

泛平较

第一段　　六分一三九八四七二九六八七五

第二段　　六分〇〇七八六八〇七八一二五

第三段　　五分八七五八八八八五九三七五

第四段　　五分七四三九〇九六四〇六二五

第五段　　五分六一一九三〇四二一八七五

第六段　　五分四七九九五一二〇三一二五

第七段　　五分三四七九七一九八四三七五

泛立较

第一段　　一十三秒一九七九二一八七五

第二段　　一十三秒一九七九二一八七五

第三段　　一十三秒一九七九二一八七五

第四段　　一十三秒一九七九二一八七五

第五段　　一十三秒一九七九二一八七五

第六段　　一十三秒一九七九二一八七五

　　泛平较前多后少，应加泛立较。置初段下泛平较六分一三九八四七二九六八七五，加泛立较一十三秒一九七九二一八七五，得六分二七一八二六五一五六二五，为初日下平立较。置初段泛平差八十二分二十○秒六五七三四八四三七五,加初日下平立较六分二七一八二六五一五六二五,得八十八分四十七秒八十四微,为定差。置初日下平立较六分二七一八二六五一五六二五,加泛立较之半,六秒五九八九六○九三七五,得六分三三七八一六一二五为实,以段日而一,得八十三秒一十一微八十九纤,为平差。置泛立较之半,六秒五九八九六○九三七五,以段日七日六十二刻五十分为法除二次,得一十一微三十五纤为立差。

火星缩初盈末平差负减,立差减。

　　　　　积日

第一段　　　一十五日二十五刻

第二段　　　三十○日五十刻

第三段　　　四十五日七十五刻

第四段　　　六十一日

第五段　　　七十六日二十五刻

第六段　　　九十一日五十刻

第七段　　　一百○六日七十五刻

第八段　　　一百二十二日

　　　　　积差

第一段　　　四度五三一二五一八五七九六八七五

第二段　　　九度一○二九六一四五一二五

第三段　　　一十三度五三一六七○九○一七七三七五

第四段　　　一十七度四七八九七九○四

第五段　　　二十○度八四三六六三○六六四○六二五

第六段　　　二十三度四三一三三六二四一二五

第七段　　　二十五度○九二四三五二八三四六八七五

第八段　　　二十五度六一八三七四七二

　　　　　泛平差

第一段　　　二十九分七一三一二六九三七五

第二段　　　二十九分八四五七七五二五

第三段　　二十九分五七八三五五〇六二五
第四段　　二十八分六五四〇六四
第五段　　二十七分三三三九五一五六二五
第六段　　二十五分六一八〇一七七五
第七段　　二十三分五〇六二六二五六二五
第八段　　二十〇分九九八六八六

　　　　　泛平较　　　　　　　　　泛立较
第一段　　一十三秒二六四八三一二五　　一十三秒五七六九七七五
第二段　　二十六秒八四一八〇八七五　　六十五秒五八七二九七五
第三段　　九十二秒四二九一〇六二五　　三十九秒五八二一三七五
第四段　　一分三二〇一一二四三七五　　三十九秒五八二一三七五
第五段　　一分七一五九三三八一二五　　三十九秒五八二一三七五
第六段　　二分一一一七五五一八七五　　三十九秒五八二一三七五
第七段　　二分五〇七五七六五六二五

　　取泛立较均停者，三十九秒五八二一三七五，以较一段下泛平较一十三秒二六四八三一二五，余二十六秒三一七三〇六二五为较较，以加一段下泛平差二十九分七一三一二六九三七五，得二十九分九十七秒六十三微，为定差。置较较二十六秒三一七三〇六二五，以段日一十五日二十五刻而一，得一秒七二五七二五。再置泛立较之半一十九秒七九一〇六八七五，以段日而一，得一秒二九七七七五。两数并得三秒〇二微三十五纤，为平差。置泛立较之半一十九秒七九一〇六八七五，以段日一十五日二五为法除二次，得八微五十一纤，为立差。

　　已上为火星平立定三差之原。

　　土星盈历立差加，平差减。

　　　　　积日　　　　　　　　　积差
第一段　　一十一日五十刻　　　　一度六八三二二四五八二八七五
第二段　　二十三日　　　　　　　三度二三二一六四〇一
第三段　　三十四日五十刻　　　　四度六二〇九三〇〇八六二五

第四段	四十六日	五度八二三七一九六
第五段	五十七日五十刻	六度八一四七〇八六六八七五
第六段	六十九日	七度五六八〇七一一一
第七段	八十〇日五十刻	八度〇五七九八四一九一二五
第八段	九十二日	八度二五八六二二八八

	泛平差	泛平较	泛立较
第一段	一十四分六三六九二〇二五	五十八秒四〇三三二五	七秒四八五三五
第二段	一十四分〇五二八八七	六十五秒八八八六七五	七秒四八五三五
第三段	一十三分三九四〇〇〇二五	七十三秒三七四〇二五	七秒四八五三五
第四段	一十二分六六〇二六	八十〇秒八五九三七五	七秒四八五三五
第五段	一十一分八五一六六六二五	八十八秒三四四七二五	七秒四八五三五
第六段	一十一分九六八二一九	九十五秒八三〇〇七五	七秒四八五三五
第七段	一十〇分〇〇九九一八二五	一分〇三秒三一五四二五	
第八段	八分九七六七六四		

　　置第一段下泛平较,内减其下泛立较,余五十〇秒九一七九七五,为平立较。以平立较,加本段泛平差,得一十五分一十四秒六十一微,为定差。置平立较,内减泛立较之半,三秒七四二六七五,余四十七秒一七五三,以段日十一日五十刻而一,得四秒一十〇微二十二纤,为平差。置泛立较之半,以段日除二次,得二微八十三纤,为立差。

　　土星缩历_{立差加,平差减。}

	積日	積差
第一段	一十一日五十刻	一度二四一九七四二六八七五
第二段	二十三日	二度四一三七三五六九
第三段	三十四日五十刻	三度四八五〇七九六八六二五
第四段	四十六日	四度四二五八〇一六八
第五段	五十七日五十刻	五度二〇五六九七〇九三七五
第六段	六十九日	五度七九四五六一三五
第七段	八十〇日五十刻	六度一六二四一一〇〇四七五
第八段	九十二日	六度二七八三七八〇八

	泛平差	泛平較	泛立較
第一段	一十分七九九七七六二五	三十〇秒五二七三二五	八秒七五四九五
第二段	一十分四九四五〇三	三十九秒二八二二七五	八秒七五四九五
第三段	一十分一〇一六八〇二五	四十八秒〇三七二二五	八秒七五四九五
第四段	九分六二一三〇八	五十六秒七九二一七五	八秒七五四九五
第五段	九分〇五三二八六二五	六十五秒五四七一二五	八秒七五四九五
第六段	八分三九七九一五	七十四秒三〇三〇七五	八秒七五四九五
第七段	七分六五四八九四二五	八十三秒〇五七〇七五	
第八段	六分八二四三二四		

　　置一段泛平較,內減其下泛立較,餘二十一秒七七二三七五,為平立較。以平立較加入本段泛平差,得一十一分〇一秒七十五

微,为定差。置平立较,内减泛立较之半,四秒三七七四七五,余一十七秒三九四九,以段日一十一日五十刻为法除之,得一秒五十一微二十六纤,为平差。置泛立较之半,以段日为法除二次,得三微三十一纤,为立差。

已上为土星平立定三差之原。

金星立差加,平差减。

	积日	积差
第一段	一十一日五十刻	空度四○二一三四○九八七五
第二段	二十三日	空度七九一三九三六六
第三段	三十四日五十刻	一度一五四九一二○八一二五
第四段	四十六日	一度七四九八二二二七六
第五段	五十七日五十刻	一度七五三二五九○九三七五
第六段	六十九日	一度九六二三五四四八
第七段	八十○日五十刻	二度○九四二四二三一六二五
第八段	九十二日	二度一三六○五六

	泛平差	泛平较	泛立较
第一段	三分四九六八一八二五	五秒五九七六二五	三秒七二九四五
第二段	三分四四○八四二○○	九秒三二七○七五	三秒七二九四五
第三段	三分三四七五七一二五	一十三秒○六五五二五	三秒七二九四五
第四段	三分二一七○○六	一十六秒七八五九七五	三秒七二九四五
第五段	三分○四九一四六二五	二十○秒五一五四二五	三秒七二九四五
第六段	二分八四三九九二	二十四秒二四四八七五	三秒七二九四五

第七段	二分六〇一	二十七秒九
	五四三二五	七四三二五
第八段	二分三二一八	

置一段下泛平較，與其泛立較相減，余一秒八六八一七五為平立較，以加泛平差，得三分五十一秒五十五微，為定差。置平立較，與泛立較之半，一秒八六四七二五相減，余三十四纖，以段日一十一日五十刻為法除之，得三纖，為平差。置泛立較之半，以段日為法除二次，得一微四十一纖，為立差。

已上為金星平立定三差之原。

水星立差加，平差減。

	積日	積差
第一段	一十一日五十刻	空度四四〇八四七三五三七五
第二段	二十三日	空度八六三一〇一六八
第三段	三十四日五十刻	一度二五三八九六三七六二五
第四段	四十六日	一度六〇〇三六四八四
第五段	五十七日五十刻	一度八八九六三一〇四三七五
第六段	六十九日	二度一〇八八五六六六
第七段	八十〇日五十刻	二度二四五二九二一一三七五
第八段	九十二日	二度二八五六四四三二

	泛平差	泛平較	泛立較
第一段	三分八三三	八秒〇八三	三秒七二九四五
	四五五二五	九二五	
第二段	三分七五二	一十一秒八	三秒七二九四五
	六一六	一三三七五	
第三段	三分六三四	一十五秒五	三秒七二九四五
	四八二二五	四二八二五	
第四段	三分四七九	一十九秒二	三秒七二九四五
	〇五四	七二二七五	

第五段	三分二八六	二十三秒〇	三秒七二九四五
	三三一二五	〇一七二五	
第六段	三分〇五六	二十六秒七	三秒七二九四五
	三一四	三二一七五	
第七段	二分七八九	三十〇秒四	
	〇〇二二五	六〇六二五	
第八段	二分四八四		
	三九六		

　　术同金星，求得定差三分八十七秒九十微，平差二十一微六十五纤，立差一微四十一纤。

　　已上为水星平立定三差之原。

　　右五星，皆以立差为秒，平差为本，定差为总。五星各以段次因秒，木土金水四星并本，惟火星较本，各以积日而积，五星皆较总，又各以积日乘之，得各实测之度分。

　　五星积日，皆以度率，除周日得三百六十五度二十五分太。各以四分之一为象限，惟火星用象限三之一，减象限为盈初缩末限，加象限为缩初盈末限。其命度为日者，为各取盈缩历乘除之便，其实积日之数，即积度也。

　　里差刻漏　求二至差股及出入差。术曰：置所测北极出地四十度九十五分为半弧背，以前割圆弧矢法，推得出地半弧弦三十九度二十六分，为大三斜中股。置测到二至黄赤道内外度二十三度九十分为半弧背，以前法推得内外半弧弦二十三度七十一分。又为黄赤道大勾，又为小三斜弦。置内外半弧弦自之为勾幂，半径自之为弦幂，二幂相减，开方得股，以股转减半径，余四度八十一分为二至出入矢，即黄赤道内外矢。夏至日，南至地平七十四度二十六分半为半弧背，求得日下至地半弧弦五十八度四十五分。半径六十〇度八十七分半，为大三斜中弦。置大三斜中股三十九度二十六分，以二至内外半弧弦二十三度七十一分乘之为实，以半径六十○度八十七分半为法除之，得一十五度二十九分，为小三斜中股。又为小股。置小三斜中股一十五度二十九分，去减日下至地半弧弦五十八度四十五分，余四十三度一十六分，为大股。以出入矢四度八十一分，去减半径六十○度八十七分半，余五十六度○六分半，为大股弦。置大股弦，以小股一十五度二九乘之为实，大股四十三度一六为法除之，得一十九度八十七分为小弦，即为二至出入差半弧弦。置二至出入差半弧弦，依法求到二至出入差半弧背一十九度九十六分一十四秒。置二至出入差半弧背一十九度九六一四，以二至黄赤道内外半弧弦二十三度七十一分除之，得八十四分一十九秒，为度差分。

　　求黄道每度昼夜刻。术曰：置所求每度黄赤道内外半弧弦，以二至出入差半弧背乘之为实，二至黄赤道内外半弧弦为法除之，为每度出入差半弧背。又术：置黄赤道内外半弧弦，以度差八十四分一十九秒乘之，亦得出入差半弧背。置半径内减黄赤道内外矢，即赤道二弦差，见前条立成。余数倍之，又三因之，得数加一度，为日行百刻度。又术：以黄赤道内外矢倍之，以减全径余数，三因加一度，为日行百刻度，亦同。置每度出入半弧背，以百刻乘之为实，日行百刻度为法除之，得数为出入差刻。置二十五刻，以出入差刻视黄道，在赤道内加之，在赤道外减之，得数为半昼刻，倍之为昼刻，以减百刻，为夜刻。

　　如求冬至后四十四度昼夜刻。术曰：置冬至后四十四度黄赤道内外半弧弦一十七度二十五分六十九秒，又为黄赤道小弧弦，前立成中取之。以二至出入差半弧背一十九度九十六分一十四秒乘之为实，以二至黄赤道内外半弧弦二十三度七十一分为法除之，得一十四度五十二分八十五秒，为出入半弧背。又法：置黄赤道内外半弧弦一十七度二五六九，以度差○度八四一九乘之，亦得一十四度五二八五，为出入半弧背。置半径六十○度八七五，以四十四度黄赤道内外矢二度五十一分八十一秒又为赤道二弦差，前立成中取之。减之，余五十八度三十五分六十九秒即赤道小弦。倍之，得一百一十六度七十一分三十八秒，三因之，加一度，得三百五十一度一十四分一十四秒，为日行百刻度。又术：倍黄赤道内外矢得五度〇三分六十二秒，以减全径一百二十一度七十五分，亦得一百一十六度七十一分三十八秒，三因加一度，为日行百刻度，亦同。置出入半弧背一十四度五十二分八十五秒，以百刻乘之为实，以日行百刻度三百五十一度一十四分一十四秒为法除之，得四刻一十三分七十五秒，为出入差刻。置二十五刻，以出入差刻四刻一十三分七十五秒减之，因冬至后四十四度，黄道在赤道外，故减。余二十〇刻八十六分二十五秒，为半昼刻。倍之得四十一刻七十二分半，为昼刻。以昼刻减百刻，余五十八刻二十七分半，为夜刻。又术：置出入差刻四刻一十三分七十五秒，倍之，得八刻二十七分半，以减春秋分昼夜五十刻，得四十一刻七十二分半，为昼刻。以倍刻加五十刻，得五十八刻二十七分半，为夜刻。昼减故夜加，余仿此。

黄道每度昼夜刻立成

黄道积度	出入半弧背	日行百刻度	出入差刻分	冬至前后昼 夏至前后夜	冬至前后夜 夏至前后昼
十 度十分	十 度十分十秒	百十 度十分十秒	刻十分十秒	十 刻十分十秒	十 刻十分十秒
初	一 九九六一四	三三 七一六〇八	五九二〇四	三 八一五九二	六 一八四〇八
一	九五八七	一六八六	九一九五	一六一〇	八三九〇
二	九五〇六	一九三八	九一六六	一六六八	八三三二
三	九三七二	二三四六	九一一九	一七六二	八二三八
四	九一八三	二九二二	九〇五三	一八九四	八一〇六

五	八九四〇	三六六〇	八九六八	二〇六四	七九三六
六	八六四二	四五五四	八八六四	二二七二	七七二八
七	八二九一	五六一六	八七四二	二五一六	七四八四
八	七八八四	六八四〇	八六〇〇	二八〇〇	七二〇〇
九	七四二二	八二二六	八四三九	三一二二	六八七八
一〇	六九〇六	九七八〇	八二六〇	三四八〇	六五二〇
一一	六三三三	三三 八一四九〇	八〇六一	三八七八	六一二二
一二	五七〇五	三三五六	七八四三	四三一四	五六八六
一三	五〇二一	五三七八	七六〇六	四七八八	五二一二
一四	四二八〇	七五六八	七三五〇	五三〇〇	四七〇〇
一五	三四八三	九九二〇	七〇七六	五八四八	四一五二
一六	二六二八	三三 九二四〇〇	六七八二	六四三六	三五六四
一七	一七一八	五〇六八	六四六八	七〇六四	二九三六
一八	〇七四九	七八六四	六一三八	七七二四	二二七六

一九	一八九七二三	三四〇〇八一〇	五七八七	八四二六	一五七四
二〇	八六三八	三九一二	五四一八	九一六四	〇八三六
二一	七四九六	七一五二	五〇三〇	九九四〇	〇〇六〇
二二	六二九四	三四一〇五三六	四六二三	三九〇七五四	六〇九二四六
二三	五〇三四	四〇五二	四一九七	一六〇六	八三九四
二四	三七一六	七七一二	三七五四	二四九二	七五〇八
二五	二三三九	三四二一四九二	三二九二	三四一六	六五八四
二六	〇九〇三	五四〇四	二八一二	四三七六	五六二四
二七	一七九四〇八	九四三六	二三一四	五三七二	四六二八
二八	一七八五四	三四三三五九四	一七九八	六四〇四	三五九六
二九	六二四二	七九八〇	一二六三	七四七四	二五二六
三〇	四五七二	三四四二二三四	〇七一四	八五七二	一四二八
三一	二八四二	六七一六	〇一七四	九七〇六	〇二九四
三二	一〇五五	三四五一二九四	四九五六二	四〇〇八七六	五九一一二四

三三	一六九二一〇	五九五六	八九六一	二〇七八	七九二二
三四	七三〇九	三四六〇七〇八	八三四五	三三一〇	六六九〇
三五	五三五〇	五五三八	七七一二	四五七六	五四二四
三六	三三三五	三四七〇四四〇	七〇六四	五八七二	四一二八
三七	二二六四	五四一四	六四〇一	七一九八	二八〇二
三八	一五九一三九	三四八〇四四二	五七二三	八五五四	一四四六
三九	六九五九	五五一八	五〇三一	九九三八	〇〇六二
四〇	四七二六	三四九〇六四二	四三二六	四一一三四八	五八八六五二
四一	二四四二	五八〇二	三六〇七	二七八六	七二一四
四二	〇一〇七	三五〇〇九八六	二八七五	四二五〇	五七五〇
四三	一四七七二〇	六一九四	二一三一	五七三八	四二六二
四四	五二八五	三五一一四一四	一三七五	七二五〇	二七五〇
四五	二八〇三	六六四〇	〇六〇七	八七八六	一二一四
四六	〇二七四	三五二一八六六	三九八二九	四二〇三四二	五七九六五八

四七	一三七七○○	七○八○	九○四○	一九二○	八○八○
四八	五○八二	三五三二二七○	八二四○	三五一六	六四八四
四九	二四二一	七四四二	七四三四	五一三二	四八六八
五○	一二九七二○	三五四二五七八	六六一七	六七六六	三二三四
五一	六九七七	七六七二	五七九一	八四一八	一五八二
五二	四一九九	三五五二七一八	四九五九	四三○○八二	五六九九一八
五三	一三八八	七七一○	四一一九	一七六二	八二三八
五四	一一八五三九	三五六二六三六	三二七三	三四五四	六五四六
五五	五六五七	七五○二	二四一九	五一六二	四八三八
五六	二七四三	三五七二二八四	一五六○	六八八○	三一二○
五七	一○九八○○	六九九四	○六九六	八六○八	一三九二
五八	六八二八	三五八一六○二	二九八二七	四四○三四六	五五九六五四
五九	三八二九	六一三二	八九五二	二○九六	七九○四
六○	○八○五	三五九○五六○	八○七四	三八五二	六一四八

六一	九七七五八	四八八六	七一九三	五六一四	四三八六
六二	四六八九	九一○四	六三○九	七三八二	二六一八
六三	一五九七	三六○三二○八	五四二○	九一六○	○八四○
六四	八八四八七	七一九二	四五三○	四五○九四○	五四九○六
六五	五三六○	三六一一○○八	三六三八	二七二四	七二七六
六六	二二一五	四八一二	二七四四	四五一二	五四八八
六七	七九○五四	八四二四	一八四七	六三○六	三六九四
六八	五八八二	三六二一九○四	○九五○	八一○○	一九○○
六九	二六九五	五二六四	○○五二	九八九六	○一○四
七○	六九四九四	八四八六	一九一五一	四六一六九六	五三八三○四
七一	六二八五	三六三一五七○	八二五二	三四九六	六五○四
七二	三○六五	四五一六	七三五一	五二九八	四七○二
七三	五九八三七	七三一八	六四五○	七一○○	二九○○
七四	六六○○	九九八二	五五四九	八九○二	一○九八

七五	三三五七	三六 四二四九六	四六四八	四 七〇七〇四	五 二九二九六
七六	〇一〇八	四八七〇	三七四七	二五〇六	七四九四
七七	四六八五四	七〇八六	二八四六	四三〇八	五六九二
七八	三五九四	九一五六	一九四六	六一〇八	三八九二
七九	〇三三一	三六 五一〇八二	一〇四六	七九〇八	二〇九二
八〇	三七〇六四	二八六四	〇一四六	九七〇八	〇二九二
八一	三七九四	四四九〇	〇九二四六	四 八一五〇八九二	五一八四
八二	〇五七八	五九六六	八三四六	三三〇八	六六九二
八三	二七二四九	七二九二	七四四九	五一〇二	四八九八
八四	三九七三	八四七四	六五五二	六八九六	三一〇四
八五	〇六九六	九五〇〇	五六五五	八六九〇	一三一〇
八六	一七六一八	三六 六〇三七〇	四七五八	四 九〇四八四	五 〇九五一六
八七	四一四〇	一一〇八	三八六二	二二七六	七七二四
八八	〇八六二	一六七八	二九六六	四〇六八	五九三二
八九	〇七五八二	二〇九八	二〇七〇	五八六〇	四一四〇

九〇	四三〇三	二三七四	一一七四	七六五二	二三四八
九一	一〇二四	二四九四	〇二七九	九四四二	〇五五八
一三一	〇〇〇〇	三六 六二五〇〇	〇〇〇〇	五 〇〇〇〇〇〇	五 〇〇〇〇〇〇

　　右《历草》所载昼夜刻分，乃大都即燕京晷漏也。夏昼、冬夜极长，六十一刻八十四分，冬昼、夏夜极短，三十八刻一十六分。明既迁都于燕，不知遵用。惟正统己巳奏准颁历用六十一刻，而群然非之。景泰初乃复用南京晷刻，终明之世未能改正也。

　　二至出入差图

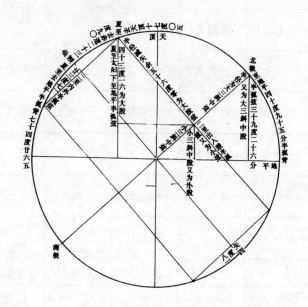

明史卷三四
志第一〇

历　四

大统历法二　立成

　　立成者，以日月五星盈缩迟疾之数，预为排定，以便推步取用也。《元志》、《历经》步七政盈缩迟疾，皆有二术。其一术以三差立算者，即布立成法也。其又术云，以其下盈缩分，乘入限分万约之，以加其下盈缩积者，用立成法也。而遗立成未载，无从入算。今依《大统历通轨》具录之。其目四：曰太阳盈缩，曰晨昏分，曰太阴迟疾，曰五星盈缩。余详《法原》及《推步》卷中。按《元史》，至正十七年《授时历》成。十九年王恂卒，时历虽颁，然立成之数尚皆未有定藁。郭守敬比类编次，整齐分秒，裁为二卷。而今钦天监本，载嘉议大夫太史令臣王恂奉敕撰。意者王先有藁，而郭卒成之欤？

　　太阳盈初缩末限立成冬至前后二象限同用

积日	平立合差	盈加分	盈积度	盈行度
十日	分十秒十微	百十分十秒十微	万千 百十分十秒十微	度 千百十分十秒
初	四九三八六	五一〇八五六九		一 〇五一〇八五

一	四九五七二	五〇五九一八三	五一〇八五六九	一〇五〇五九一
二	四九七五八	五〇〇九六一一	一〇一六七七五二	一〇五〇〇九六
三	四九九四四	四九五九八五三	一五一七七三六三	一〇四九五九八
四	五〇一三〇	四九〇九九〇九	二〇一三七二一六	一〇四九〇九九
五	五〇三一六	四八五九七七九	二五〇四七一二五	一〇四八五九七
六	五〇五〇二	四八〇九四六三	二九九〇六九〇四	一〇四八〇九四
七	五〇六八八	四七五八九六一	三四七一六三六七	一〇四七五八九
八	五〇八七四	四七〇八二七三	三九四七五三二八	一〇四七〇八二
九	五一〇六〇	四六五七三九九	四四一八三六〇一	一〇四六五七三
一〇	五一二四六	四六〇六三三九	四八八四一〇〇〇	一〇四六〇六三
一一	五一四三二	四五五五〇九三	五三四四七三三九	一〇四五五五〇
一二	五一六一八	四五〇三六六一	五八〇〇二四三二	一〇四五〇三六
一三	五一八〇四	四四五二〇四三	六二五〇六〇九三	一〇四四五二〇
一四	五一九九〇	四四〇〇二三九	六六九五八一三六	一〇四四〇〇二

一五	五二一七六	四三四八二四九	七　一三五八三七五	一　〇四三四八二
一六	五二三六二	四二九六〇七三	七　五七〇六六二四	一　〇四二九六〇
一七	五二五四八	四二四三七一一	八　〇〇〇二六九七	一　〇四二四三七
一八	五二七三四	四一九一一六三	八　四二四六四〇八	一　〇四一九一一
一九	五二九二〇	四一三八四二九	八　八四三七五七一	一　〇四一三八四
二〇	五三一〇六	四〇八五五〇九	九　二五七六〇〇〇	一　〇四〇八五五
二一	五三二九二	四〇三二四〇三	九　六六六一五〇九	一　〇四〇三二四
二二	五三四七八	三九七九一一一	一〇　〇六九三九一二	一　〇三九七九〇
二三	五三六六四	三九二五六三三	一〇　四六七三〇二三	一　〇三九二五六
二四	五三八五〇	三八七一九六九	一〇　八五九八六五六	一　〇三八七一九
二五	五四〇三六	三八一八一一九	一一　二四七〇六二五	一　〇三八一八〇
二六	五四二二二	三七六四〇八三	一一　六二八八七四四	一　〇三七六四〇
二七	五四四〇八	三七〇九八六一	一二　〇〇五二八二七	一　〇三七〇九八
二八	五四五九四	三六五五四五三	一二　三七六二六八八	一　〇三六五五四

二九	五四七八〇	三六〇〇八五九	一二 七四一八一四	一 一〇三六〇〇八
三〇	五四九六六三	五四六〇七九	一三 一〇一九〇〇〇〇	一 三五四六〇
三一	五五一五二	三四九一一一三	一三 四五六五〇七九	一 三四九一一
三二	五五三三八	三四三五九六一	一二 八〇五六一九二	一 三四三五九
三三	五五五二四	三三八〇六二三	一四 一四九二一五三	一 三三八〇六
三四	五五七一〇	三三二五〇九九	一四 四八七二七七六	一 三三二五〇
三五	五五八九六	三二六九三八九	一四 八一九七八七五	一 三二六九三
三六	五六〇八二	三二一三四九三	一五 一四六七二六四	一 三二一三四
三七	五六二六八	三一五七四一一	一五 四六八〇七五七	一 三一五七四
三八	五六四五四	三一〇一一四三	一五 七八三八一六八	一 三一〇一
三九	五六六四〇	三〇四四六八九	一六 〇九三九三一一	一 三〇四四六
四〇	五六八二六	二九八八〇四九	一六 三九八四〇〇〇	一 二九八八〇
四一	五七〇一二	二九三一二二三	一六 六九七二〇四九	一 二九三一二
四二	五七一九八	二八七四二一一	一六 九九〇三二七二	一 二八七四二

四三	五七三八四	二八一七〇一三	一七二七七七四八三	一〇二八一七〇
四四	五七五七〇	二七五九六二九	一七五五九四四九六	一〇二七五九六
四五	五七七五六	二七〇二〇五九	一七八三五四一二五	一〇二七〇二〇
四六	五七九四二	二六四四三〇三	一八一〇五六一八四	一〇二六四四三
四七	五八一二八	二五八六三六一	一八三七〇〇四八七	一〇二五八六三
四八	五八三一四	二五二八二三三	一八六二八六八四八	一〇二五二八二
四九	五八五〇〇	二四六九九一九	一八八八一五〇八一	一〇二四六九九
五〇	五八六八六	二四一一四一九	一九一二八五〇〇〇	一〇二四一一四
五一	五八八七二	二三五二七三三	一九三六九六四一九	一〇二三五二七
五二	五九〇五八	二二九三八六一	一九六〇四九一五二	一〇二二九三八
五三	五九二四四	二二三四八〇三	一九八三四三〇一三	一〇二二三四八
五四	五九四三〇	二一七五五五九	二〇〇五七七八一六	一〇二一七五五
五五	五九六一六	二一一六一二九	二〇二七五三三七五	一〇二一一六一
五六	五九八〇〇	二〇五六五一三	二〇四八六九五〇四	一〇二〇五六五

五七	五九九八八	一九九六七一一	二〇六九二六〇一七	一〇一九九六七
五八	六〇一七四	一九三六七二三	二〇八九二二七二八	一〇一九三六七
五九	六〇三六〇	一八七六五四九	二一〇八五九四五一	一〇一八七六五
六〇	六〇五四六	一八一六一八九	二一二七三六〇〇〇	一〇一八一六一
六一	六〇七三二	一七五五六四三	二一四五五二一八九	一〇一七五五六
六二	六〇九一八	一六九四九一一	二一六三〇七八三二	一〇一六九四九
六三	六一一〇四	一六三三九九三	二一八〇〇二七四三	一〇一六三三九
六四	六一二九〇	一五七二八八九	二一九六三六七三六	一〇一五七二八
六五	六一四七六	一五一一五九九	二二一二〇九六二五	一〇一五一一五
六六	六一六六二	一四五〇一二三	二二二七二一二二四	一〇一四五〇
六七	六一八四八	一三八八四六一	二二四一七一三四七	一〇一三八八四
六八	六二〇三四	一三二六六一三	二二五五五九八〇八	一〇一三二六六
六九	六二二二〇	一二六四五七九	二二六八八六四二一	一〇一二六四五
七〇	六二四〇六	一二〇二三五九	二二八一五一〇〇〇〇	一〇一二〇二三

七一	六二五九二	一一三九九五三	二二 九三五三三五九	一 ○一一三九九
七二	六二七七八	一○七七三六一	二三 ○四九三三一二	一 ○一○七七三
七三	六二九六四	一○一四五八三	二三 一五七○六七三	一 ○一○一四五
七四	六三一五○○	九五一六一九	二三 二五八五二五六	一 ○○九五一六
七五	六三三三六	八八八四六九	二三 三五三六八七五	一 ○○八八八四
七六	六三五二二	八二五一三三	二三 四四二五三四四	一 ○○八二五一
七七	六三七○八	七六一六一一	二三 五二五○四七七	一 ○○七六一六
七八	六三八九四	六九七九○三	二三 六○一二○八八	一 ○○六九七九
七九	六四○八○	六三四○○九	二三 六七○九九九一	一 ○○六三四○
八○	六四二六六	五六九九二九	二三 七三四四○○○	一 ○○五六九九
八一	六四四五二	五○五六六三	二三 七九一三九二九	一 ○○五○五六
八二	六四六三八	四四一二一一	二三 八四一九五九二	一 ○○四四一二
八三	六四八二四	三七六五七三	二三 八八六○八○三	一 ○○三七六五
八四	六五○一○	三一一七四九	二三 九二三七三七六	一 ○○三一一七

			缩积度	缩行度
八五	六五一九六	二四六七三九	二三九五四九一二五	一〇〇二四六七
八六	六五三八二	一八一五四三	二三九七九五八六四	一〇〇一八一五
八七	六五五六八	一一六一六一	二三九九七七四〇七	一〇〇一一六
八八	六五七五四	五〇五九三	二四〇〇九三五六八	一〇〇〇五〇五
八九	〇〇〇〇〇	〇〇〇〇〇	二四〇一四四一六一	一〇〇〇〇〇〇

太阳缩初盈末限立成　夏至前后二象限同用

积日	平立合差	缩　加　分	缩　积　度	缩　行　度
十日	分十秒十微	百十分十秒十微	万千百十分十秒十微	度千百十分十秒
初	四四三六二	四八四八四七三		九五一五一六
一	四四五二四	四八〇四一一一	四八四八四七三	九五一九五九
二	四四六八六	四七五九五八七	九六五二五八四	九五二四〇五
三	四四八四八	四七一四九〇一	一四四一二一七一	九五二八五〇
四	四五〇一〇	四六七〇〇五三	一九一二七〇七二	九五三三〇〇
五	四五一七二	四六二五〇四三	二三七九七一二五	九五三七五〇

六	四五三三四	四五七九八七一	二八四二二一六八	九五四二〇二
七	四五四九六	四五三四五三七	三三〇〇二〇三九	九五四六五五
八	四五六五八	四四八九〇四一	三七五三六五七六	九五五一一〇
九	四五八二〇	四四四三三八三	四二〇二五六一七	九五五五六七
一〇	四五九八二	四三九七五六三	四六四六九〇〇〇	九五六〇二五
一一	四六一四四	四三五一五八一	五〇八六六五六三	九五六四八五
一二	四六三〇六	四三〇五四三七	五五二一八一四四	九五六九四六
一三	四六四六八	四二五九一三一	五九五二三五八一	九五七四〇九
一四	四六六三〇	四二一二六六三	六三七八二七一二	九五七八七四
一五	四六七九二	四一六六〇三三	六七九九五三七五	九五八三四〇
一六	四六九五四	四一一九二四一	七二一六一四〇八	九五八八〇八
一七	四七一一六	四〇七二二八七	七六二八〇六四九	九五九二七八
一八	四七二七八	四〇二五一七一	八〇三五二九三六	九五九七四九
一九	四七四四四	〇三九七七八九三	八四三七八一〇七	九六〇二二一

二〇	四七六〇二	三九三〇四五三	八八三五六〇〇〇	九六〇六九六
二一	四七七六四	三八八二八五一	九二二八六四五三	九六一一七二
二二	四七九二六	三八三五〇八七	九六一六九三〇四	九六一六五〇
二三	四八〇八八	三七八七一六一	一〇〇〇〇四三九一	九六二一二九
二四	四八二五〇	三七三九〇七三	一〇三七九一五五二	九六二六一〇
二五	四八四一二	三六九〇八二三	一〇七五三〇六二五	九六三〇九二
二六	四八五七四	三六四二四一一	一一一二二一四四八	九六三五七六
二七	四八七三六	三五九三八三七	一一四八六三八五九	九六四〇六二
二八	四八八九八	三五四五一〇一	一一八四五七六九六	九六四五四九
二九	四九〇六〇	三四九六二〇三	一二二〇〇二七九七	九六五〇三八
三〇	四九二二二	三四四七一四三	一二五四九九〇〇〇	九六五五二九
三一	四九三八四	三三九七九二一	一二八九四六一四三	九六六〇二一
三二	四九五四六	三三四八五三七	一三二三四四〇六四	九六六五一五
三三	四九七〇八	三二九八九九一	一三五六九二六〇一	九六七〇一一

三四	四九八七〇	三二四九二八三	一三八九九一五九二	九六七五〇八
三五	五〇〇三二	三一九九四一三	一四二二四〇八七五	九六八〇〇六
三六	五〇一九四	三一四九三八一	一四五四四四〇二八八	九六八五〇七
三七	五〇三五六	三〇九九一八七	一四八五八九六六九	九六九〇〇九
三八	五〇五一八	三〇四八八三一	一五一六八八八五六	九六九五一二
三九	五〇六八〇	二九九八三一三	一五四七三七六八七	九七〇〇一七
四〇	五〇八四二	二九四七六三三	一五七七三六〇〇〇	九七〇五二四
四一	五一〇〇四	二八九六七九一	一六〇六八三六三三	九七一〇三三
四二	五一一六六	二八四五七八七	一六三五八〇四二四	九七一五四三
四三	五一三二八	二七九四六二一	一六六四二六二一一	九七二〇五四
四四	五一四九〇	二七四三二九三	一六九二二〇八三二	九七二五六八
四五	五一六五二	二六九一八〇三	一七一九六四一二五	九七三〇八二
四六	五一八一四	二六四〇一五一	一七四六五五九二八	九七三五九九
四七	五一九七六	二五八八三三七	一七七二九六〇七九	九七四一一七

四八	五二一三八	二五三六三六一	一七九八八四四一六	九七四六三七
四九	五二三〇〇	二四八四二二三	一八二四二〇七七七	九七五一五八
五〇	五二四六二	二四三一九二三	一八四九〇五〇〇〇	九七五六八一
五一	五二六二四	二三七九四六一	一八七三三六九二三	九七六二〇六
五二	五二七八六	二三二六八三七	一八九七一六三八四	九七六七三二
五三	五二九四八	二二七四〇五一	一九二〇四三二二一	九七七二六〇
五四	五三一一〇	二二二一一〇三	一九四三一七二七二	九七七七八九
五五	五三二七二	二一六七九九三	一九六五三八三七五	九七八三二一
五六	五三四三四	二一一四七二一	一九八七〇六三六八	九七八八五三
五七	五三五九六	二〇六一二八七	二〇〇八二一〇八九	九七九三八八
五八	五三七五八	二〇〇七六九一	二〇二八八二三七六	九七九九二四
五九	五三九二〇	一九五三九三三	二〇四八九〇〇六七	九八〇四六一
六〇	五四〇八二	一九〇〇〇一三	二〇六八四四〇〇〇	九八一〇〇〇
六一	五四二四四	一八四五九三一	二〇八七四四〇一三	九八一五四一

六二	五四四〇六	一七九一六八七	二一〇五八九九四四	九八二〇八四
六三	五四五六八	一七三七二八一	二一二三八一六三一	九八二六二八
六四	五四七三〇	一六八二七一三	二一四一一八九一二	九八三一七三
六五	五四八九二	一六二七九八三	二一五八〇一六二五	九八三七二一
六六	五五〇五四	一五七三〇九一	二一七四二九六〇八	九八四二七〇
六七	五五二一六	一五一八〇三七	二一九〇〇二六九九	九八四八二〇
六八	五五三七八	一四六二八二一	二二〇五二〇七三六	九八五三七二
六九	五五五四〇	一四〇七四四三	二二一九八三五五七	九八五九二六
七〇	五五七〇二	一三五一九〇三	二二三三九一〇〇〇	九八六四八一
七一	五五八六四	一二九六二〇一	二二四七四二九〇三	九八七〇三八
七二	五六〇二六	一二四〇三三七	二二六〇三九一〇四	九八七五九七
七三	五六一八八	一一八四三一一	二二七二七九四四一	九八八一五七
七四	五六三五〇	一一二八一二三	二二八四六三七五二	九八八七一九
七五	五六五一二	一〇七一七七三	二二九五九一八七五	九八九二八三

七六五六六七四	一〇一五二六一	二三〇六六三六四八	九八九八四八
七七五六八三六	〇九五八五八七	二三一六七八九〇九	九九〇四一五
七八五六九九八	九〇一七五一	二三二六三七四九六	九九〇九八三
七九五七一六〇	八四四七五三	二三三五三九二四七	九九一五五三
八〇五七三二二	七八七五九三	二三四三八四〇〇〇	九九二一二五
八一五七四八四	七三〇二七一	二三五一七一五九三	九九二六九八
八二五七六四六	六七二七八七	二三五九〇一八六四	九九三二七三
八三五七八〇八	六一五一四一	二三六五七四六五一	九九三八四九
八四五七九七〇	五五七三三三	二三七一八九七九二	九九四四二七
八五五八一三二	四九九三六三	二三七七四七一二五	九九五〇〇七
八六五八二九四	四四一二三一	二三八二四六四八八	九九五五八八
八七五八四五六	三八二九三七	二三八六八七七一九	九九六一七一
八八五八六一八	三二四四八一	二三九〇七〇六五六	九九六七五六
八九五八七八〇	二六五八六三	二三九三九五一三七	九九七三四二

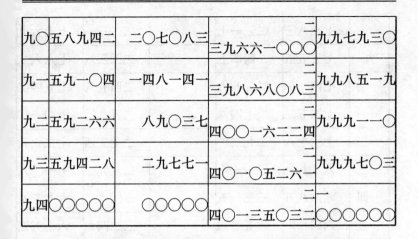

九〇	五八九四二	二〇七〇八三	二三九六六一〇〇〇	九九七九三〇
九一	五九一〇四	一四八一四一	二三九八六八〇八三	九九八五一九
九二	五九二六六	八九〇三七	二四〇〇一六二二四	九九九一一〇
九三	五九四二八	二九七七一	二四〇一〇五二六一	九九九七〇三
九四	〇〇〇〇〇	〇〇〇〇〇	二一四〇一三五〇三二	〇〇〇〇〇

冬夏二至后晨昏分立成此《通轨》所载南京应天府晷刻也

积日	冬至后晨分	冬至后昏分		夏至后晨分	夏至后昏分
百十日	千 百十分十秒	千 百十分十秒		千 百十分十秒	千 百十分十秒
初	二六八一七〇	七三一八三〇		一八一八三〇	八一一七〇
一	八一六二	一八三八		一八三六	八一六四
二	八一三九	一八六一		一八五六	八一四四
三	八一〇一	一八九九		一八八七	八一一三
四	八〇四八	一九五二		一九三〇	八〇七〇
五	七九七九	二〇二一		一九八七	八〇一三
六	七八九六	二一〇四		二〇五六	七九四四
七	七七九七	二二〇三		二一三七	七八六三

八	七六八三	二三一七		二二三一	七七六九
九	七五五五	二四四五		二三三八	七六六二
一〇	七四一一	二五八九		二四五八	七五四二
一一	七二五二	二七四八		二五九〇	七四一〇
一二	七〇七八	二九二二		二七三四	七二六六
一三	六八八九	三一一一		二八九二	七一〇八
一四	六六八五	三三一五		三〇六二	六九三八
一五	六四六六	三五三四		三二四六	六七五四
一六	六二三二	三七六八		三四四一	六五五九
一七	五九八三	四〇一七		三六五〇	六三五〇
一八	五七一九	四二八一		三八七一	六一二九
一九	五四四一	四五五九		四一〇六	五八九四
二〇	五一四七	四八五三		四三五三	五六四七
二一	四八三九	五一六一		四六一二	五三八八
二二	四五一七	五四八三		四八八五	五一一五
二三	四一八一	五八一九		五一七一	四八二九
二四	三八二九	六一七一		五四六九	四五三一
二五	三四六四	六五三六		五七七九	四二二一
二六	三〇八五	六九一五		六一〇三	三八九七
二七	二六九二	七三〇八		六四三九	三五六一
二八	二二八四	七七一六		六七八七	三二一三

二九	一八六六	八一三四		七一四七	二八五三
三〇	一四三三	八五六七		七五二一	二四七九
三一	〇九八八	九〇一二		七九〇五	二〇九五
三二	〇五三一	九四六九		八三〇一	一六九九
三三	〇〇六一	九九三九		八七〇八	一二九二
三四	二五九五七九	七四〇四二一		九一二八	〇八七二
三五	九〇八五	〇九一五		九五五八	〇四四二
三六	八五八〇	一四二〇		一九〇〇〇〇	八一〇〇〇〇
三七	八〇六五	一九三五		〇四五二	八〇九五四八
三八	七五三九	二四六一		〇九一五	九〇八五
三九	七〇〇二	二九九八		一三八九	八六一一
四〇	六四五六	三五四四		一八七三	八一二七
四一	五九〇〇	四一〇〇		二三六六	七六三四
四二	五三三六	四六六四		二八六九	七一三一
四三	四七六三	五二三七		三三八二	六六一八
四四	四一八一	五八一九		三九〇三	六〇九七
四五	三五九二	六四〇八		四四三三	五五六七
四六	二九九六	七〇〇四		四九七一	五〇二九
四七	二三九二	七六〇八		五五一九	四四八一
四八	一七八二	八二一八		六〇七三	三九二七

四九	一一六七	八八三三		六六三五	三三六五
五〇	〇五四四	九四五六		七二〇三	二七九七
五一	二四九九一八	七五〇〇八二		七七七九	二二二一
五二	九二八六	〇七一四		八三六一	一六三九
五三	八六五〇	一三五〇		八九四九	一〇五一
五四	八〇一〇	一九九〇		九五四三	〇四五七
五五	七三六六	二六三四		二〇〇一四二	七九九八五八
五六	六七一八	三二八二		〇七四七	九二五三
五七	六〇六七	三九三三		一三五五	四六四五
五八	五四一四	四五八六		一九六九	八〇三一
五九	四七五九	五二四一		二五八六	七四一四
六〇	四一〇二	五八九八		三二〇七	六七九三
六一	三四四二	六五五八		三八三三	六一六七
六二	二七八一	七二一九		四四六一	五五三九
六三	二一一九	七八八一		五〇九一	四九〇九
六四	一四五六	八五四四		五七二四	四二七六
六五	〇七九三	九二〇七		六三六一	三六三九
六六	〇一二八	九八七二		六九九九	三〇〇一
六七	二三九四六三	七六〇五三七		七六四〇	二三六〇
六八	八七九八	一二〇二		八二八二	一七一八

六九	八一三三	一八六七		八九二六	一〇七四
七〇	七四六八	二五三二		九五六九	〇四三一
七一	六八〇三	三一九七		二 一〇二一六	七 八九七八四
七二	六一三八	三八六二		〇八六四	九一三六
七三	五四七四	四五二六		一五一二	八四八八
七四	四八一〇	五一九〇		二一六一	七八三九
七五	四一四七	五八五三		二八一〇	七一九〇
七六	二 三三四八五	七 六六五一五		二 一三四六〇	七 八六五四〇
七七	二八二三	七一七七		四一一〇	五八九〇
七八	二一六二	七八三八		四七六一	五二三九
七九	一五〇三	八四九七		五四一二	四五八八
八〇	〇八四三	九二五七		六〇六四	三九三六
八一	〇一八四	九八一六		六七一五	三二八五
八二	二 二九五二六	七 七〇四七四		六三六六	二六三四
八三	八八六九	一一三二		八〇一八	一九八二
八四	八二一三	一七八七		八六六八	一三三二
八五	七五五八	二四四二		九〇二〇	〇九八〇
八六	六九〇四	三〇九六		九九七二	〇〇二八
八七	六二四九	三七五一		二 二〇六二四	七 九三七六

八八	五五九六	四四〇四	一二七五	八七二五
八九	四九三九	五〇六一	一九二六	八〇七四
九〇	四二八六	五七一四	二五七八	七四二二
九一	三六三四	六三六六	三二二九	六七七一
九二	二九八二	七〇一八	三八八一	六一一九
九三	二三三一	七六六九	四五三四	五四六六
九四	一六八〇	八三二〇	五一九一	四八〇九
九五	一〇二九	八九七一	五八四五	四一五五
九六	〇三七八	九六二二	六四九九	三五〇一
九七	二 一九七二六	七 八〇二七四	七一五三	二八四七
九八	九〇七五	〇九二五	七八〇八	二一九二
九九	八四二三	一五七七	八四六四	一五三六
一〇〇	七七七三	二二二七	九一二一	〇八七九
一〇一	七一二二	二八七八	九七七八	〇二二二
一〇二	六四七一	三五二九	二 三〇四三	七 六九五六三
一〇三	五八二〇	四一八〇	一〇九七	八九〇三
一〇四	五一六九	四八三一	一七五六	八二四四
一〇五	四五一八	五四八二	二四一六	七五八四
一〇六	三八六七	六一三三	三〇七八	六九二二
一〇七	三二一七	六七八三	三七四〇	六二六〇

一〇八	二五六八	七四三二		四四〇三	五五九七
一〇九	一九一九	八〇八一		五〇六七	四九三三
一一〇	一二七一	八七二九		五七三一	四二六九
一一一	〇六二三	九三七七		六三九五	三六〇五
一一二	二〇九九七六	七九〇〇二四		七〇六〇	二九四〇
一一三	九三二九	〇六七一		七七二六	二二七四
一一四	八六八七	一三一三		八三九一	一六〇九
一一五	八〇四四	一九五六		二三九〇五六	七六〇九四四
一一六	七四〇三	二五九七		九七二二	〇二七八
一一七	六七六三	三二三七		二四〇三八七	七五九六一三
一一八	六一二六	三八七四		一〇五一	八九四九
一一九	五四九一	四五〇九		一七一五	八二八五
一二〇	四八五九	五一四一		二三七八	七六二二
一二一	四二二九	五七七一		三〇四〇	六九六〇
一二二	三六〇二	六三九八		三七〇〇	六三〇〇
一二三	二九七九	七〇二一		四三六〇	五六四〇
一二四	二三五九	七六四一		五〇一六	四九八四
一二五	一七四四	八二五六		五六七〇	四三三〇
一二六	一一三二	八八六八		六三二三	三六七七

一二七	○五二五	九四七五		六九七三	三○二七
一二八	一九九九二三	八○○○七七		七六一九	二三八一
一二九	九三二六	○六七四		八二六二	一七三八
一三○	八七三四	一二六六		八九○○	一一○○
一三一	八一四九	一八五一		九五三五	○四六五
一三二	七五六九	二四三一		二五○一六五	七四九八三五
一三三	六九九六	三○○四		○七九一	九二○九
一三四	六四三○	三五七○		一四一○	八五九○
一三五	五八七一	四一二九		二○二四	七九七六
一三六	五三一九	四六八一		二六三二	七三六八
一三七	四七七五	五二二五		三二三三	六七六七
一三八	四二三九	五七六一		三八二六	六一七四
一三九	三七一三	六二八七		四四一三	五五八七
一四○	三一九四	六八○六		四九九二	五○○八
一四一	二六八五	七三一五		五五六二	四四三八
一四二	二一八六	七八一四		六一二三	三八七七
一四三	一六九六	八三○四		六六七五	三三二五
一四四	一二一六	八七八四		七二一八	二七八二
一四五	○七四六	九二五四		七七五一	二二四九

一四六	一 九〇二八八	八 〇九七一二		二 五八二七三	七 四一七二七
一四七	一 八九八三九	八 一〇一六一		八七八四	一二一六
一四八	九四〇二	〇五九八		九二八五	〇七一五
一四九	八九七六	一〇二四		九七七四	〇二二六
一五〇	八五六一	一四三九		·二 六〇二五二	七 三九七四八
一五一	八一五七	一八四三		〇七一七	九二八三
一五二	七七六七	二二三三		一一六九	八八三一
一五三	七三八六	二六一四		一六〇九	八三九一
一五四	七〇一七	二九八三		二〇三六	七九六四
一五五	六六六二	三三三八		二四五〇	七五五〇
一五六	六三一八	三六八二		二八五二	七一四八
一五七	五九八七	四〇一三		三二三九	六七六一
一五八	五六六九	四三三一		三六一二	六三八八
一五九	五三六三	四六三七		三九七二	六〇二八
一六〇	五〇六九	四九三一		四三一七	五六八三
一六一	四七八八	五二一二		四六四八	五三五二
一六二	四五二〇	五四八〇		四九六四	五〇三六
一六三	四二六四	五七三六		五二六七	四七三三
一六四	四〇二一	五九七九		五五五四	四四四六

一六五	三七九一	六二〇九	五八二七	四一七三
一六六	三五七四	六四二六	六〇八五	三九一五
一六七	三三七〇	六六三〇	六三二八	三六七二
一六八	三一七八	六八二二	六五五七	三四四三
一六九	二九九九	七〇〇一	六七六九	三二三一
一七〇	二八三三	七一六七	六九六八	三〇三二
一七一	二六八一	七三一九	七一五二	二八四八
一七二	二五四一	七四五九	七三一九	二六八一
一七三	二四一四	七五八六	七四七二	二五二八
一七四	二二九九	七七〇一	七六一一	二三八九
一七五	二一九七	七八〇三	七七三三	二二六七
一七六	二一〇七	七八九三	七八四一	二一五九
一七七	二〇三一	七九六九	七九三二	二〇六八
一七八	一九六六	八〇三四	八〇一〇	一九九〇
一七九	一九一四	八〇八六	八〇七一	一九二九
一八〇	一八七五	八一二五	八一一八	一八八二
一八一	一八四九	八一五一	八一四九	一八五一
一八二	一八三四	八一六六	八一六六	一八三四

　　晨分加二百五十分，为日出分。日周一万分，内减晨分为昏分。昏分减二百五十分，为日入分，又减五千分，为半昼分。故立成只列晨昏分，则出入及半昼分皆具，不必尽列也。

太阴迟疾立成迟疾同用

限数	日率	益分	迟疾积度	疾历限行度	迟历限行度
百十限	十日千百十分	十分十秒十微十纤	度十分十秒十微十纤	度十分十秒	度十分十秒
初		一一〇八一五七五		一二〇七一	九八五五
一	八二〇	一一〇二三四二五	一一〇八一五七五	一二〇六五	九八六一
二	一六四〇	一〇九六三三二五	二二一〇五〇〇	一二〇五九	九八六七
三	二四六〇	一〇九〇一二七五	三三〇六八三二五	一二〇五三	九八七三
四	三二八〇	一〇八三七二七五	四三九六九六〇〇	一二〇四七	九八七九
五	四一〇〇	一〇七七一三二五	五四八〇六八七五	一二〇四〇	九八八六
六	四九二〇	一〇七〇三四二五	六五五七八二〇〇	一二〇三三	九八九三
七	五七四〇	一〇六三三五七五	七六二八一六二五	一二〇二六	九九〇〇
八	六五六〇	一〇五六一七七五	八六九一五二〇〇	一二〇一九	九九〇七
九	七三八〇	一〇四八八〇二五	九七四七六九七五	一二〇一二	九九一四
一〇	八二〇〇	一〇四一二三二五	一〇七九六五〇〇〇	一二〇〇四	九九二二

一一	九〇二〇	一〇三 三四六七五	一一八三 七七三二五	一一九九六	九九二九
一二	九八四〇	一〇二 五五〇七五	一二八七 一二〇〇〇	一一九八八	九九三七
一三	一〇六六	一〇一 七三五二五	一三八九 六七〇七五	一一九八〇	九九四六
一四	一一四八一	一〇〇 九〇〇二五	一四九一 四〇六〇〇	一一九七二	九九五四
一五	一二三〇	一〇〇 〇四五七五	一五九二 三〇六二五	一一九六三	九九六二
一六	一三一二	九九 一七一七五	一六九二 三五二〇〇	一一九五五	九九七一
一七	一三九四一	九八 二七八二五	一七九一 五二三七五	一一九四六	九九八〇
一八	一四七六	九七 三六五二五	一八八九 八〇二〇四	一一九三七	九九八九
一九	一五五八一	九六 四三二七五	一九八七 一六七二五	一一九二七	九九九九
二〇	一六四〇	九五 四八〇七五	二〇八三 六〇〇〇八	一一九一八	一〇〇〇八
二一	一七二二一	九四 五〇九二五	二一七九 〇八〇七五	一一九〇八	一〇〇一八
二二	一八〇四一	九三 五一八二五	二二七三 五九〇〇〇	一一八九八	一〇〇二八
二三	一八八六一	九二 五〇七七五	二三六七 一〇八二五	一一八八八	一〇〇三八
二四	一九六八一	九一 四七七七五	二四五九 六一六〇〇	一一八七八	一〇〇四八

二五	二○五○二	九○ 四二八二五	二五五一 ○九三七五	一八六七	一○○五九
二六	二一三二二	八九 三五九二五	二六四一 五二二○○	一八五六	一○○六九
二七	二二一四二	八八 二七○七五	二七三○ 八八一五二	一八四六	一○○八○
二八	二二九六二	八七 一六二七五	二八一九 一五二○○	一八三五	一○○九一
二九	二三七八二	八六 ○三五二五	二九○六 三一四七五	一八二三	一○一○三
三○	二四六○二	八四 八八八二五	二九九二 三五○○○	一八一二	一○一一四
三一	二五四二二	八三 七二一七五	三○七七 二三八二五	一八○○	一○一二六
三二	二六二四二	八二 五三五七五	三一六○ 九六○○○	一七八八	一○一三八
三三	二七○六二	八一 三三○二五	三二四三 四九五七五	一七七六	一○一五○
三四	二七八八二	八○ 一○五二五	三三二四 八二六○○	一七六四	一○一六二
三五	二八七○二	七八 八六○七五	三四○四 九三一二五	一七五一	一○一七四
三六	二九五二二	七七 五九六七五	三四八三 七九二○○	一七三九	一○一八七
三七	三○三四三	七六 三一三二五	三五六一 三八八七五	一七二六	一○二○○
三八	三一一六三	七五 ○一○二五	三六三七 七○二○○	一七一三	一○二一三

三九	三一九八三	七三 六八七七五	三七一二 七一二二五	一七○○	一○二二六
四○	三二八○三	七二 三四五七五	三七八六 四○○○○	一六八六	一○二三九
四一	三三六二三	七○ 九八四二五	三八五八 七四五七五	一六七三	一○二五三
四二	三四四四三	六九 六○三二五	三九二九 七三○○○	一六五九	一○二六七
四三	三五二六三	六八 二○二七五	三九九九 三三三二五	一六四五	一○二八一
四四	三六○八三	六六 七八二七五	四○六七 五三六○○	一六三一	一○二九五
四五	三六九○三	六五 三四三二五	四一三四 三一八七五	一六一六	一○三○九
四六	三七七二三	六三 八八四二五	四一九九 六六二○○	一六○二	一○三二四
四七	三八五四三	六二 四○五七五	四二六三 五四六二五	一五八七	一○三三九
四八	三九三六三	六○ 九○七七五	四三二五 九五二○○	一五七二	一○三五四
四九	四○一八三	五九 三九○二五	四三八六 八五九七五	一五五七	一○三六九
五○	四一○○四	五七 八五三二五	四四四六 二五○○○	一五四一	一○三八四
五一	四一八二四	五六 二九六七五	四五○四 一○三二五	一五二六	一○四○○
五二	四二六四四	五四 七二○七五	四五六○ 四○○○一	一五一○	一○四一六

五三	四三四六四	五三 一二五二五	四六一五 一二○七五	一一四九四	一○四三二
五四	四四二八四	五一 五一○二五	四六六八 二四六○	一一四七八	一○四四八
五五	四五一○四	四九 八七五七五	四七一九 七五六二五	一一四六二	一○四六四
五六	四五九二四	四八 二二一七五	四七六九 六三二○	一一四四五	一○四八一
五七	四六七四四	四六 五四八二五	四八一七 八五三七五	一一四二八	一○四九七
五八	四七五六四	四四 八五五二五	四八六四 四○二○	一一四一一	一○五一四
五九	四八三八四	四三 一四二七五	四九○九 二五七二五	一一三九四	一○五三一
六○	四九二○四	四一 四一○七五	四九五二 四○○○○	一一三七七	一○五四九
六一	五○○二四	三九 六五九二五	四九九三 八一○七五	一一三五九	一○五六六
六二	五○八四五	三七 八八八二五	五○三三 四七○○○	一一三四二	一○五八四
六三	五一六六五	三六 ○九七七五	五○七一 三五八二五	一一三二四	一○六○二
六四	五二四八五	三四 二八七七五	五一○七 四五六○○	一一三○六	一○六二○
六五	五三三○五	三二 四五八二五	五一四一 七四三七五	一一二八七	一○六三八
六六	五四一二五	三○ 六○九二五	五一七四 二○二○○	一一二六九	一○六五七

六七	五四九四五	二八 七四○七五	五二○四 八一一二五	一一二五○	一○六七六
六八	五五七六五	二六 八五二七五	五二三三 五五二○○	一一二三一	一○六九四
六九	五六五八五	二四 九四五二五	五二六○ 四○四七五	一一二一二	一○七一三
七○	五七四○五	二三 ○一八二五	五二八五 三五○○○	一一一九三	一○七三三
七一	五八二二五	二一 ○七一七五	五三○八 三六八二五	一一一七四	一○七五二
七二	五九○四五	一九 一○五七五	五三二九 四四○○	一一一五四	一○七七二
七三	五九八六五	一七 一二○二五	五三四八 五四五七五	一一一三四	一○七九二
七四	六○六八五	一五 一一五二五	五三六五 六六六○○	一一一一四	一○八一二
七五	六一五○六	一三 ○九○七五	五三八○ 七八一二五	一一○九四	一○八三二
七六	六二三二六	一一 ○四六七五	五三九三 八七二○○	一一○七三	一○八五二
七七	六三一四六	○八 九八三二五	五四○四 九一八七五	一一○五三	一○八七三
七八	六三九六六	六 九○○二五	五四一三 九○二○○	一一○三二	一○八九四
七九	六四七八六	四 七九七七五	五四二○ 八○二二五	一一○一一	一○九一五
八○	六五六○六	二 六七五七五	五四二五 六○○○○	一○九九○	一○九三六

八一	六六四二六	〇 五三四二五	五四二八 二七五七五	一〇九六八	一〇九五八
八二	六七二四六	三五六一六	五四二八 八一〇〇〇	一〇九六六	一〇九五九
八三	六八〇六六	一七八〇八	五四二九 一六六一六	一〇九六五	一〇九六一
	損分				
八四	六八八八六	一七八〇八	五四二九 三四四二四	一〇九六一	一〇九六五
八五	六九七〇六	三五六一六	五四二九 一六六一六	一〇九五九	一〇九六六
八六	七〇五二六	五三四二五	五四二八 八一〇〇〇	一〇九五八	一〇九六八
八七	七一三四六	二 六七五七五	五四二八 二七五七五	一〇九三六	一〇九九
八八	七二一六七	四 七九七七五	五四二五 六〇〇〇〇	一〇九一五	一一〇一
八九	七二九八七	六 九〇〇二五	五四二〇 八〇二二五	一〇八九四	一一〇三二
九〇	七三八〇七	八 九八三二五	五四一三 九〇二〇〇	一〇八七三	一一〇五三
九一	七四六二七	一一 〇四六七五	五四〇四 九一八七五	一〇八五二	一一〇七三
九二	七五四四七	一三 〇九〇七五	五三九三 八七二〇〇	一〇八三二	一一〇九四
九三	七六二六七	一五 一一五二五	五三八〇 七八一二五	一〇八一二	一一一四

九四	七七○八七	一七 一二○二五	五三六五 六六六○○	○七九二	一一一三四
九五	七七九○七	一九 一○五七五	五三四八 五四五七五	○七七二	一一一五四
九六	七八七二七	二一 ○七一七五	五三二九 四四○○○	○七五二	一一一七四
九七	七九五四七	二三 ○一八二五	五三○八 三六八二五	○七三三	一一一九三
九八	八○三六七	二四 九四五二五	五二八五 三五○○○	○七一三	一一二一二
九九	八一一八七	二六 八五二七五	五二六○ 四○四七五	○六九四	一一二三一
一○○	八二○○八	二八 七四○七五	五二三三 五五二○○	○六七六	一一二五○
一○一	八二八二八	三○ 六○九二五	五二○四 八一一二五	○六五七	一一二六九
一○二	八三六四八	三二 四五八二五	五一七四 二○二○○	○六三八	一一二八七
一○三	八四四六八	三四 二八七七五	五一四一 七四三七五	○六二○	一一三○六
一○四	八五二八八	三六 ○九七七五	五一○七 四五六○○	○六○二	一一三二四
一○五	八六一○八	三七 八八八二五	五○七一 三五八二五	○五八四	一一三四二
一○六	八六九二八	三九 六五九二五	五○三三 四七○○○	○五六六	一一三五九
一○七	八七七四八	四一 四一○七五	四九九三 八一○七五	○五四九	一一三七七

一〇八八八五六八	四三　一四二七五四	四九五二　〇〇〇〇	〇五三	一一三九四
一〇九八九三八八	四四　八五五二五	四九〇九　二五七二五	〇五一四	一一四一
一一〇九〇二〇八	四六　五四八二五	四八六四　四〇二〇〇	〇四九七	一一四二八
一一一九一〇二八	四八　二二一七五	四八一七　八五三七五	〇四八	一一四四五
一一二九一八四八	四九　八七五七五	四七六九　六三二〇〇	〇四六四	一一四六二
一一三九二六六九	五一　五一〇二五	四七一九　七五六二五	〇四四八	一一四七八
一一四九三四八九	五三　一二五二五	四六六八　二四六〇〇	〇四三二	一一四九四
一一五九四三〇九	五四　七二〇七五	四六一五　一二〇七五	〇四一六	一一五一〇
一一六九五一二九	五六　二九六七五	四五六〇　四〇〇〇〇	〇四〇〇	一一五二六
一一七九五九四九	五七　八五三二五	四五〇四　一〇三二五	〇三八四	一一五四一
一一八九六七六九	五九　三九〇二五	四四四六　二五〇〇〇	〇三六九	一一五五七
一一九九七五八九	六〇　九〇七七五	四三八六　八五九七五	〇三五四	一一五七二
一二〇九八四〇九	六二　四〇五七五	四三二五　九五二〇〇	〇三三九	一一五八七
一二一九九二二九	六三　八八四二五	四二六三　五四六二五	〇三二四	一一六〇二

一二二	一○○○四九	六五三四三二五	四一九九六六二○○	一○三○九	一一六一六
一二三	一○○八六九	六六七八二七五	四一三四三一八七五	一○二九五	一一六三一
一二四	一○一六八九	六八二○二七五	四○六七五三六○○	一○二八一	一一六四五
一二五	一○二五一○	六九六○三二五	三九九九三三三二五	一○二六七	一一六五九
一二六	一○三三三○	七○九八四二五	三九二九七三○○○	一○二五三	一一六七三
一二七	一○四一五○	七二三四五七五	三八五八七四五七五	一○二三九	一一六八六
一二八	一○四九七○	七三六八七七五	三七八六四○○○○	一○二二六	一一七○○
一二九	一○五七九○	七五○一○二五	三七一二七一二二五	一○二一三	一一七一三
一三○	一○六六一○	七六三一三二五	三六三七七○二○○	一○二○○	一一七二六
一三一	一○七四三○	七七五九六七五	三五六一三八八七五	一○一八七	一一七三九
一三二	一○八二五○	七八八六○七五	三四八三七九二○○	一○一七四	一一七五二
一三三	一○九○七○	八○一○五二五	三四○四九三一二五	一○一六二	一一七六四
一三四	一○九八九○	八一三三○二五	三三二四八二六○○	一○一五○	一一七七六
一三五	一一○七一○	八二五三五七五	三二四三四九五七五	一○一三八	一一七八八

一三六	一 一一五三〇	八三 七二一七五	三一六〇 九六〇〇〇	一〇一二六	一一八〇〇
一三七	一 一二三五〇	八四 八八八二五	三〇七七 二三八二五	一〇一一四	一一八一二
一三八	一 一三一七一	八六 〇三五二五	二九九二 三五〇〇〇	一〇一〇三	一一八二三
一三九	一 一三九九一	八七 一六二七五	二九〇六 三一四七五	一〇〇九一	一一八三五
一四〇	一 一四八一一	八八 二七〇七五	二八一九 一五二〇〇	一〇〇八〇	一一八四六
一四一	一 一五六三一	八九 三五九二五	二七三〇 八八一二五	一〇〇六九	一一八五六
一四二	一 一六四五一	九〇 四二八二五	二六四一 五二二〇〇	一〇〇五九	一一八六七
一四三	一 一七二七一	九一 四七七七五	二五五一 〇九三七五	一〇〇四八	一一八七八
一四四	一 一八〇九一	九二 五〇七七五	二四五九 六一六〇〇	一〇〇三八	一一八八八
一四五	一 一八九一一	九三 五一八二五	二三六七 一〇八二五	一〇〇二八	一一八九八
一四六	一 一九七三一	九四 五〇九二五	二二七三 五九〇〇〇	一〇〇一八	一一九〇八
一四七	一 二〇五五一	九五 四八〇七五	二一七九 〇八〇七五	一〇〇〇八	一一九一八
一四八	一 二一三七一	九六 四三二二五	二〇八三 六〇〇〇〇	〇九九九九	一一九二七
一四九	一 二二一九一	九七 三六五二五	一九八七 一六七二五	九九八五	一一九三七

一五〇	一二三〇一二	九八二七八二五	一八八九八〇二〇〇	九九八〇	一一九四六
一五一	一二三八三二	九九一七一七五	一七九一五二三七五	九九七一	一一九五五
一五二	一二四六五二	一〇〇〇四五七五	一六九二三五〇二五	九九六二	一一九六三
一五三	一二五四七二	一〇〇九〇〇二五	一五九二三〇六二五	九九五四	一一九七二
一五四	一二六二九二	一〇一七三五二五	一四九一四〇六〇〇	九九四六	一一九八〇
一五五	一二七一一二	一〇二五五〇七五	一三八九六七〇七五	九九三七	一一九八八
一五六	一二七九三二	一〇三三四六七五	一二八七一二〇〇〇	九九二九	一一九九六
一五七	一二八七五二	一〇四一二三二五	一一八三七七三二五	九九二二	一二〇〇四
一五八	一二九五七二	一〇四八八〇二五	一〇七九六五〇〇〇	九九一四	一二〇一二
一五九	一三〇三九二	一〇五六一七七五	〇九七四七六九七五	九九〇七	一二〇一九
一六〇	一三一二一二	一〇六三三五七五	八六九一五二〇〇	九九〇〇	一二〇二六
一六一	一三二〇三二	一〇七〇三四二五	七六二八一六二五	九八九三	一二〇三三
一六二	一三二八五三	一〇七七一三二五	六五五七八二〇〇	九八八六	一二〇四〇
一六三	一三三六七三	一〇八三七二七五	五四八〇六八七五	九八七九	一二〇四七

一六四	一 / 三四四九三〇	一〇九 / 一二七五	四三九 / 六九六〇〇	九八七三	一二〇五三
一六五	一 / 三五三一三	一〇九 / 六三三二五	三三〇 / 六八三二五	九八六七	一二〇五九
一六六	一 / 三六一三三	二三四二五	二二一 / 〇五〇〇〇	九八六一	一二〇六五
一六七	一 / 三六九五三	〇九 / 八一五七五	〇一一 / 八一五七五	九八五五	一二〇七一
一六八	一 / 三七七七三				

五星盈缩入历度率立成五星盈缩同用

入历策	度率	入历策	度率	入历策	度率
	百十度十分 十秒十微十纤		百十度十分 十秒十微十纤		百十度十分 十秒十微十纤
一	一五二一 / 九〇六二五〇	二	三〇四三 / 八一二五〇	三	四五六五 / 七一八七五〇
四	六〇八七 / 六二五〇〇〇	五	七六〇九 / 五三一一二五〇	六	九一三一 / 四三七五〇〇
七	一〇六五三 / 三四三七五〇	八	一二一七五 / 二五〇〇〇〇	九	一三六九七 / 一五六二五〇
十	一五二一九 / 〇六二五〇〇	一一	一六七四〇 / 九六八七五〇		

木星盈缩立成

入历	损益率	盈缩积	行定度	行积度
策	度十分 十秒十微十纤	度十分 十秒十微十纤	十度十 分十秒十微十纤	百十度十 分十秒十微十纤
初	益一五九 ○○八四八一	盈○○○ ○○○○○○	一六八 ○九一四七三一	一六八 ○九一四七三一
一	一四二 ○一三五六一	一五九 ○○八四八一	六 三九一九八一一	三三四 四八三四五四二
二	一二○ ○二七一八八	三○一 ○二二○四二	四 一九三三四三八	四九八 六七六七九八○
三	○九三 四九三六二	四二一 四九二三○	一 四九五五六一二	六六一 一七二三五九○
四	○六一 八○○八三	五一四 九八五九二	一五八 二九八六三三三	八一八 四七○九二五
五	○二四 一一九三五二	五七五 一七八六七六	四 六○二五六○二	九七三 ○七三五五二七
六	损○二四 一一九三五二	五九九 二九八○二八	一四九 七七八六八九八	一一二二 八五二二四二五
七	○六一 ○八○○八三	五七五 一七八六七六	一四六 ○八二六一六七	一二六八 九三四八五九二
八	○九三 ○四九三六二	五一四 ○九八五九二	二 八八五六八八八	一四一 八二○五四八
九	一二○ ○二七一八八	四二一 ○四九二三○	○ 一八七九○六二	一五五二 ○○八四五四二
十	一四二 ○一三五六一	三○一 ○二二○四二	一三七 九八九二六八九	一六八九 九九七七二三一
十一	一五九 ○○八四八一	一五九 ○○八四八一	六 二八九七七六九	一八二六 二八七五○○○

初	益一五九 〇〇八四八一	缩〇〇〇 〇〇〇〇〇〇	一三六 二八九七七六九	一九六二 五七七二七六九
一	一四二 〇一三五六一	一五九 〇〇八四八一	七 九八九二六八九	二一〇〇 五六六五四五八
二	一二〇 〇二七一八八	三〇一 〇二二〇四	一四〇 一八七九〇六二	二二四〇 七五四四五二〇
三	〇九三 〇四九三六二	四二一 〇四九二三	二 八八五六八八八	二三八三 六四〇一四〇八
四	〇六一 〇八〇〇八三	五一四 〇九八五九二	六 八二六一六七	二五二九 七二二七五七五
五	〇二四 一一九三五二	五七五 一七八六七六	九 七七八六八九八	二六七九 五〇一四四七三
六	损〇二四 一一九三五二	五九九 二九八二八	一五四 六〇二五六〇二	二八三四 一〇四〇〇七五
七	〇六一 〇八〇〇八三	五七五 一七八六七六	八 二九八六三三三	二九九二 四〇二六四〇八
八	〇九三 〇四九三六二	五一四 〇九八五九二	一六一 四九五五六一二	三一五三 八九八二〇二〇
九	一二〇 〇二七一八八	四二一 〇四九二三〇	四 一九三三四三八	三三一八 〇九一五四五八
十	一四二 〇一三五六一	三〇一 〇二二〇四二	六 三九一九八一一	三四八四 四八三五二六九
十一	一五九 〇〇八四八一	一五九 〇〇八四八一	八 〇九一四七三一	三六五二 五七五〇〇〇〇

火星盈缩立成

入历	损益率	盈缩积	行定度	行积度
策	度十分 十秒十微十纤	十度十分 十秒十微十纤	十度十分 十秒十微十纤	百十度十分 十秒十微十纤
初	益一一五八 ○三九三三四	盈○○○ ○○○○○○	二六七九 九四五五八四	二六七九 九四五五八四
一	七九七 ○○五○七二	一一五八 ○三九三三四	二三一八 九一一三二二	四九九八 八五六九○六
二	四五九 九七六三一三	一九五五 ○四四四○六	一九八一 八八二五六三	六九八○ 九三九四六九
三	一四六 九五七二五二	二四一五 ○二○七一九	一六六八 八六三五○二	八六四九 六○二九七一
四	损○五四 二八五○六四	二五六一 九七七九七一	一四六七 六二一一八六	一○一七 二二四一五七
五	一六六 二七五○八五	二五○七 六九二九○七	一三五五 六三一一六五	一一四七二 八五五三二二
六	二六○ 二六二○七二	二三四一 四一七八二二	一二六一 六四四一七八	一二七三四 四九九五○○
七	三三六 二五○二一七	二○八一 一五五七五五	一一八五 六五六○三三	一三九二○ 一五五五三三
八	三九四 二三九五二四	一七四四 九○五五三三	二七 六六六六七二六	一五○四七 八二二二五九
九	四四二 二五七二九六	一三五○ 六六六○○九	一○七九 六四八九五四	一六一二七 四七一二一三
十	四五六 二○○七五○	九○八 四○八七一三	六五 七○五五○○	一七一九三 一七六七一三
十一	四五二二 ○七九六三	四五二 二○七九六三	六九 六九八二八七	一八二六二 八七五○○○

初	益四五二 二〇七九六三	缩〇〇〇 〇〇〇〇〇〇	一〇六九 六九八二八七	一九三三二 五七三二八七
一	四五六 二〇〇七五〇	四五二 二〇七九六三	六五 七〇五五〇〇	二〇三九八 二七八七八七
二	四四二 二五七二九六	九〇八 四〇八七一三	七九 六四八九五四	二一四七七 九二七七四一
三	三九四 二三九五二四	一三五〇 六六六〇〇九	一一二七 六六六七二六	二二六〇五 五九四四六七
四	三三六 二五〇二一七	一七四四 九〇五五三三	一一八五 六五六〇三三	二三七九一 二五〇五〇〇
五	二六〇 二六二〇七二	二〇八一 一五五七五〇	一二六一 六四四一七八	二五〇五二 八九四六七八
六	一六六 二七五〇八五	二三四一 四一七八二二	一三五五 六三一一六五	二六四〇八 五二五八四三
七	〇五四 二八五〇六四	二五〇七 六九二九〇七	一四六七 六二一一八六	二七八七六 一四七〇二九
八	损一四六 九五七二五二	二五六一 九七七九七一	一六六八 八六三五〇二〇	二九五四五 〇一〇五三一
九	四五九 九七六三一三	二四一五 〇二〇七一九	一九八一 八八二五六三	三一五二六 八九三〇九四
十	七九七 〇〇五〇七二	一九五五 〇四四四〇六	二三一八 九一一三二二	三三八四五 八〇四一一六
十一	一一五八 〇三九三三四	一五八 〇三九三三四	二六七九 九四五五八四	三六五二五 七五〇〇〇〇

土星盈缩立成

入历	损益率	盈缩积	行定度	行积度
策	度十分 十秒十微十纤	度十分 十秒十微十纤	十度十分 十秒十微十纤	百十度十分 十秒十微十纤
初	益二二〇 〇一〇三四六	盈〇〇〇 〇〇〇〇〇〇	一七四一 九一六五九六	一七四一 九一六五九六
一	一九五 〇二一八一四	二二〇 〇一〇三四六	一六 九二八〇六四	三四五八 八四四六六〇
二	一六四 〇四七七六五	四一五 〇三二一六	一六八五 九五四〇一五	五一四四 七九八六七五
三	一二七 〇八八二一一	五七九 〇七九九二五	四八 九九四四六一	六七九三 七九三一三六
四	〇八四 一四三一三五	七〇六 一六八一三六	〇六 〇四九三八五	八三九九 八四二五二一
五	〇三五 二一二五五〇	七九〇 三一一二七	一五五七 一一八八〇〇	九九五六 九六一三二一
六	损〇三五 二一二五五〇	八二五 五二三八二一	一四八六 六九三七〇〇	一一四四三 六五五〇二一
七	〇八四 一四三一三五	七九〇 三一一二七	三七 七六三一一五	一二八八一 四一八一三六
八	一二七 〇八八二一一	七〇六 一六八一三六	一三九四 八一八〇三九	一四二七六 二三六一七五
九	一六四 〇四七七六五	五七九 〇七九九二五	五七 八五八四八五	一五六三四 〇九四六六〇
十	一九五 〇二一八一四	四一五 〇三二一六	一三二六 八八四四三六	一六九六〇 九七九〇九六
十一	二二〇 〇一〇三四六	二二〇 〇一〇三四六	〇一 八九五九〇四	一八二六二 八七五〇〇〇

初	益一六三 〇〇五七五一	缩〇〇〇 〇〇〇〇〇〇	一三五八 九〇〇四九九	一九六二一 七七五四九九
一	一四八 九九八〇六四	一六三 〇〇五七五一	七二 九〇八一八六	二〇九九四 六八三六八五
二	一二七 九八九六五二	三一二 〇〇三八一五	九三 九一六五九八	二二三八八 六〇〇二八三
三	〇九九 九八〇五一六	四三九 九九三四六七	一四二一 九二五七三四	二三八一〇 五二六〇一七
四	〇六四 九七〇六五八	五三九 九七三九八三	五六 九三五五九二	二五二六七 四六一六〇九
五	〇二二 九六〇〇七三	六〇四 九四四六四一	九八 九四六一七七	二六七六六 四〇七七八六
六	损二二二 九六〇〇七三	六二七 九〇四七一四	一五四四 八六六三二三	二八三一一 二七四一〇九
七	〇六四 九七〇六五八	六〇四 九四四六四一	八六 八七六九〇八	二九八九八 一五一〇一七
八	〇九九 九八〇五一六	五三九 九七三九八三	一六二一 八八六七六六	三一五二 〇三七七八三
九	一二七 九八九六五二	四三九 九九三四六七	四九 八九五九〇二	三三一六九 九三三六八五
十	一四八 九九八〇六四	三一二 〇〇三八一五	七〇 九〇四三一四	三四八五〇 八三七九九
十一	一六三 〇〇五七五一	一六三 〇〇五七五一	八四 九一二〇〇一	三六五二五 七五〇〇〇〇

金星盈缩立成

入历	损益率	盈缩积	行定度	行积度
策	度十分 十秒十微十纤	度十分 十秒十微十纤	十度十分 十秒十微十纤	百十度十分 十秒十微十纤
初	益○五三 ○○四八八九	盈○○○ ○○○○○○	一五七四 九一一一三九	一五七四 九一一一三五
一	五○ ○二一三一八	○五三 ○○四八八九	七一 九二七五六八	三一四六 八三八七○七
二	四四 ○五五五六五	一○三 ○二六二○七	六五 九六一八一五	四七一二 八○○五二二
三	三五 一○七六三一	一四七 ○八一七七二	五七 一三八八一	六二六九 八一四四○三
四	二三 一七七五一六	一八二 一八九四○三	四五 八三七六六	七八一四 八九八一六九
五	○八 二六五二一九	二○五 三六六九一九	三○ 一七一四六九	九三四五 ○六九六三八
六	损○○八 二六五二一九	二一三 六三二一三八	一五一三 六四一○三一	一○八五八 七一○六六九
七	二三 一七七五一六	二○五 三六六九一九	一四九八 七二八七三四	一二三五七 四三九四○三
八	三五 一○七六三一	一八二 一八九四○三	八六 七九八六一九	一三八四四 二三八○二二
九	四四 ○五五五六五	一四七 ○八一七七二	七七 八五○六八五	一五三二二 ○八八七○七
十	五○ ○二一三一八	一○三 ○二六二○七	七一 八八四九三二	一六七九三 九七三六三九
十一	五三 ○○四八八九	○五三 ○○四八八九	六八 九一三六一	一八二六二 八七五○○○

位				
初	益○五三 ○○四八八九	縮○○○ ○○○○○○	一四六八 九○一三六一	一九七三一 七七六三六一
一	五○ ○二一三一八	○五三 ○○四八八九	七一 八八四九三二	二一二○三 六六一二九三
二	四四 ○五五五六五	一○三 ○二六二○七	七七 八五○六八五	二二六八一 五一一九七八
三	三五 一○七六三	一四七 ○八一七七二	八六 七九八六一九	二四一六八 三一○五九七
四	二三 一七七五一七	一八二 一八九四○三	九八 七二八七三四	二五六六七 ○三九三三一
五	○八 二六五二一九	二○五 三六六九一九	一五一三 六四一○三一	二七一八○ 六八○三六二
六	損○○八 二六五二一九	二一三 六三二一三八	一五三○ 一七一四六九	二八七一一 八五一八三一
七	二三 一七七五一六	○五 三六六九一九	四五 ○八三七六六	三○二五五 九三五五九七
八	三五 一○七六三一	一八二 一八九四○三	五七 ○一三八八一	三一八一二 九四九四七八
九	四四 ○五五五六五	四七 ○八一七七二	六五 九六一八一五	三三三七八 九一一二九三
十	五○ ○二一三一八	○三 ○二六二○七	七一 九二七五六八	三四九五 八三八八六一
十一	五三 ○○四八八九	○五三 ○○四八八九	七四 九一一一三九	三六五二五 七五○○○○

水星盈缩立成

入历	损益率	盈缩积	行定度	行积度
策	度十分 十秒十微十纤	度十分 十秒十微十纤	十度十分 十秒十微十纤	百十度十分 十秒十微十纤
初	益○五八 ○○五八一八	盈○○○ ○○○○○○	一五七九 九一二○六八	一五七九 九一二○六八
一	五四 ○二○七二二	五八 ○○五八一八	七五 九二六九七二	三一五五 八三九○四○
二	四七 ○五三四四六	一一二 ○二六五五四	六八 九五九六九六	四七二四 七九八七三六
三	三七 一○三九八七	五九 ○七九九八六	五九 ○一○二三七	六二八三 八○八九七三
四	二四 一七二三四八	九六 一八三九七三	四六 七八五九八	七八二九 八八七五七一
五	○八 二五八五二六	二二○ 三五六三二一一	三○ 一六四七七六	九三六○ ○五二三四七
六	损○○八 二五八五二六	二二八 六一四八四七	一五一三 六四七七二四	一○八七三 七○○○七一
七	二四 一七二三四八	二○ 三五六三二一	一四九七 七三三九○二	一二三七 四三三九六七三
八	三七 一○三九八七	一九六 一八三九七三	八四 八○二二六三	一三八五六 二三六二三六
九	四七 ○五三四四六	五九 ○七九九八六	七四 八五二八○四	一五三三一 ○八九○四○
十	五四 ○二○七二二	一二 ○二六五四○	六七 八八五五二八	一六七九六 九七四五六八
十一	五八 ○○五八一八	五八 ○○五八一八	六三 九○○四三二	一八二六二 八七五○○○

初	益○五八 ○○五八一八	缩○○○ ○○○○○○	一四六三 九○○四三二	一九七二六 七七五四三二
一	五四 ○二○七二二	五八 ○○五八一八	六七 八八五五二八	二一一九四 六六○九六○
二	四七 ○五三四四六	一一二 ○二六五四○	七四 八五二八○四	二二六六九 五一三七六四
三	三七 一○三九八七	五九 ○七九九八六	八四 八○二二六三	二四一五四 三一六○二七
四	二四 一七二三四八	九六 一八三九七三	九七 七三三九○二	二五六五二 ○四九九二九
五	○八 二五八五二六	二二○ 三五六三二一	一五一三 六四七七二四	二七一六五六 九七六五三
六	损○○八 二五八五二六	二二八 六一四八四七	一五三○ 一六四七七六	二八六九五 八六二四二九
七	二四 一七二三四八	二○ 三五六三二一	四六 ○七八五九八	三○二四一 九四一○二七
八	三七 一○三九八七	一九六 一八三九七三	五九 ○一○二三七	三一八○○ 九五一二六四
九	四七 ○五三四四六	五九 ○七九九八六	六八 九五九六九六	三三三六九 九一○九六○
十	五四 ○二○七二二	一一二 ○二六五四○	一五七五 九二六九七二	三四九四五 八三七九三二
十一	五八 ○○五八一八	○五八 ○○五八一八	一五七九 九一二○六八	三六五二五 七五○○○○

明史卷三五
志第一一

历　五

大统历法三上　推步

　　《大统》推步,悉本《授时》,惟去消长而已。然《通轨》诸捷法,实为布算所须,其间次序,亦有与《历经》微别者。如气朔发敛,《授时》原分二章,今合为一。《授时》盈缩差在日躔,迟疾差在月离,定朔、经朔离为二处。今则经朔后,即求定朔,于用殊便。其目七:曰气朔,曰日躔,曰月离,曰中星,曰交食,曰五星,曰四余。

步气朔发敛附

　　洪武十七年甲子岁为元。上距至元辛巳一百〇四算。

　　岁周三百六十五万二千四百二十五分,实测无消长。半之为岁周,四分之为气象限,二十四分之为气策。

　　日周一万。即一百刻,刻有百分,分有百秒,以下微纤,皆以百递析。

　　气应五十五万〇三百七十五分。

　　置距算一百〇四,求得中积三亿七千六百一十九万九千七百七十五分,加辛巳气应五十五万〇六百分,得通积三亿七千六百七十五万〇三百七十五分,满纪法六十去之,余为《大统》气应。

　　闰应一十八万二千〇百七十〇分一十八秒。

　　置中积,加辛巳闰应二十〇万二千〇五十分,得闰积三亿七千六百四十〇万一千八百二十五分,满朔实去之,余为《大统》闰应。

转应二十〇万九千六百九十〇分。

置中积,加辛巳转应一十三万〇二百〇五分,共得三亿七千六百三十二万九千九百八十分,满转终去之,余为《大统》转应。

交应一十一万五千一百〇五分〇八秒。

置中积加辛巳交应二十六万〇三百八十八分,共得三亿七千六百四十六万〇一百六十三分,满交终去之,余为《大统》交应。

按《授时历》既成之后,闰、转、交三应数,旋有改定,故《元志》、《历经》闰应二十〇万一千八百五十分,而《通轨》载闰应二十〇万二千〇五十分,实加二百分,是当时经朔改早二刻也。《历经》转应一十三万一千九百〇四分,《通轨》载转应一十三万〇二百〇五分,实减一千六百九十九分,是入转改迟一十七刻弱也。《历经》交应二十六万〇一百八十七分八十六秒,《通轨》交应二十六万〇三百八十八分,实加二百分一十四秒,是正交改早二刻强也。或以《通轨》辛巳三应,与《元志》互异,目为元统所定,非也。夫改宪必由测验,即当具详始末,何反追改《授时历》,自没其勤乎?是故《通轨》所述者,乃《授时》续定之数,而《历经》所存,则其未定之初藁也。

通余五万二千四百二十五分。

朔策二十九万五千三百〇五分九十三秒,一名朔实。半之为望策,一名交望。又半之为弦策。

通闰一十〇万八千七百五十三分八十四秒。

月闰九千〇百六十二分八十二秒。

闰限一十八万六千五百五十二分〇九秒。一名闰准。

盈初缩末限八十八万九千〇百九十二分二十五秒。

缩初盈末限九十三万七千一百二十〇分二十五秒。

转终二十七万五千五百四十六分,半之为转中。

朔转差一万九千七百五十九分九十三秒。

日转限一十二限二十。

转中限一百六十八限〇八三〇六〇。以日转限乘转中。一名限总。

朔转限二十四限一〇七一一四六。以日转限乘朔转差。

弦转限九十〇限〇六八三〇八六五。以日转限乘弦策。一名限策。

交终二十七万二千一百二十二分二十四秒。

朔交差二万三千一百八十三分六十九秒。

气盈二千一百八十四分三十七秒五十微。

朔虚四千六百九十四分〇七秒。

没限七千八百一十五分六十二秒五十微。

盈策九万六千六百九十五分二十八秒。

虚策二万九千一百〇四分二十二秒。

土王策三万〇四百三十六分八十七秒五十微。

宿策一万五千三百〇五分九十三秒。

纪法六十万。即旬周六十日。

推天正冬至　置距洪武甲子积年减一，以岁周乘之为中积，加气应为通积，满纪法去之，至不满之数，为天正冬至。以万为日，命甲子算外，为冬至日辰。累加通余，即得次年天正冬至。

推天正闰余　置中积，加闰应，满朔策去之，至不满之数，为天正闰余。累加通闰，即得次年天正闰余。

推天正经朔　置冬至，减闰余，遇不及减，加纪法减之，为天正经朔。无闰，加五十四万三六七一一六。十二朔策去纪法。有闰，加二十三万八九七七〇九。十三朔实去纪法。满纪法仍去之，即得次年天正经朔。视天正闰余在闰限已上，其年有闰月。

推天正盈缩　置半岁周，内减其年闰余全分，余为所求天正缩历。如迳求次年者，于天正缩历内减通闰，即得。减后，视在一百五十三日〇九已下者，复加朔实，为次年天正缩历。

推天正迟疾　置中积，加转应，减去其年闰余全分，余满转终去之，即天正入转。视在转中已下为疾历，已上去之为迟历。如迳求次年者，加二十三万七一一九一六，十二转差之积。经闰再加转差，皆满转终去之，迟疾各仍其旧。若满转中去之，为迟疾相代。

推天正入交　置中积，减闰余，加交应，满交终去之，即天正入交泛日。如逤求次年者,加六千〇八十二分〇四秒,十二交差内去交终。经闰加二万九千二百六十五分七十三秒,十三交差内去交终。皆满交终仍去之,即得。

推各月经朔及弦望　置天正经朔,加二朔策,满纪法去之,即得正月经朔。以弦策累加之,去纪法,即得弦望及次朔。

推各恒气　置天正冬至,加三气策,满纪法去之,即得立春恒日。以气策累加之,去纪法,即得二十四气恒日。

推闰在何月　置朔策,以有闰之年闰余减之,余为实,以月闰为法而一,得数命起天正次月算外,即得所闰之月。闰有进退,仍以定朔无中气为定。如减余不及月闰,或仅及一月闰者,为闰在年前。

推各月盈缩历　置天正缩历,加二朔策,去半岁周,即得正月经朔下盈。累加弦策,各得弦望及次朔,如满半岁周去之交缩,满半岁周又去之即复交盈。

推初末限　视盈历在盈初缩末限已下,缩历在缩初盈末限已下,各为初。已上用减半岁周为末。

推盈缩差　置初末历小余,以立成内所有盈缩加分乘之为实,日周一万为法除之,得数以加其下盈缩积,即盈缩差。

推各月迟疾历　置天正经朔迟疾历,加二转差,得正月经朔下迟疾历。累加弦策,得弦望及次朔,皆满转中去之,为迟疾相代。

推迟疾限　各置迟疾历,以日转限乘之,即得限数。以弦转限累加之,满转中限去之,即各弦望及次朔限。如逤求次月,以朔转限加之,亦满转中去之,即得。又法:视立成中日率,有与迟疾历较小而相近者以减之,余在八百二十已下,即所用限。

求迟疾差　置迟疾历,以立成日率减之,如不及减,则退一位。余以其下损益分乘之为实,八百二十分为法除之,得数以加其下迟疾积,即迟疾差。

推加减差　视经朔弦望下所得盈缩差、迟疾差,以盈遇迟、缩遇疾为同相并,盈遇疾、缩遇迟为异相较,各以八百二十分乘之为实,再以迟疾限行度内减去八百二十分,为定限度为法,法除实为

加减差。盈迟为加,缩疾为减,异名相较者,盈多于疾为加,疾多于
盈为减,缩多于迟减,迟多于缩加。

推定朔弦望　各置经朔弦望,以加减差加减之,即为定日。视
定朔干名,与后朔同者月大,不同者月小,内无中气者为闰月。其弦
望在立成相同日日出分已下者,则退一日命之。

推各月入交　置天正经朔入交泛日加二交差,得正月经朔下
入交泛日。累加交望,满交终去之,即得各月下入交泛日。迳求次
月,加交差即得。

推土王用事　置谷雨、大暑、霜降、大寒恒气日,减土王策,如
不及减,加纪法减之,即各得土王用事日。

推发敛加时　各置所推定朔弦望及恒气之小余,以十二乘之,
满万为时,命起子正。满五千,又进一时,命起子初。算外得时不满
者,以一千二百除之为刻,命起初刻。初正时之刻,皆以初一二三四
为序,于算外命之。其第四刻为畸零,得刻法三之一,凡三时成一刻,以足
十二时百刻之数。

按古历及《授时》,皆以发敛为一章。发敛云者,日道发南敛北
之细数也,而加时附焉,则又所以纪发敛之辰刻,故曰发敛加时也。
《大统》取其便算,故合发敛与气朔共为一章,或以乘除疏发敛,非
其质矣。

推盈日　视恒气小余,在没限已上,为有盈之气。置策余一万
○一四五六二五,以十五日除气策。以有盈之气小余减之,余以六十
八分六六以气盈除十五。乘之,得数以加恒气大余,满纪法去之,命
甲子算外,得盈日。求次盈。置盈日及分秒,以盈策加之,又去纪法,
即得。

推虚日　视经朔小余在朔虚已下,为有虚之朔。置有虚之朔小
余,以六十三分九一以朔虚除三十日。乘之,得数以加经朔大余,满纪
法去之,命甲子算外为虚日。求次虚。置虚日及分秒,以虚策加之,
又去纪法,即得。

推直宿　置通积,以气应加中积。减闰应,以宿会二十八万累去

之,余命起翼宿算外,得天正经朔直宿。置天正经宿直宿,加两宿策,为正月经朔直宿。以宿策累加,得各月经朔直宿。再以各月朔下加减差加减之,为定朔直宿。

步日躔

周天三百六十五度二十五分七十五秒,半之为半周天,又半之为象限。

岁差一分五十秒。

周应三百一十五度一十分七十五秒。

按此系至元辛巳之周应,乃自虚七度至箕十度之数也。洪武甲子相距一百四年,岁差已退天一度五十四分五十秒,而周应仍用旧数,殆传习之误耳。

推天正冬至日躔赤道宿次　置中积,加周应,应减距历元甲子以来岁差。满周天去之,不尽,起虚七度,依各宿次去之,即冬至加时赤道日度。如求次年,累减岁差,即得。

赤道度

虚八九五七五○	危十五四○	室十七一○	壁八六○	奎十六六○	娄十一八○	胃十五六○
昴十一三○	毕十七四○	觜初○五	参十一一○	井三十三三○	鬼二二○	柳十三三○
星六三○	张十七二五	翼十八七五	轸十七三○	角十二一○	亢九二○	氐十六三○
房五六○	心六五○	尾十九一○	箕十四○	斗二十五二○	牛七二○	女十一三五

推天正冬至日躔黄道宿次　置冬至加时赤道日度,以至后赤道积度减之,余以黄道率乘之。如赤道率而一,得数以加黄道积度,即冬至加时黄道日度。黄赤道积度及度率,俱见《法原》。

黄道度

箕九五九	斗二十三四七	牛六九〇	女十一一二	虚九〇七五	危十五九五	室十八三二
壁九三四	奎十七八七	娄十二三六	胃十五八一	昴十一〇八	毕十六五〇	觜初〇五
参十二八	井三十一〇三	鬼二一一	柳十三	星六三一	张十七七九	翼二十〇九
轸十八七五	角十二八七	亢九五六	氐十六四〇	房五四八	心六二七	尾十七九五

推定象限度　以冬至加时赤道日度,与冬至加时黄道日度相减,为黄赤道差。以本年黄赤道差,与次年黄赤道差相减,余以四而一,加入气象限内,为定象限度。

推四正定气日　置所推冬至分,即为冬正定气,加盈初缩末限,满纪法去之,余为春正定气。加缩初盈末限,去纪法,余为夏正定气。加缩初盈末限,去纪法,余为秋正定气。加盈初缩末限,去纪法,余为次年冬正定气。

推四正相距日　以前正定气大余,减次正定气大余,加六十日,得相距日。如次正气不及减者,加六十日减之,再加六十日,为相距日。

推四正加时黄道积度　置冬至加时黄道日度,累加定象限度,各得四正加时黄道积度。

推四正加时减分　置四正定气小余,以其初日行度乘之,如日周而一,为各正加时减分。

冬正行一度〇五一〇八五。春正距夏正九十三日者,行〇度九九九七〇三,距九十四日者行一度。夏正行〇度九五一五一六。秋正距冬正八十八日者,行一度〇〇〇五〇五,距八十九日者行一度。

推四正夜半积度　置四正加时黄道积度,减去其加时减分,即得。

推四正夜半黄道宿次　置四正夜半黄道积度,满黄道宿度去之,即得。

推四正夜半相距度　置次正夜半黄道积度,以前正夜半黄道积度减之,余为两正相距度,遇不及减者,加周天减之。

推四正行度加减日差　以相距度与相距日下行积度相减,余如相距日而一,为日差。从相距度内减去行积度者为加,从行积度内减去相距度者为减。

秋正距冬至,冬至距春正八十八日,行积度九十度四〇〇九,八十九日行积度九十一度四〇一四。春正距夏至,夏至距秋正九十三日,行积度九十度五九九〇,九十四日行积度九十一度五九八七。

推每日夜半日度　置四正后每日行度,在立成。以日差加减之,为每日行定度。置四正夜半日度,以行定度每日加之,满黄道宿度去之,即每日夜半日度。

黄道十二次宿度

危十二度六四九一,入娵訾,辰在亥。

奎一度七三六二,入降娄,辰在戌。

胃三度七四五六,入大梁,辰在酉。

毕六度八八〇五,入实沈,辰在申。

井八度三四九四,入鹑首,辰在未。

柳三度八六八〇,入鹑火,辰在午。

张十五度二六〇六,入鹑尾,辰在巳。

轸十度〇七九七,入寿星,辰在辰。

氐一度一四五二,入大火,辰在卯。

尾三度〇一一五,入析木,辰在寅。

斗三度七六八五,入星纪,辰在丑。

女二度〇六三八,入玄枵,辰在子。

推日躔黄道入十二次时刻　置入次宿度,以入次日夜半日度减之,余以日周乘之,一分作百分。为实。以入次日夜半日度,与明日夜半日度相减,余为法。实如法而一,得数,以发敛加时求之,即入次时刻。

步月离

月平行度一十三度三十六分八十七秒半。

周限三百三十六,半之为中限,又半之为初限。

限平行度一度〇九分六十二秒。

太阳限行八分二十秒。

上弦九十一度三十一分四十三秒太。

望一百八十二度六十二分八十七秒半。

下弦二百七十三度九十四分三十一秒少。

交终度三百六十三度七十九分三十四秒一九六。

朔平行度三百九十四度七八八七一一五一六八七五。

推朔后平交日　置交终分,见气朔历。减天正经朔交泛分,为朔后平交日。如推次月,累减交差二日三一八三六九,得次月朔后平交日。不及减交差者,加交终减之,其交又在本月,为重交月朔后平交日。每岁必有重交之月。

推平交入转迟疾历　置经朔迟疾历,加入朔后平交日为平交入转。在转中已下,其迟疾与经朔同,已上减去转中疾交迟,迟交疾。如推次月,累减交转差三千四百二十三分七六,交差内减转差数。即得。如不及减,加转中减之,亦迟疾相代。

推平交入限迟疾差　置平交入转迟疾历,依步气朔内,推迟疾限及迟疾差,即得。

推平交加减定差　置平交入限迟疾差,以日率八百二十分乘之,以所入迟疾限下行度而一,即得。在迟为加,在疾为减。

推经朔加时中积　置经朔盈缩历,见步气朔内。在盈历即为加时中积,在缩历加半岁周。如推次月,累加朔策,满岁周去之,即各朔加时中积,命日为度。若月内有二交,后交即注前交经朔加时中积。

推正交距冬至加时黄道积度及宿次 置朔后平交日,以月平行乘之为距后度,以加经朔加时中积,为各月正交距冬至加时黄道积度。加冬至加时黄道日度,见日躔。以黄道积度钤减之,至不满宿次,即正交月离。如推次月,累减月平交朔差一度四六三一〇二。以交终度减天周,其数宜为一度四六四〇八〇。遇重交月,同次朔。后仿此。

黄道积度钤

箕九度五九	斗三十三度〇六	牛三十九度九六	女五十一度〇八
虚六十度〇八七五	危七十六度〇三七五	室九十四度三五七五	壁一百三度六九七五
奎一百二十一度五六七五	娄一百三十三度九二七五	胃一百四十九度七三七五	昴一百六十度八一七五
毕一百七十七度三一七五	觜一百七十七度三六七五	参一百八十七度六四七五	井二百一十八度六七七五
鬼二百二十度七八七五	柳二百三十三度七八七五	星二百四十度九七五	张二百五十七度八八七五
翼二百七十七度九七七五	轸二百九十六度七二七五	角三百〇九度九七五	亢三百一十九度一五七五
氐三百三十五度五五七五	房三百四十一度〇三七五	心三百四十七度三〇七五	尾三百六十五度二五七五

推正交日辰时刻 置朔后平交日,加经朔,去纪法,以平交定差加减之,其日命甲子算外,小余依发敛加时求之,即得正交日辰时刻。如推次月,累加交终,满纪法去之。如遇重交,再加交终。

推四正赤道宿次 置冬至赤道日度,以气象限累加之,满赤道积度去之,为四正加时赤道日度。

赤道积度钤

箕十度四	斗三十五度六	牛四十二度八	女五十四度一五
虚六十三度一〇七五	危七十八度五〇七五	室九十五度六〇七五	壁一百四度二〇七五
奎一百二十度八〇七五	娄一百三十二度六〇七五	胃一百四十八度二〇七五	昴一百五十九度五〇七五
毕一百七十六度九〇七五	觜一百七十六度九五七五	参一百八十八度〇五七五	井二百二十一度三五七五
鬼二百二十三度五五七五	柳二百三十六度八五七五	星二百四十三度一五七五	张二百六十度四〇七五
翼二百七十九度一五七五	轸二百九十六度四五七五	角三百〇八度五五七五	亢三百一十七度七五七五
氐三百三十四度〇五七五	房三百三十九度六五七五	心三百四十六度一五七五	尾三百六十五度二五七五

推正交黄道在二至后初末限　置正交距冬至加时黄道积度，在半岁周已下为冬至后，已上减去半岁周，余为夏至后。又视二至后度分，在气象限已下为初限，已上用减半岁周，余为末限。推次月者，若本月初限，则累减月平交朔差，余为次月初限。不及减者，反减月平交朔差，余为次月末限。若本月末限，则累加月平交朔差，为次月末限，至满气象限，以减半岁周，余为次月初限。

推定差度　置初末限，以象极总差一分六〇五五〇八乘之，即为定差度。象极总差，是以象限除极差，其数宜为一十六分〇五四四二。如推次月初限则累减，末限则累加，俱以极平差二十三分四九〇二加减之。极平差，是以月平交朔差，乘象极总差，其数宜为二十三分五〇四九。

推距差度　置极差十四度六六，减去定差度，即得。求次月，以极平差加减之。初限加，末限减。

推定限度　置定差度，以定极总差一分六三七一〇七乘之，定极总差，是以极差除二十四度，其数宜为一度六三七一〇七。所得视正交在冬至后为减,夏至后为加,皆置九十八度加减之,即得。

推月道与赤道正交宿度　正交在冬至后,置春正赤道积度,以距差度初限加末限减之。在夏至后,置秋正赤道积度,以距差初限减末限加之。得数,满赤道积度钤去之,即得。

推月道与赤道正交后积度并入初末限　视月道与赤道正交所入某宿次,即置本宿赤道全度,减去月道与赤道正交宿度,余为正交后积度。以赤道各宿全度累加之,满气象限去之,为半交后。又满去之,为中交后。再满去之,为半交后。视各交积度,在半象限以下为初限,以上覆减象限,余为末限。

推定差　置每交定限度,与初末限相减相乘,得数,千约之为度,即得。正交、中交后为加,半交后为减。

推月道定积度及宿次　置月道与赤道各交后每宿积度,以定差加减之,为各交月道积度。加月道与赤道正交定宿度,共为正交后宿度。以前宿定积度减之,即得各交月道宿次。

活象限例　置正交后宿次,加前交后半交末宿定积度,为活象限。如正交后宿次度少,加前交不及数,却置正交后宿次加气象限即是。如遇换交之月,置正交后宿次,以前交前半交末宿定积度加之,为换交活象限。假如前交正交是轸,后交正交是角,其前交欠一轸。求活象限者,置正交后宿次,不从翼下取定积度加之,仍于轸下取定积度也。又如前交、正交是轸,后交、正交是翼,其前交多一翼。求活象限者,置正交后宿次,不从翼下取定积度加之,仍于张下取定积度也。

推相距日　置定上弦大余,减去定朔大余,即得。上弦至望,望至下弦,下弦至朔,仿此。不及减者,加纪法减之。

推定朔弦望入盈缩历及盈缩定差　置各月朔弦望入盈缩历,以朔弦望加减差加减之,并在步气朔内。为定盈缩历。视盈历在盈初限已下为盈初限,已上用减半岁周,余为盈末限。缩历在缩初限已下为缩初限,已上用减半岁周,余为缩末限。依步气朔内求盈缩差,为盈缩定差。

推定朔弦望加时中积　置定盈缩历,如是盈历在朔,便为加时中积,在上弦加气象限,在望加半岁周,在下弦加三象限。如是缩历在朔,加半岁周,在上弦加三象限,在望便为加时中积,在下弦加气象限,加后满周天去之。

推黄道加时定积度　置定朔弦望加时中积,以其下盈缩定差盈加缩减之,即得。

推赤道加时定积度及宿次　置黄道加时定积度,在周天象限已下为至后,已上去之为分后,满两象限去之为至后,满三象限去之为分后。置分至后黄道积度,以立成内分至后积度减之,余以其下赤道度率乘之,如黄道度率而一,得数加入分至后积度,次以所去象限合之,为赤道加时定积度。置赤道加时定积度,加入天正冬至加时赤道日度,满赤道积度钤去之,得定朔弦望赤道加时宿次。

推正半中交后积度　置定朔弦望加时赤道宿次,视朔弦望在何交后,正半,中半。即以交后积度,在朔望加时赤道宿前一宿者加之,即为正半中交后积度,满气象限去之,为正半中换交。

推初末限　视正半中交后积度,在半象限已下为初限,已上覆减气象限,余为末限。

推月道与赤道定差　置其交定限度,与初末限相减相乘,所得,千约之为度,即定差。在正交、中交为加,在半交为减。

推正半中交加时月道定积度　置正半中交后积度,以定差加减之,为朔弦望加时月道定积度。

推定朔弦望加时月道宿次　置定朔弦望加时月道定积度,取交后月道定积度,在所置宿前一宿者减之,即得。遇转交则前积度多,所置积度少为不及减。从半转正,加其交活象限减之。从正转半,从半转中,从中转半,皆加气象限减之。

推夜半入转日　置经朔弦望迟疾历,以定朔弦望加减差加减之。在疾历,便为定朔弦望加时入转日。在迟历,用加转中置定朔弦望加时入转日,以定朔弦望小余减之,为夜半入转日。遇入转日少不及减者,加转终减之。

推加时入转度　置定朔弦望小余,去秒,取夜半入转日下转定度乘之,万约之为分,即得。

迟疾转定度钤

初日十四度六七六四	七日十三度二三五三	十四日十二度〇八五二	二十一日十三度五七一二
一日十四度五五七三	八日十二度九四七五	十五日十二度二一二二	二十二日十三度八五一一
二日十四度四〇二九	九日十二度六九四八	十六日十二度三七五二	二十三日十四度〇九五五
三日十四度二一三〇	十日十二度四七七七	十七日十二度五七三〇	二十四日十四度三〇四六
四日十三度九八七七	十一日十二度二九六〇	十八日十二度八〇六三	二十五日十四度四七八二
五日十三度七二七一	十二日十二度一四九六	十九日十三度〇七五三	二十六日十四度六一六三
六日十三度四四四六	十三日十二度〇四六二	二十日十三度三三七七	二十七日十四度七一五四

推定朔弦望夜半入转积度及宿次　置定朔弦望加时月道定积度,减去加时入转度,为夜半积度。如朔弦望加时定积度初换交,则不及减,半正相接,用活象限,正半、中半相接,用气象限加之,然后减加时入转度,则正者为后半,后半为中,中为前半,前半为正。置朔弦望夜半月道定积度,依推定朔弦望加时月道宿次法减之,为夜半宿次。

推晨昏入转日及转度　置夜半入转日,以定盈缩历检立成日下晨分加之,为晨入转日。满转终去之。置其日晨分,取夜半入转日下转定度乘之,万约为分,为晨转度。如求昏转日转度,依法检日下昏分,即得。

　　推晨昏转积度及宿次　置朔弦望夜半月道定积度,加晨转度,为晨转积度。如求昏转积度,则加昏转度,满气象限去之,则换交。若推夜半积度之时,因朔弦望加时定积不及减转度,以半正相接,而加活象限减之者,今复换正交,则以活象限减之。置晨转积度,依前法减之,为晨分宿次。置昏转积度,依法减之,为昏分宿次。

　　推相距度　朔与上弦相距,上弦与望相距,用昏转积度。望与下弦相距,下弦与朔相距,用晨转积度。置后段晨昏转积度,视与前段同交者,竟以前段晨昏转积度减之,余为相距度。若后段与前段接两交者,从正入半,从半入中,从中入半,加气象限。从半入正,加活象限。然后以前段晨昏转积度减之。若后段与前段接三交者,其内无从半入正,则加二气象限,其内有从半入正,则加一活象限,一气象限,以前段晨昏转积度减之。

　　推转定积度　置晨昏入转日,朔至弦,弦至望,用昏。望至弦,弦至朔,用晨。以前段减后段,不及减者,加二十八日减之,为晨昏相距日。从前段下,于钤内验晨昏相距日同者,取其转定积度。若朔弦望相距日少晨昏相距日一日者,则于晨昏相距日同者,取其转积度,减去转定极差一十四度七一五四,余为前段至后段转定积度。

　　转定积度钤

晨昏日	距后六日	距后七日	距后八日
初日	八十五度五六四四	九十九度〇〇九〇	一百十二度二四四三
一日	八十四度三三二六	九十七度五六七九	一百一十度五一五四
二日	八十三度〇一〇六	九十五度九五八一	一百〇八度六五二九

三日	八十一度五五五二	九十四度二五〇〇	一百〇六度七二七七
四日	八十〇度〇三七〇	九十二度五一四七	一百〇四度八一〇七
五日	七十八度五二七〇	九十〇度八二三〇	一百〇二度九七二六
六日	七十七度〇九五九	八十九度二四五五	一百〇一度二九一七
七日	七十五度八〇〇九	八十七度八四七一	九十九度九三二三
八日	七十四度六一一八	八十六度六九七〇	九十八度九〇九二
九日	七十三度七四九五	八十五度九六一七	九十八度三三六九
十日	七十三度二六六九	八十五度六四二一	九十八度二一五一
十一日	七十三度一六四四	八十五度七三七四	九十八度五四三七
十二日	七十三度四四一四	八十六度二四七七	九十九度三二三〇
十三日	七十四度〇九八一	八十七度一七三四	一百〇〇度五一一一
十四日	七十五度一二七二	八十八度四六四九	一百〇二度〇三六一
十五日	七十六度三九九七	八十九度九五〇九	一百〇三度八〇二〇
十六日	七十七度七三八七	九十一度五八九八	一百〇五度六八五三

十七日	七十九度二一四六	九十三度三一〇一	一百〇七度六一〇七
十八日	八十〇度七三七一	九十五度〇四一七	一百〇九度五一九九
十九日	八十二度二三五四	九十六度七一三六	一百十一度三二九九
二十日	八十三度六三八三	九十八度二五四六	一百十二度九七〇〇
二十一日	八十四度九一六八	九十九度六三二三	一百十四度三〇七八
二十二日	八十六度〇六一一	一百〇度七三七五	一百十五度二九四八
二十三日	八十六度八八六四	一百一度四四三七	一百十五度八四六六
二十四日	八十七度三四八二	一百一度七五一一	一百十五度九六四一
二十五日	八十七度四四六五	一百一度六五九五	一百十五度六四七二
二十六日	八十七度一八一三	一百一度一六九〇	一百十四度八九六一
二十七日	八十六度五五二七	一百〇度二七九八	一百十三度七二四四

推加減差　以相距度與轉定積度相減為實，以其朔弦望相距日為法除之，所得視相距度多為加差，少為減差。

推每日太陰行定度　置朔弦望晨昏入轉日，視遲疾轉定度鈴日下轉定度，累日以加減差加減之，至所距日而止，即得。

推每日月離晨昏宿次　置朔弦望晨昏宿次，以每日太陰行度加之,满月道宿次减之,即得。

赤道十二宫界宿次

亥危十二度二六一五	戌奎一度五九九六	酉胃三度六三七八
申毕七度一五七九	未井九度〇六四〇	午柳四度〇〇二一
巳张十四度八四〇三	辰轸九度二七八四	卯氐一度一一六五
寅尾三度一五四六	丑斗四度〇五二八	子女二度一三〇九

推月与赤道正交后宫界积度　视月道与赤道正交后,各宿积度宫界,某宿次在后,即以加之,便为某宫下正交后宫界积度。求次宫者,累加宫率三十度四三八一,满气象限去之,各得某宫下半交、中交后宫界积度。

推宫界定积度　视宫界积度在半象限已下为初限,已上覆减气象限,余为末限。置其交定限度,与初末限相减、相乘,所得,千约之为度,在正交、中交为加差,在半交为减差。置宫界正半中交后积度,以定差加减之,为宫界定积度。

推宫界宿次　置宫界定积度,于月道内取其在所置前一宿者减之,不及减者,加气象限减之。

推每月每日下交宫时刻　置每月宫界宿次,减入交宫日下月离晨昏宿次。如不及减者,加宫界宿次前宿度减之,余以日周乘之,以其日太阴行定度而一,得数,又视定盈缩历取立成日下晨昏分加之。晨加晨分,昏加昏分。如满日周交宫在次日,不满在本日,依发敛推之,即交宫时刻。

步中星　推每日夜半赤道　置推到每日夜半黄道,见日躔。依法以黄道积度减之,余如黄道率而一,以加赤道积度。又以天正冬至赤道加之,如在春正后,再加一象限,夏至后加半周天,秋正后加三象限，为每日夜半赤道积度。

推夜半赤道宿度　置夜半赤道积度，以赤道宿度挨次减之，为本日夜半赤道宿度。

推晨距度及更差度　置立成内每日晨分，以三百六十六度二十五分七十五秒乘之为实，如日周而一，为晨距度。倍晨距度，以五除之，为更差度。

推每日夜半中星　置推到每日夜半赤道宿度，加半周天，即夜半中星积度。以赤道宿度挨次减之，为夜半中星宿度。

推昏旦中星　置夜半中星积度，减晨距度，为昏中星积度。以更差度累加之，为逐更及旦中星积度。俱满赤道宿度去之，即得。以晨分五之一，加倍为更率。更率五而一为点率。凡昏分，即一更一点，累加更率为各更。凡交更即为一点，累加点率为各点。

明史卷三六

志第一二

历　六

大统历法三下　推步

步交食

交周日二十七日二十一刻二二二四。半之为交中日。

交终度三百六十三度七九三四一九六。半之为交中度。

正交度三百五十七度六四。

中交度一百八十八度〇五。

前准一百六十六度三九六八。

后准一十五度五。

交差二日三一八三六九。

交望一十四日七六五二九六五。

日食阳历限六度。　　定法六十。

日食阴历限八度。　　定法八十。

月食限十三度五分。　　定法八十七。

阳食限视定朔入交。

〇日六〇已下　一十三日一〇已上　在一十四日,不问小余,
皆入食限。

一十五日二〇已下　二十五日六〇已上　在二十六日、二十
七日,不问小余,皆入食限。

阴食限视定望入交。

一日二〇巳下　一十二日四〇巳上　在〇日一十三日，不问小余，皆入食限。

一十四日八〇巳下　二十六日〇五巳上　在二十七日，不问小余，皆入食限。　又视定朔小余在日出前、日入后二十分巳上者，日食在夜。定望小余在日入前、日出后八刻二十分巳上者，月食在昼。皆不必布算。

推日食用数

经朔	盈缩历	盈缩差	迟疾历
迟疾差	加减差	定朔	入交泛分以上皆全录之。
定入迟疾历以加减差，加减迟疾即是。	迟疾定限置定入迟疾历，以日转限一十二限二十分乘之，小余不用。	定限行度以定限，取立成内行度，迟用迟，疾用疾，内减日行分八分二十秒，得之。	日出分以盈缩历，从立成内取之，下同。
日入分	半昼分取立成内昏分，减去五千二百五十分，得之。		

岁前冬至加时黄道宿次

推交常度　置有食之朔入交泛分，以月平行度乘之，即得。

推交定度　置交常度，以朔下盈缩差盈加缩减之，即得。

推日食正交中交限度　视交定度在七度巳下，三百四十二度巳上者，食在正交。在一百七十五度巳上，二百〇二度巳下者，食在中交。不在限内，不食。

推中前中后分　视定朔小余，在半日周巳下，用减半日周，余为中前分。在半日周巳上，减去半日周，余为中后分。

推时差　置半日周,以中前、中后分减之,余以中前中后分乘之,所得以九千六百而一为时差。在中前为减,中后为加。

推食甚定分　置定朔小余,以时差加减之,即得。

推距午定分　置中前、中后分,加时差即得。但加不减。

推食甚入盈缩历　置原得盈缩历,加入定朔大余及食甚定分,即得。

推食甚盈缩差　依步气朔求之。

推食甚入盈缩历行定度　置食甚入盈缩历,以盈缩差,盈加缩减之,即得。

推南北泛差　视食甚入盈缩历行定度,在周天象限已下为初限,已上与半岁周相减为末限。以初末限自之,如一千八百七十度而一,得数,置四度四十六分减之,余为南北泛差。

推南北定差　置南北泛差,以距午定分乘之,如半昼分而一,以减泛差,余为南北定差。若泛差数少,即反减之。盈初缩末食在正交为减,中交为加。缩初盈末,食在正交为加,中交为减,如系泛差反减而得者,则其加减反是。

推东西泛差　置半岁周,减去食甚入盈缩历行定度,余以食甚入盈缩历行定度乘之,以一千八百七十除之为度,即东西泛差。

推东西定差　置东西泛差,以距午定分乘之,如二千五百度而,视得数在东西泛差以下,即为东西定差。若在泛差已上,倍泛差减之,余为定差。盈历中前,缩历中后者,正交减,中交加。盈历中后,缩历中前者,正交加,中交减。

推正交中交定限度　视日食在正交者置正交度,在中交者置中交度,以南北东西二定差加减之,即得。

推日食入阴阳历去交前交后度　视交定度在正交定限度已下,减去交定度,余为阴历交前度。已上,减去正交定限度,余为阳历交后度。在中交定限度已下,减去交定度,余为阳历交前度。已上,减去中交定限度,余为阴历交后度。若交定度在七度已下者加交终度,减去正交定限度,余为阳历交后度。

推日食分秒　　在阳历者,置阳食限六度,减去阳历交前、交后度,不及减者,不食。阴历同。余以定法六十而一。在阴历者,置阴食限八度,减去阴历交前、交后度,余以定法八十而一,即得。

推定用分　　置日食分秒与二十分相减相乘,为开方积。以平方法开之,为开方数。用五千七百四十分七因八百二十分也。乘之,如定限行度而一,即得。

推初亏复圆时刻　　置食甚定分,以定用分减为初亏,加为复圆。各依敛加时,即得时刻。

推日食起复方位　　阳历初亏西南,甚于正南,复于东南。阴历初亏西北,甚于正北,复于东北。若食在八方以上,不分阴阳历皆亏正西,复正东。据午地而论。

推食甚日躔黄道宿次　　置食甚入盈缩历行定度,在盈就为定积度,在缩加半岁周为定积度。　置定积度,以岁前冬至加时黄道日度加之,满黄道积度钤去之,至不满宿次,即食甚日躔。

推日带食　　视初亏食甚分,有在日出分已下,为晨刻带食。食甚复圆分,有在日入分已上,为昏刻带食。在晨置日出分,在昏置日入分,皆以食甚分与之相减,余为带食差。置带食差,以日食分秒乘之,以定用分而一,所得以减日食分秒,余为所见带食分秒。

推月食用数

经望	盈缩历	盈缩差	迟疾历
迟疾差	加减差	定望	入交泛分
定入迟疾历	定限	定限行度	晨分
日出分	昏分	日入分	限数

岁前冬至加时黄道宿次

推交常度　　置望下入交泛分,乘月平行,如日食法。

推交定度　　置交常度,以望下盈缩差盈加缩减之,即得。不及减者,加交终度减之。

推食甚定分　　不用时差,即以定望分为食甚分。

推食甚入盈缩历行定度　　法同推日食。

推月食入阴阳历　视交定度在交中度已下为阳历,已上减去交中度,余为阴历。

推交前交后度　视所得入阴阳历,在后准已下为交后,在前准已上置交中度减之,余为交前。

推月食分秒　置月食限一十三度〇五,减去交前交后度,不及减者不食。余以定法八十七分而一,即得。

推月食定用分　置三十分,与月食分秒相减相乘,为开方积。依平方法开之,为开方数。又以四千九百二十及六因八百二十分数。分乘之,如定限行度而一,即得。

推月食三限初亏、食甚、复圆。时刻　置食甚定分,以定用分减为初亏,加为复圆。依发敛得时刻如日食。

推月食五限时刻　月食十分已上者,用五限推之,初亏、食既、食甚、生光、复圆也。置月食分秒,减去十分,余与十分相减相乘,为开方积。平方开之,为开方数。又以四千九百二十分乘之,如定限行度而一为既内分。与定用分相减,余为既外分。置食甚定分,减既内分为食既分,又减既外分为初亏分。再置食甚定分,加既内分为生光分,又加既外分为复圆分。各依发敛得时刻。

推更点　置晨分倍之,五分之为更法,又五分之为点法。

推月食入更点　各置三限或五限,在昏分已上减去昏分,在晨分已下加入晨分,不满更法为初更,不满点法为一点,以次求之,各得更点之数。

推月食起复方位　阳历初亏东北,甚于正北,复于西北。阴历初亏东南,甚于正南,复于西南。若食在八分已上者,皆初亏正东,复于正西。

推食甚月离黄道宿次　置食甚入盈缩历定度,在盈加半周天,在缩减去七十五秒为定积度。置定积度,加岁前冬至加时黄道日度,以黄道积度钤去之,即得。

推月带食　视初亏、食甚、复圆等分,在日入分以下,为昏刻带食。在日出分已上,为晨刻带食。推法同日食。

步五星

历度三百六十五度二五七五,半之为历中,又半之为历策。

木星

合应二百四十三万二三〇一。置中积三亿七千六百一十九万九七五,加辛巳合应一百一十七万九七二六,得三亿七千七百三十七万九五〇一,满木星周率去之,余为《大统》合应。

历应五百三十八万二五七二二一五。置中积,加辛巳历应一千八百九十九万九九四八一,得三亿九千五百一十九万九二五六,满木星历率去之,余为《大统》历应。

周率三百九十八万八八。

历率四千三百三十一万二九六四八六五。

度率一十一万八五八二。

伏见一十三度。

段目	段日	平度	限度	初行率
合伏	一十六日八六	三度八六	二度九三	二十三分
晨疾初	二十八日	六度一一	四度六四	二十二分
晨疾末	二十八日	五度五一	四度一九	二十一分
晨迟初	二十八日	四度三一	三度二八	一十八分
晨迟末	二十八日	一度九一	一度四五	一十二分
晨留	二十四日			
晨退	四十六日五八	四度八八一二五	〇度三二八七五	
夕退	四十六日五八	四度八八一二五	〇度三二八七五	一十六分
夕留	二十四日			
夕迟初	二十八日	一度九一	一度四五	
夕迟末	二十八日	四度三一	三度二八	一十二分

夕疾初	二十八日	五度五一	四度一九	一十八分
夕疾末	二十八日	六度一一	四度六四	二十一分
夕伏	一十六日	三度八六	二度九三	二十二分
	八六			

火星

合应二百四十○万一四。置中积,加辛巳合应五十六万七五五四五,得三亿七千六百七十六万七三二,满火星周率去之,为《大统》合应。中积见木星,五星并同。

历应三百八十四万五七八九三五。置中积,加辛巳历应五百四十七万二九三八,得三亿八千一百六十七万二七一三,满火星历率去之。

周率七百七十九万九二二九。

历率六百八十六万九五八○四三。

度率一万八八八○七五。

伏见一十九度。

段目	段日	平度	限度	初行率
合伏	六十九日	五十度	四十六度五○	七十三分
晨疾初	五十九日	四十一度八○	三十八度八七	七十二分
晨疾末	五十七日	三十九度○八	三十六度三四	七十分
晨次疾初	五十三日	三十四度一六	三十一度七七	六十七分
晨次疾末	四十七日	二十七度○四	二十五度一五	六十二分
晨迟初	三十九日	一十七度七二	一十六度四八	五十三分
晨迟末	二十九日	六度二○	五度七七	三十八分

晨留	八日		
晨退	二十八日九六四五	八度六五六七五	六度四六三二五
夕退	二十八日九六四五	八度六五六七五	六度四六三二五	四十四分
夕留	八日		
夕迟初	二十九日	六度二〇	五度七七
夕迟末	三十九日	一十七度七二	一十六度四八	三十八分
夕次疾初	四十七日	二十七度〇四	二十五度一五	五十三分
夕次疾末	五十三日	三十四度一六	三十一度七七	六十二分
夕疾初	五十七日	三十九度〇八	三十六度三四	六十七分
夕疾末	五十九日	四十一度八〇	三十八度八七	七十分
夕伏	六十九日	五十度	四十六度五〇	七十二分

土星

合应二百〇六万四七三四。置中积,加辛巳合应一十七万五六四三,得三亿七千六百三十七万五四一八,满土星周率去之。

历应一亿〇六百〇〇万三七九九〇二。置中积,加辛巳历应五千二百二十四万〇五六一,得四亿二千八百四十四万〇三三六,满土星历率去之。

周率三百七十八万〇九一六。

历率一亿〇七百四十七万八八四五六六。

度率二十九万四二五五。

伏见一十八度。

段目	段日	平度	限度	初行率
合伏	二十日四〇	二度四〇	一度四九	一十二分
晨疾	三十一日	三度四〇	二度一一	一十一分
晨次疾	二十九日	二度七五	一度七一	一十分
晨迟	二十六日	一度五〇	〇度八三	八分
晨留	三十日			
晨退	五十二日	三度六二	〇度二八	
	六四五八	五四五	四五五	
夕退	五十二日	三度六二	〇度二八	一十分
	六四五八	五四五	四五五	
夕留	三十日			
夕迟	二十六日	一度五〇	〇度八三	
夕次疾	二十九日	二度七五	一度七一	八分
夕疾	三十一日	三度四〇	二度一一	一十分
夕伏	二十日四〇	二度四〇	一度四九	一十一分

金星

合应二百三十七万九四一五。置中积，加辛巳合应五百七十一万六三三〇，得三亿八千一百九十一万六一〇五，满金星周率去之。

历应一十〇万四一八九。置中积，加辛巳历应一十一万九六三九，得三亿七千六百三十一万九四一四，满金星历率去之。

周率五百八十三万三九〇二六。

历率三百六十五万二五七五。

度率一万。

伏见一十度半。

段目	段日	平度	限度	初行率
合伏	三十九日	四十九度	四十七度	一度二七五
		五〇	六四	

夕疾初	五十二日	六十五度五〇	六十三度〇四	一度二六五
夕疾末	四十九日	六十一度	五十八度七一	一度二五五
夕次疾初	四十二日	五十度二五	四十八度三六	一度二三五
夕次疾末	三十九日	四十二度五〇	四十度九〇	一度一六
夕迟初	三十三日	二十七度	二十五度九九	一度〇二
夕迟末	一十六日	四度二五	四度〇九	六十二分
夕留	五日			
夕退	一十日九五三一	三度六九八七	一度五九一三	
夕退伏	六日	四度三五	一度六三	六十一分
合退伏	六日	四度三五	一度六三	八十二分
晨退	一十日九五三一	三度六九八七	一度五九一三	六十一分
晨留	五日			
晨迟初	一十六日	四度二五	四度〇九	
晨迟末	三十三日	二十七度	二十五度九九	六十二分
晨次疾初	三十九日	四十二度五〇	四十度九〇	一度〇二
晨次疾末	四十二日	五十度二五	四十八度三六	一度一六
晨疾初	四十九日	六十一度	五十八度七一	一度二三五

晨疾末	五十二日	六十五度 五〇	六十三度 〇四	一度二五五
晨伏	三十九日	四十九度 五〇	四十七度 六四	一度二六五

水星

合应三十〇万三二一二。置中积,加辛巳合应七十〇万〇四三七,得三亿七千六百九十〇万〇二一二,满水星周率去之。

历应二百〇三万九七一一。置中积,加辛巳历应二百〇五万五一六一,得三亿七千八百二十五万四九三六,满水星历率去之。

周率一百一十五万八八七六。

历率三百六十五万二五七五。

度率一万。

晨伏夕见一十六度半。

夕伏晨见一十九度。

段目	段日	平度	限度	初行率
合伏	一十七日 七五	三十四度 二五	二十九度 〇八	二度一五 五八
夕疾	一十五日	二十一度 三八	一十八度 一六	一度七〇 三四
夕迟	一十二日	一十度一 二	八度五九	一度一四 七二
夕留	二日			
夕退伏	一十一日 一八八	七度八一二	二度一〇八	
合退伏	一十一日 一八八	七度八一二	二度一〇八	一度〇三 四六
晨留	二日			
晨迟	一十二日	一十度一二	八度五九	

晨疾	一十五日	二十一度	一十八度	一度一四
		三八	一六	七二
晨伏	一十七日	三十四度	二十九度	一度七〇
	七五	二五	〇八	三四

推五星前后合　置中积,加合应,满周率去之,余为前合。再置周率,以前合减之,余为后合。如满岁周去之,即其年无后合分。

推五星中积日中星度　置各星后合,即为合伏下中积中星。命为日,日中积。命为度,日中星。累加段日,为各段中积。皆满岁周去之。以各段下平度,累加各段下平度,满岁周去。退则减之,不及减,加岁周减之。次复累加之,为各段中星。

推五星盈缩历　置中积,加历应及后合,满历率去之,余以度率而一为度。在历中已下为盈,已上减去历中为缩。置各星合伏下盈缩历,以段下限度累加之,满历中去之,盈交缩,缩交盈,即各段盈缩历。

推五星盈缩差　置各段盈缩历,以历策除之为策数,不尽,为策余。以其下损益分见立成。乘之,以历策而一,所得益加损减其盈缩积分,即盈缩差。金星倍之,水星三之。

推定积日　置各段中积,以其段盈缩差盈加缩减之,即得。满岁周去之,如中积不及减者,加岁周减之。本段原无差者,借前段差加减之,则金、水二星,亦只用所得盈缩差,不用三之、倍之。

推加时定日　置定积日,以岁前天正冬至分加之,满纪法去之,余命甲子算外,即为定日。视定积日曾满岁周去者,用本年冬至,曾加岁周减者,用岁前冬至。

推所入月日　置合伏下定积,以加天正闰余满朔策除之,为月数。起岁前十一月,其不满朔策者,即入月已来日分也。视其月定朔甲子,与加时定日甲子相去,即合伏日,累加相距日,满各月大小去之,即各段所入月日。

推定星　置各段中星,依推定积日法,以盈缩差加减之。

推加时定星 置定星,以岁前冬至加时黄道日度加之,满周天去之。若定积日曾加岁周者,用岁前黄道日度。遇减岁周者,用本年黄道日度。如原无中星度,段下亦无定星及加时定星度分。

推加减定分 置定日小余,以其段初行率乘之,满万为分,所得诸段为减分,退段为加分。

推夜半定星及宿次 置加时定星,以加减定分加减之,为夜半定星。以黄道积度钤减之,为夜半宿次。其留段即用加时定星,为夜半定星。

推日率度率 置各段定日,与次段定日相减为日率。次段不及减,加纪法减之。置各段夜半定星,与次段夜半定星相减为度率。次段不及减,加周天减之。凡近留之段,皆用留段加时定星,与本段夜半定星相减。如星度逆者,以后段减前段,即各得度率。

推平行分 置度率,以日率除之,即得。

推泛差及增减总差日差 以本段前后之平行分相减,为本段泛差。凡五星之伏段及近留之迟段及退段,皆无泛差。倍泛差,退一位为增减差。倍增减差为总差。置总差,以日率减一日除之为日差。初日日分多,为减差。末日日分多,为加差。

推初日行分末日行分 以增减差加减其段平行分,为初末日行分。视本段平行分与次段平行分相较,前多后少者,加为初,减为末。前少后多者,减为初,加为末。

推无泛差诸段为增减差总差日差 合伏者,置次段初日行分,加其日差之半,亦次段日差。为末日行分。晨伏、夕伏者,置前段本段之前。末日行分,加其日差之半,亦前段日差。为二伏初日行分。置伏段所得初末日行分,皆与本段平行分相减,余为增减差。又以增减差加减平行分,为初末日行分。视合伏末日行分较平行分,少则加,多则减,为初日行分。晨伏、夕伏初日行分较平行分,亦少加多减,为末日行分。 木、火之晨迟末,土之晨迟,金之夕迟末,水之夕迟,皆置其前段末日行分,倍其日差减之,即前段日差。余为初日行分。木、火之夕迟初,土之夕迟,金之晨迟初,水之晨迟,皆置其后段初日行分,倍其日差减之,_{后段日差}。余为末日行分。　木、火、土之夕伏,金、水之晨伏,皆置其前段末日行分,内加其前段日差之半,为伏段初日行分,皆与平行分相减,余为增减差。　木、火之晨退、夕退,置其平行分,退一位,六因之,为增减差。晨退减为初,加为末。夕退加为初,减为末。晨加夕减,二段自相比较。　金之夕退伏合退伏,置其平行分,退一位,三因之折半。水之夕退伏合退伏,以平行分折半,各为增减差。　金之夕退,置其后段初日行分,减日差,_{后段日差}。为末日行分。金之晨退,置其前段末日行分,减日差,_{前段日差}。为初日行分。皆与平行分相减,余为增减差。　凡增减差,倍之为总差,以相距日率减一除之,为日差。其初末日行分有其一者,以增减差加减,更求其一,如伏段法,余依前后平行分相较增减之。

　金、火之夕迟末,晨迟初,置其段平行分,以相距日率下不伦分乘之,_{不伦分之秒,与平行之分对}。即为增减差。置平行分,夕者以增减差,加为初日行分,减为末日行分。晨者反是。

　不伦分_{金、火星之夕迟末,与晨迟初,其增减差,多于平行分者,为不伦分也}。

十七日　　八十八秒八八五　　　十六日　　八十八秒二三一
十五日　　八十七秒四九六　　　十四日　　八十六秒七六一

　推五星每日细行　置各段夜半宿次,以初日行分顺加退减之,为次日宿次。又以日差加减其初日行分,为每日行分,亦顺加退减于次日宿次,满黄道宿次去之,至次段宿次而止,为每日夜半宿次。

　推五星顺逆交宫时刻　视逐日五星细行,与黄道十二宫界宿次同名,其度分又相近者以相减。视其余分,在本日行分以下者,为交宫在本日也。顺行者,以本日夜半星行宿次度分减宫界度分。退行者,以宫界度分减本日夜半星行宿次度分。各以日周乘之为实,以本日行分为法,法除实,得数,依发敛加时法,得交宫时刻。

　推五星伏见　凡取伏见,伏者要在巳下,见者要在巳上。晨见晨伏者,置其日太阳行度,内减各星行度。夕见夕伏者,置其日各星行度,内减太阳行度。即为其日晨昏伏见度。置本日伏见度,与次日伏见度相减，余四而一，即得晨昏伏见分。视本日伏见度较次日伏见度为多者减，少者加。晨者，置本日伏见度，以伏见分加减之，为晨伏见度。夕者，三因伏见分，置伏见度加减之，为夕伏见度。视在各星伏见度上下取之。

步四余

紫气周日一万〇二百二十七日一七九二。

紫气度率二十八日，　日行三分五七一四二九。

紫气至后策八千一百九十四万九六二三。

月孛周日三千二百三十一日九六八四。

月孛度率八日八四八四九二，　日行十一分三〇一三六一。

月孛至后策一千二百二十万四六五九。

罗计周日六千七百九十三日四四三二。

罗计度率一十八日五九九一〇七七六，　日行五分三七六六〇二。

罗睺至后策五千三百三十三万六二一七。

计都至后策一千九百三十六万九〇〇一。

推四余至后策　置中积，加各余至后策，满周日去之，即得。

推四余周后策　以至后策，减立成内各宿初末度积日，即得。

推四余入各宿次初末度积日　置各余周后策，加入其年冬至分，满纪法去之，即各余初末度积日。紫气、月孛为各宿初，罗睺、计都为各宿末。气孛顺行，罗计逆行。

推四余初末度积日所入月日　置各余周后策，加入天正闰余满朔策减之，起十一月至不满朔策，即所入月也。其初末度积日，即满纪法去者。命甲子算外，为日辰小余，以发敛求之为时刻。视定朔某甲子，即知入月已来日也。

推四余每日行度　置各余初末度积日，气孛以度率日累加之，至末度加其宿零日及分，即次宿之初度。罗计先加其宿零日及分，后以度率日累加之，即次宿之末度。各以其大余，命甲子算外为日辰。其交次宿，以小余发敛为时刻。

推四余交宫　以至后策减各宿交宫积日，余为入某宫积日。加天正闰余，满朔策去之，起十一月至不满朔策，即所入月。又置入宫积日，加冬至分，满纪法去之，为日辰，小余发敛为时刻。视定朔甲子，即知交宫及时刻。

紫气宿次日分立成入箕初度。

黄道宿整度	日分	宿零分日分		全日分	各宿入初度积日分
箕九度	二百五十二日	五十九分	十六日五十二分	二百六十八日五十二分	空分
斗二十三度	六百四十四日	四十七分	十三日一十六分	六百五十七日一十六分	九百二十五日六八
牛六度	一百六十八日	九十○分	二十五日二十分	一百九十三日二十分	一千一百一十八日八八
女十一度	三百○八日	一十二分	三日三十六分	三百一十一日三十六分	一千四百三十日二四
虚九度	二百五十二日	六十四秒	初日一十七分九二	二百五十二日一十七分九二	一千六百八十二日四一九二
危十五度	四百二十日	九十五分	二十六日六十分	四百四十六日六十分	二千一百二十九日○一九二
室十八度	五百○四日	三十二分	八日九十六分	五百一十二日九十六分	二千六百四十一日九七九二
壁九度	二百五十二日	三十四分	九日五十二分	二百六十一日五十二分	二千九百○三日四九九二
奎十七度	四百七十六日	八十七分	二十四日三十六分	五百○一○日三十六分	三千四百○三日八五九二

娄十二度	三百三十六日	三十六分	一十日○八分	三百四十六日○八分	三千七百四十九日九三九二
胃十五度	四百二十日	八十一分	二十二日六十八分	四百四十二日六十八分	四千一百九十二日六一九二
昴十一度	三百○八日	八分	二日二十四分	三百一十○日二十四分	四千五百○二日八五九二
毕十六度	四百四十八日	五十○分	一十四日	四百六十二日	四千九百六十四日八五九二
觜初度		五分	一日四十分	一日四十○分	四千九百六十六日二五九二
参十度	二百八十日	二十八分	七日八十四分	二百八十七日八十四分	五千二百五十四日○九九二
井三十一度	八百六十八日	三分	初日八十四分	八百六十八日八十四分	六千一百二十二日九三九二
鬼二度	五十六日	一十一分	三日○八分	五十九日○八分	六千一百八十二日○一九二
柳十三度	三百六十四日			三百六十四日	六千五百四十六日○一九二
星六度	一百六十八日	三十一分	八日六十八分	一百七十六日六十八分	六千七百二十二日六九九二
张十七度	四百七十六日	七十九分	二十二日一十二分	四百九十八日一十二分	七千二百二十日八一九二
翼二十度	五百六十日	九分	二日五十二分	五百六十二日五十二分	七千七百八十三日三三九二
轸十八度	五百○四日	七十五分	二十一日	五百二十五日	八千三百○八日三三九二
角十二度	三百三十六日	八十七分	二十四日三十六分	三百六十○日三十六分	八千六百六十八日六九九二

亢九度	二百五十二日	五十六分	十五日六十八分	二百六十七日六十八分	八千九百三十六日三七九二
氐十六度	四百四十八日	四十〇分	十一日二十分	四百五十九日二十〇分	九千三百九十五日五七九二
房五度	一百四十日	四十八分	十三日四十八分	一百五十三日四十四分	九千五百四十九日〇一九二
心六度	一百六十八日	二十七分	七日五十六分	一百七十五日五十六分	九千七百二十四日五七九二
尾十七度	四百七十六日	九十五分	二十六日六十〇分	五百〇二日六十〇分	一万〇二百二十七日一七九二

紫气交宫积日铃

斗〇千三百七十四日一五〇一	三度入丑	女一千一百七十六日六八三二	二度入子
危二千〇三十六日五〇七二	十二度入亥	奎二千九百五十二日〇四五六	一度入戌
胃三千八百五十四日八一八八	三度入酉	毕四千六百九十五日四〇四〇	六度入申
井五千四百八十七日七三九六	八度入未	柳六千二百九十〇日二七二八	三度入午
张七千一百五十日〇九六八	十五度入巳	轸八千〇六十五日六三五二	十度入辰
氐八千九百六十八日四〇八〇	一度入卯	尾九千八百〇八日九九六三	三度入寅
斗一万〇六百〇一日三二九二	三度入丑		

至后策少者用前斗下积日，多者用后斗下积日。

月孛宿次日分立成入箕初度。

黄道宿整度	日分	宿零分日分		全日分	各宿入初度积日分
箕九度	七十九日六三六四	五十九分	五日二二〇六	八十四日八五七〇	空
斗二十三度	二百〇三日五一五四	四十七分	四日一五八八	二百〇七日六七四二	二百九十二日五三一二
牛六度	五十三日〇九一〇	九十〇分	七日九六三六	六十一日〇五四六	三百五十三日五八五八
女十一度	九十七日三三三四	二十二分	一日〇六一八	九十八日三九五二	四百五十一日九八一〇
虚九度	七十九日六三六四	六十四分	初日〇五六七	七十九日六九三一	五百三十一日六七四一
危十五度	一百三十二日七二七四	九十五分	八日四〇六〇	一百四十一日一三三四	六百七十二日八〇七五
室十八度	一百五十九日二七二九	三十二分	二日八三一五	一百六十二日一〇四四	八百三十四日九一一九
壁九度	七十九日六三六四	三十四分	三日〇〇八五	八十二日六四四九	九百一十七日五五六八
奎十七度	一百五十日四二四四	八十七分	七日六九八一	一百五十八日一二二五	一千〇七十五日六七九三
娄十二度	一百〇六日一八一九	三十六分	三日一八五五	一百〇九日三六七四	一千一百八十五日〇四六七
胃十五度	一百三十二日七二七四	八十一分	七日一六七三	一百三十九日八九四七	一千三百二十四日九四一四

昴十一度	九十七日三三三四	八分	初日七○七九	九十八日○四一三	一千四百二十二日九八二七
毕十六度	一百四十一日五七五九	五十○分	四日四二四二	一百四十六日○○○一	一千五百六十八日九八二八
觜初度		五分	初日四四二四	初日四四二四	一千五百六十九日四二五二
参十度	八十八日四八四九	二十八分	二日四七七六	九十○日九六二五	一千六百六十○日三八七七
井三十一度	二百七十四日三○三三	三分	初日二六五四	二百七十四日五六八七	一千九百三十四日九五六四
鬼二度	一十七日六九六○	一十一分	初日九七三三	一十八日六七○三	一千九百五十三日六二六七
柳十三度	一百一十五日○三○四			一百一十五日○三○四	二千○百六十八日六五七一
星六度	五十三日○九一○	三十一分	二日七四三○	五十五日八三四○	二千一百二十四日四九一一
张十七度	一百五十○日四二四四	七十九分	六日九九○三	一百五十七日四一四七	二千二百八十一日九○五八
翼二十度	一百七十六日九六九八	九分	初日七九六四	一百七十七日七六六二	二千四百五十九日六七二○
轸十八度	一百五十九日二七二九	七十五分	六日六三六三	一百六十五日九○九二	二千六百二十五日五八一二
角十二度	一百○六日一八一九	八十七分	七日六九八二	一百一十三日八八○	二千七百三十九日四六一三
亢九度	七十九日六三六四	五十六分	四日九五五二	八十四日九五一六	二千八百二十四日○五二九
氐十六度	一百四十一日五七五九	四十○分	三日五三九四	一百四十五日一一五三	二千九百六十九日一六八二

房五度	四十四日二四二五	四十八分	四日二四七二	四十八日四八九七	三千〇百一十七日六五七九
心六度	五十三日〇九一〇	二十七分	二日三八九一	五十五日四八〇一	三千〇百七十三日一三八〇
尾十七度	一百五十〇日四二四四	九十五分	八日四〇六〇	一百五十八日八三〇四	三千二百三十一日九六八四

月孛交宫积日钤

斗一百一十八日二三八〇	三度入丑	女三百七十一日八五二六	二度入子
危六百四十三日五七二一	十二度入亥	奎九百三十二日八九八三	一度入戌
胃一千二百一十〇日一九〇五	三度入酉	毕一千四百八十三日八三〇二	六度入申
井一千七百三十四日二二二二	八度入未	柳一千九百八十七日八三六八	三度入午
张二千二百五十九日五五六三	十五度入巳	轸二千五百四十八日八八二五	十度入辰
氐二千八百三十四日一七四七	一度入卯	尾三千〇九十九日八一四四	三度入寅
斗三千三百五十〇日二〇六四	三度入丑		

至后策少者用前斗下积日，多者用后斗下积日。

罗计宿次日分立成入尾末度。

黄道宿整度	日分	宿零分日分	全日分	各宿入初度积日分
尾十七度	三百一十六日一八四八	九十五分	十七日六六九一	三百三十三日八五三九	空
心六度	一百一十一日五九四七	二十七分	五日〇二一七	一百一十六日六一六四	四百五十〇日四七〇三
房五度	九十二日九九五五	四十八分	八日九二七六	一百〇一日九二三一	五百五十二日三九三五
氐十六度	二百九十七日五八五七	四十分	七日四三九五	三百〇五日〇二五三	八百五十七日四一八八
亢九度	一百六十七日三九二〇	五十六分	十日四一五五	一百七十七日八〇七五	一千〇百三十五日二二六三
角十二度	二百二十三日一八九三	八十七分	十六日一八一二	二百三十九日三七〇五	一千二百七十四日五九六八
轸十八度	三百三十四日七八四〇	七十五分	十三日九四九三	三百四十八日七三三三	一千六百二十三日三三〇一
翼二十度	三百七十一日九八二二	九分	一日六七三九	三百七十三日六五六一	一千九百九十六日九八九六
张十七度	三百一十六日一八四九	七十九分	十四日六九三二	三百三十〇日八七八一	二千三百二十七日八六四三
星六度	一百一十一日五九四七	三十一分	五日七六五七	一百一十七日三六〇四	二千四百四十五日二二四七
柳十三度	二百四十一日七八八四			二百四十一日七八八四	二千六百八十七日〇一三一
鬼二度	三十七日一九八二	一十一分	二日〇四五九	三十九日二四四一	二千七百二十六日二五七二
井三十一度	五百七十六日五七二四	三分	初日五五八〇	五百七十七日一三〇四	二千三百〇三日三八七六

参一十度	一百八十五日九九一一	二十八分	五日二〇七七	一百九十一日一九八八	三千四百九十四日五八六四
觜初度		五分	初日九十三分	九十三分	三千四百九十五日五一六四
毕十六度	二百九十七日五八五七	五十〇分	九日二九九五	三百〇六日八八五二	三千八百〇二日四〇一六
昴十一度	二百〇四日五九〇二	八分	一日四八七九	二百〇六日〇七八一	四千〇百〇八日四七九七
胃十五度	二百七十八日九八六七	八十一分	十五日〇六五二	二百九十四日〇五一九	四千三百〇二日五三一六
娄十二度	二百二十三日一八九三	三十六分	六日六九五七	二百二十九日八八五〇	四千五百三十二日四一六六
奎十七度	三百一十六日一八四九	八十七分	十六日一八一一	三百三十二日三六六〇	四千八百六十四日七八二六
壁九度	一百六十七日三九二〇	三十四分	六日三二三七	一百七十三日七一五七	五千〇百三十八日四九八三
室十八度	三百三十四日七八四〇	三十二分	五日九五一六	三百四十〇日七三五六	五千三百七十九日二三三九
危十五度	二百七十八日九八六七	九十五分	十七日六六九一	二百九十六日六五五八	五千六百七十五日八八九七
虚九度	一百六十七日三九二〇	六十四秒	初日一一九〇	一百六十七日五一一〇	五千八百四十三日四〇〇七
女十一度	二百〇四日五九〇二	一十二分	二日二三一九	二百〇六日八二二一	六千〇百五十〇日二二二八
牛六度	一百一十一日五九四七	九十〇分	十六日七三九二	一百二十八日三三三九	六千一百七十八日五五六七
斗二十三度	四百二十七日七七九五	四十七分	八日七四一五	四百三十六日五二一〇	六千六百一十五日〇七七七

箕九度	一百六十七日三九二〇	五十九分	十日九七三五	一百七十八日三六五五	六千七百九十三日四四三二

罗计交宫积日钤

氐〇千二百七十七日七八一四	一度退入卯	轸〇千八百三十六日一四三三	十度退入辰
张一千四百三十五日八一三九	十五度退入巳	柳二千〇百四十三日九六三八	三度退入午
井二千六百一十五日一〇五二	八度退入未	毕三千一百四十八日一九一〇	六度退入申
胃三千六百七十四日五〇三〇	三度退入酉	奎四千二百三十二日八六四九	一度退入戌
危四千八百三十二日五三五五	十二度退入亥	女五千四百四十〇日六八五四	二度退入子
斗六千〇百一十一日八二六八	三度退入丑	尾六千五百四十四日九一二六	三度退入寅
氐七千〇百七十一日二二四六	一度退入卯		

至后策少者用前氐下积日,多者用后氐下积日。

明史卷三七
志第一三

历 七

回回历法一

《回回历法》,西域默狄纳国王马哈麻所作。其地北极高二十四
度半,经度偏西一百○七度,约在云南之西八千余里。其历元用隋
开皇己未,即其建国之年也。洪武初,得其书于元都。十五年秋,太
祖谓西域推测天象最精,其五星纬度又中国所无,命翰林李翀、吴
伯宗同回回大师马沙亦黑等译其书。其法不用闰月,以三百六十五
日为一岁。岁十二宫,宫有闰日,凡百二十八年而宫闰三十一日。以
三百五十四日为一周,周十二月,月有闰日。凡三十年月闰十一日,
历千九百四十一年,宫月日辰再会。此其立法之大概也。

按西域历术见于史者,在唐有《九执历》,元有札马鲁丁之《万
年历》。《九执历》最疏,《万年历》行之未久。唯《回回历》设科,隶钦
天监,与《大统》参用二百七十余年。虽于交食之有无深浅,时有出
入,然胜于《九执》、《万年》远矣。但其书多脱误。盖其人之隶籍台
官者,类以土盘布算,仍用其本国之书,而明之习其术者,如唐顺
之、陈壤、袁黄辈之所论著,又自成一家言。以故翻译之本不行于
世,其残缺宜也。今为博访专门之裔,考究其原书,以补其脱落,正
其讹舛,为《回回历法》,著于篇。

积年　起西域阿喇必年，隋开皇己未。下至洪武甲子，七百八十六年。

用数　天周度三百六十。每度六十分，每分六十秒，微纤以下俱准此。宫十二。每宫三十度。日周分一千四百四十，时二十四，每时六十分。刻九十六。每刻十五分。宫度起白羊，节气首春分，命时起午正。午初四刻属前日。

七曜数　日一，月二，火三，水四，木五，金六，土七。以七曜纪日不用甲子。

宫数　白羊初，金牛一，阴阳二，巨蟹三，狮子四，双女五，天秤六，天蝎七，人马八，磨羯九，宝瓶十，双鱼十一。

宫日　白羊戌宫三十一日。金牛酉宫三十一日。阴阳申宫三十一日。巨蟹未宫三十二日。狮子午宫三十一日。双女巳宫三十一日。天秤辰宫三十日。天蝎卯宫三十日。人马寅宫二十九日。磨羯丑宫二十九日。宝瓶子宫三十日。双鱼亥宫三十日。已上十二宫，所谓不动之月，凡三百六十五日，乃岁周之日也。若遇宫分有闰之年，于双鱼宫加一日，凡三百六十六日。

月分大小　单月大，双月小。凡十二月，所谓动之月也。月大三十日，月小二十九日，凡三百五十四日，乃十二月之日也。遇月分有闰之年，于第十二月内增一日，凡三百五十五日。

太阳五星最高行度隋己未测定。太阳二宫二十九度二十一分。土星八宫十四度四十八分。木星六宫初度八分。火星四宫十五度四分。金星二宫十七度六分。水星七宫六度十七分。

求宫分闰日炁之余日。　置西域岁前积年，减一，以一百五十九乘之，一百二十八年内，闰三十一日，故以总数乘。内加一十五，闰应。以一百二十八屡减之，余不满之数，若在九十七已上，闰限。其年宫分有闰日，已下无闰日。于除得之数内加五，宫分立成起火三，故须加五。满七去之，余即所求年白羊宫一日七曜。有闰加一日，后同。

求月分闰日朔之余日。　置西域岁前积年，减一，以一百三十一乘之，总数乘。内加一百九十四，闰应。以三十为法屡减之，余在十九已上,闰限。其年月分有闰日,已下则无。于除得之数,满七去之,余即所求年第一月一日七曜。

加次法 置积日,全积并宫闰所得数。减月闰,内加三百三十一日,己未春正前日。以三百五十四一年数除之,余数内减去所加三百三十一,又减二十三,足成一年日数。又减二十四,洪武甲子加次。又减一,改应所损之一日。为实距年己未至今得数。 又法:以气积宫闰并通闰为气积内减月闰,置十一,以距年乘之,外加十四,以三十除之,得月闰数。以三百五十四除之,余减洪武加次二十四,又减补日二十三,又减改应损日一,得数如前。求通闰,置十一日,以距年乘之。求宫闰前见。

太阳行度

求最高总度 置西域岁前积年,入总年零年月分日期立成内,各取前年前月前日最高行度并之。如求十年,则取九年之类。盖立成中行度,俱本年本月日足数也。如十年竟求十年,则逾数矣。月日义同。后仿此。

求最高行度 置求到最高总度,加测定太阳最高行度,二宫二十九度二十一分。即所求年白羊宫最高行度。如求次宫,累加五秒○六微。求次月,加四秒五十六微。

求中心行度日平行度。 置积年入总年零年月日立成内,各取日中心行度并之,取法同前。内减一分四秒,即所求白羊宫第一日中心行度。求各宫月日,按每日行度五十九分八秒累加之。内减一分四秒,或云西域距中国里差,非是,盖系己未年之宫分末日度应也。

求自行度 置其日中心行度,减其宫最高行度,即得。即入盈缩历度也。

求加减差即盈缩差。 以自行宫度为引数,入太阳加减立成内,照引数宫度取加减差。是名未定差。其度下小余,用比例法,以本度加减差,与后度加减差相减,余数通为秒,如一分通为六十秒。与引数小余亦通秒相乘,得数为纤,秒乘秒,得纤。以六十收之,为微、为秒、为分。如数多,先以六十收之为微,又以六十收之为秒,又以六十收之,为分。视前所得未定加减差数较,少于后数者后度加减差加之,多于后数者减之,是为加减定差分。如无小余,竟用未定差为定差。后准此。

　　求经度_{黄道度}。　置其日中心行度，以加减定差分加减之，_{视定}
_{差引数自行宫度，在初宫至五宫为减差，六宫至十一宫为加差。}即得。

　　求七曜　置积年入立成内，取总年零年月日下七曜数并之，累
去七数，余即所求白羊宫一日七曜。如求次宫者，内加各宫七曜数。
如求逐日，累加一数，满七去之。_{求太阴、五星、罗计七曜并准此。}

太阴行度

　　求中心行度　置积年入立成内，取总零年月日下中心行度并
之，得数，内减一十四分，_{己未应转。}即所求年白羊宫一日中心行度。
如求逐日，累加日行度。_{十三度一○三五。}

　　求加倍相离度_{月体在小轮行度，合朔后，与日相离。}　置积年入立
成内，取总年零年月日下加倍相离度并之，内减二十六分，即所求
白羊宫一日度也。如求逐日，累加倍离日行度。_{二十四度二二五三二}
_{二，半之，即小轮心离太阳数。}

　　求本轮行度_{即月转度。}　置积年入立成内，取总零年月日下本
轮行度并之，内减一十四分，即所求白羊宫一日度也。如求各日，累
加本轮日行度。_{十三度三分五四。}

　　求第一加减差_{又名倍离差。}　以加倍相离宫度为引数，入太阴
第一加减立成内，取加减差。_{未定差。}又与下差相减，余乘引数小
余，得数为秒，_{分乘分。}以六十收之为分，用加减未定差，_{后差多加少}
_{减，同太阳。}得第一差分。

　　求本轮行定度　置其日本轮行度，以第一差分加减之。_{视倍离}
_{度，前六宫加，后六宫减。}

　　求第二加减差　以本轮行定度为引数，入太阴第二加减立成
内，取未定差，依比例法，_{同前。}求得零数加减之为第二加减差分。
_{视引数，六宫已前为减差，后为加差。}

　　求比敷分　以倍离宫度，入第一加减立成内，取比敷分。如倍
离零分在三十分已上者，取下度比敷分。

　　求远近度　以本轮行定宫度为引数，入太阴第二加减立成内，

取远近度分。其引数零分,亦依比例法取之。

求泛差定差　置比敷分,以远近度通分乘之,以六十约之为分,即泛差。以泛差加入第二加减差,即为定差。

求经度　置其日太阴中心行度,以定差加减之,即太阴经度。视本轮行定度,六宫以前减,以后加。

太阴纬度

求计都与月相离度入交定度。　置其日太阴经度,内减其日计都行度,即罗计中心度。即计都与月相离度分。

求纬　以计都与月相离宫度为引数,入太阴纬度立成,上官用右行顺度,下官用左行逆度。取其度分,依比例法求得零分加减之。上六宫加,下六宫减。得纬度分。引数在六宫已前为黄道北,六宫后为黄道南。

求计罗行度　置积年入总年零年月日立成内,取罗计中心行度并之,为其年白羊宫一日行度。求各宫一日,以各宫日行度加之,与十二宫相减,余即所求宫一日计都行度。如求计都逐日细行,以前后二段行度相减,余以相距日数除之,为日差。又置前段计都行度,以日差累减之。如求罗睺行度,置其日计行度内加六宫。

五星经度

求最高总度　数同太阳,依前太阳术求之。

求最高行度　置所求本星最高总度,加测定本星最高行度,见前。为其年白羊宫最高行度。求各宫各日,加各宫日行度。

求日中心行度　依太阳术求之。

求自行度　置积年入立成总零年月日下,各取自行度并之,得其年白羊宫一日自行度。土、木、金三星减一分,水星减三分,火星不减。如求各宫各日,照本星自行度累加之,水星如自行度遇三宫初度,作五日一段算,至九宫初度,作十日一段算。纬度亦然。

求中心行度小轮心度即入历度五星本轮。土、木、火三星,置太阳中心行度,减其星自行度,为三星中心行度。内又减最高行度,为三星小轮心度。金、水二星,其中心行度即太阳中心行度,内减其星最高行度,余为其星小轮心度。不及减,加十二宫减之。

求第一加减差盈缩差。　以其星小轮心宫度为引数,入木星第一加减立成,依比例法求之。法同太阳、太阴。

求自行定度及小轮心定度　视第一加减差引数,在初宫至五宫,用加减差,加自行度,减小轮心度,各为定度。在六宫至十一宫,用加减差,减自行度,加小轮心度,各为定度。

求第二加减差　以其星自行定度,入本星第二加减立成内,取其度分,用比例法加减之。同前。

求比敷分　如土、木、金、水星,以本星小轮必定宫度,入第一加减立成内,取比敷分,如引数小余在三十分已上,取后行比敷分。如火星,则必用比例法求之。

求远近度　以自行定宫度,入第二加减立成内,取远近度,依比例法求之。

求泛差定差　法同太阴。

求经度　置小轮心定度,以定差加减之,视引数自行定度,在六宫已前加,已后减。内加其星最高行度。

求留段　以其留段小轮心,定宫度为引数,即立成内各星入历定限。入五星顺退留立成内,于同宫近度,取本星度分,与前后行相减。若取得在初宫至六宫,本行与后行相减。六宫至初宫,本行与前行相减。又以引数宫度,减立成内同宫近度,两减,余通分相乘,用六度除之,立成内每隔六度。六十分收之,顺加逆减于前取度分,得数与其日自行定度同者,即本日留。如自行定度多者已过留日,少者未到留日。欲得细率,以所得数与其日自行定度相减,余以各星一日自行度约之,如土星一日自行五十七分有奇之类。即得留日在本日前后数也。土星留七日,其留日前三日,后三日,皆与留日数同。木星留五日,其留日前二日,后二日,与留日数同。火、金、水三星不留,退而即行,行而即退,但于行分极少处为留耳。

求细行分　土、木、金、火四星,以前后两段经度相减,以相距日除之为日行分。水星以白羊宫初日经度,又与前一日经度相减,余为初日行分。又置前后二段经度相减,余以相距日除之,为平行分。与初日行分加减,倍之,以前段前一日与后段相距日数除之,为日差。以加减初日行分,初日行分少于平行分加,多减。为日行分。五星各置前段经度,以逐日行分顺加退减之,为各星逐日经度。

求伏见 视各星自行定度,在伏见立成内限度已上者,即五星晨夕伏见也。

五星纬度求最高总行度、中心行度、自行度、小轮心度,并依五星经度术求之。

求自行定度 置自行宫度分,其宫以一十乘之为度。如一宫,以十乘之得十度,此用约法折算,以造纬度立成。其度以二十乘之为分,满六十约之为度。其分亦以二十乘之为秒,满六十约之为分。并之即得。

求小轮心定度 置小轮心宫度分,其宫以五乘之为度。如一宫以五乘之,得五度。其度以一十乘之为分,满六十约之为度。其分亦以一十乘之为秒,满六十约之为分。并之即得。

求纬度 以小轮心定度及自行定度,入本星纬度立成内两取,一纵一横。得数与后行相减。若遇交黄道者,与后行相并。又以小轮心定度,与立成上小轮心定度相减,上横行。两减余相乘,以立成上小轮心度累加数除之。如土星上横行小轮心度每隔三度,火星每隔二度之类。满六十收之为分,用加减两取数,多于后行减,少加。若遇交黄道者,即后行数多亦减。寄左。复以自行定度与立成上自行定度相减,首直行。又以两取数,与下行相减,若遇交黄道者,与下行并。两减余相乘,以立成上自行度累加数除之,如土星直行,自行度每隔十度,火星每隔四度之类。收之为分。与前寄左数相加减,如两取数多于下行者减,少加。若遇交黄道者,所得分多于寄左数,置所得分内,减寄左数,余为交过黄道南北分也。即得黄道南北纬定分。

求纬度细行分 置其星前段纬度,与后段纬度相减,余以相距日除之，为日差。置前段纬度，以日差顺加退减，即逐日纬度分。按纬度前段少于后段者，以日差顺加退减。若前段多于后段者，宜以日差顺减退加。非可一例也。若前后段南北不同者，置其星前后段纬度并之，以相距日除之，为日差。置前段纬度，以日差累减之，至不及减者，于日差内减之，余以日差累加之，即得逐日纬度。

推日食法日食诸数，如午前合朔，用前一日数推，午后合朔，用次日数推。

辨日食限　视合朔太阴纬度，在黄道南四十五分已下，黄道北九十分已下，为有食。若合朔为昼，则全见食。若合朔在日未出三时及日已入十五分，一时四分之一。皆有带食。若合朔在夜刻者不算。

求食甚泛时即合朔。　置午正太阴行过太阳度，求法见后月食太阴逐时行过太阳分。通秒，以二十四乘之为实，置太阴日行度，减太阳日行度，通秒为法，除之为时。时下零数以六十通之为分，分下零数以六十秒之为少，三十秒已上收为一分，六十分收为一时，共为食甚泛时。

求合朔太阳经度　以食甚泛时通分，以太阳日行度通秒乘之，以二十四除之为微，满六十约之为秒为分，用加减午正太阳度，午前合朔减之，午后加之。得合朔时太阳经度。即食甚日躔黄道度。

求加减分　视合朔时太阳宫度，入昼夜加减立成内，取加减分，依比例法求之。

求子正至合朔时分秒　置食甚泛时，以加减分加减之，午前合朔减，午后加。用加减十二时，午前合朔用减十二时，午后用加十二时。即子正至合朔时分秒。按命时起子正，乃变其术以合《大统》，非其本法也。

求第一东西差经差。　视合朔时，太阳宫在立成经纬时加减立成右七宫取上行时，顺行。在左七宫取下行时，逆行。以子正至合朔时，取经差，依比例法求之。止用时下小余求之。下同。为第一东西差。

求第二东西差　视合朔时，太阳宫在立成内，同上。取次宫子正至合朔时经差,依比例法求之,为第二东西差。

求第一南北差纬差。　以合朔时,太阳宫及子正,至合朔时入立成内,同上。取纬差,依比例法求之,为第一南北差。

求第二南北差　以合朔太阳宫,取次宫子正至合朔时纬差,依比例法求之,为第二南北差。

求第一时差　以合朔太阳宫及子正至合朔时,入立成取时差,依比例法求之。

求第二时差　以合朔太阳宫,取次宫子正至合朔时时差,依比例法求之。

求合朔时东西差　以第一东西差与第二东西差相减,余通秒,以乘合朔时太阳度分,亦通秒。以三十度除之为纤,以六十收之为微、为秒、为分,以加减第一东西差,视第一东西差数少于第二差者加之,多者减之,下同。为合朔时东西差。

求合朔时南北差　以第一南北差与第二南北差相减,余通秒,以乘太阳度分,以三十除之为纤,依率收之为微、秒、分,以加减第一南北差,为合朔时南北差。

求合朔时差　以第一第二两时差相减,乘太阳度分,以三十除之,依率收之,用加减第一时差,为合朔时差。

求合朔时本轮行度　以本轮日行度一十三度四分。通分,以乘食甚泛时,亦通分。以二十四除之为秒,依率收之为分、为度,以加减午正本轮行度,午前减,午后加。为合朔时行度。

求比敷分　以本轮行度入立成,太阳、太阴昼夜时行影径分立成。取同宫近度太阴比敷分,依比例法求之。

求东西定差　置合朔时东西差通秒,以比敷分通秒乘之为纤,以六十收之为微、为秒、为分,以加合朔东西差,有加,无减。为定差。

求南北定差　法同东西定差。

求食甚定时即食甚定分。　视其日合朔时,太阳度在立成经纬时加减立成左七宫,其时差,黑字减,白字加,在右七宫,白字减,黑字加,皆加减于子正至合朔时,得数命起子正减之,得某时初正。余通为秒,以一千乘之,以一百四十四除之,六十分为一时,每日一千四百四十分,故以千乘之,又以一四四除之。以六十约之,满百为刻,即食甚定时。

求食甚太阴经度　于合朔太阳经度内,加减东西定差,即得食甚太阴经度。其加减视食甚定时时差加减。

求合朔计都度　置食甚泛时通分,以计都日行度三分一十一秒通秒乘之,以二十四除之为微,满六十收之为秒、为分,以加减其日午时计都行度,罗计逆行,午前合朔加,午后减。为合朔时计都度。

求合朔太阴纬度　食甚时,太阴经度内加减合朔时计都度,余为计都与月相离度,入太阴纬度立成取之。

求食甚太阴纬度　南北定差内,加减合朔时太阴纬度,在黄道南加,北减。得食甚纬度。

求合朔时太阳自行度　用太阳日行度五十九分八秒。通秒,以乘食甚泛时,亦通分。用二十四除之,得数为微,满六十收之为秒、为分,以加减其日午正自行度,午前合朔减,午后加。得合朔自行度。

求太阳径分　以合朔太阳自行度为引数,入立成影径分立成内同宫近度,取太阳径分,依比例法求之。

求太阴径分　以合朔时本轮行度为引数,入立成同上内取同宫近度太阴径分,依比例法求之。

求二半径分　并太阳、太阴两径分,半之。

求太阳食限分　置二半径分,内减食甚太阴纬度,余为太阳食限。如不及减者不食。如太阴无纬度者,食既。如太阴无纬度而日径大于月径者,食有金环。

求太阳食甚定分　以太阳食限分通秒,以一千乘之为实,以太阳径分通秒为法除之,以百约之为分,为太阳食甚定分。

求时差即定用分。　食甚太阴纬度通秒自乘,二半径分亦通秒自乘,两自乘数相减,余以平方开之,以二十四乘之为实,以其日太阴日行度内减太阳日行度通分为法。实如法而一,得数为分,满六十分为一时,为时差。

　　求初亏　置食甚定时，内减时差，余时命起子正减之，得初正时。余分通秒，以一千乘之，以一百四十四除之，以六十约之，满百为刻，为初亏时刻。

　　求复圆　置食甚定时，内加时差，命起子正，如初亏法，得复圆时刻。

　　求初亏食甚复圆方位　与《大统》不同。

　　推月食法月食诸数，午前望，用前一日推，午后望，用次一日推。

　　辨月食限　视望日太阴经度与罗㬋或计都度相离一十三度之内，太阴纬度在一度八分之下，为有食。又视合望在太阴未出二时，未入二时，其限有带食。其在二时已上者不算。

　　求食甚泛时即经望。　置其日太阴经度内减六宫，如不及减，加十二宫减。以减其日午正太阳度为午前望。如太阳度不及减，加入六宫减之，为午后望。置相减余数通秒，以二十四乘之为实，置其日太阴经度，内减前一日太阴经度，若在午后望者，减后一日太阴经度。余为太阴日行度。又置其日午正太阳度，内减前一日午正太阳度，若在午后望者，减后一日太阳度。余为太阳日行度。两日行度相减，余通秒为法，除实得数为时。其时下余数，以六十通之为分、秒，即所求食甚泛时。

　　求食甚月离黄道宫度　置食甚泛时，与太阳日行度俱通秒相乘，以二十四除之，得数为纤，满六十收之为微、为秒、为分，以加减其日午正太阳度，午前望减，午后望加。为望时太阳度，加六宫，即得所求。

　　求昼夜加减差　以望时太阳宫度为引数，入昼夜加减立成内，取加减分，依比例法求之。

　　求食甚定时　置食甚泛时，以昼夜加减差加减之。午前望减，午后望加。得数，用加减一十二时，如午后望加十二时，午前望与十二时相减。命起子正，得初正时。其小余，如法收为刻，法详日食。得定时。

　　求望时计都度　置食甚泛时，通秒为实，以计都日行度三分一

十一秒通秒乘之，以二十四除之，得数为纤，以六十收之为微、为
秒、为分，用加减其日午正计都行度，罗计逆行，午前望加，午后望减。
即得。

求望时太阴纬度　置食甚月离黄道度，内减望时计都度，如不
及减，加十二宫减。余为计都与月相离度，入太阴纬度立成取之。

求望时本轮行度即入迟疾历。　置太阴本轮日行度，十三度四分。
通分，以食甚泛时通秒乘之，以二十四除之为微，以六十收之为秒、
为分、为度，用加减其日午正本轮行度，午前望减，午后加。即得。

求太阴径分　以望时本轮行宫度，入影径分立成求之。法详日
食。

求太阴影径分　以望时本轮行宫度，入影径分立成，取之。

求望时太阳自行度　以太阳日行度五十九分八秒与食甚泛时
俱通秒相乘，以二十四除之，得数为纤，满六十收之为微、为秒、为
分，以加减其日午正太阳自行度。法同日食求太阳经度。

求影径减差　以其日太阳自行宫度为引数，入影径立成内，于
同宫近度取太阴影径差分，依比例法求之。法详前。

求影径定分　置太阴影径分，内减影径减差分。

求二半径分　置太阴径分，加影径定分，半之。

求太阴食限　置二半径分，内减望时太阴纬度。如不及减，不
食。

求食甚定分　置食限分，通秒，以一千乘之为实，以太阴径分
通秒为法，除之，以百约之为分，为食甚定分。

求太阴逐时行过太阳分　置太阴望时经度，减前一日太阴经
度，又置望时太阳自行度，减前一日太阳自行度，以两余数相减，为
太阴昼夜行过太阳度。通秒以二十四除之，满六十收之，得逐时行
过太阳分。

求时差　以太阴纬度分，通秒自乘，又以二半径分通秒自乘，
两数相减，余开平方为实，以太阴行过太阳度通秒为法除之，得数
即时差。即初亏至食甚定用分。

求初亏复圆时刻 以时差减食甚定时,得初亏时刻。加食甚定时,得复圆时刻。其命时收刻之法,并同日食。

求食既至食甚时差 置二半径分,减太阴径分,通秒自乘,又置太阴纬度亦通秒自乘,相减,平方开之为实。以太阴逐时行过太阳度通秒为法除之,得数即时差。

求食既生光时刻 以食既至食甚时差,减食甚定时,为食既时刻。加食甚定时,为生光时刻。

求初亏食甚复圆方位 与《大统》法同。

求日出入时 以午正太阳经度为引数,入西域昼夜时立成,取其度分,依比例法求之,为未定分。又于引数相对宫度内,取其度分,如初宫三度,向六宫三度取之。亦依比例法求之,为后未定分。两未定分相减,不及减,加三百六十度减。余通秒,用十五除之,六十收之为分、为时,得其日昼时分秒。半之为其日半昼时分秒。以半昼时分秒减十二时,余为日出时分秒,加十二时为日入时分秒。

求日月出入带食分秒 视其日日出时分秒,并日入时分秒,较多于初亏时分秒,少于食甚定时及复圆时分秒者,即有带食。置其日日出时或日入时,与食甚定时分秒相减,余为带食差。置日月食甚定分,以带食差通秒乘之,以时差通秒除之,得数为带食分。于食甚定分内减带食分,余为日月带食所见之分。

求月食更点 置二十四时,内减昼时,又减晨昏时,七十二分,即中历之五刻弱也。余为夜时,通秒五约之为更法。五分更法为点法。如食在子正以前者,置初亏食甚复圆等时,内减日入时,又减半晨昏时,三十六分。余通秒,以更法减之为更数。不满更法者,以点法减之为点数。食在子正已后者,置夜时半之,加初亏食甚复圆等时,以更法减之为更数。不满更法者,以点法减之为点数。皆命起初更、初点。更法减之,减一次为一更,其减余不满法者,亦虚命为一更。点法仿此。

太阴五星凌犯

求太阴昼夜行度 以本日经度与次日经度相减,余即本日昼夜行度。

求太阴晨昏刻度　置其日午正太阴经度，内加立成^{太阴出入晨}，即为其日太阴昏刻经度。置其次日午正太阴经度，减立成其日晨刻减差，即为其日太阴晨刻经度。

求月出入度　置其日午正太阴经度，加立成内^{即前立成}其日月入加差，即为其日月入时太阴经度。加立成内其日月出加差，即其日月出时太阴经度。

求太阴所犯星座　朔后视昏刻度至月入度，望后视月出度至晨刻度，入黄道南北各像星立成内，经纬度相近在一度已下者，取之。

求时刻　置其日午正太阴经度，与取到各像星经度相减，通分，以二十四乘之，以太阴昼夜行度^{亦通分}除之，得初正时。其小余，以六十通之为分，以一千乘之，一百四十四除之，以百约之为刻，即得所求时刻。

求上下相离分　置太阴纬度与所犯星纬度相减，余为上下相离分。若月星同在南，月多为下离，月少为上离。同在北，月多为上离，少为下离。若南北不同，月在北为上离，南为下离。

求五星凌犯各星相离分　置其日五星经纬度，入黄道立成内，视各像内外星经纬度，在一度已下者取之。其五星纬度与各星纬度相减，余即上下相离分。

求月犯五星，五星相犯　视太阴经纬度，五星经纬度相近在一度已下者，取之。

明史卷三八
志第一四

历　八

回回历法二

　　日五星中心行度立成造法原本总年零年月分日期，及十二宫初日，凡五立成。每立成内，首列本立成年月日宫各纪数，次列七曜，次列日中心行度，及土、木、火、金、水、各自行度日五星最高行度，文多不录。录其造立成之法于左。

　　日中心行度日期立成　一日行五十九分八秒，按日累加之，小月二十九日，得二十八度三十五分二秒，大月三十日，得二十九度三十四分一十秒。

　　月分立成。单月大，双月小，末置一闰日。大月，二十九度三十四分十秒。小月，二十八度三十五分二秒。按月累加之，十二月计十一宫十八度五十五分九秒，闰日加五十九分八秒。宫分初日立成。于白羊宫初日起算，至金牛宫初日，凡三十一日，得一宫一度三十三分十八秒。五十九分八秒之积。视宫分日数多少，日数见前。累加积之，至双鱼宫初日，得十一宫一度十一分三十一秒。自白羊至此凡三百三十五日之积。零年立成。每年十一宫十八度五十五分九秒，三十年闰十一日，故二年、五年、七年、十年、十三年、十六年、十八年、二十一年、二十四年、二十六年、二十九年，皆加闰日。约法，每一年减十一度四分五十一秒，闰年减十度五分四十三秒，三十年为一宫八度二十五分三十一秒。每年三百五十四日，计一万六百二十日，加闰十一日，共一万六百三十一日。

总年立成。第一年为三宫二十六度五分八秒，此隋己未测定根楼，一云即洪武甲子年数，已算加次在内。六百年五宫十四度二十五分十九秒，每三十年加一宫八度二十五分三十一秒，至一千四百四十年，得五宫十五分三十三秒。

五星自行度立成造法

土星日期立成　一日五十七分，按日递加。小月二十七度三十七分，大月二十八度三十四分。其五日、十二日、二十日、二十八日增一分者，乃秒数所积也。

月分立成。大月加二十八度三十四分，小月加二十七度三十七分。按月累加，十二月计十一宫七度四分，闰日加五十七分。

宫分初日立成。金牛宫初日为二十九度三十一分，自行分三十一日之积。余四星准此。视宫分日数累加之，至双鱼宫初日为十宫十八度五十八分。

零年立成。每年十一宫七度四分，其闰日有无，视日中行度，零年有加本星一日行分，下四星准此。至三十年，共一宫十二度一十六分。

总年立成。第一年十一宫二十九度十八分，此隋己未测定根数，一云即洪武甲子年数，加次在内。下四星准此。六百年四宫四度四十四分。每三十年加一宫十二度二十七分，至一千四百四十年，计七宫十八度二十分。

木星日期立成　一日五十四分，按日递加。小月二十六度十分，大月二十七度五分。其四日、十一日、十七日、二十四日、三十日增一分者，秒数所积也。

月分立成。按大、小月累加，十二月计十宫十九度二十九分，闰日加五十四分。

宫分初日立成。金牛宫初日二十七度五十九分，至双鱼宫初日为十宫二十九度二十六分。

零年立成。每年十宫十九度二十九分,至三十年,计七宫二十四度三十九分。

总年立成。第一年四宫二十五度十九分,六百年五宫八度二十七分。每三十年加七宫二四三九,至千四百四十年,计八宫八度五十分。

火星日期立成 一日二十八分,按日递加。小月十三度二十三分,大月十三度五十一分。其二日、五日、九日、十二日、十五日、十八日、二十二日、二十五日、二十八日各减一分。

月分立成。按大小月累加,十二月计五宫十三度二十四分,闰日加二十八分。

宫分初日立成。金牛宫初日十四度十九分,至双鱼宫初日五宫十八度二十九分。

零年立成。每年五宫十三度二十四分,至三十年,计七宫十七度一分。

总年立成。第一年八宫二十四度六分,六百年四宫四度三十三分。每三十年加七宫十七度一分,至一千四百四十年,计一度一十一分。

金星日期立成 一日三十七分,按日递加。小月十七度五十三分,大月十八度三十分。

月分立成。按大小月累加,十二月计七宫八度十五分,闰日加三十七分。

宫分初日立成。金牛宫初日十九度七分,至双鱼宫初日七宫十五度二分。

零年立成。每年七宫八度十五分,至三十年,计二宫十四度十五分。

总年立成。第一年一宫十五度二十九分,六百年三宫〇三十四分。每三十年加二宫十四度十五分,至一千四百四十年,计九度五十一分。

　　水星日期立成　　一日三度六分，按日遞加。小月三宫初度六分，大月三宫三度十二分。其二日、四日、七日、九日、十二日、十四日、十七日、十九日、二十二日、二十四日、二十七日、二十九日各增一分。

　　月分立成。按大小月累加，十二月計初宫十九度四十七分，閏月加三度六分。

　　宫分初日立成。金牛宫初日三宫六度十九分，至雙魚宫初日十宫二十度四十五分。

　　零年立成。每年初宫十九度四十七分，至三十年，計八宫二十七度四十四分。

　　總年立成。第一年二宫二十五度三十四分，六百年一宫十度九分。每三十年加八宫二十七度四十四分，至一千四百四十年，計十一宫六度三十五分。

　　日五星最高行度立成造法日五星同用。

　　最高行日分立成。一日一十微，按日遞加。其四日、十一日、十八日、二十五日，各減一微，大月四秒五十六微，小月四秒四十六微。

　　月分立成。按大小月累加，十二月計五十八秒一十微，有閏日加十微。

　　宫分初日立成。金牛宫初日五秒六微，至雙魚宫初日五十五秒五微。

　　零年立成。每年五十八秒，去二十微。按年遞加，三年積六十微加一秒，三十年計二十九分十秒。

　　總年立成。一年初宫十度四十分二十八秒，洪武甲子加次。六百年五十八分十三秒。每三十年加二十九分七秒，一千四百四十年，計十二度三十六分五十五秒。

　　太陰經度立成造法

日期立成。中心行度,一日十三度十一分,按日累加。大月一宫五度十七分,小月初宫二十二度七分。内二日、四日、六日、九日、十一、十四、十六、十八、二十一、二十三、二十六、二十八、三十日,各减一分,共减十三分。　加倍相离度,一日二十四度二十三分,按日递加。大月初宫十一度二十七分,小月十一宫十七度四分。内五日、十四日、二十三日,各减一分。　本轮行度,一日十三度四分,按日递加。大月一宫一度五十七分,小月十八度五十三分,其中逢五皆减一分。　　罗计中心行度,一日三分,按日递加。大月一度三十五分,小月一度三十二分,内三日、九日、十五、二十、二十六日各增一分。

月分立成。中心行度,大月一宫五度十七分,小月二十二度七分,按月加之,十二月计十一宫十四度二十七分。内三月、七月、十一月各增一分。有闰日,加十三度十一分。　　加倍相离度,大月十一度二十七分,小月十一宫十七度四分,十二月计十一宫二十一度三分。内二、六、十月各减一分。有闰日,加二十四度二十三分。　本轮行度,大月一宫一度五十七分,小月十八度五十三分,十二月计十宫五度〇分。有闰日,加十三度加分。　罗计行度,大月一度三十五分,小月一度三十二分,十二月十八度四十五分。内三、七、十一月各增一分。有闰日,加三分。

零年立成。中心行度,每年十一宫十四度二十七分,三十年一宫八度十五分。三十年闰十一日,与太阳零年同。下准此。　倍离度,每年十一宫二十一度三分,三十年十一宫二十九度四十分。闰日,加二十四度二十三分。　本轮行度,每年十宫五度,三十年九宫二十三度四十七分。闰日,加十三度四分。　罗计行度,每年十八度四十五分,三十年六宫二十二度五十八分。闰日,加三分。

总年立成。中心行度,第一年四宫二十八度四十九分,六百年六宫八度四十二分。每三十年加一宫八度十五分,一千四百四十年,五宫二十九度四十七分。　倍离度,第一年一宫二十五度二十八分,六百年一宫十八度三十三分。每三十年加十一宫二十九度四十分，一千四百四十年，一宫九度二十一分。　本轮行度，第一年四宫十二度二分，六百年八宫八度八分。每三十年加九宫二十三度四十七分，一千四百四十年，六宫十四度九分。　罗计行度，第一年七宫二十三度六分，六百年十一宫二度三十四分。每三十年加六宫二十二度五十八分，一千四百四十年，八宫十五度五十分。

总零年宫月日七曜立成造法

总年立成，第一年起金六，六百年起日一，每三十年加五数。零年立成，起水四。宫分立成，金牛宫起火三。月分立成，起月二。日期立成，起日一。求法：有闰日，满岁用岁七曜。不满岁，用月七曜。并之，得逐月末日七曜。

太阳加减立成自行宫度为引数。原本宫纵列首行，度横列上行，每三宫顺布三十度，内列加减差，又列加减分。其加减分，乃本度加减差与次度加减差之较也。今去之，止列加减差数，将引数宫列上横行，度列首直行，用顺逆查之，得数无异，而简捷过之。月、五星加减立成，准此。

引数	初　宫		一　宫			二　宫		
	加　减　差		加　减　差			加　减　差		
顺	分	秒	度	分	秒	度	分	秒
〇	〇〇	〇〇		五八	三五	一	四二	四五
一	二	〇二	〇〇	二二		三	四九
二	四	〇四	二	〇八		四	五二
三	六	〇六	三	五三		五	五三
四	〇八	〇八	五	三七		六	五二
五	一〇	一〇	七	二〇		七	四九
六	二	一二	〇九	〇一		八	四四
七	四	一三	一〇	四一		四九	三七
八	六	一五	二	二〇		五〇	二八
九	一八	一六	三	五八		一	一七
一〇	二〇	一七	五	三五		二	〇四
一一	二	一七	七	一〇		三	五〇
一二	四	一六	一八	四四		三	三四

宫一十			宫 十			宫 九		
三	六	一六		二○	一七		四	一六
四	二八	一五		一	四九		四	五六
五	三○	一五		三	一九		五	三四
六	二	一三		四	四七		六	○九
七	四	一○		六	一四		六	四二
八	六	○七		七	四○		七	一三
九	八	○三		二九	○四		七	四二
二○	三九	五九		三○	二七		八	○九
一	四一	五四		一	四八		八	三四
二	三	四八		三	○八		八	五七
三	五	四二		四	二六		九	一八
四	七	三五		五	四二		九	三七
五	四九	二七		六	七五	一	五九	五四
六	五一	一八		三八	一○	二	○○	○八
七	三	○八		三九	二一			二○
八	四	五八		四○	三一			三○
九	六	四七		四一	三九			三八
三○	八	三五	一	四二	四五		○○	四三

三 宫			四 宫			五 宫			引数
加 减 差			加 减 差			加 减 差			逆
度	分	秒	度	分	秒	度	分	秒	
二	○○	四三	一	四六	二五	一	○二	一六	三○
		四六		五	二三	一	○○	二四	九
		四七		四	一九	○	五八	三一	八
		四六		三	一三		六	三六	七
		四三		二	○五		四	四○	六
		三八		四○	五五		二	四三	五
		三○		三九	三四		五○	四五	四
		二○		八	二九		四八	四六	三
二	○○	○八		七	一三		六	四六	二
一	五九	五三		五	五六		四	四五	一
	五九	三六		四	三八		二	四三	二○
	九	一七		三	一六		四○	四○	九

	宫八			宫七			宫六	
	八	五六		一	五三	三八	三六	八
	八	三三		三〇	二八	六	三二	七
	八	〇八		二九	〇一	四	二七	六
	七	四一		七	三三	二	二一	五
	七	一一		六	〇三	三〇	一五	四
	六	三九		四	三一	二八	〇八	三二
	六	〇五		二	五七	六	〇一	三一
	五	二八		二一	二二	三	五三	一
	四	四九		一九	四五	二一	四四	一〇
	四	〇八		八	〇七	一九	三五	九
	三	二五		六	二七	七	二五	八
	二	四〇		四	四五	五	一五	七
	一	五三		三	〇二	三	〇五	六
	一	〇四		一一	一八	一〇	五五	五
	五〇	一三		〇九	三三	〇八	四四	四
	四九	一九		七	四六	六	三三	三
	四八	二三		五	五七	四	二二	二
	四七	二五		四	〇七	二	一一	一
一	四六	二五	一	〇二	一六	〇〇	〇〇	〇
宫　八			宫　七			宫　六		

太阴经度第一加减比敷立成 以加倍相离宫度为引数。

引数	初宫			一宫			二宫		
	加　减　差		比敷	加　减　差		比敷	加减差		比敷
顺	度	分	分	度	分	分	度	分	分
〇	〇	〇〇		四	一五	三	〇八	一八	一三
一		〇九			二四	四		二五	三
二		一七			三二	四		三三	四
三		二六			四〇	四		四〇	四
四		三四			四九	四		四七	五
五		四三		四	五七	五	八	五五	五
六	〇	五一		五	〇五	五	九	〇二	六
七	一	〇〇			一四	五		〇九	六

引数	宮一十			宮　十			宮　九		
八		○八			二二	五		一六	六
九		一七			三○	六		二三	七
一○		二五			三九	六		三○	七
一一		三四			四七	六		三七	八
一二		四三	一	五	五五	七		四四	八
一三	一	五一	一	六	○三	七		五○	九
一四	二	○○	一		一一	七	○九	五七	一九
一五		○八	一		一九	八	一○	○四	二○
一六		一七	一		二八	八		一○	二○
一七		二五	一		三六	八		一七	二一
一八		三四	一		四四	八		二三	二一
一九		四二	一	六	五二	九		三○	二二
二○		五一	二	七	○○	九		三六	二二
二一	二	五九	二		○八	九		四二	二三
二二	三	○八	二		一六	一○		四七	二三
二三		一七	二		二四	一○		五二	二四
二四		二五	二		三一	一一	○	五八	二四
二五		三三	二		三九	一一	一	○三	二四
二六		四一	三		四七	一一		○九	二五
二七		五○	三	七	五五	一二		一四	二五
二八	三	五八	三	八	○三	一二		一九	二六
二九	四	○六	三		一○	一三		二五	二六
三○	四	一五	三		一八	一三	一一	三○	二七

（各宮標目自左至右：宮一十、宮十、宮九）

| 三宮 | | | 四宮 | | | 五宮 | | | 引数 |
| 加減差 | | 比敷 | 加減差 | | 比敷 | 加減差 | | 比敷 | |
度	分	分	度	分	分	度	分	分	逆
一一	三○	二七	一二	二五	四三	○八	四四	五五	三○
	三四	七		二二	三		三一	五	九
	三八	八		一九	四		一七	五	八
	四二	八		一五	四	八	○三	六	七
	四六	九		一二	五	七	四九	六	六
	五○	二九		○八	五		三四	六	五
	五四	三○		○五	六		一九	七	四

一	五八	一		二	○一	六	七	○四	七	三
二	○二	一	一		五七	七	六	四八	七	三
	○六	二			五三	七		三二	八	一
	一○	二			四八	七	六	一五	八	二○
	一三	三			四三	八	五	八五	八	九
	一六	四			三七	八		四一	八	八
	一八	五			三○	八		二四	八	七
	二○	五			二三	九	五	○六	九	六
	二二	六			一六	九	四	四八	九	五
	二四	六			○九	四九		三○	九	四
	二六	七	一		○一	五○	四	一二	九	三
	二八	七	○		五三		三	五四	九	二
	二九	七			四五	一		三五	九	一
	三○	八			三七	一	三	一六	九	一○
	三一	八			二七	二	二二	五七	五九	九
	三二	九			一七	二		三七	○○	八
		九	一○		○七	二	二	一七	○	七
	三二	三○	○九		五六	三		五八	○	六
	三一	四○			四五	三		三八	○	五
	三○	一			三四	三	一	一八	○	四
	三○	一			二二	四	○	五九	○	三
	二九	二	九		一○	四		三九	○	二
	二七	二	八		五七	四		二	○	一
一二	二五	二		○八	四四	五五	○○	○○	○	○
	宮　八			**宮　七**			**宮　六**			

太阴第二加减远近立成以本轮行定宫度为引数。

引数	初　宫				一　宫				二　宫			
数	加减差		远近		加减差		远近		加减差		远近	
顺	度	分	度	分	度	分	度	分	度	分	度	分
○		○○		○○	二	一五		○三	四	○一	一	五六
一		○五		二		一九		○五	三		一	五八
二	・	○九		四	二	二三		○六	六		一	五九

引数	十一宫加减差度	十一宫加减差分	十一宫远近度	十一宫远近分	十宫加减差度	十宫加减差分	十宫远近度	十宫远近分	九宫加减差度	九宫加减差分	九宫远近度	九宫远近分
三		一四		六		二七		○八		○八	二	○○
四		一九		○八		三一		一○		一一		○二
五		二四		一○		三五		一二		一三		○三
六		二九		一三		三九		一四		一五		○四
七		三三		一五		四三		一六		一七		○六
八		三八		一七		四七		一八		一九		○七
九		四二		一九		五一		二○		二一		○八
一○		四七		二一		五五		二二		二三		○九
一一		五二		二三		五九		二三		二五		一○
一二		五七		二六		○二		二五		二七		一二
一三	一	○一		二八	一	○六		二七		二九		一三
一四		○五		三○		○九		二九		三一		一四
一五		一○		三二		一三		三一		三三		一五
一六		一四		三四		一六		三三		三五		一六
一七		一九		三六		二○		三五		三六		一七
一八		二三		三八		二三		三六		三八		一八
一九		二八		四一		二七		三八		三九		一九
二○		三二		四三		三○		四○		四○		二○
二一		三六		四五		三四		四一		四一		二一
二二		四○		四七		三七		四三		四二		二二
二三		四四		四九		四○		四五		四三		二三
二四		四九		五一		四三		四七		四四		二四
二五		五四		五三		四六		四八		四五		二四
二六	一	五八		五五		四九		五○		四六		二五
二七	二	○二		五七		五二		五一		四七		二五
二八		○六	○	五九		五五		五三		四八		二六
二九		一○	一	○		五八		五四		四九		二六
三○	二	一五	一	○三		三四	○	一 五六		四九	二	二七

	宫 一 十		宫 十		宫 九	

三 宫			四 宫			五 宫			引数
加减差		远近	加减差		远近	加减差		远近	数
度	分	度 分	度	分	度 分	度	分	度 分	逆
四	四九	二 二七	四	二○	二 二二	二	三五	一 三○	三○
	五○	二 七		一八	二 一		三一	二 七	九

宫八		宫七		宫六		
五〇	二八	一六	二〇	二六	二四	八
五〇	二八	一三	一八	二二	二一	七
五〇	二八	一一	一七	一七	一九	六
五〇	二九	〇八	一六	一二	一六	五
四九	二九	〇五	一四	〇七	一三	四
四九	二九	〇三	一三	二 〇二	一〇	三
四九	二九 四	〇〇	一二	五七	〇八	二
四八	三〇 三	五七	一〇	五二	〇五	一
四八	三〇	五四	〇九	四七 一	〇二	二〇
四七	三〇	五一	〇八	四二 〇	五九	九
四七	三〇	四七	〇六	三七	五六	八
四六	三〇	四三	〇五	三二	五三	七
四五	三〇	四〇	〇三	二七	五一	六
四四	三〇	三七 二	〇一	二一	四七	五
四三	二九	三四 一	五九	一五	四四	四
四二	二九	三〇	五七	一〇	四一	三
四一	二九	二六	五六	〇五	三八	二
四〇	二九	二二	五四 一	〇〇	三五	一
三九	二八	一八	五二 〇	五五	三二	一〇
三七	二八	一四	五〇	四九	二九	九
三六	二八 三	一〇	四八	四三	二六	八
三四	二七 二	〇六	四六	三八	二二	七
三三	二七	〇二	四三	三三	一九	六
三一	二六	五八	四一	二七	一六	五
二九	二六	五四	三九	二二	一三	四
二七	二五	四九	三七	一七	一〇	三
二五	二四	四四	三五	一一	〇六	二
二三	二三	四〇	三三	〇五	〇三	一
二〇 二	二二 二	三五 一	三〇 〇〇	〇〇	〇〇	〇
宫 八		宫 七		宫 六		

土星第一加减比敷立成小轮心宫度为引数。

引数	初宫			一宫			二宫		
	加减差		比敷	加减差		比敷	加减差		比敷
顺	度	分	分	度	分	分	度	分	分
〇	〇	〇〇	〇	三	〇〇	〇四	五	一七	一三
一		〇六			〇六	四		二〇	三三
二		一二			一一	四		二三	三三
三		一九			一六	四		二六	四
四		二五			二一	五		二九	四
五		三一			二六	五		三三	五
六		三七			三二	五		三六	五
七		四三			三七	五		三九	五
八		五〇			四二	六		四二	六
九		五六			四七	六		四五	六
一〇	一	〇二	一		五二	六		四七	七
一一		〇九		三	五七	六		五〇	七
一二		一五		四	〇二	七		五二	八
一三		二一			〇七	七		五四	八
一四		二七			一一	七		五六	九
一五		三三			一六	七	五	五八	一九
一六		三九			二一	八	六	〇〇	二〇
一七		四五			二五	八		〇二	〇
一八		五一	一		三〇	八		〇四	一
一九	一	五七	二		三五	九		〇六	一
二〇	二	〇三			三九	〇九		〇八	二
二一		〇九			四三	一九		〇九	二
二二		一五			四七	〇		一〇	三
二三		二一			五一	〇		一一	三
二四		二七			五四	〇		一二	四
二五		三三	二	四	五八	一		一三	五
二六		三九	三	五	〇二	一		一四	五
二七		四四			〇六	二		一五	六
二八		五〇			一〇	二		一六	六
二九	二	五五			一三	二		一六	七
三〇	三	〇〇	三	五	一七	一三	六	一七	二七
	宫一十			宫 十			宫 九		

三宮			四宮			五宮			引数
加減差		比敷	加減差		比敷	加減差		比敷	
度	分	分	度	分	分	度	分	分	逆
六	一七	二七	五	三六	四二	三	一七	五五	三〇
	一八	二八		三三	三三		一一	五	九
	一九	二九		三〇	三三	三	〇五	五	八
	一九	三〇		二七	四	二	五九	六	七
	一九	一		二四	四		五三	六	六
	一九	一		二〇	五		四七	六	五
	一八	二		一六	五		四一	七	四
	一八	二		一二	五		三五	七	三
	一七	二		〇八	六		二九	七	二
	一六	三		〇四	六		二三	七	一
	一五	三	五	〇〇	七		一七	八	二〇
	一四	四	四	五六	七		一〇	八	九
	一二	四		五一	八	二	〇三	八	八
	一一	五		四七	八	一	五七	八	七
	一〇	五		四二	八		五〇	八	六
	〇八	六		三八	九		四三	九	五
	〇七	六		三三	四九		三六	九	四
	〇五	七		二八	五〇		三〇	九	三
	〇四	七		二三	〇		二三	九	二
	〇三	八		一八	一		一六	五九	一
六	〇一	八		一三	一		〇九	〇〇	一〇
五	五九	八		〇八	一	一	〇二		九
	五七	九	四	〇二	二	〇	五五		八
	五五	九三	三	五六	二二		四九		七
	五二	四〇		五一	二二		四二		六
	五〇	〇		四五	三		三五		五
	四八	一		四〇	三		二八		四
	四五	一		三四	四		二一		三
	四二	二		二九	四		一四		二
	三九	二		二三	四		〇七		一
五	三六	四二	三	一七	五五	〇	〇〇	〇〇	〇
宮　八			宮　七			宮　六			

土星第二加减远近立成自行定宫度为引数。

引数顺	初宫			一宫			二宫		
	加减差		远近	加减差		远近	加减差		远近
	度	分	分	度	分	分	度	分	分
〇	〇	〇〇	〇	二	三七	一七	四	三八	三一
一		〇五	一		四二	八		四二	二
二		一一	一		四六	九		四六	二
三		一六	二		五〇	一九		五〇	二
四		二一	三	二	五五	二〇		五四	三
五		二七	三	三	〇〇	〇	四	五八	三
六		三二	四		〇四	一	五	〇一	四
七		三八	五		〇九	二		〇五	四
八		四三	五		一四	三		〇八	五
九		四八	六		一八	三		一一	五
一〇	〇	五四	六		二三	四		一四	六
一一	一	〇〇	七		二七	四		一六	六
一二		〇五	七		三一	五		一七	六
一三		一〇	八		三五	五		一八	七
一四		一六	八		三九	六		二〇	七
一五		二一	〇九		四三	六		二一	七
一六		二六	〇九		四八	六		二三	七
一七		三一	一〇		五二	六		二四	七
一八		三七	一〇	三	五六	七		二六	七
一九		四二	一	四	〇〇	七		二七	八
二〇		四七	一		〇四	七		二九	八
二一		五二	二		〇八	七		三〇	八
二二	一	五七	三		一一	八		三一	八
二三	二	〇二	三		一五	八		三二	八
二四		〇七	四		一八	九		三三	九
二五		一二	四		二二	二九		三四	九
二六		一七	五		二五	三〇		三五	三九
二七		二二	六		二八	〇		三六	四〇
二八		二七	六		三二	〇		三七	〇
二九		三二	七		三五	一		三八	〇
三〇	二	三七	七	四	三八	三一	五	三九	四一

	宫一十		宫　十		宫　九

三　宫			四　宫			五　宫			引数
加减差		远近	加减差		远近	加减差		远近	
度	分	分	度	分	分	度	分	分	逆
五	三九	四一	五	〇七	三九	三	〇六	二四	三〇
	九	一		〇四	九	三	〇〇	三	九
	三九	一	五	〇一	九	二	五四	三	八
	四〇	一	四	五八	八		四八	二	七
	〇	一		五五	八		四二	二	六
	〇	一		五二	八		三六	一	五
	〇	一		四九	七		三一	一	四
	〇	一		四六	七		二六	二一	三
	〇	一		四三	七		二〇	一九	二
	〇	一		四〇	六		一四	八	一
	四〇	一		三七	六		〇八	七	二〇
	三九	二		三三	六	二	〇二	六	九
	九	二		二九	五	一	五六	五	八
	八	二		二五	五		四九	五	七
	八	二		二一	四		四三	四	六
	八	二		一六	四		三七	三	五
	七	二		一二	三		三一	二二	四
	七	二		〇八	三		二四	二一	三
	七	二		〇四	二		一八	一	二
	六	二	四	〇〇	一		一二	一〇	一
	五	一	三	五六	〇	一	〇五	〇九	一〇
	三	一		五一	三〇	〇	五九	八	九
	三〇	一		四六	二九		五二	七	八
	二七	〇		四一	九		四六	六	七
	二四	〇		三六	八		三九	五	六
	二一	〇		三一	七		三三	四	五
	一八	四〇		二六	七		二六	三	四
	一五	三九		二一	六		二〇	二二	三
	一二	九		一六	五		一四	一	二
	一〇	九		一一	四		〇七	九	一

五	○七	三九	三	○六	二四	○	○○	○○	○
宫 八			宫 七			宫 六			

木星第一加减比敷立成小轮心宫度为引数。

引数顺	初宫 加减差 度	分	比敷 分	一宫 加减差 度	分	比敷 分	二宫 加减差 度	分	比敷 分
○	○	○○		二	二七	四	四	一九	一五
一		○五			三一	四		二一	五
二		一○			三六	四		二三	五
三		一五			四○	五		二六	六
四		二○			四四	五		二八	六
五		二五			四八	五		三○	七
六		三○			五三	五		三三	七
七		三六		二	五七	六		三五	八
八		四一		三	○一	六		三八	八
九		四六			○五	六		四○	九
一○		五一			一○	七		四二	一九
一一	○	五六	○		一四	七		四四	二○
一二	一	○一	一		一七	七		四六	○
一三		○六	一		二一	八		四七	一
一四		一一	一		二五	八		四九	一
一五		一六	一		二九	八		五○	二
一六		二○	一		三三	九		五二	二
一七		二五	一		三六	九		五三	三
一八		三○	二		四○	一○		五五	三
一九		三五	二		四三	○		五七	四
二○		四○	二		四七	一		五八	四
二一		四五	二		五○	一	四	五九	五
二二		五○	二		五三	二	五	○○	五
二三		五四	二	三	五六	二		○○	六
二四	一	五九	三	四	○○	二		○一	六
二五	二	○四	三		○三	二		○二	七

引数	宫十一			宫十			宫九		
六		○八	三		○六	三		○二	七
七		一三	三		○九	三		○三	八
八		一八	四		一三	四		○四	八
九		二二	四		一六	四		○四	九
三○	二	二七	四	四	一九	一五	五	○五	二九

三宫			四宫			五宫			引数
加减差		比敷	加减差		比敷	加减差		比敷	逆
度	分	分	度	分	分	度	分	分	分
五	○五	二九	四	三○	五	二	三九	五六	三○
	五	三○		二七	五		三四	六	九
	五	○		二四	五		二九	六	八
	四	一		二一	六		二四	七	七
	四	一		一八	六		一九	七	六
	四	二		一六	七		一四	七	五
	四	二		一三	七		○九	七	四
	四	三		一○	八	二	○四	八	三
	三	三		○七	八	一	五九	八	二
	三	四		○四	八		五四	八	一
	三	五	四	○一	九		四九	八	二○
	二	五	三	五七	四九		四四	八	九
	一	六		五三	五○		三八	九	八
五	○○	六		四九	○		三三	九	七
四	五九	七		四六	一		二八	九	六
	八	七		四二	一		二二	九	五
	六	八		三八	一		一七	五九	四
	五	八		三四	二		一二	○	三
	四	九		三一	二		○六	○	二
	二	三九		二七	三	一	○一	○	一
	五一	四○		二三	三	○	五五	○	一○
	四九	○		一九	三		四九	○	九
	四七	一		一四	四		四四	○	八
	四五	一		一○	四		三九	○	七
	四三	二		○五	四		三三	○	六

	四一	二	三	○一	五		二七		五
	三九	三三	二	五七	五		二一		四
	三七	三		五二	五		一六		三三
	三五	四		四八	五		一一		三二
	三三	四		四三	六		○六		一
四	三○	四五	二	三九	五六	○	○○	○	○
宮八			宮七			宮六			

木星第二加减远近立成自行定官度为引数。

引数	初　宮			一　宮			二　宮		
数	加减差		远近	加减差		远近	加减差		远近
顺	度	分	分	度	分	分	度	分	分
○	○	○○	○○	四	二七	二一	八	○九	四一
一		○九	一		三六	二		一五	一
二		一八	一		四四	二		二一	二二
三		二七	二二	四	五二	三		三七	二二
四		三七	三	五	○一	四		三三	二三
五		四六	四		○九	四		三九	四
六	○	五五	四		一七	六		四四	四
七	一	○四	五		二五	七		四九	五
八		一三	六		三三	七		五四	五
九		二二	六		四一	八	八	五九	六
一○		三一	七		四九	八	九	○四	七
一一		四○	八	五	五七	二九		○九	七
一二		四九	九	六	○五	三○		一三	八
一三	一	五八	○九		一三	○		一七	八
一四	二	○七	一○		二一	一		二一	九
一五		一六	一		二八	二		二五	四九
一六		二五	一		三五	二		二九	五○
一七		三四	二二		四二	三		三三	○
一八		四三	二三		四九	四		三八	一
一九	二	五二	三三	六	五六	五		四二	一
二○	三	○一	四	七	○三	五		四六	二

引數	宮一十			宮十			宮九		
一		一〇	五		一〇	六		五〇	二二
二		一九	六		一七	六		五三	二三
三		二八	六		二四	七		五六	三三
四		三七	七		三一	八	〇九	五九	三三
五		四六	八		三八	八	一〇	〇二	三四
六	三	五五	八		四五	九		〇五	四
七	四	〇三	一九		五一	三九		〇七	五
八		一一	二〇	七	五七	四〇		〇九	五
九		一九	〇	八	〇三	〇		一一	五
三〇	四	二七	二一	八	〇九	四一	一〇	一三	五六

三 宮			四 宮			五 宮			引
加減差		遠近	加減差		遠近	加減差		遠近	數
度	分	分	度	分	分	度	分	分	逆
一〇	一三	五六	九	四四	六〇	六	〇六	四一	三〇
	一五	六		四〇	五九	五	五六	四〇	九
	一七	六		三六	九		四五	三九	八
	一九	七		三一	九		三四	八	七
	二〇	七		二六	九		二三	七	六
	二一	七		二一	八		一二	六	五
	二二	七		一六	八	五	〇一	四	四
	二二	八		一一	七	四	五〇	三	三
	二三	八	九	〇五	七		三九	二	二
	二三	八	八	五九	七		二七	三〇	一
	二三	九		五三	六		一五	二九	二〇
	二三	九		四六	六	四	〇三	八	九
	二三	九		三九	五	三	五一	七	八
	二二	九		三二	五		三九	五	七
	二二	九		二五	四		二七	四	六
	二一	五九		一八	四		一五	二	五
	二〇	六〇		一一	三	三	〇三	二	四
	一九		八	〇三	二	二	五〇	二〇	三
	一八		七	五五	二		三七	一八	二
	一六			四七	一		二四	七	一

宮八			宮七			宮六		
一四			三九	○	二	一一	五	一○
一二			三○	五○	一	五八	四	九
一○			二一	四九		四五	三	八
○七			一二	八		三二	一一	七
○四		七	○三	七		一九	九	六
一○	○一	六	五四	六	一	○六	八	五
○九	五八		四五	五	○	五三	六	四
	五五		三六	四		四○	五	三
	五二		二六	三		二七	三	二
	四八		一六	二		一四	二	一
○九	四四	六○	六	○六	四一	○○	二	○
宮　八			**宮　七**			**宮　六**		

火星第一加減比敷立成小輪心宮度为引数。

引数顺	初宮 加减差		初宮 比敷分		一宮 加减差		一宮 比敷分		二宮 加减差		二宮 比敷分	
	度	分	分	秒	度	分	分	秒	度	分	分	秒
○	○	○	○	○	五	一六	三	四一	九	二四	一三	五二
一		一二	○	二		二六	三	五五		三○	一四	一七
二		二三	○	四		三五	四	○九		三六	一四	四二
三		三三	○	六		四五	四	二四		四二	一五	○八
四		四四	○	八	五	五五	四	三九		四八	一五	三四
五	○	五五	一	○	六	○四	四	五七	九	五四	一六	○○
六	一	○五	一	二		一三	五	一四	一○	○○	一六	二七
七		一六	一	五		二三	五	三一		○五	一六	五四
八		二七	一	八		三一	五	四九		一○	一七	二二
九		三八	二	一		四○	六	○八		一五	一七	五二
一○	一	四九	二	五		四九	六	二五		一九	一八	一九
一一	二	○○	三	○	六	五八	六	四二		二四	一八	四七
一二		一○	三	五	七	○七	七	○○		二九	一九	一五
一三		二一	四	一		一六	七	一八		三三	一九	四三
一四		三二	四	四		二四	七	三七		三七	二○	一一
一五		四二	四	八		三二	七	五七		四一	二○	四○

引数	宮一十 加減差 度 分		比數分 分 秒		宮十 加減差 度 分		比數分 分 秒		宮九 加減差 度 分		比數分 分 秒	
六	二	五三	〇	五三		四一	八	一八		四五	一	〇九
七	三	〇三	一	〇五		四九	八	四〇		四九	一	三八
八		一三	一	一五	七	五七	九	〇三		五三	二	〇七
九		二四	一	二六	八	〇五	九	二七	一〇	五六	二	三六
二〇		三五	一	三八		一三	〇九	五一	一〇〇	二三	三	三六
一		四六	一	五〇		二〇	一〇	一五	〇三	三三	三	三七
二二	三	五六	二	〇二		二八	〇	三九	〇六	四	四	三七
三三	四	〇六	二	一四		三五	一	〇三	〇九	四	三	三八
四		一六	二	二六		四二	一	二七	一三	五	〇	九
五		二六	二	三八		五〇	一	五一	一四	五	四	〇
六		三六	二	五〇	八	五七	二	一五	一六	六	一	二
七		四六	三	〇二	九	〇四	二	三九	一九	六	四	四
八	四	五六	三	一五		一一	三	〇三	二一	七	一	六
九	五	〇六	三	二八		一八	三	二七	二二	七	四	八
三〇	五	一六	三	四一	九	二四	一三五二	一一	二三	二	八	二
	宮一十				宮十				宮九			

三宮 加減差 度 分		比數分 分 秒		四宮 加減差 度 分		比數分 分 秒		五宮 加減差 度 分		比數分 分 秒		引数 逆
一一	二三	二八	二〇	一〇	二二	四三	三九	六	一六	五五	二八	三〇
	三三	八	五二		一七	四	〇七		〇五	五	四四	九
	二四	九	二四		一二	四	三五	五	五四	六	〇〇	八
	二四	二九	五六		〇六	五	〇三		四三		一五	七
	二五	三	二八	一〇	〇〇	五	三〇		三二	三	〇	六
	二五	一	〇〇	〇	九	五四		二一	六	四五		五
	二四		三二		四八	六	二四	五	〇九	七	〇〇	四
	二四	二	〇四		四一	六	五一	四	五七		一五	三
	二三	二	三六		三四	七	一八		四五	二	九	二
	二二	二	三〇七		二七	七	四五		三二	四	三	一
	二二	二	三八		二〇	八	一一		二〇	七	五七	二〇
	二〇	四	〇九		一三	八	三六	四	〇八	八	一〇	九
	一九	四	四〇	九	〇五	九		三	五五		二二	八
	一七	五	一一	八	五七	九	二六		四三	三	三	七
	一五	五	四二		四九	四九	五〇		三一		四三	六

宫八				宫七				宫六				
一三	六	一三		四一	五〇	一四		一八	八	五三		五
一一	六	四四		三二	〇	三八	三	〇五	九	〇〇		四
〇九	七	一五		三三	一	二二	二	五二		〇七		三
〇六	七	四六		一四	一	二六		三九		一三		二
〇三	八	一六	八	〇五	一	五〇		二六		一九		一
一〇	〇〇	八	四六	七	五六	二	一三	二	一三		二四	一〇
一〇	五七	九	一六		四七	二	三六	一	五九		二九	九
五三	三九	四六		三七	二	五九		四六		三四	八	
四九	四〇	一六		二七	三	二一		三三		三九	七	
四五	〇	四六		一七	三	四三		二〇		四三	六	
四一	一	一六	七	〇七	四	〇四	一	〇七		四七	五	
三七	一	四五	六	五七	四	二四	〇	五〇		五一	四	
三三	二	一四		四七	四	四三		四〇		五四	三	
二九	二	四三		三六	五	〇〇		三七		五七	二	
二六	三	一〇		二六	五	一六		二四	五九	五九	一	
一〇	二二	四三	三九	〇六	一六	五五	二八	〇〇	〇〇	〇〇	〇〇	〇

火星第二加减远近立成自行定宫度为引数。

引数顺	初宫 加减差 度	分	远近 度	分	一宫 加减差 度	分	远近 度	分	二宫 加减差 度	分	远近 度	分
〇	〇	〇	〇	〇	一	一九	一	二八	二一	四六	三	〇七
一		二三		二		三一		三一	二				一四
二	〇	四六	五		一	五三		三四		二六		一八
三	一	〇九	〇	八	二	一五		三七	二	四六		二二
四		三一		一一	二	三七	四	〇		〇六		二二
五	一	五四		一三	二	五九	四	三		二六		二六
六	二	一六		一六	三	二	四	四六	三	四五		三〇
七	二	三九		一九	三	四一	五	〇	四	〇五		三三
八	三	〇一		二三	四	〇	五	三		二四		三七
九		二三		二六		二五	五	五六	四	四四		四二
一〇	三	四五		二九	四	四七	一	五九	五	〇三		四六

引數	十一宮 加減差 度	分	遠近 度	分	十宮 加減差 度	分	遠近 度	分	九宮 加減差 度	分	遠近 度	分
一	四		〇八		三一	五	〇八	二		〇三		二二	五〇
二		三一			三四		二九		〇六		四〇		五五
三	四	五三	三七	五	五〇		〇九	五	五九	三	五九
四	五	一五	四〇	六	一二		一二	六	一七	四	〇四
五		三七		四三		三三		一五		三六		〇八
六	五	五九	四六	六	五四		一八	六	五四		一二
七	六	二二	四九	七	一六		二二	七	一三		一六
八	六	四四	五二		三七		二五		三一		二二
九	七	〇六	五五	七	五八		二九	七	四八		二五
二〇		二九	五八	八	一九		三三		〇六		三〇
一	七	五一	〇二	八	四〇		三六		二四		三四
二	八	一四	〇五	九	〇〇		四〇		四一		三八
三		三六	〇八		二一		四三	八	五九		四三
四	八	五八	一一	九四二		四六	九	一六		四七
五	九	二〇	一四二	〇		五〇		三二		五二
六	〇九	四二	一六		二二	五三二九	四九	四	五六
七	一〇	〇四	一九	〇四三	二五七	三〇	〇五	五〇	〇〇
八		二六	二一	一〇四	三	〇一		二一	〇五
九	〇	四八	二五	二五	〇四		三八	〇九
三〇	一一	〇九	二八	二一四六	三	〇七三〇五四	五一三

| | | | 宮 一 十 | | | | | 宮 十 | | | | | 宮 九 |

三宮 加減差 度	分	遠近 度	分	四宮 加減差 度	分	遠近 度	分	五宮 加減差 度	分	遠近 度	分	引數 逆
三〇	五四	五	一三	三六	三〇	〇八	二九	三一	五	一一三	〇五	三〇
一	〇九		二〇		三四		三七	一	二二		一三	九
	二四		二六		三七		四六	〇	五〇		一九	八
	四〇		三二		四〇	八	五四	三〇	一五		二四	七
一	五五		三八		二	九	〇二二九	三七		二九	六
二	〇九		四三		四		一〇	八	五七		三三	五
	二四		四八		五		一九	八	一五		三六	四
	三八		五四		五		二八	七	三〇		三八	三
二	五二	五	五九		四		三六	六	四四		三八	二
三	〇七	六	〇四		四二		四五	五	五六		三七	一

引数	宫八 加减差度	宫八 加减差分	宫八 比敷	宫七 加减差度	宫七 加减差分	宫七 比敷	宫六 加减差度	宫六 加减差分	宫六 比敷
	二一	○九		三九	○九	五五	五	○六	三三 二○
	三四	一五		三七	一○	○四	四	一三	二六 九
	四七	二一		三四		一二	三	一七	一六 八
三	五九	二七		三○		二二	二	一八 三	○五 七
四	一一	三三		二五		三○	一	一五 二	五四 六
	二三	四○		一八		四○	二	一○ 二	三七 五
	三五	四七		一○	○	五○	一九 三	二	一七 四
四	四六 六	五三 六	○○ 一	○○ 七	五四 一	五二 三			
五	五六 七	○○ 五	四九	一○ 六	四二 一	二三 二			
五	○七	○七	三七	二一 五	二八 ○	四九 一			
	一七	一三	二四	三一 四	一二 ○	一一 一○			
	二六	二○ 五	一○	四一 二	五三 ○九	二九 九			
	三五	二七 四	五五 一	五○	三三 八	四二 八			
	四三	三四	三八 二	○○ 一	○一 七	五○ 七			
五	五二	四一 四	一九	一 ○	八 四八 六	五三 六			
六	○○	四八 三	五八	二 ○	七 二三 五	五一 五			
	○八 七	五六	三六	三一 五	五七 四	四四 四			
	一五 八	○四 三	一二	四○ 四	三○ 三	三六 三			
	二一	一二 三	四七	四八 三	二六 二	二六 二			
	二六	二○ 三	二二	五六 三	一三	一四 一			
三六 三○	八	二九 三一	五一 三	○五 ○○○○○○○○	○				

	宫 八			宫 七			宫 六		

金星第一加减比敷立成小轮心宫度为引数。

引数	初宫			一宫			二宫		
	加减差		比敷	加减差		比敷	加减差		比敷
顺	度	分	分	度	分	分	度	分	分
○		○○		○	五八	四	一	四三	一四
一		二		一	○○	四		四	五
二		四			○二	四		五	五
三		六			○四	四		六	五
四		○八			○六	五		七	六
五		一○			○七	五		八	六

引数	宫一十			宫十			宫九		
	度	分	比敷	度	分	比敷	度	分	比敷
六		一二			○九	五		四九	七
七		一四	○		一一	六		五○	七
八		一六	一		一二	六		○	八
九		一八	一		一四	六		一	八
一○		二○	一		一六	六		二二	九
一一		二二	一		一七	七		三	一九
一二		二四	一		一九	七		四	二○
一三		二六	一		二○	七		四	○
一四		二八	一		二二	八		五	一
一五		三○	一		二三	八		六	一一
一六		三二	一		二五	八		六	二二
一七		三四	二		二六	九		七	二二
一八		三六	二		二八	九		八	三三
一九		三八	二		二九	○九		八	三三
二○		四○	二		三○	一○		九	四
二一		四二	二		三二	○		九	四
二二		四四	二		三三	一		九	五
二三		四六	二		三四	一	一	五九	五
二四		四八	三		三六	一	二	○○	六
二五		四九	三		三七	二		○	六
二六		五一	三		三八	二		○	七
二七		五三	三		三九	三		○	七
二八		五五	三		四一	三		○	八
二九		五七	三		四二	四		○一	九
三○		五八	四	一	四三	一四	二	○一	二九

三　宫			四　宫			五　宫			引数
加减差		比敷	加减差		比敷	加减差		比敷	逆
度	分	分	度	分	分	度	分	分	逆
二	○一	二九	一	四六	四四	一	○二	五六	三○
	一	三○		五	五	一	○○	六	九
	一	○		四	五	○	五八	六	八
	一	二		三	五		五七	六	七
	一	一		二	六		五五	七	六

	○	二		一	六		五三	七	五
	○	二二		四○	七		五一	七	四
	○	二三		三九	七		四九	七	三
	○	三三		七	八		四七	七	二
	○	三四		六	八		四五	八	一
二	○○	四		五	九		四三	八	二○
一	五九	五		三	九		四一	八	九
	九	五		二	四九		三九	八	八
	九	六		三○	五○		三七	八	七
	八	六		二九	○		三四	八	六
	八	七		八	一		三二	九	五
	七	七		六	一		三○	九	四
	七	八		五	一		二八	九	三三
	六	八		三	二二		二六	九	三二
	五	九		一	二二		二四	九	二
	五	三九		二○	二二		二二	九	一○
	四	四○		一八	二三		二○	五○	九
	三	○		六	三三		一七	○	八
	三三	一		五	三四		一五		七
	三二	一一		三	四		一三		六
	一	二二		一	四		一一		五
	五一	二二		一○	五		○九		四三
	四九	二三		○八	五		○七		三二
	八	三三		六	五		○四		二
	七	四		四	五		○二		一
一	四六	四四	一	○二	五六	○	○○	○	○
宫　八			宫　七			宫　六			

金星第二加减远近立成 自行定宫度为引数。

引数	初　宫			一　宫			二　宫		
顺	加减差		远近	加减差		远近	加减差		远近
	度	分	分	度	分	分	度	分	分
○	○○	○○	○○	一二	二二	一六	二四	二二	二三

引數	宮一十 加減差 度	分	遠近	宮十 加減差 度	分	遠近	宮九 加減差 度	分	遠近
一		二六	一	二	四七	六	四	四五	四
二	○	五一	一	三	一二	七	五	○七	五
三	一	一五	二	三	三六	八	五	三○	五
四	一	四○	二	四	○○	八	五	五三	六
五	二	○五	三	四	二五	九	六	一五	七
六		三○	三	四	四九	一九	六	三八	八
七	二	五四	四	五	一三	二○	七	○一	八
八	三	一九	四	五	三七	○	七	二三	三九
九	三	四四	五	六	○一	一	七	四六	四○
一○	四	○九	五	六	二六	一	八	○九	一
一		三四	六	六	五○	二	八	三一	二
二	四	五八	六	七	一四	二三	八	五三	二
三	五	二三	六	七	三八	三	九	一五	三
四	五	四八	七	八	○二	四	九	三七	四
五	六	一三	七	八	二六	四	二九	五九	五
六	六	三七	八	八	五○	五	三○	二○	六
七	七	○二	八	九	一四	六	○	四二	六
八		二七	九	一九	三八	六	一	○四	七
九	七	五二	○九	二○	○一	七	一	二五	八
二○	八	一六	一○	○	二五	八	一	四七	九
一	八	四一	○	○	四九	八	二	○九	四九
二	九	○六	一	一	一三	九	二	三○	五○
三		三○	一	一	三六	二九	二	五一	一
四	○九	五五	二	二	○○	三○	三	一三	二
五	一○	二○	二	二	二四	一	三	三四	三
六	○	四四	三	二	四七	一	三	五五	四
七	一	○九	四	三	一一	二	四	一六	五
八		三四	四	三	三五	二	四	三六	五
九	一	五八	五	三	五八	三	四	五六	六
三○	一二	二二	一六	二四	二二	三三	三五	一六	五七
	宮一十			**宮　十**			**宮　九**		

三　宮				四　宮				五　宮				引數
加減差		遠近		加減差		遠近		加減差		遠近		
度	分	度	分	度	分	度	分	度	分	度	分	逆

三五	一六		五七	四三	二六	一	三四	四二	二○	二	四二	三○
	三六		八		三七		五	一	五五		五	九
五	五五	○	五九		四八		七	一	二七		四七	八八
六	一五	一	○○	三	五八		三八	○	五六		五○	八七
	三四		一	四	○七		四○	四二	二二		二	六
六	五三		二		一五		二	三九	四四		四	五
七	一二		三		二二		四	九	○四		七	四
	三一		四		二八		六	八	二一	二	五九	三
七	四九		五		三三		四八	七	三三	三	○一	三二
八	○八		六		三八		五一	六	四一		三	一
	二六		七		四三		三	五	四五		四	二○
八	四三		八		四八		六	四	四五		四	九
九	○○		○九	五二	一	五八	三	○四			五	八八
	一八		一○	五七	二	○○	二	三一			六	七
	三五		二	五七		三	三一	一八			六	六
三九	五二		五	五八		五	二九	五九			五	五
四○	○九		六	五七		○七	八	三五			三	四
	二五		八	五五		一○	七	○四	三	○○		三
	四二		一九	五二		二	五	二七	二	五五		二
	五八		二一	四八		四	三	四六		四八		一
一	一四		二	四三		七	二	一一		三八	一○	
	二九		三	三七		一九	二	○○	八		二五	九
	四三		四	二九		二二	一八	○九	二	○九	八八	
一	五七		五	一九		四	六	○五	一	五二	七	
二	一一		七	四	○八		七	三	五七		三五	六
	二四		八	三	五五		二九	一一	四五		一八	五
	三七		二九		四○		三二	○九	三○	一	○二	四
二	五○		三一		二三		四	七	一二	○	四六	三
三	○二		二	三	○四		七	四	五一		三○	二
	一四		三	二	四二		三九	二	二六		一五	一
四三	二六	一	三四	四二	二○	二	四二	○○	○○	○	○○	○

| 宮　八 | | | 宮　七 | | | 宮　六 | | |

水星第一加减比敷立成小轮心宫度为引数。

引数	初宫			一宫			二宫		
	加减差		比数	加减差		比数	加减差		比数
顺	度	分	分	度	分	分	度	分	分
〇		〇〇		一	二七	〇七	二	二五	二五
一		〇三			三〇	八		七	六〇
二		〇七			三二	八		二九	八〇
三		一〇			三四	九		三〇	八
四		一三			三七	〇九		一	八
五		一六			三九	一〇		一	二九
六		一九			四一	一一		二	三〇
七		二二	〇		四四	一		三	一
八		二五	一		四六	一		四	三
九		二八	一		四八	二		五	三
一〇		三一	一		五一	二		五	四
一一		三四	一		五三	三		六	五
一二		三七	一		五五	三		七	六
一三		四〇	二		五七	四		七	六
一四		四三	二	一	五九	五		八	七
一五		四六	二	二	〇一	五		九	八
一六		四九	二		〇三	六		三九	三九
一七		五二	二		〇五	七		四〇	四〇
一八		五五	三		〇七	七		〇	一
一九	〇	五八	三		〇九	八		一	二
二〇	一	〇一	三		一〇	八		一	三
二一		〇四	四		一二	一九		二	三
二二		〇七	四		一三	二〇		二	四
二三		一〇	四		一五	〇		二	五
二四		一二	五		一六	一		三	六
二五		一五	五		一八	二		三	七
二六		一七	五		一九	二		三	八
二七		二〇	六		二一	三		三	八
二八		二三	六		二二	四		三	九
二九		二五	七		二四	四		三	四九
三〇	一	二七	七	二	二五	二五	二	四三	五〇
	十一宫			十宫			九宫		

三宫			四宫			五宫			引数
加减差		比敷	加减差		比敷	加减差		比敷	数
度	分	分	度	分	分	度	分	分	逆
二	四三	五〇	二	二五	〇〇	一	二八	五五	三〇
	三三	〇		三三			六	四	九
	三三	一		三二			三	四	八
	三二	一二		三一			二〇	四	七
	三二	二三		一九			一七	四	六
	三一	三		一八			一四	三三	五
	一	四		一六			一一	三三	四
	一	五		一五	〇〇		〇九	三三	三
	一	五		一四	五九		〇六	三三	二
	〇	六		一二	九	一	〇四	二二	一〇
	〇	六		一〇	九	〇	〇一	二二	九
	四〇	七		八	九		五八	二二	八
	三九	七		六	九		五五	二一	七
	九	七		五	九		五二	一	六
	八	八		三	八		四九	一	五
二	八	八		八	八		四六	一	四
一	七	八	五九	八		四三	一	三
	六	八	五七	八		四〇	一	二
	六	九	五五	八		三七	一	一
	五	九	五三	八		三四	一	一〇
	五	九	五一	八		三一	一	九
	四	五九	四九	七		二八	〇	八
	三	〇〇	四七	七		二五	〇	七
	三		四五	七		二二		六
	一		四三	六		一九		五
	三〇		四一	六		一六		四
	二八		三八	六		一三		三
	七		三五	五		〇九		二
	六		三三	五		〇六		一
			三一	五		〇三		
二	二五	〇〇	一	二八	五五	〇	〇〇	五〇	〇

宫 八	宫 七	宫 六

水星第二加减远近立成 自行定宫度为引数。

引数顺	初宫 加减差 度	分	远近 度	分	一宫 加减差 度	分	远近 度	分	二宫 加减差 度	分	远近 度	分
〇	〇	〇〇	〇	〇〇	七	三〇	一	〇〇	一四	一〇	二	〇〇
一		一五		〇二		四四		〇二		二二		〇三
二		三一		〇四		五九		〇五		三四		〇六
三		四六		〇六	八	一三		〇七		四五		〇八
四	一	〇一		〇八		二七		〇九		五六		一〇
五		一六		一〇		四一		一〇	一五	〇七		一二
六		三二		一二		五五		一二		一八		一五
七		四七		一四	九	〇九		一四		二九		一七
八	二	〇二		一六		二三		一六		四〇		一九
九		一七		一八		三七		一八		五〇		二一
一〇		三二		二〇		五一		二〇	一六	〇〇		二三
一一		四七		二二	一〇	〇五		二二		一〇		二五
一二	三	〇二		二四		一八		二四		二〇		二七
一三		一七		二六		三二		二六		三〇		三〇
一四		三三		二八		四六		二八		三九		三二
一五		四八		二九		五九		三一		四九		三四
一六	四	〇三		三一	一一	一三		三三		五八		三七
一七		一八		三三		二六		三五	一七	〇八		三九
一八		三三		三五		三九		三七		一七		四一
一九		四八		三七		五二		三九		二六		四三
二〇	五	〇三		三九	一二	〇五		四一		三五		四五
二一		一八		四一		一八		四三		四四		四七
二二		三三		四三		三一		四五		五二		四九
二三		四八		四五		四四		四七	一八	〇〇		五一
二四	六	〇三		四七		五六		四九		〇八		五四
二五		一七		四九	一三	〇九		五一		一六		五八
二六		三二		五一		二一		五三		二三	三	〇〇
二七		四七		五三		三四		五五		三〇		〇二
二八	七	〇一		五五		四六		五七		三六		〇四
二九		一六		五七		五八		五九		四三		〇五
三〇		三〇	一	〇〇	一四	一〇	二	〇〇	一八	四九	三	〇六

	宫一十				宫 十				宫 九			
三 宫				**四 宫**				**五 宫**				**引数**
加减差		远近		加减差		远近		加减差		远近		
度	分	度	分	度	分	度	分	度	分	度	分	逆
八	四九	三	○六	九	三五	三	五九	一三	三六	三	三五	三○
	五五		○八		三一	四	○○		一五		三一	九
九	○一		一○		二六		一	一二	五四		二七	八
	○六		一二		二○		二		三二		二二	七
	一一		一四		一四		三		一○		一八	六
	一六		一六		○八		四	一一	四七		一三	五
	二一		一八	九	○一		四		二四		○八	四
	二五		二一	八	五四		五		○一		○二	三
	三○		二三		四六		五	一○	三五	二	五七	二
	三四		二五		三八		六		一○		五一	一
	三八		二七		二九		六	九	四四		四五	二○
	四二		二九		二○		六		一八		三九	九
	四六		三一	八	一○		六	八	五一		三二	八
	四九		三三	七	五九		五		二四		二五	七
	五二		三五		四八		五	七	五七		一八	六
	五四		三七		三七		四		二九		一一	五
	五五		三九		二五		四	七	○一	二	○三	四
	五六		四一	七	一二		三	六	三三	一	五五	三
	五六		四三	六	五九		二	六	○四		四七	二
	五六		四四		四五		一	五	三五		三九	一
	五五		四六		三一	四	○○	五	○五		三一	一○
	五五		四七		一六	三	五九	四	三五		二二	九
	五四		四九	六	○一		五七	四	○五		一三	八
	五四		五○	五	四五		五五	三	三五	一	○四	七
	五三		五二		二八		五三	三	○五	○	五六	六
	五二		五三	五	一一		五一	二	三四		四七	五
	五○		五四	四	五三		四八	二	○四		三七	四
	四七		五六		三五		四五	一	三三		二八	三
	四三		五七	四	一六		四二	一	○二		一九	二
	三九		五八	三	五六		三九	○	三一		一○	一

一	九	三	五	三	五	九	一	三	三	六	三	三	五	○	○	○	○	○	○	○	○
宮 八							宮 七							宮 六